동아시아
풍수의
미래를 읽다

본 연구는 2015년도 서울대학교 아시아연구소의 아시아연구 기반구축사업의 지원을 받아 수행되었다. (#SNUAC-2015-011)

This research was supported by the Asia Research Foundation Grant funded by the Seoul National University Asia Center. (#SNUAC-2015-011)

동아시아의 전통지식
풍수의 과학화

동아시아
풍수의
미래를 읽다

동아시아풍수문화연구회 · 서울대학교 아시아연구소 엮음

지오북
GEOBOOK

발간사

　한국이 위치한 동아시아 지역은 현재 전 세계에서 가장 급속한 경제성장을 구가하고 있는 곳이다. 지난 60년 간 전 세계 총생산량의 증감추이를 보면, 지난 몇 세기 동안 경제와 사상을 지배해 왔던 유럽대륙이 차지하는 비율이 급격하게 감소하는 반면, 그 감소분을 아시아 지역의 국가들이 빠르게 대체하고 있다. 향후 몇 년 내에 아시아는 유럽과 미국을 추월하여 전 세계에서 가장 높은 경제규모를 가진 지역으로 그 입지를 확고히 할 것이다. 우리는 아시아가 오랜 기간의 잠에서 깨어나 세계의 중심으로 재도약하는 시점에 살고 있다.

　하지만 이런 성취에 도취해 있기에는 아직도 해결해야 할 문제들이 너무나 많다. 그중 한 가지가 아시아가 경험하고 있는 각종 환경문제와 자연재해로 인한 피해의 급증이다. 중국대륙에서 불어오는 황사와 미세먼지는 얼마 전부터 우리의 건강을 위협하는 가장 큰 요인이 되어버렸다. 지난 몇 년 간 아시아가 경험한 대규모 지진 및 쓰나미 피해는 우리 모두의 기억 속에 생생히 남아 있다. 이러한 피해는 앞으로 더 자주 그리고 더 크게 나타날 것이라는 것이 전문가들의 공통적인 견해이다. 아시아연구소와 조선일보가 분석한 자료에 의하면, 동아시아 지역에서 지난 30년 동안 재난 · 재해로 인한 물적 · 인적 피해액이 86.8배나 증가하였다고 한다(조선일보, 2015년 10월 10일자). 그 반면에 같은 기간 전 세계의 자연재해 피해액은 7배 정도 늘어나는 데 그쳤다. 이 수치를 보면 아시아의 급격한 경제성장은 결국 자연에 대한 착취와 그에 따른 자연재해 피해를 담보로 이루어지고 있는 것이다.

아시아가 지금의 발전을 이어가기 위해서는 자연과 공존하려는 인식의 전환이 절박하다. 아시아는 전 세계에서 가장 인구밀도가 높고 그에 따른 자연환경 자원에 대한 수요 역시 높다. 또한 아시아는 다양한 기후 및 생태지역을 포함하고 있어 인간과 환경 간 관계의 다양성이 그 어느 곳보다 높다. 특히 세계의 중요한 지진대가 밀집해 있고, 기후의 계절별 차이가 크며, 주기적으로 태풍의 영향을 받고 있어 자연환경적으로는 매우 위험한 지역이다. 하지만 국가 간의 경제발전 상태와 정치체제, 그리고 역사적인 이질성이 높아 환경과 관련된 동일한 인식을 공유하지 못하고 있다. UN을 비롯한 많은 국제기구들은, 환경과 공존하려는 패러다임의 전환이 이루어지지 못한다면 아시아대륙의 지속가능한 발전이 어려울 수도 있다고 경고하고 있다.

이러한 다급함 속에서 한 가지 기대를 걸어 볼 수 있는 것이 동아시아의 모든 국가가 공유하고 있는 풍수(風水)사상의 역할이다. 풍수가 동아시아에서 중요한 주거원칙 혹은 지리원칙으로 사용되었다는 것은 의심의 여지가 없다. 아시아가 환경친화적인 사상을 가졌다고 할 때 누구나 한 예로 드는 것이 풍수이다. 한국, 중국, 일본이 모두 같은 한자단어를 사용하며, 발음 역시 Pungsu, Fengshui, Husui로 비슷하다. 하지만 불행하게도 현대사회에서는 여전히 풍수를 사익추구를 위한 기복신앙 혹은 혹세무민하는 주술 정도로 보는 경향이 크다. 풍수가 전통사회에 미친 폐해가 그만큼 컸기 때문일 것이다. 이와 동시에 지진, 태풍, 몬순(monsoon) 등의 위협 속에서 자연이 주는 혜택을 누리기 위해 오랜 기간 발전시

커온 경험과학으로 풍수를 바라보는 시각 역시 많은 사람들의 동의를 얻고 있다. 풍수가 비과학적인 주술로 남아 있을지, 아니면 현대과학을 보완하는 새로운 지식체계로 거듭날 수 있을지의 문제는 우리 세대가 고민해야 할 과제로 남아 있다.

국제적으로 환경을 바라보는 시각은 최근 급격한 변화를 경험하고 있다. 환경을 구성하고 있는 요소들을 세분하고 분석하여 일반법칙을 만들려고 노력했던 논리실증적인 접근법은 많은 한계에 부딪히고 있다. 과거 과학적이고 합리적이라고 여겨졌던 이러한 접근법은, 그 지역이 가지고 있는 특수성과 그곳에 살고 있는 사람들이 만들어 놓은 역사성을 고려하지 못한다면 더 이상 일반법칙이 되기 어렵다는 것이 확실해졌다. 특히 지구환경이 가지고 있는 전체성과 상호작용을 강조하는 복잡계(complexity system)적인 접근법이 대두되면서, 문제해결을 위한 진정한 지식체계는 오랜 역사를 가진 그 지역의 전통지식을 적극적으로 수용해야 한다는 주장이 설득력을 얻고 있다.

국제적으로는 풍수가 가지고 있는 가치에 대해서 최근 많은 논의들이 이루어지고 있다. 중국에서는 풍수를 중국 고유의 문화자산으로 유네스코(UNESCO)에 등재하려는 움직임이 활발하다. 일본 역시 풍수적인 시각이 다분한 '사토야마(里山)' 원리를 국제화하는 데 국가가 나서서 총력을 기울이고 있다. 중국과 일본의 이러한 국가적인 노력에 비하면 한국에서 이루어지고 있는 풍수에 대한 관심은 아직도 개인적인 연구자 차원의 노력에 머물고 있다. 하지만 한국의 많은 풍수연구자들은 다른 아시아 국가들에 비해 가장 활발하게 풍수의 과학화를 진행시키고 있다는 것에 자부심을 가지고 있다.

 이러한 상황 하에서 서울대학교 아시아연구소는 지난 3년 간 아시아연구 기반 구축사업의 일환으로 풍수연구를 지속적으로 지원해오고 있다. 아시아연구소는 세계를 선도할 수 있는 한국적 지식의 발굴과 개발, 그리고 국제적인 확산이라는 설립목적을 가지고 있다. 한국과 아시아 지역이 가지고 있는 발전경험과 전통적인 환경사상, 그리고 사회 및 공간사상 분야의 새로운 패러다임의 대두라는 측면에서 볼 때 풍수는 분명 아시아연구소의 설립목적과 부합되는 것이다. 어려운 여건 하에서도 동아시아풍수문화연구회의 연구를 지원해준 아시아연구소에 다시 한 번 감사를 드린다. 그리고 풍수의 과학화와 세계화라는 목표를 위해 사심 없는 학문적 열정을 불태우면서 이 책에 기고를 해준 동아시아풍수문화연구회의 참여 연구자들에게 진심으로 감사의 마음을 전한다.

서울대학교 아시아연구소 환경협력프로그램／지리학과 박수진

머리말

풍수는 유구한 역사와 문화를 축적해 온 동아시아의 세계적 무형유산이자 지식 전통이다. 한국에서는 역사, 지리, 건축, 조경, 문학, 종교, 예술 등의 제반 영역과 국토 전반, 그리고 사람들의 일상 속에도 풍수의 자취가 담겨 있다. 이런 까닭에 동아시아 다른 국가들의 풍수에 비해 한국의 풍수는 그 융합적 성격과 특색이 더 강하다고 할 수 있다.

한국풍수 연구의 학술적 수준도 동아시아나 국제 학계를 선도할 만한 위치에 있다. 우리나라에서 풍수는 다양한 학문 분과에서 조명되고 있으며, 더 나아가 자연과학과 인문학을 결합해 풍수에 대한 학제적 접근을 추구하는 방향으로 발전하고 있다. 한국 학계는 세계 어느 나라보다 풍수에 대한 현대적 해석과 활용에 관해 관심이 높다.

요즈음 국제 학계는 자연과학과 인문학이 상보적으로 통합된 동아시아의 문화 전통과 학문적 패러다임의 가능성에 대해 그 어느 때보다 큰 관심을 보이고 있다. 바야흐로 한국의 풍수적 유산과 학문적 성과는 아시아의 보편적 가치를 담보하면서 미래를 전망할 수 있는 도약의 발판 위에 서 있는 것이다.

이러한 흐름 속에서 대학의 많은 풍수연구자들은 한국 학계와 사회 대중에 대해 풍수에 관한 책임 있는 학술적 표준을 제시하고자 노력하고 있다. 동아시아의 풍수문화라는 학제적인 연구주제의 토대 위에서 현실의 문제를 직시하고 미래지향적인 학문으로서의 풍수학을 재정립하고자 하는 것이다. 풍수연구의 새로운 지평을 열 이 책의 시선과 방법은 풍수의 학문적 체계 수립을 위한 첫걸음이다.

『동아시아 풍수의 미래를 읽다』는 이러한 사회적 취지와 학술적 목적 아래 기획되었다. 총 13편의 논문을 엄선하여 구성한 이 책은 동아시아의 보편적 범주 속에서 한국풍수 연구의 진면목과 정체성을 드러내고자 한다. 현대의 학문적 기반 위에서 한국 및 동아시아 풍수의 미래 비전과 가능성을 탐색한 것이다.

이 책에서는 경관생태, 문화지리, 종교학, 역사학, 지리학, 지도학, 건축학, 환경학, 지형학 등 다양한 학문 분야에서 풍수를 조명하고 있다. 주제 또한 풍수담론, 풍수신앙, 묘지풍수, 건축풍수, 도시풍수, 환경풍수 등으로 다양하다. 시간적으로는 탄생의 태실에서 죽음의 매장까지, 공간적으로는 한국, 일본, 중국, 류큐의 풍수문화 전반에 걸친 풍수에 대한 내용이 포괄적으로 다루어지고 있다.

풍수에 대한 학문적 애정과 일념으로 함께 책을 구성한 필자들과, 출판을 적극 지원해준 서울대학교 아시아연구소, 그리고 정성을 다해 책을 만들어 준 지오북에 깊은 감사를 드린다. 앞으로 동아시아 풍수연구의 노력에 여러분의 아낌없는 성원과 격려를 바란다.

동아시아풍수문화연구회 회장 **최원석**

02 풍수의 현대적 해석과 활용

03 아시아적 공동가치로서의 풍수

01

전남 남원시 계산마을

한국풍수의
융합적 성격과 특색

조선의 수도
한성 풍수 실행의 현대적 전망

Modern Perspectives on Some Pungsu Practices of Hanseong, the Capital of Joseon Dynasty

이도원

서울대학교 환경대학원 환경계획학과 교수, 아시아연구소 겸임교수

I. 서론

한성의 남쪽 출입문인 숭례문의 현판은 세로로 길게 걸려 있다(그림1). 세로 현판이 성문 밑을 눌러 한성 남쪽의 관악산 화기가 성문 안으로 들어오지 못할 것이란 믿음에서 비롯되었다고 한다. 다른 해석들도 있다. 물이 높은 데서 낮은 데로 흐르기 때문에 세로는 물 기운을 의미하여 불 기운을 제어할 수 있다는 것이다. '예를 숭상하는 문'이란 뜻의 숭례라는 낱말에서 '예(禮)' 자는 오행에서 불에 해당하므로 불꽃을 연상시키는 '숭(崇)' 자를 세로로 달아 불을 불로 다스리려는 방책이었다는 해석도 있다. 사연에 대한 해석이 조금씩 다르지만 모두 관악산의 화기를

그림1 현판이 세로로 걸려 있는 숭례문 ⓒ이윤정

제압하려는 의도가 작용했다는 부분은 공통적이다.

지금도 광화문 앞 동쪽과 서쪽에는 2008년 5월부터 서울의 상징이 된 해치(獬豸) 모양의 돌 조각이 하나씩 놓여 있다(그림2). 위치는 조금 옮겨진 것이지만 해치 조각을 비치한 까닭을 두 가지로 설명한다. 관리들이 왕래하는 조선의 육조거리에 정의를 상징하는 해치를 두어 정직하고 올바른 정치를 하라는 의미를 담았다는 것이 그 하나다. 아울러 해치가 화재나 재앙을 물리치는 힘이 있는 동물이라 관악산의 불기운을 막도록 했다는 얘기도 있다. 첫째 사연이 해치를 세운 원래의 의도라고 하지만 둘째 이야기가 사실과 다름에도 불구하고 널리 퍼진 까닭은 화재에 대한 서울의 취약성과 무관하지 않을 것이다(양택규, 2007).

경복궁 근정전 계단 양쪽과 경운궁(덕수궁) 중화전 네 귀퉁이에는 '드므'라는 물건이 있다(그림3). 국어사전을 찾아보니 드므를 '입구가 넓찍하게 생긴 독'이라 풀어놓았다. 원래 드므는 물을 담아 두어, 궁궐에 들어 불씨를 내뿜으려는 관악산의 화마를 막으려 했다는 말이 전해진다. 화마가 물에 비친 자신의 모습이 너무나 못생겨 기절하거나 다른 화마가 먼저 왔다고 생각하여 근접하지 않도록 했다는 것이

그림2 광화문 앞의 해치
프랑뎅은 해치상을 '괴수(怪獸) 모양의 돌짐승'이라 했다.
출처: 이폴리트 프랑뎅(Hippolyte Frandin 1892. 4~1894. 2) 어느 날 사진

그림3 근정전 앞의 드므 ©박강리

다. 결과적으로 드므 또한 관악산의 화기를 막기 위해 만들었다는 것이 속설이다.

숭례문 현판을 세로로 세우고 해치라는 상상의 동물상과 드므를 비치하여 관악산의 화기를 제압하려던 옛 사람들의 사연은 오늘날의 시각으로 보면 허무맹랑하다. 그럼에도 불구하고 들쭉날쭉한 관악산 줄기가 불꽃 모양이라 화기가 강하거나 화마가 살았다는 당시 사람들의 믿음은 실제로 있었는지도 모른다. 1750년에 그려진 것으로 알려진 겸재 정선(1676~1759년)의 그림에서 관악산 산줄기의 윤곽은 불꽃을 연상시킬 정도로 날카롭게 과장되어 있다(그림4). 이런 믿음 뒤에는 그럴 만한 사정이 있었을 것이다.

이를테면 그러한 이야기는 사람들로 하여금 불조심을 하도록 경각심을 일깨워주는 효과가 있었을 것이다. 인화성이 높은 목재건물이 많았던 한성에서 특별히 유념해야 할 현실이었다. 실제로 조선초기 기록들은 한성의 수자원 부족에 대한 우려를 드러내었으니 몇 개를 소개해 본다.

태조는 남경의 궐(闕)을 살피고 산세를 관망한 다음 지사들에게 물었다. "여기가 어떠냐?" 판서운관사(判書雲觀事) 윤신달(尹莘達)이 대답했다. "우리나라에서는 송경(松京)이 제일이고, 이 땅은 그 다음입니다. 더욱 유감스러운 것은 건방(乾方: 西北)이 낮고

그림4 그림 속의 관악산 산줄기 모양
출처: 겸재 정선 장동춘색 견본담채, 18.5 × 27.5cm, 개인 소장

수천(水泉: 明堂水)이 말라 있는 것입니다."[01]

이러한 반대의견에도 불구하고 왕사 무학과 신하들의 의견을 들어 1394년 태조는 한성으로 천도했으나 1399년 정종은 개성으로 돌아갔다. 1405년 태종이 한성으로 다시 돌아오기 한 해 전 재천도를 의논하는 과정에 유한우(劉旱雨)가 말했다.

한성은 전후에 석산(石山)이 험한데도 명당(明堂)에 물이 없으니 도읍할 수가 없습니다. 지리서(地理書)에 말하기를 '물의 흐름이 길지 않으면 사람이 반드시 끊긴다.' 하였으니 대개 불가한 것을 말한 것입니다. 이 땅도 또한 규국(規局)에 바로 합치하지는 아니합니다.[02]

1440년 전후 세계 최초로 측우기를 발명하게 된 것도 가뭄과 물 부족에 대한 우려와 무관하지 않다. 후일 문종이 된 세종의 세자는 가뭄을 근심하여 비가 올

---

01 『太祖實錄』6卷, 3年(1394年) 8月 13日.
02 『太宗實錄』四年(1404年) 10月 4日.

때마다 젖어 들어간 푼수(分數)를 땅을 파고 보았다는 기록이 있다.[03] 그런 세자가 국왕을 도와 측우기를 고안하기에 이른 것이다(이태진, 1996). 열악한 환경은 그에 따른 대응의 필요성을 초래했고 필요는 발명의 어머니가 된 사례인 셈이다.

물 부족과 겨울의 건조한 공기 탓인지 한성으로 천도한 조선초기에는 화재도 잦았다. 세종 8년(1426년) 2월 12일(병자) 도성에 자주 불이 나서 하룻밤 사이에 두세 곳에 화재가 발생했는데 실화가 대부분이었다. 같은 해 2월 15일과 16일 북서풍이 크게 불고 화재가 발생하여 전 가호의 6분의 1에 해당하는 2,400호가 잿더미로 변했다.[04]

한성 풍수와 관련된 내용에는 오늘날의 시각으로 보면 터무니없는 부분이 있다. 그러나 그 내용은 물 부족이라는 열악한 여건을 널리 알리는 효과를 지녔다. 그렇다면 합리적인 대응은 전혀 없었을까? 이 글의 주요 목적은 현재 서울의 시원이라 할 수 있는 청계천 유역을 조선의 도읍으로 선택하고 조영하는 과정에 적용했던 풍수원리를 현대 생태학적 시각으로 검토하여 실질적이고 미래지향적인 교훈을 찾아보는 것이다.

II. 한성 경계 보완과 조산

한성은 백악(白岳, 342m)과 타락(駱駝, 125m), 인왕(仁王, 338m), 목멱(木覓, 265m)의 봉우리를 잇는 산줄기에 의해 잘 에워싸인 공간이다. 이러한 사신사(四神砂) 지형은 분수계가 잘 갖추어져 있는 유역을 말하지만, 한성이 완벽한 천혜의 조건을 갖춘 것은 아니다(박수진 등, 2014). 1394년 사방을 에워싸는 높은 산줄기와 평탄한 유역 중앙을 언급하며, "성을 쌓고 천도할 만한 조건을 갖추었다."는 왕사 무학의 의견(강환웅, 2006)은 형국의 미흡한 부분에 대한 천도 당시의 인식을 대표

---

03 『世宗實錄』23卷(1441年) 4月 29日.

04 『세종실록』31권.

한다. 그에 따라 태조는 도읍을 옮긴 다음 분수계를 따라 성곽을 조성하도록 지시했다. 자연지형을 고려하여 터를 잡고 경계를 강화한 행위로 해석해도 된다.

더구나 흔히 좌청룡이라 부르는 유역의 동쪽이 낮고 청계천 물이 빠져 나가는 수구는 열려 있다. 이와 관련하여 『세종실록』 30년(1448년) 3월 8일 부분에 다음과 같은 음양학훈도(陰陽學訓導) 전수온(全守溫)의 상서를 기록하고 있다.

> 역사적으로 신라(新羅)의 왕업(王業)을 볼 때 천여 년이나 된 것은 조산(造山)과 종수(種樹)를 가지고 공결(空缺)한 데를 메꿔준 것이며 주부(州府)나 군현(郡縣)에 있어서도 또한 모두 비보(裨補)한 것이 있사오니, 조산(造山)과 종목(種木)을 가지고 관활(寬闊)한 곳을 보충시킨 것입니다. … 이제 우리나라 국도(國都)에 나성(羅星)이 공결(空缺)되고 수구(水口)가 관활(寬闊)하게 될, 즉 나성과 수구를 보충하지 않으면 안 됩니다. 그러하오나 흙을 쌓아서 산(山)을 만들어 보결(補缺)하려면 성공(成功)하기가 어려우니 나무를 심어서 숲을 이루어 가로막게 하면 작은 노력으로 많은 효과를 거둘 수 있습니다.

수구를 조산과 숲으로 가리고 수구막이라 부른 것도 비보풍수로, 도성 경관을 전체적으로 잘 에워싸인 경계 안에 두려던 의지의 표현이다. 지형적으로 낮은 수구에는 인공적으로 작은 언덕을 만들고 나무를 심어 가산(假山) 또는 조산(造山)이라 불렀다(강환웅, 2006; 천인호, 2015).

실제로 도성의 가산은 청계천 물이 빠져나가는 수구(水口) 안 훈련원(訓鍊院) 동북쪽에 있었다. 지기(地氣)가 빠져나가지 못하도록 청계천 하류 남북에 하나씩 흙을 쌓아 산을 만들었는데 조선초기 이전에 조성된 것으로 보인다(천인호, 2015). 세조 6년(1460년)에는 버들을 양쪽 언덕에 심어서 조산이 무너지는 것을 방지하였으며, 식목소(植木所)라고 하여 어영청에서 관할했다.[05] 지금도 북쪽의 조산은 높이 5m,

---

05 『新增東國輿地勝覽』, 京都 上.; 최원석, 2004. 재인용.

길이 80여 m, 최대 너비 25m 정도의 둔덕으로 남아 있다(최종현과 김창희, 2013).

　이러한 수구관리는 『택리지』에서 마을이 자리 잡은 유역의 입구가 닫힌 듯한 곳을 좋은 터로 보는 이중환(1751)의 태도와 같다.

　무릇 수구가 엉성하고 널따랗기만 한 곳에는 비록 좋은 밭 만 이랑과 넓은 집 천 간이 있다 하더라도 다음 세대까지 내려가지 못하고 저절로 흩어져 없어진다. 그러므로 집 터를 잡으려면 반드시 수구가 꼭 닫힌 듯하고 그 안에 들어 펼쳐진 곳을 눈여겨보아서 구할 것이다. 그러나 산중에서는 수구가 닫힌 곳을 쉽게 구할 수 있지만 들판에서는 수구가 굳게 닫힌 곳이 어려우니 반드시 거슬러 흘러드는 물이 있어야 한다. 높은 산이나 그늘진 언덕이나, 역으로 흘러드는 물이 힘 있게 판국을 가로막으면 좋은 곳이 된다. 이런 곳이라야 완전하게, 오랜 세대를 이어 나갈 터가 된다.

Ⅲ. 한성 안팎의 연못

조선시대에는 도성 안팎으로 여러 연못을 조성했는데 이것은 도성 경관의 부족한 부분을 보완하려던 비보풍수의 소산이다. 이를테면 1931년에 조선총독부 촉탁 무라야마 지준(村山智順, 1931)이 출간한 『조선의 풍수』에서는 숭례문 밖에 있었다는 남지를 언급하고 있다. 한성을 도읍으로 정할 때 방화를 목적으로 조성했고, 세종 8년(1426년)에는 화재가 빈번하여 연못을 복구하도록 제안했다. 아울러 남대문 일대의 낮은 지맥을 비보하기 위해 송림을 조성했다.

　"경복궁의 오른팔은 대체로 모두 산세가 낮고 미약하여 넓게 트이어 감싸는 형국이 없다. 그러므로 남대문 밖에다 못을 파고 안에는 지천사를 둔 것은 이 때문이다. 나는 남대문이 이렇게 낮고 평평한 것은 반드시 처음에 땅을 파서 평평하게 한 때문일 것이라 생각한다. 이제 높이 쌓아 올려서 산줄기와 잇고 그 위에 문을 설치하는 것이 어떻겠는

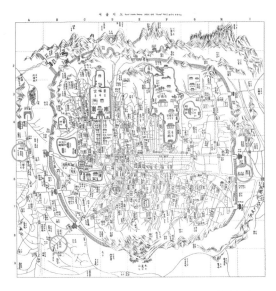

그림5 동지와 서지, 남지가 표시되어 있는 1902년 서울지도
출처: 영국왕립아시아학회, 제공: 경기대학교 이상구 교수

가? 또 청파역에서부터 남산까지 닿은 산줄기의 여러 산봉우리들과 흥천사 북쪽 봉우리 등에 소나무를 심어 무성하게 하면 어떻겠는가?" 하니 모두가 "좋습니다." 했다.[06]

사실은 동대문과 서대문, 남대문 밖에 각각 동지와 서지, 남지가 있었고 모두 연꽃이 피었다(황기원, 2009). 1902년 영국왕립아시아학회(Royal Asiatic Society)에서 간행한 서울지도를 보면 동지와 서지, 남지를 각각 동편련못과 서편련못, 남편련못이라 표기했다.

서울시사편찬위원회에서 간행한 『서울지명사전』에는 서지에 대해 다음과 같이 기술한다. "서지(西池)는 서대문구 천연동 13번지 금화초등학교 자리에 있던

---

06 『세종실록』 제61권 15년(1433년) 7월 21일(壬申).: "景福宮右臂, 大抵皆山勢低微, 廣闊通望, 無有抱局, 故於南大門外鑿池, 於門內置支天柱, 爲此也, 予以爲南大門如此低平者, 必初掘土平地也, 今欲高築, 連其山脉, 置門於上, 如何? 且自靑坡驛以至南山連脉 諸峯及興天寺北峯等處, 栽植松木, 使之茂, 如何?", 僉曰: "可" 이탤릭체는 이 글의 'IV. 청계천 관리' 부분에 참고할 내용이다.

그림6 「동문조도」의 동지
출처: 이화여자대학교 박물관 소장

연못으로, 서울 서쪽에 있던 데서 유래된 이름이다. 서편연못이라고도 하였는데, 못이 천연적으로 되었다는 뜻으로 '천연지'라고도 하였다. 둘레가 넓고 물이 깊었다. 이 연못 서북쪽에는 천연정이 있고 그 밑에는 기우제단이 있었다. 서지는 1929년에 메워지고 임오군란 당시 일본공사의 이름(竹添進一朗)을 딴 죽첨공립초등학교를 이곳으로 옮겼으며, 광복 후 금화산 기슭이므로 금화국민학교, 금화초등학교로 바뀌었다."

남지는 1629년에 그려진 것으로 알려진 「남지기로회도(南池耆老會圖)」에 있고, 19세기 초에 김정호가 간행한 「수선전도」에서는 숭례문 앞으로 위치가 표시되어 있다(김현욱, 2007; 천인호 원고 참고). 그 남지는 1907년에 메워졌다. "원래 사람과 말의 이동량이 많던 남대문은 그 좁은 문안에 전차가 통행하고, 1905년부터는 경부철도가 개통되며 철도승객까지 입성하여 큰 혼잡을 이루었다. 1907년에 참정대신 박제순과 내부와 군부의 대신으로 성벽처리위원회를 구성하고 남대문 바로 서남쪽에 있던 남지(南池)를 메우고 대문은 그대로 남겨둔 채 좌우의 성벽을 헐어 폭 8간(間)의 새 길을 내고 전찻길을 마련했다."는 기록이 있다.

동지는 겸재 정선이 1746년에 그린 「동문조도(東門祖道)」에 나타나지만 메워

그림7 경회루와 연당 ©황영심

진 연대는 잘 모른다(그림6). 북지도 있었다는 기록이 있으나 그 위치가 분명하지
않다(김현욱, 2007). 도성 안에는 인공적으로 조성한 연못이 꽤 많았던 것으로 보
인다. 조선시대에는 개인 집에서도 소규모 인공연못을 즐겨 만들었던 듯한 모습
이 겸재 정선의 그림 「삼승정(三勝亭)」과 「청풍계(淸風溪)」에서도 나타난다(최완수,
2004). 삼승정은 인왕산 기슭 옥류동으로 오늘날 서울교회 부근에 있었고, 청풍계
는 인왕산 동쪽 기슭의 북쪽에 해당하는 종로구 청운동 52번지 일대의 골짜기로
알려져 있다.

경회루에 있는 연당은 대표적인 궁궐의 연못이다(그림7). 이곳은 지대가 음습
하고 지반이 약하여 연못을 조성하여 배수했다.[07] 태종 12년(1412년)에 건축된 경
회루는 36궁으로 그 자체가 화기를 제압하는 데 당시 사용했던 원리를 반영하고
있을 뿐만 아니라 함께 조성한 연못은 방화수를 공급하는 기능을 가졌던 것으로
보인다.

태종은 1411년 경복궁에 부족한 명당수를 끌어들이도록 지시했고, 경회루 공

---

07 「신증동국여지승람」.; 최완수, 2004. 재인용.

사를 맡아 지휘했던 공조판서 박자청은 임금의 뜻을 받들어 공사를 크게 벌려 연못을 만들었다(양택규, 2007). 1997년 연못에서 동룡(銅龍) 한 마리를 발굴했는데, 1867년(고종 4년) 복원하면서 왕명으로 넣었던 두 마리 중 하나로 물 기운을 성하게 하여 남쪽에서 일어날 수 있는 불기운을 누르고자 했던 소망을 보여주고 있다(이상해와 조인철, 2005; 양택규, 2007).

이 밖에도 경복궁 명당수 부족을 해결하기 위한 노력을 확인할 수 있다. 태종 11년(1411년)에 궁 안으로 물을 끌어들이라는 왕의 명을 받아 박자청은 물길을 만들어 백악의 물을 영추문 안으로 끌어 왔다. 이를 경회루 연못에서 빠져 나온 물과 합쳐서 궁성 서쪽에서 근정전 앞으로 흐르게 했으니 그 물길을 금천(禁川) 또는 어구(御溝)라 부른다.[08]

세종 15년(1433년)에는 궁성의 동서쪽과 내사복사(內司僕寺) 북쪽 등에 못을 파고 도랑을 내어 영제교(永濟橋)의 물을 끌어오자는 의견이 있었다. 세종 17년 (1435년)에는 건춘문 앞에 연못을 파자는 제안이 있었다.[09] 세종 26년(1444년)에는 하륜(河崙)과 이양달(李陽達)이 소격전(昭格殿)의 동구(洞口)에 연못을 만들고자 했으며, 같은 해 민의생(閔義生)은 궁성 근처에 저수공사를 시도했다. 그러나 이런 노력은 대부분 성공하지 못하고 중단되었다.[10] 이 내용은 모두 한성의 어려운 물 사정과 함께 그것을 해결하려던 대응을 보여주고 있다.

IV. 청계천 관리

한성의 주요 하천인 개천(오늘날의 청계천)의 관리에 풍수원리를 적용한 언급은 많지 않다. 1444년 집현전(集賢殿) 수찬(修撰) 이현로(李賢老)가 개천의 수질개선

---

08 『태종실록』11년 9월.; 양택규, 2009.

09 『세종실록』17년 9월 29일.

10 『세종실록』30년 10월 17일.; 강환웅, 2006. 재인용.

을 위해 천거(川渠)에 오물 투척 행위를 금지하도록 제안했는데[11] 이것은 풍수설에 근거를 둔 주장이었다. 이에 대해 어효첨(魚孝瞻)은 범월봉(范越鳳)의 풍수서인 『동림조담(洞林照膽)』에 장지에서 냄새나고 불결한 물은 흉하다고 했을 뿐 도읍의 형세에 관한 내용은 아니라고 반박하고,[12] 세종은 후자를 지원한다.[13] 이 기록은 청계천 관리에 풍수원리를 적용한 최초의 기록으로 해석된다(강환웅, 2006).

한편 하천숲 조성이 비보풍수의 하나로 자주 언급되는 것으로 봐서(최원석, 2004; 이도원 등, 2007) 전혀 별개의 사안이 아닐 수도 있다는 짐작이 간다. 비보가 허한 부분을 채운다는 명목으로 이루어진 점으로 보면 풍수 피해가 잦은 공간을 숲으로 다스린 접근은 풍수원리를 이용한 땅의 관리와 매우 닮았다. 이를테면 앞에서 소개했던『세종실록』의 기록이 그것이다.[14]

조선초기부터 청계천 주변에서는 홍수가 잦았는데 이것은 청계천 유역을 이루는 토양의 낮은 수분보유능력(water retention capacity)과 관련이 있다. 태종 치하였던 시기엔 거의 매년 한성에 큰 비가 내려 큰 피해를 겪었다. 이를테면『태종실록』7년(1406년) 5월 27일과 9년 5월 8일, 10년 5월 23일 자료에는 다음과 같은 세 가지 사건이 묘사되어 있다. (1) 경진년 큰 비가 내려서 경성의 개천이 모두 넘쳤다. (2) 기묘년 큰 비가 내려 물이 불어 다리가 모두 부서졌다. (3) 기축년 밤에 바람이 크게 불고 비가 내렸으며, 천둥과 번개가 심했고, 성중에 물이 넘쳐 다리가 떠내려가 가라앉았다. 태종실록 10년 7월 17일과 8월 8일에도 홍수피해에 관한 글이 있다. 이에 따라 홍수피해를 줄이기 위해 한성 내 하천의 정비를 담당하는 임시 관아인 개거도감(開渠都監)을 1412년 설치하여 청계천을 정비했다.[15]

영조 36년(1760년)에는 하천관리를 주 업무로 맡던 준천사를 설치했다.[16] 준천

---

11 『세종실록』26년 11월 19일.

12 『세종실록』26년 12월 21일.

13 『동국여지승람』인용; 최길성, 1990: 581-2, 수정.

14 『세종실록』61권 15년(1432年) 7月 21日(壬申).

15 태종 11년 윤12월 1일, 손용훈과 이규철, 2014. 내용을 약간 수정하여 인용.

16 이하 일부 내용은 이도원, 2001.을 발췌하고 재정리했다.

그림8 「준천시사열무도」, 18세기 말, 28.7 × 39.7cm
출처: 서울대학교 규장각 소장

사 절목(節目)에 보면 나무를 심는 방식으로 하천변을 관리한 내용이 보인다. "매년 봄, 가을과 우기에 백양나무와 수양버들 그리고 주로 양지에서 자라는 잡목을 제방과 틈이 난 곳에 여러 그루 옮겨다 심어 오랫동안 자라게 하며 유지하는 곳으로 삼는다."라는 대목이 나온다(이도원, 2001. 재인용).

영조 때 그려진 그림을 보면 준설을 통해 하천의 배수기능을 유지시킬 뿐만 아니라 청계천 주변에 버드나무 등을 식재하여 여과기능을 동시에 확보하고 있었다는 사실이 확인된다. 영조는 1759년(영조 35년) 청계천의 준설을 위해 송기교에서 오간수문(五間水門. 흥인문 근처)까지 현지를 그리도록 했으며, 그 지도는 이듬해에 제작되었다(한영우, 1999).

청계천 지도 작업과 함께 준천사의 주요 업무로 실시된 준천의식(濬川儀式)을 기념하여 그린 「준천시사열무도(濬川時射閱武圖)」(그림8)와 「어전준천제명첩(御前濬川題名帖)」(1760년, 44 × 34cm, 28면, 부산광역시립박물관 소장)이 있다. 두 그림 모두 오물과 모래, 돌 등으로 수로가 막힌 청계천을 준설하여 악취를 막고 수해방지를 위해 벌인 당시의 광경을 담고 있다. 그림의 상단에는 오간수문 부근 아치형의 다리 위 천막 아래서 시찰하는 영조 일행이 있고 하단에는 인부들이 청계천 안에서 소를 이용하여 준설하는 모습과 함께 하천 양쪽으로 줄지어 있는 숲띠가 있다. 이 숲띠의 생태적 기능은 뒤에서 소개할 것이다.

V. 현대적 관점

서울은 화강암 지반과 그것에서 풍화된 토양 위에 놓인 도시다. 모암이 화강암이기 때문에 선인봉과 인수봉과 같은 바위산이 생기고, 옛사람들의 눈에 불꽃처럼 보였다는 관악산 형상이 나오기 쉽다. 더구나 청계천 유역의 토양은 입자가 굵다. 굵은 입자의 토양 사이로는 물이 잘 빠져나간다. 그런 까닭에 옛 한성의 도읍인 4대문 안은 비가 내려도 물길에 인접한 제한된 면적의 평탄지를 제외하고는 땅에 물이 오래 머물지 못하고 청계천을 거쳐 빠르게 빠져나간다. 이러한 여건 때문에 조선초기 홍수피해가 잦았던 것이다.

또한 서울의 대부분 지역에서 토양의 수분보유능력이 낮은 까닭에 비가 그치고 햇볕이 쬐이면 쉽게 건조해진다. 따라서 특히 늦가을부터 이른 봄까지 건기인 우리나라의 기후특성으로 목재건물이 많던 전통사회에서는 화재가 발생할 위험이 높을 수밖에 없었다. 그런 특성을 지닌 서울을 관악산의 모양을 빌어 불기운이 강한 땅으로 본 것이다.

관악산의 불기운을 제압하기 위해 숭례문의 현판을 세로로 걸고 광화문 앞에 해치를 둔 것이 실질적인 효과를 발휘했을 것으로 믿기 어렵다. 굳이 효과를 찾아본다면 없는 것은 아니다. 어쩌면 옛사람들이 세로 현판과 해치를 보면 불조심을 다짐하는 정도의 심리적 효과는 있었을 것이다. 그러나 세로 현판과 돌 해치가 나날이 바쁜 현대인의 마음을 움직일 가능성은 거의 없으니 심리적 효과도 이제는 기대하기 어렵다.

더구나 현재의 건물과 도로를 포함하는 요소들은 비열이 매우 작은 물질들이기 때문에 도시의 여름에는 열섬효과가 자주 나타난다. 그런 곳에서는 조금만 가물어도 공기가 쉽게 데워진다. 이런 상황에서 청량감을 얻으려면 유역에서 물을 보존하고 끌어오는 한편 수경관과 녹지를 충분히 갖추는 실질적인 방편이 필요하다.

이를테면 (1) 증발에 의한 물의 손실을 줄이고, (2) 자연의 물을 얻어 건조를 예방하며, (3) 물을 소재로 하는 조경을 장려하고, (4) 녹지공간을 최대한 넓히는 것이 바람직하다. 풍수원리를 빌린 한성의 공간경영에서 이러한 접근을 어느 정도 확인할 수 있는데 비교적 주목하지 않았던 (1)과 (2)에 관한 내용을 주로 논의하고, 이미 잘 알려진 (3)과 (4)는 간략하게 소개한다.

사신사가 잘 갖추어진 지형에서는 밖에서 불어오는 건조하고 찬바람을 잘 갈무리하고, 덕분에 증발산에 의한 물의 손실을 줄일 수 있으며(이도원 등, 2007; Koh 등, 2010; 홍정현, 2015), 봄과 여름 태평양에서 불어오는 남동풍으로부터 습기를 이슬 형태로 얻을 수 있다(이도원, 2004a). 한성에서는 분수계를 따라 도성을 쌓았을 뿐만 아니라 낮은 구간에는 풍수원리를 빌어 연못과 숲으로 비보를 했다.

생활공간의 경계 비보인 숲띠는, 통틀어 악기(惡氣) 또는 사기(邪氣)로 표현했던, 건조하거나 병균 또는 미세먼지 등을 포함하는 공기의 유입을 막는 효과가 있다(이도원 등, 2007; Koh 등, 2014). 수구막이나 낮은 산줄기를 보완한 숲띠는 현대 수문학의 원리로 보면 유역 내부의 수자원 보존에 기여한다.

경기도 이천의 송말2리에서 풍향풍속과 습도, 온도 등의 현장측정과 컴퓨터 모형연구는 남쪽 동구에 있는 수구막이가 마을 바깥보다 안들의 풍속, 습도, 잠재증발량을 각각 30%, 5%, 7% 감소시키는 데 기여하는 것으로 밝혔다(Koh 등, 2010). 남원 옥전마을 실험에서는 남쪽 수구막이가 겨울과 봄에 각각 45%와 47%의 풍속을 저감하여 안들의 증발에 의한 수분손실을 각각 11%와 5.5% 줄이는 효과를 보였다(홍정현, 2015). 같은 마을에서 산줄기는 풍속을 겨울 58%, 봄 55%로 저감하고, 증발에 의한 안들의 물 손실을 15%가량 줄였다.

사신사 지형의 유역 내부는 물을 확보하는 데도 유리하다(이도원 등, 2012; 박수진 2015). 무엇보다 유역 내부는 도성 또는 마을의 가장자리이면서 경계가 되는 산줄기들에 내린 비나 눈이 자연스럽게 흘러내려 모이는 공간이다. 뿐만 아니라 봄에 태평양으로부터 불어오는 남동풍의 습기를 이슬로 포집할 수 있다.[17] 식물은 나무의 크고 작은 줄기와 가지뿐만 아니라 많은 빛을 흡수하기 위해 단위무게당 표면적이 넓은 잎을 생산하는데 결과적으로 단위면적의 토지에서 공기와 접촉할 수 있는 면적을 넓힌다. 따라서 동일한 토지면적일 때 식물의 줄기와 잎의 표면적[18]은 들판이나 마을보다 숲이 있는 산에서 더 넓다(이도원 등, 2012).

공기와 접촉하는 넓은 표면적은 습기가 맺히는 곳이다. 숲이 바람을 갈무리(藏)하면, 특히 밤 동안 공기보다 상대적으로 온도가 낮은 식물 표면에서 액화되고, 그 물은 땅을 적시고 생물이 이용할 수 있다. 즉, 우리의 기후 여건에서는 바다에서 불어오는 바람을 장풍함으로써 득수(得水)하게 된다(이도원, 2004a).

그 양이 비록 많지 않다 하더라도 토양의 건조를 줄여 비가 오지 않을 때 식물생산성을 제한하는 수분을 보충하고 적은 비가 내려도 아래 마을에 공급될 수 있는 물의 양을 증가시킨다. 이 효과는 겨울의 건조한 시기를 거쳐 삼라만상이 기지개를 켜는 이른 봄에 특별히 의미가 있을 것이다. 그런 까닭에 서양 사람들이 방풍림에 바람깨기(windbreak)라는 뜻의 이름을 붙였으나 아마도 우리나라 사람들은 '산이 마을을 감싼다.' 또는 '바람을 끌어안는다.'는 표현을 사용했을 것이다(Lee 등, 2004). 이러한 추론에 의한 가설은 기존의 연구결과와 함께 현장관측(Johnstone and Dawson, 2010), 모형분석(예를 들면 이도원, 2009)으로 검정될 수 있다.

---

17 흔히 풍수에서는 지기(地氣)가 땅속으로 흐르며, 이 지기를 잘 간직하려면 바람을 간직하는 것이 중요하다고 본다(한영우, 1999). 그러나 아직 현대적 언어와 논리로 지기라는 개념을 설명하기는 어렵다.

18 토지의 잎 면적은 엽면적지수(leaf area index)로 비교한다. 엽면적지수는 넓은잎 숲의 경우 단위 토지면적(보통 1㎡) 위에 있는 잎의 앞이나 뒷면 넓이를 모두 합친 값 또는 전체 넓이의 반에 해당하는 값으로 정의한다(Waring and Running, 1998). 바늘잎 숲의 경우는 잎 각각을 수평으로 놓고 빛을 투사하여 생기는 그림자 면적을 모두 합친 값과 같다. 녹지에서 광합성을 하는 양은 잎이 빛을 흡수하는 양에 비례하는데 이는 엽면적지수와 함수관계를 가진다. 또한 비가 올 때 식물 잎에 차단(interception)되는 물의 양도 이 값에 비례한다. 이를테면 이 값이 큰 유역에서는 잎에 의해 차단되는 빗물의 양과 증발산량이 크기 때문에 하천으로 이동하는 지표유출량이 적어지는 경향이 있다. 따라서 엽면적지수는 숲의 연간 광합성량과 유역의 하천유량 발생량을 추정하는 데 매우 중요한 변수다. 이 변수를 측정하는 방식은 다양하며, 최근에는 인공위성 영상으로부터 광범위한 지역의 공간분포를 추정하기도 한다.

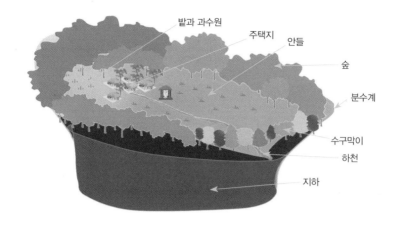

밭과 과수원
주택지
안들
숲
분수계
수구막이
하천
지하

그림9 풍수원리를 바탕으로 조성된 전형적인 전통마을의 개념도[20]

이러한 추론을 칠레의 건조지역에서 태평양으로부터 불어오는 바람에 포함된 물을 모으는 방식이 부분적으로 뒷받침한다(Schemenauer 등, 1987; Schemenauer and Cereceda, 1992). 그들은 직물을 플래카드처럼 바람이 불어오는 방향으로 펼쳐서 물을 모은다. 이 방식의 원리는 습기를 머금은 공기와 접촉하는 직물의 넓은 면적을 활용한 것이다. 그런데 한성에서는 사방을 에워싸는 산줄기의 숲이 바로 물을 모으는 데 유리한 여건을 제공했다. 사신사 지형의 특성을 고려한 지혜로운 토지이용으로 특히 봄 가뭄을 이겨내는 길을 찾은 것이다.[19]

흥미롭게도 다산 정약용은 전남 강진에 머물던 시절인 1805년에 산봉우리의 비구름이 바다 기운에서 유래되었다는 시를 남겼는데[21], 현대과학은 구름과 안개

---

19 조선시대 형성된 우리나라의 마을들은 대부분 한성과 닮아 유역 안에 자리를 잡았는데, 이것은 당대의 지식이 집적되어 있는 서울을 닮으려고 한 자연스러운 현상의 결과다.

20 이 그림을 2013년 2월 그려놓고 언뜻 콩나물시루와 비슷하다는 생각이 들었다. 어린 시절 콩나물시루 아래 둔 드므의 물을 재활용하며 콩나물을 키웠는데, 전통마을에서는 지하수를 느리게 빠져나가도록 함으로써 재활용하는 과정도 있었겠다고 상상했다. 그리고 '산이 물을 댄다.'는 생각이 기술된 16세기 중국 명청시대의 시도 소개한다. "산은 한 개 술잔 같아/호수는 늘 물을 댄다(山如一酒杯 湖水嘗灌注)." (전겸익(1582~1664년)의 시 「杯山」의 일부)

21 "남풍이 바다 기운 몰아와 비구름이 산봉우리 덮었네(南風吹海氣 霏霏蒙山嶺)." 최지녀(2008)의 옮김을 약간 수정했다. 다산은 이 시를 1805년에 지었다(서울대학교 국문학과 박희병 교수 도움).

로부터 숲이 공급받은 물의 양을 보여주는 연구결과를 제시한다. 이를테면 호주의 아열대우림에서 연강수량 1,311mm의 26%(연평균 343mm)가 안개로부터 공급되었다(Lindsay 등, 1997).

미국 캘리포니아 북부 삼나무숲에서 구름과 안개가 얼마나 많은 물을 공급하는지 안정동위원소를 이용하여 3년 동안 관찰하니 연강수량의 34% 정도(연평균 447mm)의 물이 구름과 안개로부터 공급되었고, 어떤 하층식물이 이용하는 물의 66%가 그 물에서 비롯되었다(Weathers, 1999). 미국 태평양 연안의 구름과 안개가 있는 곳에서는 여름에 나이테 성장이 빠르고, 토양 미생물 대사는 안개 맺힘이 있는 지역이 그렇지 않는 지역보다 3배 정도 높았다(Carbone 등, 2013).

이슬로 맺힌 물을 식물이 직접 흡수하여 이용하는 연구결과들이 최근에 확인되고 있다. 잎에 의한 수분흡수 효과는 식물에 따라 다르고, 어떤 식물(예를 들면 *Juniper*속 일종과 *Sequoia*속 일종)에서 잎에 의한 물의 흡수량은 식물의 수분함량이 낮을수록 높아, 수분 스트레스가 최고조에 이르는 건조기에 갈증해소에 크게 기여하는 것으로 밝혀졌다(Breshears 등, 2008; Simonin 등, 2009). 잎에 의해 직접 흡수되지 않는다 하더라도 안개가 숲의 중요한 물 공급원이 된다는 사실을 밝힌 논문(Dawson, 1998; Johnstone and Dawson, 2010)도 있다. 숲에서 이슬이 식물의 대사활동에 기여하는 정도를 밝힐, 어렵지만 새로운 연구과제를 얻게 된 것이다.

위에 소개한 연구결과들은 우리나라의 이른 봄에 뒷산의 숲이 이슬을 포집하고 이용하는 정도에 대한 분석의 가능성을 보여준다. 다행히 지난 수십 년 동안 생태계의 수문과정을 연구하는 많은 기법들이 발굴되었다. 빗물에 비해서 안개로 만들어지는 물에 안정동위원소 ^{2}H와 ^{18}O의 비중이 더 큰 점에 착안한 최근의 연구방법(Scholl et al., 2010)은 이슬에 의한 숲의 물 공급량을 추정하는 데 활용된다.

식물의 생리적 과정과 생태계 수준(예를 들면 유역)에서 일어나는 수문과정에 기반을 둔 모형(水文 模型)을 이용하는 분석도 가능하다(Waring and Running, 1998; 이도원 등, 2009). 현장관측과 모형분석으로 남향과 북향 유역에서 상류에 숲이 있을 때와 없을 때, 결로(이슬 맺힘)와 토양수분, 증발산, 식물의 반응들을 포함하는 생태수문학적 차이가 어느 정도 되는지 비교해볼 필요도 있다.

특히 숲을 조성한 수구지역의 비보는 지하수의 흐름에 작용할 것으로 유추할 수 있다. 이를테면 수구막이숲의 뿌리는 나무가 자라면서 토양을 압박하고 토양의 용적밀도를 높일 가능성이 짙다. 땅을 다지는 효과에 의해 안들로부터 빠져나가는 지하수를 저지하는 효과가 있었을 것이다. 그 효과를 확인하는 정량적인 연구는 현대과학자들에게 남겨진 숙제다.

경복궁에 둔 드므의 물은 적어도 발화 초기에 방화수 기능을 할 수 있었을 것이다. 일부 사찰(예를 들면 강화도 전등사)에서는 방화수를 담아놓는 드므를 두기도 했다. 화재에 대한 염려에서 매우 흡사한 방법이『태종실록』제13권 7년 4월 20일(갑진)의 기록에서 다음과 같이 확인된다.

신도의 가옥이 모두 초가인 데다가 민가가 조밀하게 들어서서 화재가 염려되오니 각방의 한 관령(管領)마다 물독을 두 곳씩 비치하도록 하여 화재에 대비해야 하겠습니다.

드므를 공공장소나 개인 주택에 설치하여 활용하는 방식도 있다. 비가 올 때 물을 받아두고, 땅이 마를 때 토양을 적셔주는 효과를 얻었다. 독일에서 빗물을 이용하기 위해 드므와 비슷한 장치를 이용하고 있다. 우리나라에서는 빗물저금통이라는 말을 쓰는데 그것의 쓸모는 드므의 기능과 매우 비슷하다.

연못은 미기후를 조절하여 쾌적한 정주공간을 유지하는 데 실질적인 도움을 준다. 한여름 도시로 들어오는 바람은 주로 풍수적으로 허한 곳을 거쳐 거주지로 접근한다. 그 허한 곳에 연못이 있다면, 물은 대기나 지표보다 온도가 낮고 특히 건조한 시기에는 바람이 연못 위를 지나면서 수분을 얻게 되는데, 이는 마을사람들에게 부족한 수분을 공급하여 생리적 균형을 유지하여 청량감을 느끼게 하며, 마을과 마을 뒷산의 화재를 방지하는 역할을 할 수 있다(이도원 등, 2007).

연못은, 오늘날 연구되어 밝혀진 습지의 기능을 완전히 가지고 있다(이도원, 2004b; 한필원, 2004,; Mitsch and Gosselink, 2015). 특히 오염물질과 영양소가 포함된 빗물과 생활오수가 하천으로 흘러들어 가기 전에 영양소를 제거하여 물을 정화하는 공간이다. 연못은 지상에서 발생하여 지표수에 씻겨 하천으로 흘러드는 토사량과 오염물질을 줄이고, 비가 올 때 유량을 조절하는 역할을 가진다. 게다가 육상동물이 물을 얻는 지역이고 수서생물의 서식지다. 연못의 물은 주변의 토양 수분함량을 높이고, 지하수를 충원하는 기능을 발휘한다.

빈번한 청계천의 범람에 대응하여 조선시대에 이루어졌던 수로의 직강화(손용훈, 2014)가 배수를 원활하게 하려는 시도였다면, 하천변에 나무를 심은 준천사의 활동은 지하수와 토양 수분함량을 늘이는 데 기여했다. 아울러 하천변의 숲은 식생완충대로서 수질을 정화하고 증산으로 공기 건조와 기온을 완화하는 작용을 했을 것이다(이도원, 2001).

VI. 결론

조선시대부터 기후와 지형, 토양 특성에 의한 도읍의 수자원 부족을 인식했고, 그에 따라 물을 획득하고 보존하기 위해 풍수이론을 적용하려던 노력을 검토해 보았다. 사방에서 도읍 한성을 에워싼 산줄기는 외부침입자를 막는 역할뿐만 아니라 바람에 의한 물의 증발산을 막는 기능도 했다. 풍수적인 결함을 비보하기 위해 청계천 수구에 작은 언덕을 만들고 그곳에 나무를 심었던 노력과 영조 때 준천사에서 천변에 나무를 심었던 일, 화기를 막는다는 이유로 숭례문 앞에 만들었던 남지와 경복궁에 조성했던 연못 모두 건조한 지역에 물을 확보하고 보호하며, 지역의 건조를 줄이는 효과가 있었다. 청계천 유역 안의 토지이용은 숲에 내린 빗물을 사람이 사는 공간에서 효율적으로 활용하는 방식이었다.

이들의 조성 행위가 풍수라는 당시의 믿음을 빌어 이루어짐으로써 오늘날 미신으로 간주되기도 한다. 그러나 이 글에서는 그 안에 내재된 합리성을 드러내어 활용할 여지를 제안해봤다. 이 글은 현대과학이 발굴한 내용을 바탕으로 가설을

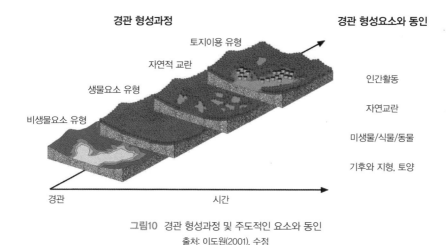

경관 형성과정

경관 형성요소와 동인

토지이용 유형

자연적 교란

인간활동

생물요소 유형

자연교란

비생물요소 유형

미생물/식물/동물

기후와 지형, 토양

경관

시간

그림10 경관 형성과정 및 주도적인 요소와 동인
출처: 이도원(2001), 수정

추론하여 연구 주제를 제시한 데 의미가 있고, 정량적 분석의 필요성을 제기했다.

그러나 풍수는 땅의 기능을 땅의 생김새로부터 유추하여 땅과 사람의 관계를 예견하는 데 치중함으로써 본질적인 한계를 지닌다. 흥미롭게도 오늘날의 경관생태학은 땅의 표면에 담긴 특성으로부터 생태적 과정과 기능을 예견하려는 시도를 하고 있다(이도원, 2001). 이런 점에서 풍수원리를 탐색하는 노력은 경관생태학과 닮았다. 그런데 경관생태학이라는 용어는 땅의 생김새를 내세운 반면에 풍수라는 용어는 바람과 물이라는 객체(object)로서 땅의 기능을 내세운 부분에서 대비가 된다. 서양의 경관생태학이 시각적이고 구조적인 부분에 초점을 맞추고 있다면 동양의 풍수는 기능적이고 공간의 맥락을 먼저 따진 점에서 차별성과 상보성을 가지는 것이다.

그럼에도 불구하고 전통풍수는 땅의 기능을 지형을 중심으로 찾으려고 노력했다. 때때로 토양에 대한 해석을 곁들이지만 대체로 부가적인 자료로 고려하는 수준이다. 반면에 경관생태학은 경관이 형성되는 전 과정을 이해하고, 경관의 구조와 그 안에서 일어나는 과정의 관계를 찾아보려고 한다(이도원, 2001).

실제로 기후와 지질작용에 의해 지형이 형성되고, 토양의 분포는 지형 또는 경관의 위치와 밀접한 관계가 있다(박수진, 개인 정보). 나아가 지형과 토양은 식물과 동물, 미생물의 공간분포를 결정하고, 생태계 발달과 함께 부가되는 자연적인 교란과 토지이용에 인간활동이 덧붙여지며 만들어지는 문화경관의 구조는 그 안에서 일어나는 생태적 기능과 서로 영향을 주고받으며 변화한다(그림10). 전통적인 풍수는 경관 형성과정의 일부인 지형이라는 제한된 땅의 정보와 기의 흐름이라는 경관의 기능적인 관계에 주목한다.

따라서 풍수와 경관생태학의 융합은 드러난 풍수원리들 뒷면에 놓여 있는 새로운 국면을 찾아내는 데 도움이 될 것이다. 앞으로 풍수원리를 바탕으로 한 지형해석에 경관을 이루는 기반암과 기후, 지형, 수문, 토양, 식물, 동물, 미생물, 생지화학적 과정의 관계를 포괄적으로 고려한다면 풍수원리의 현대적 의미를 더욱 풍성하게 찾아내는 길이 될 것이라 본다.

강환웅. 2006. 조선초기의 풍수지리사상 연구. 한국학술정보.

경기도박물관. 2003. 먼 나라 꼬레: 이폴리트 프랑뎅의 기억 속으로. 경인문화사.

김현욱. 2007. 한성의 비보풍수와 녹지보전정책. 한국학술정보㈜.

무라야마 지준. 최길성 옮김. 1990. 조선의 풍수. 민음사.

박수진. 2015. 인류보편적 가치로서의 풍수(이 책의 일부).

박수진, 최원석, 이도원. 2014. 풍수 사신사의 지형발달사적 해석. 문화역사지리학회지 26(3): 1-19.

손용훈 이규철. 2004. 좋은 도시를 위한 하천의 위상과 기능. 서울대학교 환경계획연구소 주최 세미나자료집. 좋은 환경, 좋은 물, 좋은 도시. 2014. 11. 28.

양택규. 2007. 경복궁에 대해 알아야 할 모든 것. 책과함께.

이도원. 2001. 경관생태학. 서울대학교출판문화원.

이도원. 2004a. 전통 마을 경관 요소의 생태적 의미. 서울대학교출판문화원.

이도원. 2004b. 흐르는 강물 따라. 사이언스북스.

이도원, 고인수, 박찬열. 2007. 전통 마을숲의 생태계 서비스. 서울대학교출판문화원.

이도원, 김은숙, 이현정, 서범석. 2009. 생태수문모형(RHESSys) 활용-다양한 토지피복 영향 분석. 수자원의 지속적 확보기술 개발사업단.

이도원, 박수진, 윤홍기, 최원석. 2012. 전통생태와 풍수지리. 지오북.

이상해, 조인철. 2005. 경복궁 경회루의 건축계획적 논리 체계에 관한 연구: 정학순의 경회루전도를 중심으로. 건축역사연구 14(3): 39-52.

이중환. 1751. (이익성 역. 1993). 택리지. 을유문화사.

이태진. 1996. 小氷期(1500~1750년)의 天體 現象的 의미: 朝鮮王朝實錄의 관련 기록 분석. 국사관논총 72: 89-126.

전영우. 1999. 숲과 한국문화. 수문출판사.

정약용. 최지녀 편역. 2008. 다산의 풍경. 돌베개.

천인호. 2015. 한국풍수의 비보와 일본풍수의 귀문회피(이 책의 일부).

최완수. 2004. 겸재의 한양진경. 동아일보사.

최원석. 2004. 한국의 풍수와 비보. 민속원.

최종현 · 김창희. 2013. 오래된 서울. 동하.

한영우. 1999. 한국인의 전통적 지리관. 김형국 편, 땅과 한국인의 삶. 나남출판. 19-28.

한필원. 2004. 한국 전통마을의 환경친화성; 이도원 엮음. 한국의 전통생태학. 사이언스북스. 548-569.

홍정현. 2015. 산록완사면 마을의 바람길에서 마을숲이 제공하는 미기후 조절효과. 서울대학교 환경대학원 석사학위논문.

황기원. 2009. 한국 행락문화의 변천과정. 서울대학교출판문화원.

Breshears, D.D., N.G. McDowell, K.L. Goddard, K.E, Dayem, S.M. Martens, C.W. Meyer, and K.M. Brown. 2008. Foliar absorption on intercepted rainfall improves woody plant water status most during drought. Ecology 89: 41-47.

Carbone, M.S. and others. 2013. Cloud shading and fog drip influence the metabolism of a coastal ecosystem. Global Change Biology 19:484-497.

Dawson, T.E., 1998. Fog in the California redwood forest: ecosystem inputs and use by plants.

Oecologia, 117(4): 476-485.

Johnstone, J.A. and T.E. Dawson. 2010. Climatatic context and ecological implications of summer fog decline in the coast redwood region. PNAS 4533-4538.

Koh, I., S. Kim, and D. Lee. 2010. Effects of bibosoop plantation on wind speed, humidity and evaporation in a traditional agricultural landscape of Korea: Field measurements and modeling. Agriculture, Ecosystems and Environment 135(4):294-303.

Koh, I., C.-R. Park, W. Kang, D. Lee. 2014. Seasonal effectiveness of a Korean traditional deciduous windbreak in reducing wind speed. Journal of Ecology and Environment 37(2): 91-97.

Lindsay, B.H. et al. 1997. Water balance of an Australian subtropical rainforest at altitude: The ecological and physiological significance of intercepted cloud and fog. Aust. J. Bot. 24: 311-329.

Mitsch, W.J. and J.G. Gosselink. 2015. Wetlands. Hoboken: John Wiley and Sons.

Schemenauer, R.S. and P. Cereceda. 1992. The quality of fog water collected from domestic and agricultural use in Chile. Journal of Applied Meteorology 31: 275-290.

Schemenauer, R.S., P. Cereceda and N. Carvajal. 1987. Measurements of fog water deposition and their relationships to terrain features. Journal of Climate and Applied Meteorology 26: 1285-1291.

Scholl, M., W. Eugester, and R. Burkard. 2009. Understanding the role of fog in forest hydrology: stable isotopes as tools for determining input and partitioning cloud water in mountain forests. 228-241 In: L.A. Bruijnzeel, F.N. Scatena and L.S. Hamilton (eds.) Tropical Montane Cloud Forests. Science for Conservation and Management. Cambridge: Cambridge University Press.

Simonin, K.A., Santiago, L.S. and Dawson, T.E., 2009. Fog interception by Sequoia sempervirens (D. Don) crowns decouples physiology from soil water deficit. Plant Cell and Environment, 32(7): 882-892.

Waring, R.H., and S.W. Running. 1998. Forest Ecosystems: Analysis at Multiple Scale. San Diego: Academic Press.

Weathers, K.C. 1999. The importance of cloud and fog in the maintenance of ecosystems. TREE 14(6): 214-215.

서울지명사전. http://culture.seoul.go.kr/sggDic/sggDic.do?CLSS1=0

Modern Perspectives on Some Pungsu Practices of Hanseong, the Capital of Joseon Dynasty

Lee, Dowon

Professor at Department of Environmental Planning, Graduate School of Environmental Studies
and Adjunct Researcher at Asia Center, Seoul National University, leedw@snu.ac.kr

Keywords: Bibo pond, Cheonggyecheon, Deumeu, Haechi, watershed boundary management.

Well-known practices of Pungsu in Hangseong were explored to gain perspectives for future land management. Although some of the practices sound unreasonable, relevant stories were concerned about accidental fires due to dryness of soil and air, especially during winter and early spring. For example, it was documented in 1406, the early period of Joseon Dynasty, that most of houses were made of timber with thatched roofs, and vulnerable to fires, and that people were asked to place two water jars in each governmental building to extinguish fires.

Placing the signboard at the South Gate of Hanseong in a vertical way and two sculptures of Haechi in front of Gwanghwamoon might be only symbolically meaningful. On the other hand, water jars, called Deumeus and arranged near buildings in palaces of Joseon Dynasty, could be a source of firefighting water, although the relevant legends, saying that Deumeus prevented fire ghosts of Mt. Kwanak from having access to the palaces, are unacceptable from a point of scientific view. In practice, complementing boundary of the capital's watershed with soil mounds and groves, making many ponds, and planting trees along the Cheonggyecheon might contribute to mitigating the dryness of land and air, and thus keeping accidental fires from igniting and expanding in the city which was dominated by thatched roof houses.

Nevertheless, past Pungsu practices were limited to rely largely on interpretation of landform. Considering the limitation, we propose to study the practices with modern research tools quantitatively and examine how interactions of climate, parent materials, landforms, soils, hydrological processes, plants, animals, microorganisms, and biogeochemical processes are related to the practices.

풍수 담론의
사회적 구성

The Social Construction of Pungsu Discourses

권선정
동방문화대학원대학교 초빙교수

I. 서론: 풍수 다르게 보기

한반도라는 공간적 범위 안에서 역사상 전개되어 온 수많은 사람들의 삶을 이해하는 한 방편으로서 그동안 한국의 전통적인 지리적 지식, 지리사상, 또는 공간인식의 틀로 이해되어 온 풍수를 언표적 배치물, 즉 담론 차원에서 접근하고자 한다.[01] 여러 문헌이나 현재까지 남아 있는 경관, 지명, 전설 등을 통해 풍수가 지리적 지식 또는 사상으로 역사상 여러 공간문제와 관련한 의사결정 행위에 중요하게 작용하였음을 쉽게 확인할 수 있다. 그러나 지금의 입장에서 과거의 여러 공간현상을 살피는 데 있어서 풍수가 '풍수담론(Pungsu discourses)으로서 시대적, 사회적 맥락과 관련한 언술행위의 결과물'일 가능성을 간과해 왔다. 그동안 풍수는 단지 지기(地氣)를 중심으로 입지점(도읍, 도시, 촌락, 가택, 묘지 등)을 찾고 그렇게 선택된 입지점이 인간의 삶에 어떤 영향을 미치는가에 주로 관심을 가져왔다.

여기서 담론이란 용어를 사용하는 것은 풍수에 관한 사람들의 생각이 서로 다른 이해관계, 즉 권력관계와 관련하여 다양하게 존재하고 있다는 의미를 내포한

---

01 '담론'은 '언술'로 형성된 관계의 체계라고 하며, 이때 '지리적 지식으로서의 풍수'는 언어적 단위인 제반 '풍수언술'로 구성된다고 볼 수 있다. 하나의 언술일지라도 그것이 형성하는 가치개념이 상이하고 심지어는 상반되는 경우도 볼 수 있는데, 언술에 기초한 지식이란 자체가 다양하게 구성, 해석될 수밖에 없기 때문이다. 가령 '보신탕'이라는 언어적 표현을 접했을 때 형성되는 의미는 다양할 수밖에 없다. '보신탕'이라는 언어 자체가 사실(real world)을 정확히 재현(representation)하는 불변의 개념이 아닌 어떤 요인에 의해 구성되는 언술인 까닭이다. 언술 및 지식의 생산과 소비에 중요하게 작용하는 요인으로 권력을 들 수 있는데, 이것은 여러 사회적 관계를 말한다. 풍수의 경우, 고려시대부터 중요하게 등장하는 비보풍수를 볼 때 이는 다양한 시·공간적 차원에서의 권력관계(사회적 관계)를 반영하는, 이전의 풍수이론과 결코 동일하지 않은 풍수이론으로 이해되어야 한다는 것이다(세부적인 것은 이 글의 'IV. 고려시대의 비보풍수와 권력' 참고).

다. 가령 한 장소에 대한 풍수적 해석[02]도 그 장소와 관계 맺는 인구, 즉 사회집단의 특성과 관련해 심지어 정반대의 풍수적 해석과 그것에 기초한 의사결정 행위가 가능하다는 것이다. '풍수담론'으로서 풍수를 다시 보고자 하는 이유는 그것이 항상 자연스럽게(naturalizing)[03] 혹은 명료한 방식으로 이미 존재하는 무엇이며, 현재 관점에서 정리·학습하도록 제안하는 것이 풍수에 대한 연구의 전부라고 이해하면 안 되기 때문이다.

풍수에 관한 여러 역사적 사실들 중 일부만 확인하더라도[04] 공간문제와 관련한 풍수논쟁이 이해관계에 치우치지 않고 아주 순수하게 진행되지는 않았음을 쉽게 확인할 수 있다. 즉, 권력의 관계망(힘의 마당) 속에 포함된 수많은 집단, 당파들의 풍수에 대한 해석은 상호경쟁, 갈등하며 제 각각의 해석들이 힘의 마당에서 각양각색으로 통합, 배제되면서 중심화, 주변화된다. 따라서 여기서 담론은 풍수가 지기의 작용력과 관련하여 스스로 존재하는 것이 아니며 더욱이 그저 순수하게 중립적으로 이야기되거나 표현될 수도 없다. 오히려 항상 누군가의 목적을 위해 존재하는 것이다.

Ⅱ. 입지론으로서의 풍수: 명당 찾기

풍수이론상 풍수지리에 있어서 본질은 지기(생기生氣, 음양지기陰陽之氣, 오행지기五行之氣)이다. 그동안의 풍수이론에서 가장 핵심은 지기가 밀집되는 지점(수도, 도시, 촌락, 가택, 묘자리)을 찾는 것이다. 인간의 삶이 시작된 이래 인간에 대한 자연의 영향력은 가히 절대적이며, 인간의 생존조건으로 피할 수 없는 중요한 선택이 바로 살 장소를 찾는 문제이다. 결국 지표상의 균등치 않은 자연적 조건은 인

---

02 이 글의 'V. 조선시대의 이론풍수: 길지의 대명사 신도안'을 참고한다.

03 이것은 마치 물이 위에서 아래로 흐르는 것이 당연한 자연현상인 것과 마찬가지로 풍수이론을 자연화하여 그에 대한 문제 설정(problematic)을 무의미하게 만듦을 말한다.

04 『조선왕조실록』에 등장하는 풍수 관련 논쟁들의 예는 이루 말할 수 없이 많다.

간으로 하여금 선택의 문제에 직면하게 했으며, 그것은 흔히 인간의 자연에 대한 적응과정으로 나타난다.

그런데 '왜 땅은 다를 수밖에 없는가?' 단순히 외형적으로 주어지는 객관적 현실(전략적 위치, 방풍, 생산력 등) 외에 땅을 다르게 보게 된 것은 무엇 때문인가? 풍수에서 그 해답은 이론상 지기의 문제로, 주어진 외부세계로부터 땅과 관련된 인식론의 문제와 존재론의 문제를 야기한다.[05] 즉, 지기와 관련해 '땅이 정말로 다르다고 생각해서인가(인식론)?'와 '땅이 정말로 다르기 때문인가(존재론)?'의 문제인 것이다. 어떻게 보면 서양철학의 가장 기본적 물음과도 관련되는 것이고,[06] 특히 최근의 '재현(representation)의 위기'[07] 논쟁과도 맞물리는 측면이라고 할 수 있다.

풍수에서는 존재와 인식을 연결하는 고리로 바로 지기가 있는 것이다. 지기는 그대로 기감(氣感)이 되는 존재(인간만이 아닌)에게는 실재하지만, 그렇지 않은 존재에게는 인식의 차이에 따른 결과일 뿐이다. 이것은 풍수와 관련한 인간의 행태가 충분히 이중적일 수 있음을 보여준다. 당대 이후 풍수 관련 경전들에서 흔히 나타나는 것으로 보아 그 이전에는 이러한 기감의 문제가 당 이후와 사뭇 달랐을 것으로 짐작된다.

지기의 밀집점을 찾고자 하는 목적 하에 이루어지는 의사결정 과정에 바로 풍수이론이 작용한다. 풍수이론에 내재된 존재-인식 간의 이중성 문제가 지기의 존재유무(설명의 대상으로서)를 떠나, 구체적으로 일정 특수한 지점을 선택하게 되는 인간의 행위에 영향을 미치지는 않는다는 것이다. 그렇기에 선택된 장소는 실제로 지기가 밀집되어 '있는' 장소이든, 아니면 지기라는 것이 밀집되어 '있다고 여겨지는' 장소이든 간에 인간의 명당 찾기 과정의 최종 결과물이라 할 수 있다. 몇

---

05 이러한 풍수의 이중적 측면으로 인해 풍수관련 해석들이 신비(미신)와 합리(지리학) 사이를 넘나드는 상황이 발생한다고 생각한다.

06 박이문. 1982. 인식과 실존. 문학과 지성사. 117-162.

07 이런 표현은 인류학에서 마커스(G. E. Marcus)와 피셔(M. J. Fisher)에 의해 유행되었다고 할 수 있다(James Clifford and George E. Marcus. 1986. Writing Culture. University of California Press. 165-233.; 이기우 (역). 2000. 문화를 쓴다. 한국문화사. 참고). 실재하는 외부세계와 그것의 재현 간 관계는 고정된 것이 아니라 자의적일 수밖에 없다는 것으로, 이것은 결국 존재-인식 간 관계의 특성을 지적한 표현이 아닌가 한다.

표1 현대적 입지론과 풍수이론의 대비

(1) 입지선정의 원리	간룡법→장풍법, 득수법→정혈법
(2) 시설물 배치의 기준	좌향론
(3) 지역의 종합적 개관 및 보완	형국론, 비보론

몇 학자들의 풍수에 대한 정의는 입지론적 측면을 잘 보여준다고 할 수 있는데 다음과 같다.

(1) 음양론과 오행설을 기반으로 주역의 체계를 주요한 논리구조로 삼는 중국과 한국의 전통적인 지리과학으로, 추길피흉을 목적으로 삼는 상지기술학(相地技術學).[08]
(2) 도읍 궁택의 형법적인 이론에 음양오행의 형이상학적 이론의 근거를 부여하고 그 밖에 천문, 방위 등의 사상을 첨가하여, 또 특히 유가의 윤리사상(효, 제사 등)과 결합하여 일층의 발달을 보게 된 것.[09]
(3) 인간이 조화로운 구조물(주택, 도시, 취락, 묘지 등)을 입지시킬 적절한 환경을 선택하도록 영향을 미침으로써 인간 생태계(human ecology)를 조정하는 물리적 환경을 개념화한 독특한 이해체계.[10]

위 정의들의 공통점은 풍수를 현대적 입지론과 대비시킬 수 있는 전통분야로 이해한다는 점이다. 실제로 풍수에서 구체적인 혈[11]을 찾는 과정은 풍수이론상 살피게 되는 공간스케일을 순차적으로 좁혀가면서 타 장소와 차별화되는 지점을 찾아 그 위에 인공건조물(궁궐, 관청, 종가, 묘자리 등)을 배치시키는 합리적 측면이 있다. 이와 관련한 전통적 풍수이론은 용(龍), 혈(穴), 사(砂), 수(水), 방위(方位) 등

---

08 최창조. 1984. 한국의 풍수사상. 민음사. 32.

09 이병도. 1980. 고려시대의 연구. 아세아문화사. 26.

10 Yoon, Hong-Key. 1976. Geomantic Relationships between Culture and Nature in Korea. Asian Folklore and Social Life Monographs, No. 88. Taipei. 1.

11 흔히 '명당'이라고 표현한다.

과 관련한 이론들로 정리되는데, 이를 현대 입지론적 개념에 따라 순차적으로 재정리하면 다음과 같다.[12] 우선 구체적 입지점을 찾아나가는 과정의 순서에 따라 '입지선정의 원리'로서의 간룡법-장풍법·득수법-정혈법, 또 그렇게 해서 찾아진 지점에 구체적인 '시설물을 배치하는 기준'으로서의 좌향론, '해당지역의 종합적 개관 및 보완'을 위한 형국론과 비보론 등이 그것이다.[13]

III. 풍수의 사회적 구성 : 풍수와 권력

최근의 탈현대(post-modernism), 탈구조주의(post-structuralism)와 관련한 제반 논의들은 지리적 지식, 권력, 공간 간의 관계에 대한 이해에 있어 유의미하다. 특히 이러한 담론들은 그동안의 거대이론, 즉 이론의 중심적 위치에 있었던 여러 입장들[14]에 대항할 수 있는 강력한 개념적 도구를 제공한다고도 할 수 있다.[15] 특히 사회과학의 비판이론들은 지리학의 연구대상으로서 그동안 객관적으로 실재하여 설명될 대상으로 존재온 외부세계에 대해 그것의 재현(writing, representation)으로 구성되는 지리적 지식의 의미를 문제화(problematic)한다. 이는 공간담론으로서 지리학이 갖는 위상에 대해 다시 생각하는 계기가 되었다. 가령 '공간, 지역, 장소, 경관 등의 관찰에 기초한 지리적 지식이 객관적일 수 있느냐(지리적 지식 이상의 지식 전반에 대한 문제와 관련)?'와 '그것이 주어진 대상을 제대로 재현해내고 있느냐?'의 문제는 이제 지리학적 물음이 '무엇(what)'에서 '왜(why)'와 '누구를 위해(for whom)'라는 질문으로 넘어가야 할 필요성을 제기

---

12 권선정. 1991. 취락입지에 대한 풍수적 해석. 서울대학교 석사학위논문. 40-44.

13 이러한 이론들이나 용어에 대해서는『조선의 풍수』(무라야마 지준. 최길성 옮김. 1990. 민음사)와『한국의 풍수사상』(최창조. 1984)을 참조한다.

14 가령 자민족중심주의(ethnocentrism), 남성중심주의(androcentrism), 보편주의(universalism), 추상관념(abstraction) 등.

15 Lawrence D. Berg. 1993. Between modernism and postmodernism. Progress in Human Geography 17(4). 491.

했다.

이런 최근 논의는 그동안 일정한 정리작업을 통해 풍수에 대해 보다 문제지향적으로 접근할 수 있는 충분한 장을 마련했다. 이것은 풍수연구가 한국의 전통지리사상으로서 '풍수가 무엇이냐?'에서 '왜, 누구를 위해'의 문제로 넘어가야 되고, 그래야 역동적 풍수의 모습, 그와 관련된 여러 풍수적 사상들을 해석할 수 있음을 제시한다. 다시 말해 '풍수는 무엇인가?, 어느 경관의 풍수적 의미는 무엇인가?'의 질문이 아닌 '누구를 위한 풍수인가?, 풍수경관은 어떤 사회적 과정을 통해 구성되며 의미를 갖게 되는가?' 등의 질문이 제기되어야 한다. 이러한 입장은 그동안 이루어진 풍수 관련 연구의 의미를 과소평가하려 함이 아니며, 오히려 그것을 기초로 시간적 층위가 두껍게 쌓인 한국 공간의 특수성을 읽어내는 또 한 걸음의 시도라는 의미를 가진다.

이 질문들은 공간담론으로 풍수의 구성 가능성을 살피는 것이며, 그동안 거대이론(meta narrative)[16]으로 전제된 풍수의 형식논리 기초 위에[17] 시공간적 변화의 모습을 쌓아 일련의 풍수담론들을 구성하는 것이다. 공간담론으로 풍수를 보고자함은 지리적 지식의 사회적 · 정치적 · 문화적 구성을 전제하며, 결국 사회적 관계, 즉 권력관계의 반영으로서 풍수담론의 구성을 의미한다. 이와 관련해 다음 장에서 고려초기의 시대적 상황(권력관계)을 반영하는 비보풍수의 예를 살펴보자.

Ⅳ. 고려시대의 비보풍수와 권력

비보풍수뿐만 아니라 고려시대의 풍수를 논의하는 데 있어서 도선(道詵)은 그 중

---

16 그동안의 여러 풍수 관련 현상을 접근, 해석함에 있어 '현재의 풍수이론'을 기본 출발점으로 하는 경우 시 · 공간적 맥락을 반영하며 다양하게 전개되어 온 제 지리적 현상의 접근에 한계가 발생한다. 가령 고려초기의 시대적 상황을 반영하는 비보사찰 경관의 의미해석에 있어 전제되는 비보풍수는 조선시대의 지방차원에서 이루어져 온 비보와는 성격이 다르다고 할 수 있다.

17 최근의 풍수연구도 거대이론으로서 풍수의 형식논리를 전제하고 그에 기초한 풍수적 해석이나 계획 차원의 논의가 주가 되었다고 생각한다.

심에 있다고 해도 과언이 아니다. 자생풍수, 비보풍수, 풍수도참 등 다양하게 규정되는 도선풍수의 특징은 달리 말하면 고려시대 풍수의 특징적 모습이라고 할 수 있기 때문이다. 도선풍수의 특징으로 규정되는 풍수의 전개, 변용양상을 살펴보면 비보풍수 외에 고려시대의 풍수가 일정 그 모습을 드러낼 것이라 기대된다.

우선 비보풍수로서 도선의 풍수를 보면 이는 형세론, 방위론, 형국론과 일정 구분되는 측면을 가진다. 서윤길에 의하면 원래 밀교에서는 만다라를 세우고 도량을 세울 때 반드시 그 형세와 방위를 고려하는 택지법이 있으며, 풍수비보는 이러한 밀교사상의 현실적 변용양상으로, 그 적용스케일의 유연성(국가 차원의 불국토, 촌락이나 사찰공간 구성의 만다라적 구성 등)을 전제로 형성된 것이다. 그의 이러한 논지를 따르게 되면 '고침의 지리학(치료의 지리학)'으로서 도선풍수, 한국 자생풍수의 특징을 언급하는 최창조의 자생풍수설 내용과 일맥상통하는 면이 있다.[18]

특히 고려초기의 「훈요십조」 등에 나타나는 도선의 산천비보풍수의 전개[19]는 밀교적 차원에서 전체 국토의 만다라적 구성과 본질적으로 그 의도가 같다고 볼 수 있다. 두 입장 모두 땅·공간·장소와 구체적으로 묶여져 삶을 유지해 나가는 사람들을 위해 치료 목적으로 땅을 대우하거나(자생풍수설), 보살들의 힘을 얻어 복리를 추구하도록 공간에 대해 사찰, 부도, 탑, 불상 등의 인위적 시설물을 세우는(밀교) 등 자연(땅, 환경, 불국토)과 인간 간 조화로운 관계 맺기를 강조하는 지리적·종교적 차원의 논의들이 아닌가 한다. 이런 한국풍수의 특징과 관련해 풍수비보론의 성립을 풍수와 밀교의 만남의 결과로 보는 이론적 논의와 현장연구를 병행한 입장도 있다.[20]

그렇지만 종교적 차원, 인간-환경 간 관계적 차원의 풍수논의는 고려시대 풍수의 중요한 특징이라고 할 수 있는 지배권력과 풍수의 만남이란 측면이 다소 논외

---

18 최창조는 도선의 비보풍수를 한국 자생풍수의 주 내용으로 삼고 있다(최창조. 1997. 한국의 자생풍수 I. 민음사.; 1999. 땅과 한국인의 삶. 나남출판. 29-95.; 2000. 땅의 눈물 땅의 희망. 궁리).

19 특히 훈요의 제2조 "諸寺院 皆道詵推占山水順逆 而開創 道詵云吾所占定外 妄加創造 則損薄地德 祚業不永"

20 최원석. 2000. 영남지방의 비보. 고려대학교 박사학위논문.

로 여겨지는 한계가 있다. 권력과 풍수의 만남은 이미 통일신라말기의 지방호족
이나 당시의 엘리트, 지식인 계층이었던 선승들의 현실인식과 결코 무관하지 않
다고 할 수 있다. 특히 고려의 개창자인 태조 왕건은 후삼국의 분열로 나타난 지
방세력의 재정리 과정을 직접 체험하며 최종적으로 재통일이라는 결과물을 이루
었고, 통일 후의 세력 재편, 국토 재편성의 필요성을 절감하는 상황이었다. 경주
중심의 신라 구도를 해체시키기 위한 수도의 이전[21], 여러 지방세력과의 혼인관계
를 통한 정치적 차원의 지방세력 흡수, 수많은 사상계의 융합을 위한 수많은 불교
종파와 민간신앙 등의 흡수 노력 등은 시대 전환기에 처한 지배권력의 상황을 반
영하는 것이라 할 수 있다.

지배권력과 풍수의 만남을 볼 수 있는 사례가 바로 고려시대의 수많은 비보사
찰, 사탑의 건립이다. 태조가 500선우를 세웠다는 기록[22]이나 『고려국사도선전』
에 도선이 비보사찰 500개 소를 세웠다는 기록[23], 심지어 「백운산내원사사적」에
는 3,500개[24] 혹은 3,800개라는 설[25]도 있으며, 최근의 한 논문에서는 『성종실록』
의 기사를 주목하여 고려시대의 비보사찰이 3,000개 내외였을 것으로 추정했
다.[26] 그러나 도선이나 태조와 관련해 언급되는 고려의 비보사찰은 고려의 개국
에서 재통일 때까지 태조에 의해 개경 부근에 세워진 비보사찰을 제외하고는 거
의 대부분이 고려 개국 후 기존의 지방사원을 비보사찰로 추인한 결과다. 이는
그만큼 고려시대에 불교사찰이 비보사찰로 인정되어야만 하는 이유가 있었다는
반증이다.

먼저 태조에 의한 개경 중심의 비보사찰 건립은 태조의 고려 개국(918년)부터

21　전체 국토 차원에서 볼 때 동남부의 경주에서 거의 정반대인 북서부의 개경으로의 수도입지 변화는 상당한 공
간재편의 의미를 가진다.

22　이규보. 「용담사총림회방」.「동국이상국집」권 25.

23　『朝鮮寺刹史料』하. 378.

24　「백운산내원사사적」.「조선사찰사료」상. 18-19.

25　『조선사찰사료』하. 377-379.

26　이병희. 1993. 조선초기 사사전의 정리와 운영. 역사학연구. 365.;『성종실록』권 174, 성종 16년 정월 무자("道
詵設三千裨補").

통일이 완성되는 936년까지 계속되었다. 이를 교권과 왕권의 타협이란 차원에서 보면 선종은 물론 교종 그리고 해외승에 이르기까지 수많은 불교종파를 포용, 수렴하는 정책으로 볼 수도 있지만, 풍수와 관련해 그러한 사찰들의 입지는 비보사찰로서 의미가 더 중요하다고 할 수 있다. 그 내용을 보면, 태조 919년에 법왕사(法王寺, 화엄종) · 왕륜사(王輪寺, 해동종) · 내제석원(內帝釋院, 제석신앙) · 보제사(普濟寺, 선종) · 지장사(地藏寺, 선종) · 문수사(文殊寺, 선종) · 신흥사(新興寺, 선종) · 사나사(舍那寺, 선종) · 자운사(慈雲寺, 유가종) · 영통사(靈通寺, 화엄종) 등의 10사를 도성 안에 창건하였고, 이후 921년 대흥사(大興寺, 오관산), 922년 광명사(廣明寺, 선종, 송악산) · 일월사(日月寺, 선종, 궁성서북), 924년 외제석원(外濟釋院, 제석신앙, 선종) · 구요당(九曜堂) · 신중원(神衆院, 신중신앙) · 흥국사(興國寺, 화엄종, 경성), 927년 묘지사(妙智寺, 관동), 929년 구산사(龜山寺, 선종, 송악산), 930년 안화선원(安和禪院, 왕신원당, 선종, 송악산), 935년 개국사(開國寺, 율종, 개경), 936년 광흥사(廣興寺) · 내천왕사(內天王寺) · 현성사(現聖寺, 신인종) · 미륵사(彌勒寺, 미륵신앙) · 공신원당(유가종) · 개태사(開泰寺, 화엄종, 충남 연산) 등을 창건하였다.[27]

개태사를 제외한 거의 모든 사찰이 개경을 중심으로 건립되었다는 사실은 신라왕실과 깊은 관계였던 수많은 경주 사원들에 기초한 신라 중심의 고대적 불교기반을 개경 중심으로 재편하려는 태조의 의도가 반영된 것이라 할 수 있다. 더욱이 통일전쟁이 종료된 936년까지 계속된 사찰건립이 이후에는 중단된 것으로 미루어 태조의 개경 중심의 비보사찰 건립정책은 후삼국의 통일정책과 병행된 것임을 알 수 있다. 이는 지방사원을 중심으로 형성되던 다양한 불교종파를 수용하여 중앙정부(권력) 차원의 종교적, 사상적 통일 및 통제를 위한 조처일 것이다.

특히 후백제와의 중요한 전략상 위치였던 충남 연산의 주요 길목에 세워진 개태사의 경우[28] 개경 이외의 지역에 세워진 유일한 사찰이라 할 수 있는데, 태조는

---

27 한기문. 1998. 고려사원의 구조와 기능. 민족사. 32-48.

28 개태사는 태조 왕건의 진전사원(眞殿寺院)으로 고려시대에는 상당한 위치, 규모의 사찰이었다. 조선조에는 심지어 연산현의 치소로서 관청 건물로 사용되기도 하였으나(『세종실록지리지』 권 81, 세종 20년 5월조.), 조선후기에 이르러 완전히 폐허화되고 단지 그 유기만 남아있는 것으로 확인된다(『여지도서』).

그림1 고려초 비보사찰로 세워진 충남 연산의 개태사

이곳에서 매년 봄, 가을 화엄법회를 열도록 하였으며, 심지어 첫 법회 때에는 태조 자신이 화엄법회소를 쓰기도 하였다(그림1). 이곳은 후에 그가 남긴 「훈요십조」 제8항에 언급된 차현(차령산지) 이남, 공주강(금강) 이남 지역의 시작으로 후백제 세력의 중심 지역이었던 충청, 전라 지역으로의 중요한 길목이 된다. 태조의 사찰건립은 당시의 시대적 상황을 반영하는 태조의 정치전략의 일환으로 비보풍수와 권력과의 만남을 통한 공간통제가 주된 목적임을 짐작할 수 있다.[29]

다음으로 고려시대에는 수많은 비보사찰이 있었던 것으로 전해지는데 특히 『신증동국여지승람』에 반영된 사원의 수는 1,721개 소가 확인된다. 이 숫자는 고려사회에서 중심이 되는 사원의 수를 의미하는 것이 아닌가 한다.[30] 사찰이 도선이나 태조에 의해 비보사찰로 세워졌다 함은, 신라말기부터 성립되어 산재한 기존의 지방사원들을 태조(고려의 지배권력)가 사탑비보설이라는 도선의 풍수(비보풍수)를 바탕으로 공인하는 형식을 취해 국가의 통제권으로 흡수하였다는 의미로

---

29 『고려사』에서 확인할 수 있는 개태사 관련 기록은 단지 그 조영시기 및 화엄계통 사찰이라는 점 외에 특별한 것이 없다. 『신증동국여지승람』의 「연산현」(불우)편에 실려 있는 발원문을 통해 확인 가능한 창건동기로 후백제와의 관계를 태조가 깊이 고려했음을 알 수 있다.

30 한기문. 1998. 고려사원의 구조와 기능. 민족사. 123.

이해해야 한다.

가령 이미 건립된 사찰들의 입지에 대해 국토 전체적 차원에서 비보처에 입지하였는지의 여부를 어떻게 평가할 수 있었을까의 문제[31]부터, 만일 그렇지 못할 경우 사찰의 이건문제는 쉽지 않았을 것이고, 특히 고려 개국 후 건립된 수많은 사찰의 입지가 「훈요십조」의 제2항에서 밝히듯 도선이 점정한 장소에 입지했다고 볼 수 있을까 하는 의문들이 제시될 수 있다. 또한 고려 광종 때부터 승과제도의 시행으로[32] 일반관료와 같이 국가 주도의 승려선발과 승계부여에 따라 각 사원에 승려를 파견하거나 사원전에 대한 정비, 인사권 장악 등을 통해 사원을 점차 국가 통제권에 흡수해 가는 과정을 볼 때, 고려시대의 수많은 비보사찰의 존재는 비보풍수에 근거한 지덕의 유지나 훼손방지 등 입지선정 차원에서 논의될 성질이 아님을 알 수 있다.

고려 태조는 「훈요십조」에서 밝혔듯이 불교를 통해 통치체제의 재정비를 시도했다. 이는 고려시대의 사원통제가 고려초기 토성분정과 같이 고려왕실의 유지를 위한 중요한 문제였음을 암시하며, 기존의 수많은 사찰들이나 새로 건립되는 사찰들에 대한 효율적 통제의 방편이 필요했음을 말한다. 우선 고려왕조는 국가 차원에서 공인 사원의 형태로 수많은 사원들을 국가 통제 하에 둘 중요한 방편으로 사원에 대한 사회적, 경제적 차원의 차별화를 수행하였다.[33] 동시에 공간적 차원의 통제전략(공간담론)으로 도선의 산천비보풍수를 수용하여 개개의 사원입지에 대해 '풍수비보의 의미'를[34] 부여함으로써 사원으로 하여금 국가체제에 큰 무리 없이 통합될 수 있도록 객관적 조건을 부여했음을 알 수 있다. 이 과정을 통해

---

31 가령 신라하대의 사찰들이 개경 중심의 국토전체적 차원에서 비보처에 입지했다고 볼 수 있을까? 오히려 당시는 구산선문의 예처럼 수많은 불교종파의 재지세력과의 만남 속에 지역적 차원의 중심으로 또는 여러 지방 세력의 영역설정의 의미로 본사말사들이 세워졌다고 할 수 있다.

32 허흥식. 1986. 고려불교사 연구. 일조각. 356-390.

33 이와 관련해 『고려사』에는 고려말 사원재정정리 안에 '국가비보소(國家神補所)'만 재정지원할 것을 주장하고 있는데, 일부 개인차원의 사설사원을 제외한 많은 중앙, 지방사원들이 국가체제로 유입되어 왔을 필요성을 짐작할 수 있다(『고려사』 권78, 志, 殖貨, 田制 辛禑 14년 7월, 신하들의 상서).

34 여기서 풍수비보의 의미는 개경을 중심으로 한 국토의 지덕(地德)을 훼손하지 않는 장소에 개개의 사원이 입지하고 있다는 소극적 차원의 의미부여에서 심지어 지덕을 통한 국업의 번영이라는 적극적 차원까지를 포함한다.

비보사원으로 명명된 전국의 사원들은 「비보기(裨補記)」 또는 「비보지적(裨補之籍)」이란 문서에 등재되었고, 여기에 사원입지와 관련한 산천형세뿐만 아니라 사원의 소속종파 및 그 지역 토착세력의 인적사항까지 기재되었다.[35]

결국 고려시대 도선의 비보풍수는 고려왕실(지배권력)의 사원통제와 관련한 중요한 사상적, 공간적 방편으로 신라하대의 지방적(periphery) 차원을 포괄하는 국가적(center) 차원의 공간 통제전략으로 특징지을 수 있다.

V. 조선시대의 이론풍수: 길지의 대명사 신도안

고려풍수와 구별되게 조선풍수는 초기의 수도 입지선정 과정에서부터 중국의 이론풍수가 본격적으로 특정장소의 입지선정 및 시설물 배치에 언급되기 시작한다. 그렇다고 고려풍수의 특징(비보풍수, 풍수도참 등)이 단절되었다는 의미가 아니라 오히려 여러 이론풍수의 개입으로 인해 더욱 다양한 풍수논의가 전개되었다. 구체적으로 확인되는 조선시대 이론풍수의 유행은 수도 천도과정[36]에서 등장하는 신도안과 관련되어 있다. 이 장에서는 신도안에 대한 당시의 풍수이론적 해석 및 이후 전개되는 신도안 관련 풍수담론들을 살펴봄으로써 하나의 장소에 대해 다양하게 구성되는 풍수담론의 실제를 확인해 본다.

신도안(新都內)은 글자 그대로 새로운 도읍지가 들어섰던 땅이다. 본래 계룡산

---

35 한기문. 1998. 고려사원의 구조와 기능. 민족사. 110-117.

36 태조대부터 시작된 신도선정 과정은 조선초기의 풍수상황을 이해하는 중요한 역사적 사건이라 할 수 있다. 태조는 즉위한지 채 한 달이 되지 않는 상황에서 천도(정확히 奠都라는 표현을 씀)를 명하는데, 이는 그가 고려말부터 떠돌던, 한양에서 이씨의 기운이 살아난다는 풍수도참에 깊이 빠져 있었을 가능성을 보여주는 것이다(『태조실록』, 1년 7월 병신조). 즉, 국호를 고려로 유지하는 상황에서(국호를 정식으로 고쳐 조선이라 한 것은 태조즉위 2년 2월) 천도를 명하였으니 그곳은 계룡산의 신도안이 아닌 한양이었다(『태조실록』, 원년 팔월 임술조; 동월 갑자조). 즉, 신도안이 최초의 수도후보지로 거론된 것은 아니었다. 그러나 실제 천도는 이루어지지 않았으며, 태조 2년 권중화에 의한 계룡산 도읍지도의 헌상을(『태조실록』, 2년 1월 무신조) 계기로 천도 논의는 구체적으로 추진되고, 신도안 공사 중지 후 모악, 한양, 불일사, 선고개 등의 후보지에 대한 논의 끝에 결국 태조 3년(1394년) 8월 24일에(『태조실록』, 3년 8월 신묘조) 한양이 공식적으로 상하의 합의 아래 수도로 결정되었다. 그로부터 두 달 후(1394년 10월 25일) 구 한양부 객사를 이궁으로 삼아 천도를 단행하게 된다(『태조실록』, 3년 10월 신묘조).

신도안은 태조 2년 정월에 정당문학 권중화에 의해 계룡산 도읍지도가 헌상됨에 따라 본격적인 천도의 대상으로서 당해년 12월 하륜의 상소가 있기까지 실제로 국도건설작업이 이루어졌던 곳이다. 현재 계룡산 신도안과 관련한 풍수, 도참적 해석은 실로 다양하다고 할 수 있다. 그러나 그 해석들이 언제 어떠한 이유에서 등장, 유포되었는지 정확히 확인되는 것이 거의 없다. 즉, 조선초기의 신도안 결정과정에 기초가 된 풍수적 해석의 내용이 현재로서는 쉽게 파악되지 않는 실정이다.

단지 이 지역이 신라시대 오악(五岳)의 하나인 서악(西岳)으로, 중사(中祀)로 편입되었던 계룡산[37] 천황봉을 중심으로 일정국면이 형성된 곳이었다는 점을 감안할 때, 계룡산과 관련한 풍수도참적 해석이 신도안의 입지선정과 관련, 주가 되지 않았을까 추측된다. 『신증동국여지승람』의 "이 고을로 말하자면 전조(前朝)의 태조와 우리 태상왕(태조)께서 모두 도읍을 정하시려던 곳이다."[38]와 고려 태조가 계룡산을 의미 있게 고려했음을 상기해 보더라도 추측이 가능하다.[39] 이렇게 본다면 현재 우리가 접하는 계룡산 또는 구체적으로 신도안과 관련한 여러 풍수, 도참적 해석은 신도안이 조선초기의 수도입지와 관련, 역사상 등장한 이래 일종의 견강부회나 비판의 목적으로 재구성된 것들이 아닌가 한다.

특히 신도안에 대한 풍수적 해석 중에 신도안 도읍불가설로 제시된 하륜의 '수파장생쇠패입지(水破長生衰敗立至)'설은 역설적으로 역사 속의 수많은 사람들에게 신도안을 풍수상 조선 최고의 명당으로 인식하는 효과를 만들었다고 할 수 있다. 본래 하륜의 풍수적 해석은 신도안이 길지로서 중요한 여건을 갖추고 있지 못하다는 것으로, 당시 경기도 관찰사였던 그는 계룡산 신도안의 주산과 득수와의 방

---

37 『삼국사기』 권 32, 제사조. 조선에서는 삼악의 하나로 계룡산의 의미가 강화된다.

38 『신증동국여지승람』 권 18, 「연산현」, 학교조. "是郡地 前朝太祖及我太上王 皆欲定都之地也."

39 그러나 역사학자 이병도의 경우 고려 태조의 「훈요십조」의 내용 "車峴以南公州江外 山形地勢並趨背逆"을 들어 태조가 계룡산에 대해 그다지 큰 비중을 두지 않았다는 반론을 제시하지만(이병도, 1980. 고려시대의 연구, 367.), 앞서 본 바와 같이 실제 태조의 비보사찰 건립과 관련, 개경 이외의 타 지역에 건립한 유일한 사찰인 개태사가 바로 계룡산 부근인 연산에 위치한다는 점을 볼 때, 고려 태조에게도 계룡산은 군사전략상 중요한 의미를 가지고 있었음을 추측할 수 있다.

위관계를 송대 호순신의 '수법방위론'[40]에 기초하여 분석, 상서했다.[41] 즉, 명당을 구성하는 물길의 방위관계에 대한 이론풍수의 대원칙은 "길방래흉방거(吉方來凶方去)"여야 하는데 신도안의 나가는 물길의 방향이 이론풍수상 중요한 요건을 갖추고 있지 못하다는 것이다. 이를 계기로 조선조의 풍수는 고려시대와는 구별되는 이론풍수로 전환하게 된다. 『태조실록』 2년 12월 「임오조」에서도 하륜의 수법방위론 제시 이후 호순신의 풍수이론(중국의 이론풍수)이 비로소 퍼지게 되었음(반행頒行)을 확인해주고 있다.

한 국가의 도읍으로 풍수이론상 적절치 못하다는 풍수적 평가가 오히려 이후의 다양한 인간집단(기층민, 사회변혁 세력, 종교집단, 군부, 지방자치체 등)에 의해 전용되는 장소적 이미지의 기초가 되었으며, 또한 하나의 장소에 대한 풍수적 해석이 결코 동일하지 않고 부단히 재구성될 수 있음은 풍수-장소-권력 간의 역동적 측면을 그대로 보여주는 것이 아닌가 한다. 즉, 신도안이라는 장소는 풍수, 권력과의 관계 속에서 조선초 국가의 수도, 조선중기 이후 피난처인 승지(勝地)나 사회변혁의 새로운 유토피아, 근대 이후 신흥종교의 성지, 1980년대 중반 이후 군의 핵심시설의 입지처로, 최근에는 지방자치단체(충청남도 계룡출장소)로 그 모습이 장소정체성 형성과 관련해 역동적으로 재구성되고 있다.

이렇듯 신도안의 풍수적 이미지의 지속과 장소적 전용은 신도안의 풍수적 명당 관념이 장기 지속적으로 작용하면서 동시에 다양한 장소성을 가지는 신도안을 구성해 왔음을 보여주는 것이다. 결국 신도안에 대한 조선초기의 풍수적 평가와 관련한 풍수상 명당 관념(idea)은 오히려 지배계층 이외의 인간집단에 의해 시공간적 맥락을 반영하며 다양하게 재구성되어 왔다고 할 수 있다.

---

40 『地理新法胡舜申』

41 신도안의 주산이 되는 천왕봉과 물길의 파방(破方, 혈에서 본 물길의 나가는 방향)의 방위관계에 대해 '수파장생쇠패입지'라 하여 신도안 공사중지를 상서하고 있다(『태조실록』, 2년 12월 임오조). 계룡산 신도안의 풍수적 해석에 대해서는 최창조. 1984. 한국의 풍수사상. 241-247.; 이병도. 1980. 고려시대의 연구. 364-374.를 참고한다.

VI. 결론

풍수를 역사적 변화, 공간적 다양성에도 불구하고 하나의 목소리(univocal)를 내는 거대이론(입지론으로서의 풍수)으로 전제하면 역사 속에 등장하는 다양한 풍수의 최종 결과물인 현재의 풍수에 대한 충분한 이해를 기대하기는 어려울 듯하다. 물론 풍수이론과 관련해 과거의 풍수이론서들을 분석하는 작업, 실제 적용 및 응용도 필요하지만, 앞서 말한 바와 같이 풍수는 그것이 갖는 이중적 측면으로 인해 '신비'와 '합리' 사이의 다리 어딘가에 서 있어야 한다. 현 단계의 중등 교육과정에서 풍수는 한국의 전통적 지리관으로 언급되어 있으며 '7차 교육과정'에서는 환경문제와 관련해 전통적 생태지혜로서의 풍수 인식의 유의미함까지 제시되어 있다. 하지만 여전히 풍수에 대한 연구는 부족하고 어려움이 많다.

지기가 밀집된 명당(혈)을 찾는 입지론으로서 풍수가 갖는 합리적 측면에도 불구하고 지기에 대한 본질적 물음은 풍수연구자 자신들뿐만 아니라 타인에게도 끝없는 딜레마를 낳고 있다. 그러다 보니 지리학(geography)의 주요 연구대상인 장소, 경관 등의 연구에 풍수가 상당히 관련되었음을 확인하면서도 적절한 해석의 틀이 모호해지는 경우가 많다. 가령 '풍수적'이라는 관용적 표현을 일반화된 표현처럼 사용하는 정도인데, 과연 '어떤' 풍수적이라는 의미인지 구체적으로 다가오지 않는다. 같은 비보풍수임에도 그것과 관계되는 시공간적 맥락과 관련해 전혀 상이하게 구성될 수 있는 것이다.

이 글에서 간략하게 제시해 본 고려시대 비보사찰(경관), 조선시대의 신도안(장소) 등에 대한 해석은 하나의 일반화된 듯한 풍수이론을 전제로 해석될 수 있는 것이 아니다. 사회적으로 구성되는 경관, 장소의 의미해석과 관련해 권력, 담론의 문제를 같이 살펴야 할 필요가 있다.

高麗史.
東國李相國集.
三國史.
新增東國輿地勝覽.
輿地圖書.
朝鮮王朝實錄.
朝鮮寺刹史料.
地理新法胡舜申.

권선정. 1991. 취락입지에 대한 풍수적 해석. 서울대학교 석사학위논문.
무라야마 지준. 최길성 옮김. 1990. 조선의 풍수. 민음사.
박이문. 1982. 인식과 실존. 문학과 지성사.
이병도. 1980. 고려시대의 연구. 아세아문화사.
이병희. 1993. 조선초기 사사전의 정리와 운영. 역사학연구 7: 345-393.
제임스 클리포드, 조지 마커스. 이기우 옮김. 2000. 문화를 쓴다. 한국문화사.
최원석. 2000. 영남지방의 비보. 고려대학교 박사학위논문.
최창조. 1984. 한국의 풍수사상. 민음사.
최창조. 1997. 한국의 자생풍수 I. 민음사.
최창조. 1999. 자생풍수에 담긴 선조들의 지혜. 땅과 한국인의 삶. 나남출판.
최창조. 2000. 땅의 눈물 땅의 희망. 궁리.
한기문. 1998. 고려사원의 구조와 기능. 민족사.
허흥식. 1986. 고려불교사 연구. 일조각.

James Clifford and George E. Marcus. 1986. Writing culture. University of California Press.
Lawrence D. Berg. 1993. Between modernism and postmodernism. Progress in Human Geography 17(4): 490-507.
Yoon, Hong-Key. 1976. Geomantic Relationships between Culture and Nature in Korea. Asian Folklore and Social Life Monographs No. 88. Taipei.

The Social Construction
of Pungsu Discourse

Kwon, Seonjeong

Dongbang Culture University, sjkwon85@dreamwiz.com

Keywords: Pungsu discourse, spatial discourse, Bibo pungsu, Myungdang pungsu, Bibo temple

Pungsu (Fengshui, 風水) has had a great influence on the decision of various locations (capitals, cities, villages, and individual architectures and landscapes, and even graves) as a geographical knowledge and a geographic thought in the Korean history. So lots of researches (including history, architecture, Korean literature, religion, geography, etc.) have been tried to trace and disclose the original, rational and positive points of pungsu. But they have focused on the geographical influences of pungsu as a pure location theory and the criticism of mysterious sides of pungsu. I think that almost all of these studies have treated pungsu as a meta theory of which influences have been too wide, deep and long, regardless of the differences of the geographical, historical and social contexts.

On this study, I tried to explore the different side of pungsu as a spatial discourse which has been socially constructed with power and politics. For pungsu as a geographical knowledge could not help being related with the politics of space for power groups' selecting the special places and reorganizing national territories. From this perspective, I could reconstruct the various pungsu discourses reflecting the geographical, historical and social contexts: 'Hyungse pungsu', 'Bibo pungsu', 'Myungdang pungsu' (the Chinese fengshui theory), etc.

Bibo pungsu could be the distinctive pungsu of the Goryeo Period (918~1392) with Docham pungsu. We can identify many Buddhist temples called 'Bibo temple' which had been constructed by Bibo pungsu. Theoretically it is a part of pungsu discourses which adjust the inadequate natural conditions for human living artificially. But a lot of Buddhist temples of Goryeo Dynasty had been constructed as a meaningful means for the politics of landscape by which the ruling classes compromised with regional power groups. In other words, the center group of Gaegyung (Gaeseong), the royal capital of the Goryeo Dynasty, had to control and dominate the regional power groups called 'Hojok' for maintaining and reinforcing their political regimes. That political situation resulted in the combination of political groups in the name of Bibo pungsu. Nowadays, we can identify some written texts related to these conditions, 'Bibogi' and 'Bibojijeok'. These written texts contained the names of Bibo temples which would be recognized officially by the political regime of Gaegyung, and the environmental situations of each regions, populations, etc. In conclusion, the political regime of Gaegyung constructed Blbo pungsu discourse and Bibo temples for controlling the regional groups and power relations.

Myungdang pungsu came to appear as a kind of pungsu discourses related to the capital relocation from Gaegyung to Hanyang in the early Choson Period. That transfer process is very interesting. In three weeks after opening up the Choson Dynasty wanted the first King Taejo to transfer the capital to Hanyang. But the transfer plan ended in failure. After that, King Taejo tried to find other place for the new capital. Finally he decided one place, 'Sindo' (the 'New Capital' literally) of Gyeryong Mountain next year and started the construction of Sindo capital. But just after 10 months King Taejo changed this transfer plan to Sindo by the new pungsu theory called Jirisinbeop, a sort of the Chinese fengshui theory. Here we need to focus on the historical fact that King Taejo gave up this project too easy just by the new pungsu theory which had never been prevalent before. This means, I think, that the King used Sindo of Gyeryong Mt. only as the political medium for the final transfer to Hanyang where he wanted firstly. And this historical event implied the substitution the existing pungsu discourses of the Goryeo Period for the new Chinese fengshui. At the same time it could be possible by King Taejo's political intention bounded with the power relations in the early of the opening up of his dynasty. From this event, pungsu discourse of Choson Period could be inclined to the drastic theoretical Myungdang pungsu.

한국 풍수신앙,
그 경험의 자리

Pungsu in Korea:
Belief Based on Experience

이화
캐나다 PCU중의대학교 프로그램 연구교수

I. 서론: 한국 풍수신앙의 경험사

요사이 부쩍 오랫동안 인류사에 전승되고 읽혔던 옛 문헌에 대한 재조명, 재해석이 유행하고 있다. 이는 지금을 사는 우리에게 옛것들이 어떻게 기능할 수 있는가를 물으면서 비롯된 현상인 듯하다. 역사가 사실이냐 아니냐를 묻기도 하고, 그것을 넘어 역사가 그렇게 쓰인 맥락을 연구하기도 한다. 그 맥락은 역사를 기술한자의 목적과 의도를 기술하기도 하고 시대의식을 반영하기도 하며, 인간의 경험을 담고 있기도 하다.

"풍수의 역사는 중국의 역사와 같다."는 중국전문학자 드 그룹의 말처럼 풍수가 시작되어 이용되고 경험되어 온 역사는 오래되었다. 그것은 특정시대 특정문화에서 유행하기도 하고 논쟁의 대상이 되기도 했다. 지금 우리가 아직도 풍수를 얘기하는 것은 풍수가 여전히 다양한 방식으로 경험되고 있기 때문이 아니겠는가. 그 경험의 내용이 인간의 삿된 욕망에서 비롯된다고 하더라도 그것이 인간 경험의 현실이었다는 것은 부인할 수 없는 사실이다. 특히 한국사에서 풍수는 그러한 경험의 역동을 다채롭게 겪어 왔다.

이 글은 그동안 필자가 해 온 풍수연구 중에서 '풍수가 어느 순간 어떻게 경험되었다고 말할 수 있는가'라는 초점에 따라 편집된 것이다.

1. 고려시대, 주술—종교적 풍수

고려시대 불교가 '국가 공인종교(official religion)'로서 국가의 종교적 필요에 일정 기능을 수행하고 있었음은 의심의 여지가 없다. 특히 불교는 고려의 정신적인 힘으로 존재하면서 고려조 왕실과 지배층인 귀족세력의 절대적인 보호와 지지를 받았다. 그렇게 고려조 불교는 국가종교라는 이미지를 갖고 있었다.

고려시대 유교가 행정기법의 교육과 사회질서의 유지라는 실제적인 유용성 차원에서 존중되고 있을 때, 불교는 영혼의 구제 및 현세에 대한 집착에서 벗어나라는 정신적 교훈을 주창하면서 개인에게 내재화되어 있었다. 개인에게 종교적인 기능을 수행하고 있었던 것은 유교가 아니라 불교였고, 불교는 그러한 자신의 기능에 만족하며 유교의 '영역화'에 관대하였다. 종교적 기능을 수행하는 다른 '경쟁' 종교가 있었다 하더라도 불교교리가 지닌 내면적 지향성 때문에 고려시대 풍수는 불교 못지않게 왕실과 귀족세력의 비호를 받으며 성장할 수 있었다.

풍수는 불교가 제공하지 못한 정치적 정통성이라는 영역까지도 충족시키고 있었다. 변혁의 시대에 바로 그 땅에서 그런 왕이 나올 수밖에 없었고 그런 왕조가 성립될 수밖에 없었다는 데에 불교와 같은 '근본주의적 태도'보다는 풍수가 제공하는 '이념적 논리'가 더욱 요청되었던 것이다. 고려 왕씨 정권은 자신의 왕권을 초월적인 힘에 의존하고픈 열망이 있었고 그러한 열망은 풍수의 이념을 통해 해소될 수 있었다.

고려시대 연구가인 이병도는 고려조를 3분하여 전기는 '건국 및 통일 중심의 도참', 중기는 '연기(延基), 순주(巡住) 중심의 도참', 후기는 '이어(移御), 천도(遷都) 중심의 도참'이라는 부제를 달았다.[01] 다시 말해서 고려조는 도참이라는 미래예언적 사유가 지향하는 바에 따라 시대적 전환점을 삼은 것이다. 도참이라는 용어를 통해 미래예언을 통한 시대적 발전론으로 고려를 특징지으려 했지만 사실 여기서 도참을 풍수로 바꾸어도 무리가 없다.

이병도 자신도 도참신앙과 풍수(지리)를 혼용하고 있기 때문이며, 글의 구성 또한 실제 있었던 고려조의 풍수 관련 사건이 시대별로 나열되어 있음을 고려해도 그렇다. 이병도의 삼분기론은 '생성-안정-변혁'이라는 고려의 시대지향점을 풍수

---

01. 이병도. 1980. 고려시대의 연구. 아세아문화사.

의 이념적 전환논리와 연결시키고 있다는 점에서 고려시대 풍수의 위상을 알 수 있는 대목이다. 그 논의에 따르면 고려시대는 풍수가 국가 차원에서 기능하는 모티브를 모두 내장하고 있음을 알 수 있다. 고려조 풍수는 태조 왕건의 개국 모티브로서, 국토의 균형발전과 통치권의 원활함을 보증하는 삼경(三京) 모티브로서, 그리고 세력권의 이동에 필요한 개혁 모티브(천도)로서 요청되었던 것이다.

종교학자들은 종교를 구성하는 많은 요소들을 제시하는데 흔히 경전, 종교전문가, 공동체, 의례 등을 든다. 고려시대 풍수는 그런 의미에서 당시의 '종교'였다고 말하는 데 부족함이 없다. 풍수술법의 이론적 정립에 필요한 경전이 있었고, 풍수전문가의 행정관료화를 통해 종교전문가의 역할수행이 가능했으며, 특히 고려조 사회에서 존속할 수 있었던 신앙공동체-국가든 왕실이든-가 존재했다. 다음은 고려시대 풍수에서 종교적 요소들을 간추린 내용이다.

1) 풍수경전의 관찬

풍수경전이라 할 수 있는 문서들은 중국과 한국에서 꾸준히 유포되었으며 오늘날까지 남아 있는 것만도 십여 종에 이른다.[02] 그러나 고려시대에 읽혔다는 풍수서들은 현존하지 않는다. 다만 과거시험 과목으로 풍수 관련 책이 있었을 것이라 짐작할 뿐이다. 고려시대 과거시험 체제에는 제술업(製述業), 명경업(明經業), 잡업(雜業)이 있었고, 잡업 중 지리업(地理業)이 풍수전문가를 채용하는 제도였다.

잡업 중 지리업의 예부시(禮部試: 본고시) 시험과목은『신집지리경(新集地理經)』,『유씨서(劉氏書)』,『지리결경(地理決經)』,『경위령(經緯令)』,『지경경(地鏡經)』,『구시결(口示決)』,『태장경(胎藏經)』,『가결(謌決)』,『소씨서(蕭氏書)』등이었다. 시험방식은 이들의 일부 내용에 대해 문리를 해석하고(貼經), 암송하는(讀經) 방식이었다. 3차에 걸친 지리업 시험은 태사국(太史局)에서 주관하고, 입격 후에는 태사국의 관료가 되었다.

고려조 풍수전문가를 길러낸 독서물들이 이와 같았는데 한 가지 주지해야 할

---

02 『錦囊經』,『靑烏經』,『地理四彈子』,『入地眼全書』,『琢玉斧』,『人子須知資孝地理學』,『雪心賦』,『陽宅大全』등.

점은 고려 예종 때에 풍수텍스트가 관찬(官撰)되었다는 사실이다. 풍수서를 국가 차원에서 주관하여 『해동비록(海東祕錄)』이라는 이름으로 관찬했다[03]는 사실은 풍수서에 대한 통제와 관리의 필요성이 요청되었음을 의미한다. 이처럼 풍수서와 같은 '종교적인' 텍스트를 국가 차원에서 관리하고 통제하려던 '종교의 행정화(religious bureaucracy)'를 통해 풍수전문가라는 종교전문가가 국가 차원에서 어떻게 양성되었는지 살펴보자.

2) 풍수전문가의 행정관료화

풍수전문가는 고려시대에 국가가 적극적으로 그 기능을 수행하게 했던 제도상의 관직이었다. 당시 이들은 일관(日官)이라 통칭되었던 범주에 속하는데, 대체로 천문현상이나 기후의 변화를 관찰하여 재변을 예고하고 그 대책을 제시하는 일, 복서(卜筮)를 통해 인간사의 길흉을 판단하는 일, 시간을 관측하고 복일(卜日)하는 일, 상지(相地)를 통해 길지(吉地)를 택하는 일 등의 업무가 사천감(司天監)과 태사국에서 미분화되어 중첩적으로 행해지고 있었다. 일관은 복학(卜學), 지리학을 익히고, 복업, 지리업의 과거를 거친 다음에, 대체로 사천감, 태사국과 같은 국가조직에서 일을 했다. 다만 호칭은 관직으로서의 전문가와 아마추어 모두 '풍수사', '풍수가', '음양가', '풍수승'으로 불렸고, 다소 부정적으로 인물을 묘사할 때 '술사(術士)', '술가(術家)'라고 썼다.

특히 일관이 지리업의 업무로서 각종 사원입지와 피서지(避暑地) 선정, 국도선점 등의 역할을 수행하는 풍수전문가로서의 면모가 『고려사』 곳곳에 보인다.[04] 이렇게 고려의 풍수전문가들은 존재론적 차원의 신비경험에 의존해서가 아니라 풍

---

03 『고려사』 권12, 세가 12, 예종 병술 원년 3월 정유일; 同書 권96, 金仁存傳; 『고려사절요』, 권7, 동왕 동년 동월조; 『동사강목』 제8상: 왕이 유신 10여 명에게 명하여 태사관 관원들과 장령전에 모여 지리서의 진위(眞僞)가 서로 어지럽다 하여 그 같고 다름을 교정하여 통일시켜 한 책으로 펴내게 하고 그 책 이름을 「해동비록」이라 하였다. 이 책의 정본은 대궐 서고에 두고 부본은 중서성, 사천대, 태사국에 나누어 주었다.

04 충렬왕 때의 일관인 문창유(文昌裕)와 오윤부(伍允孚)가 복지(卜地)하여 서경의 피서지를 선정한 경우, 인종 때 일관 백수한(白壽翰)이 묘청의 서경천도에 깊이 관여한 경우, 고려말 일관의 소속기관인 서운관(書雲觀)에서 한양천도를 요청한 경우 등이 그것이다.

수학을 본격적으로 교육받아 국가 차원에서 양성·관리되었음을 알 수 있다.

3) 풍수신앙공동체로서의 국가

이병도는 고려의 시대구분을 풍수 모티브에 따라 분류했다. 고려전기(10대 정종까지)는 '건국 및 통일 중심의 풍수', 중기(11대 문종~24대 원종)는 '연기 및 순주 중심의 풍수', 후기(공양왕까지)는 '이어 및 천도 중심의 풍수'로 고려조 전체를 구분한다. 이 분류에 따르면 고려조에 몇 가지 풍수원리들이 정권운영에 중요한 기능을 담당하고 있었음을 알 수 있다.

고려초기 국가통치원리에 작동된 풍수 모티브는 국도 건립과 왕건의 정통성 부여에 관련된 것이었다. 이러한 풍수 모티브는 왕조 개창과 관련하여 왕건 세계 설화에 나타난 송도의 풍수적 의미부여와 왕건이 후대 왕들에게 남긴 유훈에서 알 수 있다. 특히「훈요십조」중 2·5·8조가 풍수관련 조항에 해당하는데 다음과 같은 내용이다. 2조는 『도선비기』에 따른 사찰비보(裨補)사상[05], 5조는 서경중시 정책[06], 8조는 차현 이남 배역지세론[07]이다. 훈요 2조는 왕건의 혁명원리를 정당화하고 유지시키는 기제로서 도선의 명성에 가탁해서 일개 호족에서 군왕이 된 왕건의 『도선비기』에 대한 신앙적 태도를 투사한 것이다.

훈요 5조 서경중시설은 고려초기부터 후기까지 계속해서 고려 왕조의 길운을 연장하는 '연기(延基)' 개념과 결부되어 끊임없이 문제가 되었던 사안이다. 고려의 수도였던 개경(개성)도 중요하지만, 풍수적으로 좋은 땅이라 끊임없이 언급되었던 서경(평양)을 무시하지 말라는 경계이다. 개경의 쇠한 지기(地氣)를 서경의 왕

---

05 모든 사원은 도선의 의견에 의하여 국내 산천의 좋고 나쁜 것을 가려서 창건할 것이다. 도선이 "내가 정한 이외에 함부로 사원을 짓는다면 지덕(地德)을 훼손시켜 국운이 길지 못할 것이다."라고 했다.

06 내가 삼한 산천신령의 도움을 받아 왕업을 이루었다. 서경은 수덕(水德)이 순조로워 우리나라 지맥의 근본이니 만대 왕업의 기지(基地)이다. 마땅히 사계절의 중간 달에 국왕은 서경에 가서 백일 이상 체류함으로써 왕실의 안녕을 도모하게 할 것이다.

07 차현 이남 공주강 바깥은 산형과 지세가 모두 반대방향으로 뻗었고 따라서 인심도 그러하니 그 아래 있는 주군 사람들이 국사에 참여하거나 왕후·국척들과 혼인을 하여 나라의 정권을 잡게 되면 혹은 국가에 변란을 일으킬 것이요, 그러므로 이 지방 사람들은 비록 양민일지라도 관직을 주어 정치에 참여시키는 일이 없도록 하라.

기(旺氣)로 위무하겠다는 풍수방술적 대응방식이 고려조 왕대마다 있었다. 또한 20대 신종 때는 최충헌이 산천비보도감(山川裨補都監)을 설치하여 산천순역을 풍수적으로 진단이 필요한 것은 세우고 불필요한 것은 제거하는 등의 일을 하게 했다.[08] 훈요 8조는 차현 이남(옛 후백제세력)을 경계하는 내용이다. 근본적으로 지세가 수도 개성을 향해 배역하고 있다는 풍수적 관념에 가탁한 것으로 왕건의 풍수에 대한 정신적 의존성을 알 수 있다.

이와 같이 고려시대는 다양한 정치적 욕구들을 '비보(裨補)'와 '연기(延基)'와 같은 풍수 모티브로 구현했던 것이다. 풍수가 제시하는 땅의 기운에 따라 국가의 운명이 달려있고 그러한 땅의 기운을 국가 차원에서 조절하는 것이 공식적인 차원에서 신앙되고 있었다는 것을 의미한다. 또한 땅의 기운은 변화하는 것이고 그것의 조절과 통제에 국가와 왕권이 예민하게 반응했다는 측면에서 '순주'도 같은 맥락으로 이해할 수 있다.

풍수논리들이 고려사의 맥락에서 논의될 때에도 '도선풍수'라는 권위의 범주 안에서 설명하려는 의도적인 장치가 있었다. 『도선비기』 혹은 『송악명당기』와 같이 도선의 글이라고 알려진 것들을 운운하면서 국가의 정치적 중대사들이 논의되고 있었다는 것이다. 이어와 천도 모티브 또한 국가의 변혁논리에 풍수적 지기쇠왕(地氣衰旺) 이념이 철저히 신앙화된 흔적이다. 고려초기부터 지기의 왕성함이 왕을 만들고 국가를 만들었다고 여기는 주술-종교적인 사유가 팽배했다.

국가 위난 때마다 지기의 쇠왕이 논의되었고, 지기의 통제와 조절은 왕이 궁을 옮겨 정치를 하거나 수도를 옮김으로써 가능하다고 여겼다. 이러한 신념체계에 이의를 제기하는 것은 고려조의 뿌리부터 거부하는 반역으로 인식되었을 것이다. 고려조 풍수는 국가의 흥망성쇠와 같은 변화의 역동성 안에서 발전적인 변혁의 논리로서 신념화되어 있었다.

---

08 『고려사절요』 권14, 신종 원년 정월조.

2. 조선시대, 권도로서의 풍수학이 국용되기까지

조선시대 풍수가 국가 차원에서 어떻게 인식되었고, 어떻게 이용되었는지를 살펴보자. 조선조 사회에서 왕을 비롯한 유가 지식인들이 지닌 풍수에 대한 태도는 양가적이었다. 한편은 풍수논리에 의한 상지(相地)로 인해 토목(土木)의 역사(役事)를 일으키고 불필요한 논쟁을 야기한다는 면에서 잡술(雜術)이라 공격하는 태도이고, 다른 한편은 유자(儒者)로서 풍수를 공부하는 것을 비루하다고 조소하는 태도이다. 이러한 풍수담론의 태도에 의해 풍수는 정도(正道)이며 상도(常道)인 유교와 대치되는 좌도(左道)의 영역에 속하게 된다.

그러나 풍수담론에 의하면 풍수를 항상 좌도로 인식하고 유교사회가 배척해야 하는 것으로 끝나지 않았다. 풍수 전부를 믿을 수 없지만 그렇다고 버릴 수도 없다는 논리로 유교사회 속에 공존하고 있었다.[09] 이렇게 풍수담론을 배제하고 수용한 양가적인 태도가 공존할 수 있었던 인식론적 토대는 바로 '권도(權道)'의 문화로서 풍수를 바라보았던 유교의 논리 때문이었다. '국용(國用)'의 차원에서 풍수를 권도의 문화로 인정하고 상도로서의 유교문화를 보좌해 줄 영역으로 풍수를 인정하겠다는 것이다.

권도로서의 풍수가 국가 차원에서 구체적으로 실현된 예로는 풍수전문가를 과거시험을 통해 채용했다는 데에 있다. 고려시대 풍수전문가가 잡업(지리업)의 과거시험을 통해 국가 차원에서 채용되었던 것과 같이 조선시대에도 잡과(음양과 지리학)의 과거시험 체제 하에서 채용되었다. 풍수학에 대해서는 조선 개창기부터 국가 차원의 제도적 장치가 실제 마련되었고, 법률체계를 통해 풍수전문가를 양성·채용하는 방안이 구체적으로 마련되었다. 태종 집권 초 좌정승 하륜의 건의에 따라 십학(十學)을 설치하는데 여기에 유학(儒學), 무학(武學), 역학(曆學), 율학(律學) 등과 함께 '음양풍수학'이 선정된 바 있다.[10]

---

09 『세종실록』 권61, 세종 15년 7월 신유: 지리설은 비록 완전히 믿을 수는 없으나 완전히 폐할 수도 없다(地理之說, 雖不可盡信, 亦不可盡廢).

10 『태종실록』 권12, 태종 6년 11월 신미.

조선의 개창기부터 필요했던 풍수전문가들은 조선의 수성기에 이르러『경국대전』체제를 통해 제도권에서 양성되고 채용되어 전문성을 획득하기에 이른다. 그러나 과거체제에 의해 풍수전문가가 되는 길이 -단지 지리학만이 아니라 특히 음양과의 경우- 그리 쉽지 않았다.[11] 입격자 명단에 의하면 친가, 외가 쪽에서 세습적으로 풍수공부를 한 경력이 있어야 했으며 어려서부터 공부해야 했다. 간신히 1년에 2명의 풍수전문가를 뽑았고, 그도 여의치 않아 뽑지 못한 해도 있었다. 또한 유학·생도 출신이 대부분을 차지하고 있었던 것에서 알 수 있듯이 국가에서 어린 시절부터 양성했다.

풍수전문가를 양성하고 선발하는 시스템을 국가가 관리했다는 것은 풍수를 권도의 문화로 인식한 직접적인 증거라고 할 수 있다. 게다가 단지 직업을 위해서 풍수를 공부했던 것만은 아니었다. 문신들에게 풍수는 출사를 위한 필수과목은 아니었지만 교양과목으로 권장되기도 했다.[12] 이를 통해 그들은 조정에서의 풍수 논의에 참여할 수 있었는데 이것은 국가의 풍수전문가를 감독하는 역할도 했던 것을 보아도 알 수 있다.

조선전기에는 풍수가 주로 국용의 차원에서 관련이 있었다. 풍수는 수도를 정하고 궁궐이나 왕릉의 입지를 선정하는 과정에서 중요한 기능을 담당했다. 이때 풍수는 그 진위여부와 실용의 적합성 여부가 공격받았고, 심지어 풍수이론 사이에도 충돌이 있어 풍수진단의 상황이 복잡해지기도 했다.

예를 들면 세종조부터 세조에 이르기까지 헌릉 봉요(蜂腰)산맥의 풍수진단을 두고 풍수전문가 최양선과 유신(儒臣) 고중안 간에 벌여졌던 논쟁사례[13], 세종이 경연과목에 풍수서를 공부하겠다는 것에 대한 유신들의 반발사례[14]는 풍수 그 자

---

11 이화. 2005. 조선조 풍수신앙연구. 한국학술정보. 179-184.

12 「국역 양민공집(襄敏公集)」, 손소(孫昭)(1433~1484년), "論七學門 與 金宗直 合啓": "이제 문신으로서 천문, 지리, 음양, 율려, 의약, 복서, 시사 이 일곱 가지의 배움을 나누어 익히도록 하고 있습니다. 그러나 시와 역사는 본디 선비의 일이요, 나머지 잡학은 각각 직업적으로 하는 자가 있으니 만일 권선징악하는 법령만 엄하게 세워서 다시 교양을 하면 자연적으로 모두 자기의 능함을 정미롭게 하여 반드시 문신이 아니더라도 옳을까 생각됩니다."

13 『세종실록』권49, 세종 12년 7월 을사;『문종실록』권9, 문종 1년 9월 경신; 권10, 문종 1년 10월 신사;『세조실록』권32, 세조 10년 3월 갑자; 권33, 세조10년 4월 갑진.

14 『세종실록』권61, 세종 15년 7월 무오; 권61, 세종 15년 7월 신유.

체에 대한 공격이었다. 또한 선조 때 의인왕후 장지선정을 두고 제기된 이기파(理氣派) 풍수론을 둘러싼 담론사례는 풍수이론 간의 신뢰도를 두고 일어난 논란이었다.[15] 이로 인하여 기존의 형세론보다는 길흉의 문제를 첨예하게 다루고 공부하기 어려운 이기론이 유행하면서 풍수는 더욱 특별한 지식이자 믿음의 대상이 된다.

반면 풍수가 권도의 영역을 뛰어넘어 보호와 관리의 대상으로 인식되기도 했다. 예를 들면 정조가 영우원(永祐園: 사도세자 능)을 수원 화산(華山)으로 천장(遷葬)하고 융릉을 건립할 때 보여준 풍수학에 대한 태도는 좌도와 권도라 말하는 수준을 넘어선 것이었다.[16]

사실상 조선의 많은 왕들이 풍수에 지대한 관심을 가지고 있었다. 세종은 경연 과목으로 풍수경전을 강독하자 제안했다가 유신들의 엄청난 반대에 부딪힌 적이 있었고, 선조 때는 왕 스스로의 풍수에 대한 맹신이 여러 가지 사건사고를 낳기도 했다. 태종 때에는 고려시대부터 나돌기 시작한 풍수서를 통제하고자 국가 차원에서 『장일통요(葬日通要)』로 묶어 편찬하고 개인의 차원에서 통용되던 것들을 모두 불태우고 통제했다.[17] 이 분서사건을 계기로 고려시대 풍수학 수험서를 비롯한 풍수관련서적들이 자취를 감추게 되었다.

또한 성종 때의 유신이었던 최호원이 당시의 금기단어였던 '도선비보설'을 부활해야 한다는 목숨을 건 상소를 한다.[18] 여제 헌관(厲祭 獻官)으로서 아홉 가지 일을 진언하는데 그 중 한 건이 그것이었다. 전국에 악병이 도는데 이는 산천의 독

---

15 『선조실록』권127, 선조 33년 7월 계해 · 병인 · 정묘 · 임술; 권127, 선조 33년 8월 기해; 권129, 선조 33년 9월 신축 · 임인 · 갑진 · 갑인 · 정사 · 신유 · 계해.

16 『정조실록』권27, 정조 13년 7월 을미 · 정유; 권28 정조 13년 9월 신묘; 『홍재전서』57, 58권: "형국의 아름다움을 찬양한 일과 사수(砂水)의 격(格)을 논한 것은 뜻있는 사람들이 앞뒤에서 분명한 증거를 제시함이 문권을 가지고 대조하고 거북점과 시초점을 쳐서 맞추는 것과 같을 뿐만이 아니다. … 풍수에서 격을 이루는 것은 땅에 속한 일이고 년시(年時)가 길운을 맞춰주는 일은 하늘에 속한 것이다."

17 『태종실록』권35, 태종 18년 3월 갑술: 장서(葬書)를 거두도록 명하였다. 예조에서 아뢰기를 "장서는 경외(京外)에 알려서 모두 서운관(書雲觀)에 모으되, 만약 갈무리하여 숨기고 내놓지 않는 자는 '금서(禁書)를 수장(收藏)한 율(律)'에 의하여 논하소서."라 하였다. 이보다 앞서 임금이 명하기를, "중외(中外)에서 경사(經師)가 각각 서로 틀린 장서를 가지고 있으므로 음양의 금기에 구애되어 해가 지나도록 장사지내지 않는 자가 자못 많으니, 진실로 가히 마음이 아프다. 서운관으로 하여금 장서의 가장 긴요한 것만을 골라서 장통일(葬通日)을 중외(中外)에 반포하고, 그 나머지 요사스럽고 허탄(虛誕)하고 긴요하지 않은 책은 모조리 불태워 없애라."하였는데, 이때에 이르러 이를 거두었다.

18 『성종실록』권175, 성종 16년 1월 무자; 권175, 성종 16년 2월 계축; 『예종실록』권1, 예종 원년 10월 갑오.

기가 흘러서이며 도선의 비보설과 진양법(鎭禳法)으로 다스려야 한다는 것이었다. 도선의 비보풍수설을 위난의 때에 대처할 변통지법(變通之法)으로 받아들이자는 것은 조선의 이념으로는 반역죄에 해당하는 것이었다. 이것이야말로 상도를 위협하는 일탈의 지점으로 인식되었던 것이다. 그런데 이 사건으로 유배되었던 최호원은 이후 복귀되고, 유자이면서 풍수학인으로서 폐비묘 길흉논쟁과 성종을 비롯한 왕실의 능원묘 건립에 관여하게 되었다.[19]

이것이 풍수를 국용하던 현실이라면 민(民)의 차원에서는 풍수가 어떻게 인식되고 이용되었을까.

Ⅱ. 풍수'신앙', 그 삶의 자리

1. 걸령: 영험함을 구걸하다, 내재화된 풍수신앙

풍수를 위국용의 수단으로 이해하든 유자의 입장에서 권도의 명분으로 이해하든 풍수를 인식하는 저면에는 길지를 찾아 길한 것을 취하고 흉한 것은 피하려는 추길피흉이라는 저의를 부인할 수 없다. 추길피흉의 저의는 풍수경전이 노골적으로 얘기하지만, 여기서는 우리의 역사 가운데 어떻게 신앙의 수준까지 표출되었는지를 찾아보자.

고려 개국 시 풍수경전이 한반도의 입지에 적용되어 전 국토의 풍수적 진단이 도선에 의해 이루어졌다. 개국왕인 왕건은 도선이 주인공인 풍수신화에 의해 왕이 되었기 때문에 도선의 풍수진단을 '믿고' 따랐다. 왕건이 후대 왕들에게 유훈으로 남긴 「훈요십조」 중 2조(도선 사찰 비보설), 5조(서경 중시설), 8조(차현 이남 배역지세론)는 고려조 내내 의심받지 않는 이념이었다.

조선시대 유가 지식인들이 당시의 풍수 실태를 비판했던 것은 원래 풍수가 인

---

19 『성종실록』 권215, 성종 19년 4월 병오 · 경술.

사(人事)의 이해와 민리(民利) 그 자체를 위한 '순수'한 것이었는데, 요즘에 들어 길함과 복됨에 얽매이는 걸령(乞靈)의 욕구로 지리와 산천의 향배만을 고려하는 '오염'의 단계에 이르렀다는 점이다. 그래서 선현이 풍수를 인정했던 수준까지만, 혹은 교양과목으로서만, 혹은 자연의 이치를 설명해내는 하나의 설로만 풍수를 바라보자는 제한적 명분론이 제시되곤 했다. 그러나 무엇보다도 풍수의 길흉화복론이 유가의 명분과 맞닿아 '신앙'이 되는 지점은 '자취(自取)'와 '적덕(積德)'을 인식하는 지점이다.

유가 지식인들은 개인의 길흉화복은 스스로 행한 덕에 달려 있다고 생각했다. 천명과 천의에 의해 인생이 좌우된다는 운명결정론을 취하면서도 현실의 절망은 하늘의 뜻을 제대로 파악하고 행동하지 못한 스스로의 책임으로 돌리는 것이 유자의 자세라 여긴 것이다.[20] 같은 맥락에서 『주역』 곤괘 문언전의 "적선지가(積善之家), 필유여경(必有餘慶), 적불선지가(積不善之家), 필유여앙(必有餘殃)."이라는 구절이 풍수담론과 같이 회자되면서 풍수적 길지를 획득하기 위해 자취와 더불어 적덕을 풍수수용의 명분으로 운운했다. 운명개척론은 유가 지식인들에게 성리학적 '중용'의 정신이 표방하는 '절제'의 문화로서의 요청이었다.

반면 민의 생활사 속에서는 그렇게 어렵지 않은 선행 수준의 적덕이었다. 풍수설화[21]들에 의하면, 조선시대 일반 서민들에게 길지를 얻을 만한 적덕이란 것이 자신도 곤궁하지만 배고픈 나그네에게 참외 한 쪽을 건네는 선행, 목에 가시가 걸

---

20 『세종실록』 권29, 7년 7월 임신: 왕이 원단(圓壇)에 기우제(祈雨祭)를 지내다. 그 제문에서, "....이런 몇 가지 일을 비록 주관하는 자가 있다 하더라도 그 근본은 나 하나의 마음에 달린 것이니, 어찌 감히 스스로 하늘의 뜻을 능히 받들어 잘못된 일이 없다 하리오. 지금 만난 한재는 실로 자업자득〔自取〕이니 다른 누구를 원망하리오."라고 하였다.; 『세조실록』 권31, 9년 10월 정해: 신숙주(申叔舟)·최항(崔恒)이 「어제유장(御製諭將)」 3편(篇)을 주해(註解)하여 바쳤는데, 그 셋째 편에서 "...順理를 따르면 吉하고 逆理를 따르면 凶하니, 吉凶이 모두 잠적(潛寂)하는 일은 세상에 없는 것이고, 存亡이 항상 균일(均一)한 일은 옛날부터 없는 것입니다. 영욕(榮辱)은 모두 자기 스스로 취(取)하는 것이요, 禍福은 남에게 탓할 것이 아닙니다...."라고 하였다.

송인, 「이암유고(頤庵遺稿)」, 公府君墓陰記: "풍수설은 내가 아직 이해하지 못한다. 하지만 저승과 이승에 다른 이치가 없다. 무릇 인간의 길흉과 화복은 모두 스스로 초래한 것이다."

21 서대석 편저. 1991. 조선조 문헌설화 집요 I. 집문당: 「어우야담」, 「계서야담」, 「청구야담」, 「동야휘집」; 서대석 편저. 1992. 조선조 문헌설화 집요 II. 집문당: 「기문총화」, 「매옹한록」, 「천예록」, 「금계필담」, 「차산필담」, 「동비낙통」, 「청야담수」; 신월균. 1994. 풍수설화. 밀알; 장장식. 1995. 한국의 풍수설화 연구. 민속원.

린 호랑이를 구해주었더니 호랑이가 산으로 인도하여 걸터앉은 곳이 명당이었다는 식의 동화 수준이다. 평상시에 적덕을 하면 권세 있는 사대부처럼 돈 쓰고 애쓰지 않아도 저절로 명당을 얻게 된다는 믿음이 풍수적 길지에 대한 자유로운 상상력과 남다른 관심을 가능하게 했다.

일반 서민들의 명당에 대한 믿음과 욕구가 투사된 풍수설화는 현세의 한계를 극복할 수 있다는 꿈과 이상으로 유가 지식인들의 풍수담론과는 전혀 다른 것이었다. 특히 조선후기로 갈수록 풍수적 길지를 통한 걸령의 욕망은 더해 갔다. 풍수설화와 더불어 산송(山訟)이 점차 빈번해지는 것이 이를 뒷받침한다.

2. 산송: 풍수신앙을 빙자한 욕망의 분출

산송은 묘지를 중심으로 한 제반 이용권과 소유권에 결부되어 일어나는 쟁송을 뜻한다. 산송이 연대기 자료에서 본격적으로 등장하는 시기는 17세기 중반 이후부터로, 본격적으로 기사화되는 것은 현종 때부터이다.『승정원일기』만 보아도 영조 조까지 총 241건이 검색된다. 산송은 숙종 조부터 활발하게 일어났으며, 영조대를 거쳐 정조대에 극에 달했음을 짐작할 수 있다. 이와 같이 조선후기 집중적으로 격발한 산송의 원인에 대해 사회사적 측면에서 다룬 몇몇 연구가 있다.

산송의 근본적인 원인에 대하여 김경숙은 '분산(墳山) 확보'에 주된 목적이 있었다[22]고 하는 한편, 김선경[23]과 한상권은 묘지 주변의 '산림이용 독점권'에 있었다고 본다. 그러나 당시 산송을 일으킨 소송당사자나 산송을 현안으로 인식하는 소송담당관이나 국가는 '풍수설의 영향'이라는 이유를 표면적으로 내세우고 있다는 점이 중요하다. 이와 같이 분산 확보, 산림이용권, 풍수적 길지 확보라는 세 가지 동인은 실제로 산송을 빈발하게 일으킨 직접적인 영향관계에 있었다.

이권이 개입된 산송이 빈발하게 된 근본적인 이유는 조선초기부터 공론화되기

---

22 김경숙. 2002. 조선후기 산송과 사회갈등연구. 서울대학교 국사학과 박사학위논문.: 이 연구에 의하면, 산송은 19세기 후반 들어 급증했고 서울 경기지역은 더디게, 충청도 지역은 가장 활발하게 전개되었다. 그리고 이들 산송의 중심문제는 분산 확보를 위한 투장문제에 집중되어 있었다고 한다.

23 김선경. 1999. 조선후기 山林川澤 私占에 관한 연구. 경희대학교 박사학위논문.

시작한 산림공유의 원칙이 저변에 자리하고 있었기 때문이다. 사실상 조선전기부터 산림 사점이 왕을 비롯한 지배층을 중심으로 시작되었다. 조선후기에는 지방의 일반 사대부층까지 산림 사점에 가담했는데 목적은 개간을 통한 농경지의 소유 확대와 산림 산출물(목재, 땔감)의 상품화, 그리고 17세기 이후에는 종법제가 정착되면서 분산 수호에도 목적이 있었다. 왕실과 양반들은 공통적으로 입안, 절수방식을 통해 산지를 점유했고, 왕실과 달리 양반층은 분산, 금양(禁養)을 통해 확보하는 방식도 있었다.

왕실과 사대부의 산림사유화가 입안, 절수, 금양에 의해 정당화되었다면, 일반 서민들은 지배층이 이와 같은 방식으로 획득한 점유권을 매득하는 방법만 가능했다. 그러나 매득에 대한 법적 보호장치가 없었기 때문에 항상 권리침해의 위험을 안고 있었다. 산림의 개인적인 유용 금지에 대한 법제화만 되어 있을 뿐이었다.

일반 서민의 묘지점유권을 인정한 「속대전」 체제 하에서도 사대부들은 풍수상 좌청룡·우백호에 해당하는 산지까지 수호금양권을 주장할 수 있었지만, 일반 서민은 달랐다. 묘지를 계속 점유하고 있었던 경우에 한하여 묘지 터로서의 권리는 있지만 사대부처럼 산림을 금양의 수준으로 점유하기는 어려웠다.[24] 일반 서민까지 포괄적으로 산림을 점유할 수 있는 권리 내용은 분묘 수호밖에는 다른 방법이 없었던 것이다. 분묘 수호라는 명분이 산림이용권의 가장 일반적인 확보수단이 되면서 산송의 격발을 초래했다. 산송의 근본적인 원인은 분산 확보나 산림이용권 어느 하나에만 배정될 수 없으며, 묘지점유권을 통한 토지소유까지 복합적인 욕구의 결과로 보아야 할 것이다.

국가 차원에서 산송의 빈번한 발생에 대해 표면적으로 풍수설의 영향이라 진단한다는 점을 보아도 분산 확보와 산지이용권 확보에 풍수신앙이 중요한 명분이었음을 충분히 짐작할 수 있다. 실제 산송자료를 통해 알 수 있듯이 풍수개념 그 자체가 법적 보호대상이 되었기 때문이다. 예를 들어 풍수의 용호(龍虎) 개념

24 배재수 외. 2002. 조선후기 산림정책사. 임업연구원 연구신서 제3호. 임업연구원. 5-41.

을 인정하면 풍수적 해석에 따라 용호는 다분히 주관적으로 설정될 수 있기 때문에 판단에 문제가 생긴다. 주장하기에 따라 달라지는 풍수개념을 법적으로 존중해주었다는 것은 산송의 근본적인 문제가 풍수를 신앙하는 현실에 있었음을 입증하는 것이다.

다음은 산송이 빈발하기 시작한 숙종 조 이후 회자되었던 산송의 대표적인 실례이다. 박경여 대(對) 박문랑 사건은 숙종 38년에 시작하여 영조 2년까지 15년간 계류되었던 산송사건으로 살인으로까지 이어지면서 산송 이래 가장 패절한 선례로 남았다.[25]

사건의 전말은 다음과 같다. 성주 박수하와 대구 청안감사 박경여가 산송을 일으켜 박경여가 승소하여 묘를 쓰게 되었지만 박수하가 이를 막자 다시 산송이 시작되었다. 박수하는 감사 이의현이 박경여의 인척이며 박경여를 두둔한다며 치욕을 주었다. 그러자 이의현이 박수하를 형문하다 박수하가 죽어버렸다. 박수하의 딸 문랑이 아비의 죽음이 경여와 산송 때문이었음을 원통히 여겨 박경여의 묘산에 가서 묘를 파 시체를 베고 불살랐다. 이에 박경여가 수백의 장정을 거느리고 문랑의 어미 묘를 굴총하여 보복하려 했다. 그러자 문랑은 마을사람들과 노복들을 거느리고 가서 충돌하였으나 문랑이 스스로 분을 이기지 못하고 자살하였다. 이에 박경여 측에서 치죄를 청하였다.

이후 1년 동안 조정에서 보낸 안핵어사 홍치중으로 하여금 사건을 해결하도록 하였다. 그러나 홍치중은 사건의 결론을 내기보다 문랑이 향촌의 부녀로서 원수에 대항하여 싸운 장렬함을 칭찬하였고 영조는 문랑에게 정려를 내리게 된다. 문랑과 경여 집안 모두 사상자를 내었지만 여론은 이 사건을 박경여는 악행을 저지른 대표자로, 문랑은 효랑이라 부르며 당시 효 실천의 본보기로 보았다. 실제로 인근 전

---

25 『승정원일기』숙종 38년 6월 무인; 12월 임술: 趙泰采 請對時, 上曰, 朴慶餘山訟, 曾有令本道嚴覈啓聞之命矣. 近來奪人墳山之弊, 極其紛紜.
　『승정원일기』숙종 38년 11월 기축: (병조판서)泰采曰, 此獄端緖甚多, 逐日推問, 然後可以速四五字缺燒棺之變, 自有山訟以來, 未有如此之慘變, 自有山訟以來, 未有如此慘變.
　『승정원일기』숙종 38년 12월 임술: 近來山訟, 爲世痼弊, 終至殺人之境, 已極可駭, 而彼此皆不得屍體, 女人散髮, 哭訴於道上, 蒙喪者亦號擗於諸宰家, 豈非如此慘惻之事乎?

라도에서는 효랑이 죽자 그녀의 복수와 효를 기리는 통문을 돌리기도 하였다.[26]

산송의 해결을 위한 별다른 조치는 취해지지 않았지만 문랑의 효심만이 남아 회자되면서 산송의 승부는 이미 결정된 것이나 다름없었다.[27] 늑장(勒葬), 투장(偸葬)[28]과 같은 비윤리적인 행위로 인하여 산송에 연루되고, 그 결과로 처벌을 받는다 하더라도 풍수상 길한 땅에 부모를 묻고자 하는 자손의 명분은 바로 효의 실천에 있었다.

풍수는 효의 표상일 뿐만 아니라 토지광점을 위한 논리로도 손색이 없었다. 숙종 조에는 이미 풍수에 의한 점묘(占墓)가 너무 일반화되어 땅을 구획 짓는 풍수적 개념이 법적 보호를 받게 되었다. 그 기점이 『수교집록』인데 풍수상 명당이라 여겨지는 곳을 중심으로 좌우산을 청룡백호 혹은 용호(수교 361조)로 표현한다. 내맥(來脈: 수교 697조), 주산(主山)[29], 주작안산(朱雀案山), 수구(水口: 수교 699조)와 같은 용어도 여기에 등장한다.

이러한 풍수적 개념들이 왕의 교지에 의해 명문화되면서 이들 개념을 임의로 적용할 여지가 충분해졌다. 실제로 풍수적 용호규정에 의해 광점하는 사례가 많아지자 숙종은 '용호 내 물허 입장' 교지 후 10년이 지나서는 용호의 한정이 지나치게 넓은 경우에는 용호에만 준할 것이 아니라 사송관의 재량에 따라 처분할 교지를 내리게 된다.[30] 그러나 사법관의 재량 또한 주관적일 수 있을 뿐만 아니라 소송당사자가 대부분 사대부였기 때문에 산송이 공평하게 처결되지 않고 있다는

---

26 『鑑古』(고려대학교 소장)「光州通文」: "又聞孝娘殉節之時, 一奴一婢爲其主效死於尸側 若果然卽亦可見孝娘誠孝之化及於賤隸而其爲主致忠之烈."

27 『영조실록』2년 12월 정축 기사 참조.

28 늑장은 권세를 이용하여 토지소유자의 의사와는 관계없이 강제로 점탈하여 장사지내는 것을 말한다. 투장은 산지점유자 몰래 묘를 조성하거나 타인의 묘지를 교활하게 침탈하는 전반적인 행위를 말한다.

29 『승정원일기』숙종 44년 윤8월 경술.

30 「수교집록」, 예전(禮典), 상장(喪葬).
- 361조: 비록 보수의 한정이 없는 사람의 묘산(墓山) 내라고 할지라도 용호 내의 양산처(養山處)이면 타인의 입장을 허하지 못하고 용호 외이면 비록 양산이라고 하여도 임의로 광점함을 허하지 못한다(숙종 2년의 교지).
- 362조: 용호가 대단히 광활하고 거리가 혹 5·6백 보에 이르는 것은 용호에만 준하는 것이 불가하니 사송관은 작량(酌量)하여 산세의 근원과 피차 제출한 도면을 참작하여 처결한다(숙종 12년의 교지).

현실적인 우려를 숙종 24년의 왕명에서 알 수 있다.[31]

'용호내'라는 규정이 갖는 자의성은 단지 광점(廣占)뿐만이 아니라 경작권에 있어서도 문제가 되었다. 분묘의 경계구역으로 인식되는 곳에서는 경작과 목축이 금지되어 용호한정에만 따른다면 광활한 땅이 경작할 수 없게 되어『경국대전』의 보수한정만을 인정하자는 주장이 제기된다.[32] 이렇게 산송은 갖은 진통을 겪으며 영조 22년 반포된『속대전』형전 청리조로 편입되어 현대적 의미의「형사소송법」의 절차주의를 따르게 되었다. 비로소 산송도 청리조의 3분의 1을 차지하는 중요한 송체(訟體)가 된 것이다.

산송에 연루된 조선시대 백성은 송사 때에 자신이 주장하는 땅이 오랫동안 집안의 묘역이었거나 풍수상 청룡·백호에 해당하는 산의 경계를 주장하기 위해 산도(山圖)를 제시하기도 했다. 산도는 산송 시 필요했던 일종의 재판 증거자료였던 것이다. 그래서 웬만한 세력 있는 가문이라면 대부분의 집안문서에 산송자료와 함께 산도를 보관해 왔다. 때때로 산도는 산송을 목적으로 하지 않고 풍수적 길지를 표현하기 위한 기행도이기도 했다.

산송은 사대부 간에 가문의 힘을 보여주고 효를 실천하는 투쟁적인 계기였는데 일반 서민에게는 신분질서에 적극적으로 도전할 수 있는 계기이기도 했다. 일반 백성들이 왕릉에 암장하는 경우, 양반의 묘산에 투장하는 일[33], 노비가 상전의 선산에 투장하는 일, 재력을 갖춘 중인층이 양반을 상대로 산송을 제기하는 경우[34]가 비일비재했다. 효를 실천하는 것이 비단 사대부만의 것이 아니며, 여민공지

---

31 「신보수교집록」, 예전(禮典), 산송(山訟).
- 502조: 산을 다투는 상호간의 소송사건에 대하여는 시비곡직을 불문하고 고식적으로 먼저 지관(地官)을 형추(刑推)하고, 이론(理論)이 굽히는 경우에는 주상자(主喪者)는 정배하고 훈척대신이라도 천장(遷葬)시키고 예장(禮葬)을 허용하지 아니한다.
- 504조: ..무릇 지관을 치죄하지 않고 이론을 굽히는 상인(喪人)을 사사로이 결정하여 치죄하지 않는 당해 사법관에 대하여는 중죄로 처벌한다. 경국대전 지비오결(知非誤決)에 의하여 장(杖) 1백에 처하고 영구히 서용(敍用)하지 아니한다.

32 『숙종실록』권55, 40년 8월 병신,『승정원일기』숙종 40년 8월 무술 기사 참조.

33 『일성록』정조 8년 2월 정축; 8년 2월 계미;『정조실록』권32, 정조 15년 3월 병술;『일성록』정조 10년 9월 정축; 10년 2월 경자; 정조 23년 8월 무신.

34 김경숙, 앞의 글. 165-198.

(與民共地)의 대상이었던 산천을 사대부에게 뺏길 수 없다는 의식은 풍수와 함께 조선후기의 복합적인 사회현안으로 얽혀있었던 것이다.

3. 공간기복: 땅 이름에 남아 있는 풍수흔적, 길지(吉地) 상징어

역사 속의 풍수를 현재에도 감지할 수 있는 물리적인 증거가 있다면 땅 이름에 내재된 길지 상징어이다. 현대를 사는 우리에게, 더구나 논리적인 사유를 지향하는 지식인조차도 여전히 길한 공간을 얻거나 만들어 기복하려는 욕망은 여전하다. 욕망의 발현양태가 비록 조선시대의 사람들처럼 적극적인 범죄와 송사에 이르지 않더라도 동네마다 풍수와 관련된 설화 하나쯤은 구전으로 남아 있으며, 마을 이름, 산 이름, 강 이름에 잔존하고 있다. 실제로 이 지명을 통해 원래의 땅이 어떠한 모양이었으니 원래 상태로 복원해야 한다는 주장도 비일비재하다.

지명이 어떻게 제조되고 유통되는지는 정확히 알 수 없지만, 풍수적 관념과 연결된 지명들을 보면 그것의 제조과정에는 양가적인 의도가 담겨 있었다. 공간이 지닌 길한 의미를 담아내거나 그들이 정주하는 공간이 길한 곳이기를 바라는 마음을 표현했다.

전국에 가장 많은 풍수 관련 지명은 '봉황'이다. 풍수경전『금낭경』형세편에 '봉비(鳳飛)'[35]가 길한 형세를 일컫는 말로 등장하는데 이후 풍수경전에서 귀한 길지를 상징하는 용도로 쓰이다가 조선후기 풍수학파 중 물형론(物形論)이 유행하면서부터는 '봉황은 길지'라는 관용어로 정형화된다. 사물의 형상에 빗대어 산과 땅을 지칭하는 물형론은 풍수답사 문헌류에 해당하는 유산록(遊山錄), 산도(山圖)에 주로 표현되었다.

대부분 마을의 주산은 봉황형국으로 마을을 감싸 안은 산을 일컬었으며 주로 '날 듯한 봉황(飛鳳)' 혹은 '춤추는 듯한 봉황(舞鳳)'으로 표현되었다. 봉황산은 우산과 같이 길지를 감싸고 덮어주는 역할로 여겨져 일산봉(日傘峯)이나 봉상(鳳

---

35 夫, 牛臥, 馬馳, 鸞舞, 鳳飛, 騰蛇委蛇... 牛富鳳貴: 무릇 소가 누운 듯, 말이 달리는 듯, 난새가 춤을 추는 듯, 봉황이 날아오르는 듯, 뱀이 날치며 위곡하는 듯... 소는 부유함을 상징하고 봉황은 귀함을 상징한다.

그림1 봉상의 형태

출처: 경기도 편. 2008. 조선지지자료(朝鮮地誌資料). 경기도박물관

翔)[36]으로 표현되기도 하는데 이것도 경전적 근거를 가지고 있다.[37] 일산은 또한 다음의 화개(華蓋) 상징과도 연관된다.

경기도에 한해서도 다음과 같이 90여 건(비봉산飛鳳山, 봉비곡鳳飛谷, 봉황산, 봉산鳳山, 봉황동, 봉평鳳坪, 봉황태, 봉현, 봉루산, 무봉산舞鳳山)에 이르는데 전국적으로는 대략 500여 건에 이른다. 풍수적 상징으로서의 봉황은 까치[38], 대나무, 오동나무와 친연하다. 이것이 지명 자체에 들어가거나 주변 지역의 지명이 되거나 하는 방식으로 서로 관련되어 왔다. 특히 비봉산의 경우에는 봉황이 날아가 마을의 안위가 위태로워질 것을 두려워하여 봉황 알을 상징하는 알봉이 있었다. 봉황 알을 미끼로 봉황이 날아가지 못하게 하려는 일종의 비보였다.[39]

풍수에서 용(龍)은 산 그 자체를 말한다. 최초의 풍수경전이라는 『청오경』부터 등장하는 '진룡(眞龍)'은 풍수적으로 좋은 산을 의미한다. 풍수의 4대 경전 중 하나인 『명산론』 「십이명산(十二名山)」에서는 12가지 산의 길흉을 나누어 생룡(生龍), 복룡(福龍), 응룡(應龍), 읍룡(揖龍)은 길한 산이고 왕룡(枉龍), 살룡(殺龍), 귀룡(鬼

---

36 봉상산은 통진군 태성면 전류리, 통진군 하은면 봉성리이다(경기문화재단 편역. 2008. 경기 땅이름의 참모습: 조선지지자료 경기도편. 경기문화재단). 이후 지명은 이 자료에서 발췌한다. 경기도에 한하지만 전국에 걸쳐 비슷한 지명이 분포되어 있다.

37 『명산론』 절목, "遠見一大山如車蓋而 揷於雲漢, 其下 … 或作鳳翔羽翼翕張 …": 하나의 큰 산이 멀리 일산과 같은 모습으로 우뚝 솟아있고 … 혹은 봉황이 날아가는 것처럼 날개깃을 폈다가 오므렸다 하듯 하는지….

38 까치 상징(작동(鵲洞), 작산(鵲山)): 부평군 하오정면(가치울) 봉천곡 근처, 삭령군 군내면 여척리, 개성군 중서면 여룡리(갓치울); 봉명동 근처, 안성군 현내면 작촌(주변 영봉천), 시흥군 동면 봉천리(작현), 풍덕군 남면 사동리(작현) 주변 봉상곡, 과천군 상북면 사당리(작현, 까치고개), 광주군 도척면 방등리(鵲峯).

39 최원석. 2005. 한국의 풍수와 비보. 민속원. 54쪽 그림.

龍), 겁룡(劫龍), 유룡(遊龍), 병룡(病龍), 사룡(死龍), 절룡(絶龍)은 기가 흩어지는 것으로 흉한 산이라 한다.

용에 대한 길흉상징 수식어와 마찬가지로 비(飛), 무(舞), 훼(喙), 해(海), 회(會)와 같이 산의 형상을 빗댄 용어들이 첨부되어 마을 이름이나 산 이름으로 남게 된다. 용산(용동), 용호산, 해룡산, 외룡·내룡, 회룡·반룡 및 다양한 용 수식 지명들(용훼곡龍喙谷, 구룡현九龍峴, 비룡천, 복룡동伏龍洞 등)이 그것이다. 외룡과 내룡은 명당지를 안에서 두르고 밖에서 두르는 여러 겹의 산을 의미하며 이러한 환포가 면밀하게 잘 되어 있어 길함을 말하고자 할 때 주로 쓰인다. 또한 회룡과 반룡은 '회룡고조'라 하여 주로 용맥이 달려오다가 주산을 향해 돌아보는 듯한 안산의 길한 형국을 표현한 것으로 풍수경전 여러 곳에서 길지로 평가되었다.[40]

풍수경전에서 화개는 풍수에서 산을 일컫는 용의 형세의 길흉을 말할 때 귀한 형국 중의 하나이다. 풍수적 주산을 만들어주면서 뒤에서 받쳐주는 것을 '개장(開障)'[41]이라 하는데 주산의 주맥으로서 양옆으로 넓게 펼쳐진 산을 말하며 주로 '보개(寶盖)'[42]나 '화개'로 미화한다. '보전(寶殿)'[43]이라고도 하는데 혈처로 내려오는 산을 '임금의 궁전'이라 빗대어 표현한 것이다. 이것의 품격을 통해 주맥을 찾고 주산의 위상을 논하곤 했다.

그 밖에도 청룡, 백호, 아미, 삼태(三台), 옥녀, 증(甑, 시루), 갈마(渴馬), 반(盤, 소반), 종(鐘), 호(瓠, 표주박) 등의 형태가 투사된 것이 많다. 이들 물형론의 경전적 근거는 대부분 『감룡경』과 『인자수지』가 말하고 있는 형상이다. 물론 이들 형국을 길하다고 평가하고 있다.

40 『청오경』,『금낭경』인세편;『명산론』절목편;『지리정종』산룡어류편 등.

41 김동규 옮김. 2003. 인자수지. 명문당. 182-185.: 주산을 받쳐주는 산을 개장이라고 한 것은 주산의 뒤에서 물이 흘러나오는데 이곳 천문이 넓게 열려 있어야 좋은 땅이라는 뜻에서 천문개장이라 하는데 『명산론』 길귀(吉鬼)편에서도 말하고 있다.

42 보개산은 한국뿐만 아니라 중국에도 흔히 있는 산 이름이다. 복건성 천주시의 보개산은 풍수비보의 역사에서도 중요한 산으로 거론된다.

43 『명산론』길흉사형(吉凶砂形), "若端正福厚 侵於雲漢在後而來, 則爲寶殿...": 만약 산의 모양이 단정하고 후덕스러우며 혈처 뒤에서 하늘 높이 솟아 있으면서 혈처로 내려오는 것을 보전이라 한다.

飛鳳山

취락

봉황알 ●

오동숲 · 대숲

그림2 알봉의 형태

출처: 최원석. 2005. 한국의 풍수와 비보. 민속원. 54쪽 그림

삼태는 주로 주산의 뒤에서 내맥 과정에 버티고 있는 산 혹은 주산의 앞에서 안산의 역할을 하는 산으로 세 봉우리로 이루어져 삼태라 한다. 우리나라에서 가장 유명한 삼태봉은 경남 김해에 있었다는 내삼태 외삼태로 6봉우리가 있었고 지금은 내외동이라는 마을 이름으로만 남아 있다.

땅의 풍수적 성격을 담아 이름으로 남겨 두어 기복하기도 하지만 풍수적으로 흠결이 있을 때에도 지형뿐만이 아니라 이름으로 비보한다. 비보는 풍수적으로 흠결이 있을 때 자연환경을 인간 스스로 개선함으로써 이상적인 공간을 만들어내는 것을 말한다.[44] 적극적인 차원에서 비보는 인공적으로 산을 만들어내기도 하고 물길을 끌어오는 대공사를 하기도 한다. 소극적인 차원에서는 그저 이름을 만듦으로써 부족함을 채우려 하며 마을사람 모두의 기원을 담은 놀이를 통해 대신하기도 한다.

실제로 산을 만드는 조산을 가산(假山), 가산(加山), 보토소(補土所)라 하는데 이름만 있는 곳도 많다. 또한 조산을 지역에 따라 -경상도 지역에서 주로- 할아버지산, 할머니산이라고 하는데 노고(老姑)라는 산 이름이 경상도 지역에 산재해 있다. 우리나라의 경우 조산의 형태도 다양하고 거의 대부분의 마을이 어떤 형태로든 조산을 가지고 있기 때문에 한국풍수의 가장 큰 특징을 '비보풍수'라고도 한

---

[44] 풍수 비보에 대해서는 최원석. 2005. 한국의 풍수와 비보. 민속원. 이 이론적·경험적 측면을 망라하고 있다.

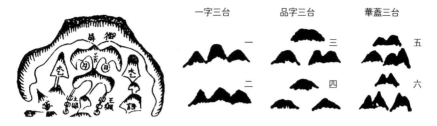

그림3 삼태의 형태
출처: 김두규. 2005. 풍수학사전. 비봉출판사. 266쪽 그림(오른쪽)

다. 현재 풍수가 이용되고 있는 문화권(동남아시아 일대의 한국, 중국, 일본, 싱가포르, 대만, 베트남 등과 독일, 미국, 캐나다 등)에서 가장 빈번히 발견할 수 있는 풍수 잔존물이 비보상관물이다.

물론 풍수적으로 봐서 좀 부족하거나 지나친 부분이 있어 지역경관이 잘못되었다고 판단될 때 이것을 좀 수정하여 바로잡아야 한다고 하지만, 자연의 근본 틀을 깨는 것 없이 자연환경을 약간 수정하고 보수하는 정도만 허용될 따름이다. 일단 마을이나 개인 집의 경관이 고정되어 상당 기간 동안 지속된 경우 그 안정을 깨고 큰 변화를 주는 행위는 피할 것을 풍수신앙은 권장한다.[45]

Ⅲ. 풍수신앙의 현재: 경험적 자연학으로서의 풍수

오늘날 풍수는 자연을 다스리기 어렵던 과거 사회가 적응하던 과정에서 집적한 전통지식 또는 전통과학의 일종으로 여겨진다. 혹은 인간 인식의 차원에서 신앙과 합리성이 미분화한 것이라고 인식되기도 한다. 그래서 풍수는 일반적인 전통지식과 마찬가지로 대부분의 내용이 정성적이고(qualitative), 직관적 요소

---

45 윤홍기. 행주형 풍수형국의 문화생태. 영문판 풍수단행본 2차 워크샵 자료집. 56.

(intuitive component)와 전일적(holistic) 속성을 지닌다[46]고 하며, 합리적인 내용이 충분히 분화되지 않은 이야기 형태로 전달되면서 마음과 물질을 분리하지 않고, 도덕적이며 영적인 내용이 섞여 있다고도 한다.

그래서 오늘날의 과학적 잣대로 이해할 수 없는 비합리적인 요소가 그 안에 들어 있는 것은 당연하다고 전제한다. 이러한 솔직한 전제 하에 생태학적, 문화지리학적, 역사지리학적인 실제적이고 경험적인 풍수 이해가 가능하다.[47] 그러나 필자는 풍수를 두고 논의해야 할 기본 관점이 신앙과 과학의 등급이나 합리와 비합리의 등급보다는 인류의 오랜 역사 속에 경험된 현존 그 자체에 관심을 두었기에 '풍수신앙'이라는 용어를 쓰는 것은 너무도 당연하게 여겨진다. 풍수에 내재된 어떤 원리가 인간사에 영향을 미칠 수 있다고 '믿는' 경험의 현실 자체를 논의의 대상으로 삼으면 첨단을 사는 현대에도 여전히 풍수는 '신앙'인 것이다.

요즘 한국에서는 도시계획, 경관계획, 생태복원, 전통테마파크 계획, 지구단위 개발계획 등 주로 계획단계에서 풍수가 이용되고 있다. 오늘날의 풍수는 적어도 계획단계부터 과거의 자연조건을 알아 그것을 존중하고 현대적으로 이용해보고자 필요한 것이다. 이러한 차원에서 풍수적인 요소가 의미하는 자연의 상태를 합리적으로 분석하는 것이 요청된다. 예를 들어 풍수적인 공간배치인 배산임수는 북서풍을 피하고 태양에너지의 공급에 용이했으며, 장풍득수와 박환은 바람을 막고 수분을 축적하는 수단이었고, 전통 마을숲은 산곡풍을 줄이고 농경지의 물 보존과 식물종 다양성 증가에 기여한다는 연구가 있다.[48]

풍수적 취락 구성에 결정적으로 필요한 비보압승(裨補壓勝) 경관으로 취락의 임수(林藪)를 연구하였다.[49] 임수가 당초 조성될 때에는 풍치와 생태적 역할을 배경으로 하고 풍수적 비보라는 명시적 의미가 중심이 되었다. 그러나 점차 임수가

---

46 이도원. 수자원 이용 관점에서 살펴본 우리나라 풍수. 영문판 풍수단행본 2차 워크샵 자료집. 7-8.에서 재인용.

47 현재 이도원, 윤홍기, 최원석의 연구가 대표적이다.

48 이도원. 2004. 전통 마을 경관 요소들의 생태적 의미. 서울대학교출판부.

49 최원석. 2004. 한국의 풍수와 비보 - 영남지방 비보경관의 양상과 특성. 민속원.의 연구가 대표적이다.

마을과 고을을 대표하는 탁월한 경관으로 내부 주민과 외부 방문객들에게 인지되면서 임수는 가문과 지역과 같은 유교적 공동체가 추구하는 이데올로기를 표상하는 기호 경관으로 인식되었을 것이라 보인다.[50]

이와 같은 연구들이 실제 계획에 반영되면서 자연상태 그대로를 존중하고 상한 곳은 복원하는 과정에 기여하게 된다. 풍수 진단이 도시의 경관생태 개발전략으로 기능하기도 하고 실내 인테리어의 중요한 기법으로 기능하기도 하다.

Ⅳ. 결론: 여전히 풍수는 경험된다.

풍수는 단지 보전과 개발을 위한 계획수단으로 이용되는 기술일 뿐만 아니라 인간과 자연이 지속적으로 기능하면서 영향을 끼친다는 신념체계이기도 하다. 그 신념체계는 풍수 물형론으로 남아 있는데 여기에는 다소 주술적인 저의가 숨어 있다. 소위 풍수의 물형론이란 풍수형국을 의인화·의물화하여 표현한 것이다. 이를 테면 금계포란형, 장군대좌형, 와우형 등의 땅모양을 사물의 형상과 인간사에 빗대어 표현한 것을 말한다. 한 조사에 따르면, 물형론은 현전하는 것만도 오백여가지에 이른다.[51]

일찍이 일제시대 조선총독부 문화촉탁이었던 무라야마 지준(村山智順)의『조선의 풍수(朝鮮の風水)』는 1929년 당시 173개의 풍수형국을 열거하고 있다.[52] 형국에 따라 발복(發福)의 형태도 다양한데 이것은 그만큼 인간에게 영향을 끼치는 주술적인 힘을 가졌다고 믿는 데서 출발한다.

의인화·의물화된 풍수형국은 주변 지역과 어우러져 하나의 시스템으로서 일정한 경관을 이룬다. 이 경관은 살아 있는 생명체나 사람들이 쓰고 있는 도구에

---

50 김덕현. 2010. 고을 임수에서 읽는 풍수담론과 유교 이데올로기. 영문관 풍수단행본 2차 워크샵 자료집. 56-57.

51 김광언. 2010. 풍수지리. 대원사.

52 村山智順. 1931. 朝鮮の風水. 朝鮮總督府(京城). 265-275.; 최길성 옮김. 1990. 朝鮮의 風水. 민음사. 230-235.

비길 만한 일정한 경관형태가-지형이나 식생 또는 인위적인 구조물 등으로- 갖추어져 있어야 제대로 작동한다고 믿는다. 예를 들면 와우형(臥牛形) 형국에서는 누워 있는 소를 상징하는 지형(산)이 있어야 하고, 그 앞에는 소죽통을 상징하는 지형지물이 멀지 않은 곳에 있어야 형국이 성립된다고 믿는 경우다.[53]

이때 풍수적으로 진단하여 부족한 부분이나 지나친 부분이 있으면 이것을 수정하여 바로잡아야 온전한 땅이 된다고 믿는다. 그러나 자연의 근본 틀을 깨지 않는 것을 원칙으로 하며, 자연환경을 약간 수정하고 보수하는 정도가 허용될 따름이다. 마을이나 개인 집 경관이 고정되어 상당 기간 동안 지속된 경우 그 안정을 깨고 큰 변화를 주는 행위를 금할 것을 풍수신앙은 권장한다.

풍수역사상 주술적인 차원에서 풍수를 이해한 물형론이 노골적으로 등장하는 때는 조선후기부터이다. 그것도 정사가 아닌 설화자료와 민간에서 제조되고 유통된 풍수경전을 통해서다. 지금까지도 기복의 도구로서의 풍수주술은 고전 풍수경전보다는 조선후기 혼란한 시기에 형성된 풍수 비록(秘錄)들에 의해 전수된다. 그것이 현재 한국에서 풍수아카데미가 활성화된 이유이다. 그러므로 현재 풍수를 공부하는 이들에게는 누구에게서 배우는지, 같은 학연에 누가 있는지가 대단히 중요하다. 풍수가 주술적인 힘이 있다고 생각하는 그들에게 같은 학연 안에서 지식을 독점하고 신성시하는 것은 당연하기 때문이다. 이는 다른 학연에 대해 배타적인 태도를 갖게 하며 동시에 학연공동체는 신성한 지식을 독점하고 있어 더욱 권위 있는 단체로 내부가 강화된다.

요즘도 선거철이 다가오면 정치인의 조상묘가 거론되고 풍수적 이유로 이장을 하였다는 얘기가 기사화된다. 그것이 사람들 뇌리 속에 남아 있는 풍수적 길지에 대한 신앙을 통해 분위기를 바꾸어 보겠다는 의도인지 아니면 스스로 풍수 길지를 통해 정치적인 꿈을 실현하겠다는 신념에서인지는 알 수 없다. 어쨌든 여기에 풍수전문가라는 지사(地師)들이 개입되어 있고 현존하는 풍수학인들은 그 자리에

---

53 윤홍기, 앞의 글. 47.

대한 감평들을 내놓는다.

최근 들어 전통마을, 전통축제들이 지자체마다 많은 관광객으로 성황을 이룬다. 여기에서 풍수 관련 이야기들이 소개되고, 지방지의 마을 내력과 전통 소개에도 지역의 풍수명당을 해설하는 부분이 빠지지 않는다. 그동안 풍수에 대한 학문적 담론이 쌓였음에도 불구하고, 그것과 별개로 사람들의 뇌리 속에 풍수는 여전히 믿고 싶은 신앙이요, 피할 것은 피해야 한다고 믿는 일종의 주술과 같다.

필자는 그동안의 풍수연구를 통해 수식어로 '신앙'을 붙이는 데 주저하지 않았다. 풍수에 내재된 어떤 원리가 인간사에 영향을 미칠 수 있다고 믿었던 경험의 현실 그 자체에 관심을 두었기 때문이다. 경험의 역사는 자료로 남아 있는 고려조부터 조선조를 거쳐 한국의 근현대에까지 면면히 이어져 왔다.

고려시대 풍수는 '신앙'으로서의 확고한 정체성을 가지고 그 기능과 목적을 수행했음을 알 수 있다. 풍수경전이 정립되고 풍수전문가가 국가적으로 양성되었으며 이를 통솔하여 기능화하려 했던 일군의 신앙공동체가 있었다. 특히 고려시대에는 국가의 중대사나 재이(災異)가 있을 때마다 국가의 통치자는 풍수사상이 가지고 있다고 믿는 주술적 힘을 해당 사건들과 연계시킨다. 즉, 풍수가 담고 있는 땅의 기운에 따라 나라의 운명이 결정된다는 것을 국가 차원에서 '믿었던' 것이다. 고려는 풍수를 대체로 '주술-종교적' 이미지로 받아들이고 있었던 것이다.

조선시대에는 유교적 명분과 원리에 벗어나지 않으면서 권도의 위상으로 제한적인 정당성을 갖는다. 그러나 담론 수준의 정당화 논리와 별개로 조선시대 풍수는 일상의 실용적인 필요에 따라 운용되었다. 국가 차원에서 수도, 궁궐, 왕릉의 입지를 선정하는 절대적인 기준이었고, 조선후기로 갈수록 민간 차원까지 기복에 기반을 둔 길지 확보의 욕망은 현실이 되었다. 당시 사회 폐해로서 산송이 빈발했고 민의 신념으로 내면화된다. 그것은 현대까지 마을 이름, 땅 이름으로 남아있고 현대의 개발 붐에도 풍수는 무시할 수 없는 사상체계이다. 조선시대에 풍수가 '믿을 수도 없고 버릴 수도 없는(不可信, 不可廢)' 것이었듯 현대의 풍수도 필요에 따라 여전히 경험되는 것이 현실이다.

鑑古. 光州通文.
國譯 襄敏公集.
高麗史.
高麗史節要.
錦囊經.
明山論.
受敎輯錄.
新補受敎輯錄.
頤庵遺稿.
人子須知.
日省錄.
地理正宗.
朝鮮王朝實錄.
靑鳥經.

경기문화재단 편역. 2008. 경기 땅이름의 참모습: 조선지지자료 경기도편. 경기문화재단.
김경숙. 2002. 조선후기 산송과 사회갈등연구. 서울대학교 박사학위논문.
김광언. 2010. 풍수지리. 대원사.
김선경. 1999. 조선후기 山林川澤 私占에 관한 연구. 경희대학교 박사학위논문.
무라야마 지준. 최길성 옮김. 1990. 조선의 풍수. 민음사.
배재수 외. 2002. 조선후기 산림정책사. 임업연구원 연구신서 제3호. 임업연구원.
서대석 편저. 1991. 조선조 문헌설화 집요 I. 집문당.
서대석 편저. 1992. 조선조 문헌설화 집요II. 집문당.
신월균. 1994. 풍수설화. 밀알.
윤홍기 외. 2010. 영문판 풍수단행본 2차 워크샵 자료.
이도원. 2004. 전통 마을 경관 요소들의 생태적 의미. 서울대학교출판부.
이병도. 1980. 고려시대의 연구. 아세아문화사.
이화. 2005. 조선조 풍수신앙 연구: 유교와의 상호관계를 중심으로. 한국학술정보.
이화. 2013. 풍수란 무엇인가: 풍수, 그 구라의 역사. 이학사.
이화. 2013. 조선시대 산송자료와 산도를 통해 본 풍수운용의 실제. 민속원.
장장식. 1995. 한국의 풍수설화 연구. 민속원.
최원석. 2004. 한국의 풍수와 비보: 영남지방 비보경관의 양상과 특성. 민속원.

Pungsu in Korea:
Belief Based on Experience

Lee, Hwa

Program research professor, PCU college of holistic medicine in Canada,

jymnany@hanmail.net

Keywords: Pungsu (Fengshui) belief, expediency (權道), pursuing good luck and avoiding bad luck (追吉避凶), desire to be fortunate (祈福), imploring divine response (乞靈), mountain tomb (墳山), mountain lawsuits (山訟)

In this paper, I have not hesitated to add "belief" as a modifier for Pungsu because of the emphasis on the experiences that certain fengshui principles embedded in world can influence human history. The history of fengshui experience has come down to the present from the late Koryŏ. Furthermore, fengshui in Koryŏ had a religious identity that accomplished its function and purpose. Pungsu texts were established for the training of fengshui experts, and there were religious organizations that attempted to take the reins to functionalize them. Its mystical powers were linked by the Koryŏ ruler to the nation's great events, and it was believed that the fate of the nation was determined according to the energy of the land. Koryŏ generally accepted Pungsu in the "magico-religious" image. In the Chosŏn dynasty, it could not escape Confucian pretext and logic while holding a restrictive justification with the status of political expediency. However, unlike the justification of discussion levels, Pungsu during Chosŏn was managed according to the practical needs of ordinary life. It served as the standard for selecting sites for the capital, palaces and royal tombs at the national level. During the latter part of the Chosŏn dynasty, commoners were able to secure auspicious lands. Mountain lawsuits occurred frequently and internalized the beliefs of the people.

Pungsu is not merely a technique used to plan for preservation and development but also a belief system that is continually influenced by both human beings and nature. The belief system remains in the form theory of Pungsu, and here the magical purpose is hidden. It expresses Pungsu conditions by personification. The legacy of Pungsu remains in the names of villages and lands, and It is an ideological system that cannot be ignored even in the modern age.

조선의 매장문화와 풍수사상[*]

The Burial Culture
in Joseon Dynasty and Pungsu Theory

김기덕

건국대학교 문화콘텐츠학과 교수

I. 서론

한국의 공간적 전통문화 중에서 가장 일찍부터 문화경관의 입지나 조영에 전반적인 영향력을 미치며 사회 여러 계층의 공간담론과 이데올로기를 지배한 것에 풍수가 있다. 영남지방의 수많은 취락, 사찰, 서원, 토착신앙소 등의 가시적 문화경관과 지명, 설화, 도참 비기와 이상향 관념에는 풍수담론의 영향이 깊숙하고도 다채롭게 투영되어 있다.[01] 이 글은 그러한 풍수사상에 투영된 사례 중 특히 우리나라에서 오랜 연원을 갖고 있는 매장문화에 담긴 풍수사상을 조명해 본 것이다. 전통시대 공간담론에서 죽음의 문화와 관련된 대표적인 것이 매장문화이다. 이 문화는 조선시대에 와서 본격화되었다. 이 글은 조선시대 성리학의 정착과정과 관련하여 확산되었다고 판단되는 조선의 매장문화와 풍수사상의 관계를 다룬 것이다.

핵심논지는 조선후기 매장문화에 성리학의 동기(同氣) 논리와 풍수사상의 동기감응론(同氣感應論)이 절묘하게 결합되어 있다는 것이다. 먼저 동기감응의 의미에 대하여 정리하고, 다음으로 성리학의 동기이론을 정자(程子)와 주자(朱子)의 풍수관을 중심으로 살펴보았다. 그리고 성리학 이론이 풍수의 동기감응론과 결합됨으로써 조선후기 매장문화에 미친 영향을 추적하고자 하였다.

---

* 이 글은 2011년 필자의 글(조선의 매장문화와 풍수사상. 역사학연구 44, 호남사학회)을 보완한 것임을 밝힌다.
01 최원석. 2010. 조선후기 영남지방 土族村의 풍수담론. 한국지역지리학회지. 16, 266. 비록 최원석은 영남지방을 대상으로 풍수사상의 의미를 설명하였으나, 이러한 풍수 영향은 전국적이라고 해도 무방할 것이다.

검토를 통해 부계원리(父系原理)라는 측면에서 성리학과 풍수논리의 유사성이 드러날 것이며, 17세기 중반을 기점으로 한 조선사회의 부계적 질서 위주의 문중 (門中) 형성과 산송(山訟)의 증가 또한 풍수논리로 해석될 수 있다. 또한 언뜻 보면 직계(直系) 논리에 어긋나지만 실제로는 직계논리를 보완하기 위해 창출된 동성 양자(同姓養子)에 담긴 절묘한 풍수적 원리와 성리학적 질서의 결합도 해석될 수 있을 것이다.

Ⅱ. 동기감응의 의미

풍수이론에서 동기감응(同氣感應)이란 두 가지 측면에 적용하고 있다.[02] 하나는 양택풍수적 관점에서 주변 산의 조건, 즉 지기(地氣)가 그 범주 안에 있는 인간에 게 영향을 준다는 것이다.[03] 다른 차원은 무덤 속 조상의 유골이 좋은 상태로 환원 (還元)되면서 발산되는 기운이 조상과 가장 같은 기운이라고 할 수 있는 살아 있 는 후손의 기운과 반응하여 좋은 영향을 주고, 반대로 유골이 물과 바람의 영향을 받는 좋지 않은 곳에 있어 썩게 되면 후손에게 안 좋은 영향을 준다는 것이다.[04] 흔히 두 가지 측면 전부를 동기감응이라고 표현하고 있으나 일반적인 의미에서 동기감응이란 물론 후자를 말하는 것이다. 풍수이론에서 동기감응으로 흔히 소 개되는 풍수고전『금낭경(錦囊經)』에 나오는 일화이다.

---

02 동기감응을 전론(專論)으로 다룬 글로는 다음이 있다. 권선정. 2004. 생태중심적 환경관으로서의 풍수 - 풍수 '동기감응론'의 지리학적 해석. 지리학연구 38-3.; 박헌영. 2004.『장서』에 나타난 동기감응설. 도교문화연구 20.; 박 정해 · 한동수. 2011. 조선 유학자들의 동기감응론 인식. 한국민족문화 41.; 이진삼 · 천인호. 2012. 풍수 동기감응 은 친자감응인가. 한국학논집 49. 이 장에서 언급하는 동기감응 논리가 새로운 것은 아니다. 다만 성리학의 동기감 응을 설명하기 위하여 필요한 기본지식을 핵심 위주로 언급하였음을 밝힌다.

03 무덤의 유골에 영향을 주는 것을 음택풍수(陰宅風水), 주거지에 사는 인간에게 영향을 주는 것을 양택풍수(陽 宅風水)라고 한다. 양택풍수가 氣의 場의 논리라면, 음택풍수는 氣 자체의 직접 연결을 중시한다는 차이점이 있다.

04 환원(還元)이라는 표현은 유골이 분해되어 원래 원소로 돌아간다는 의미로 사용된 것이다. 풍수이론에서는 유 골이 물과 바람의 영향을 받게 되면 원래 원소로 환원되는 것이 아니라 썩게 되는데, 그것은 환원이 아니라 산화(酸 化)로서 후손에게 부정적인 영향을 미치는 것으로 본다.

경(經)에 이르기를, 기(氣)가 귀(鬼)에 감응하면 그 복이 —살아 있는— 사람에게 미친다고 하였다. 그것은 구리 광산이 서쪽에서 무너지는데 영험스러운 종(鐘)이 동쪽에서 응하여 울림과 같은 것이다.

장설(張說)은 이렇게 말하였다. 한(漢)나라 미앙궁에서 어느 날 저녁 아무 이유 없이 종이 스스로 울었다. 동방삭이 있다가, 반드시 구리 광산이 무너진 일이 있을 것이라고 말하였다. 머지않아 서촉 땅 진령(秦嶺)에 있는 구리 광산이 무너졌다는 소식이 왔는데, 날짜를 헤아려 보니 바로 미앙궁의 종이 울린 그날이었다. 이에 황제가 동방삭에게 어떻게 그 일을 알 수 있었느냐고 물으니 동방삭이 대답하기를 "무릇 -종은 구리로 만든 것이고- 구리는 구리 광산에서 나온 것입니다. 그러니 두 기(氣)가 감응하는 것은 마치 사람이 그 부모로부터 몸을 받는 것과 마찬가지 이치입니다."라고 하였다. 황제가 감탄하여 소리치기를 "물체의 짝지음도 그러할진대 하물며 사람에게 있어서이겠는가. 귀신에게 있어서이겠는가." 하였다. 덧붙여 이렇게 말하노라. 구리가 그 태어난 구리 광산이 무너짐에 따라 그 구리로 만든 구리종이 스스로 우는 것은, 마치 부모의 유해와 같은 기(同氣)인 자손에게 -부모의 유해가 받은 기가- 복을 입힘과 같은 것이니 이는 모두 자연의 이치인 것이다.[05]

서쪽의 구리 광산이 무너지면 동쪽의 구리종이 울린다는 일화는 흡사 주역 건괘(乾卦) 오효(五爻)인 구오(九五)의 설명에서 공자(孔子)의 말을 빌려 인용한 "같은 소리는 서로 응하고(同聲相應), 같은 기운끼리 서로 구하는 것이다(同氣相求)."라는 논리와 유사하다.[06] 성호 이익도 『성호사설(星湖僿說)』에서 "동일한 기운이 서

---

05 "經曰, 氣感而應鬼 福及人. 是以銅山西崩 靈鐘東應. 張曰 漢未央宮中 一夕無故而鐘自鳴. 東方朔曰 必有銅山崩者 未幾. 西蜀秦銅山崩 以日揆之正 未央鐘鳴之日. 帝問朔 何以知之 朔曰 蓋銅出於銅山 氣相感應 猶人受體於父母. 帝歎曰 物尙爾 況於人乎 況於鬼神乎. 又曰 銅出於銅山之 山崩而鐘自鳴 亦猶本骸同氣子孫 蒙福 自然之理也." 최창조 옮김. 1993. 靑烏經·錦囊經. 민음사. 63-65.

06 공자는 주역의 건괘를 중요시하여 부연설명을 붙였는데, 그것이 문언(文言)이다. 이 말은 문언 구오(九五)에 대한 설명에서 언급되고 있다.

로 구한다(同氣相求)."라고 하였고,[07] 그 외에도 이처럼 동기는 서로 응한다는 비슷한 논리를 많은 유학자들이 언급했다.

문제는 동기가 '서로 응한다'는 일반론이 과연 조상의 유골과 현재의 후손이 서로 감응한다는 이치를 증명할 수 있는가 하는 점이다. 이것은 또 다른 차원인 것이다. 풍수의 동기감응 이론은 무덤풍수의 가장 기초인데, 바로 이 때문에 풍수의 과학성이 아직 인정받지 못한다. 이러한 논리를 비판하는 쪽에서는 쉽게 설명하기 어려운 복합적 양상 속에 놓인 기운의 영향관계를 단순히 조상과 나는 동일 기운을 갖추고 있는 두 존재이므로 조상이 띠는 기운은 후손에게 영향을 끼친다는 식으로 정리하는 것은 너무 단순하고 신화적인 이야기라는 것이다.[08]

일찍이 다산 정약용도 "영웅호걸은 총명과 위엄과 재능이 일세(一世)를 통솔하고 만민(萬民)을 부리기에 충분한 사람들이다. 이들이 살아서 조정 위에 앉아 있을 때에도 오히려 자기 자손을 비호할 수가 없어서 자손들이 요절(夭折)하는 경우도 있었고 폐질에 걸리는 경우도 있었다. 그런데 말라비틀어진 무덤 속의 뼈가 아무리 산하(山河)의 좋은 형세를 차지하고 있다 하더라도 어떻게 자기의 후손을 잘되게 할 수 있겠는가?"라고 하면서 풍수의 동기감응론을 강하게 비판하였다.[09]

현대의 풍수이론 가운데 가장 주목할 만한 동기감응에 대한 설명은 주파수 동조(同調) 이론이다. 유전인자가 동일하고 물질원소가 동일하여 에너지의 고유 특성파장이 동일한 조상과 후손 간에는 선천적으로 공진회로(共振回路)가 형성되어 있는데 이는 마치 방송전파나 무선전파의 주파수를 맞추어 놓은 원리와 같다는 것이다.[10]

풍수연구자들은 누구나 동기감응론을 전제로 풍수를 연구하고 있지만 그 논리

07 『星湖僿說』권11. 人事門 鬼神情狀.

08 윤천근. 2001. 풍수의 철학. 너름터. 28-30.

09 "英豪傑特之人 聰明威能 足以馭一世 而役萬民者生 而坐乎明堂之上 猶不能庇其子孫 或殤焉或廢疾焉 塚中槁骨 雖復據山河形勢之地 顧何以澤其遺胤哉." 『다산시문집』제11권. 風水論 1.

10 이익중. 1994. 길한 터 흉한 터. 동학사. 47. 이 논리는 황영웅의 『풍수원리강론』의 논리를 풀어 쓴 것이다. 필사본인 이 책은 현재 인쇄본으로 출판 작업 중에 있다.

를 현재의 학문 논리로 증빙하려면 쉽지 않다. 아마도 풍수가 현대학문으로 완전히 인정받지 못하는 주요 원인도 바로 이 동기감응이라는 요소일 것이다. 따라서 동기감응론 자체를 객관적으로 논증하는 것은 별도의 고찰을 통하여 시도되어야 할 것이다. 이 글에서는 이러한 풍수의 동기감응 원리가 조선시대 역사전개와 어떠한 관련성을 가졌는가 하는 점을 살펴보고자 하였다. 따라서 동기감응론을 바라보는 시각과 논리 자체의 객관성 여부는 후속연구를 기약한다.

Ⅲ. 성리학의 동기이론

조선시대 모든 관혼상제(冠婚喪祭)는 기본적으로 성리학(性理學)의 논리를 바탕으로 하고 있다. 그러므로 성리학의 논리를 완성한 정자와 주자의 풍수관은 삶과 죽음이 공존하는 유교적 생사관의 연장선상에서 상장례(喪葬禮)와 관련된 매장문화와 풍수사상의 연결을 가장 잘 말해준다.[11]

정자의 풍수관은 『이정집(二程集)』에 실린 「장법결의(葬法決疑)」와 「장설(葬說)」에 잘 나와 있다.[12] 정자는 「장설」에서 "땅이 아름다운 곳은 그 신령이 편안하고 자손이 번성한다. 만약 나무뿌리를 북돋아주면 가지가 무성해지는 것과 같은 자연의 이치이다."라고 하여[13] 조상과 자손의 관계를 나무뿌리와 나뭇가지의 관계로 비유하였다. 또한 "땅이 아름답다는 것은 토색(土色)이 밝고 빛나며 윤기가 있고 초목이 무성한 것이 그 증험이 된다."고 하였고, "부모 · 조부모 · 자손은 같은 동기로 조상이 편안하면 자손도 편안하고, 조상이 위태로우면 자손도 위태로운 것으로

---

11   유교식 상장례 전반에 대한 변화는 다음의 글을 참조할 수 있다. 김시덕. 2007. 한국 유교식 상례의 연구. 고려대학교 박사학위논문. 88~140.

12   정자의 풍수사상을 전론(專論)으로 다룬 것과 관련하여 다음의 글을 참조할 수 있다. 민병삼. 2009. 정이천의 풍수지리사상 연구. 동양철학연구. 59: 328~360.

13   "地之美者 則其神靈安 其子孫盛 若培壅其根以枝而茂 理固然矣"『二程集』「葬說」

이것 역시 자연의 이치이다."라고 하여[14] 동기감응론을 주장하였다. 요컨대 정자는 조상과 후손 사이의 동기감응의 핵심은 땅의 아름다움에 있다고 본 것이다.[15]

정자는 똑같은 논리로 "땅이 추악하면 반대로 되어 조상이 위태로우면 자손도 위태롭다."고 하여[16] 부정적 측면의 동기감응론도 언급하였다. 「장설」에서 "묘소를 정하는 데에는 땅이 아름답고 추한 것을 가리는 것이다. 이것은 음양가(陰陽家)들이 말하는 복론(禍福)을 말하는 것이 아니다."라고 하였지만[17] 그의 다양한 논리는 사실상 풍수 자체의 논리와 일맥상통하고 있다.

정자의 풍수논리는 주자에 와서 더욱 두드러진다. 주자의 아버지는 금나라와의 휴전을 거부하고 국권을 회복하자는 주전파였으나 온건파에 밀려 은거하여 울분을 달래다가 1143년에 47세로 세상을 뜨고 말았다. 그때 주자의 나이 14살이었다. 이후 주자는 온 가족을 부양하는 힘겨운 세월을 보냈다. 주자는 3남5녀를 두었는데, 두 딸과 장남은 일찍 요절하고 부인과 사별하는 등 가족의 죽음으로 큰 슬픔을 개인적으로 겪어야 했다. 자식들의 요절과 죽음의 원인이 풍수지리와 관련 있다고 믿었다. 주자는 1169년 모친이 죽자 묘소를 직접 소점(小點)하여 길토(吉土)에 장사 지냈고, 역시 1176년 부인이 죽자 손수 묏자리를 썼다. 그리고 아버지의 묘를 두 번 이장하였다. 그리고 1194년 65세 때에 당시 송나라 황제 영종에게 풍수적 논리로 가득한 『산릉의장(山陵議狀)』이라는 글을 올렸다. 6년 전인 1188년 죽은 효종의 능을 그때까지 정하지 못했기 때문이다.[18]

주자는 부모의 묘지를 선정함에 정성을 다하지 않아 불길한 땅을 택하면, 반드시 물이나 샘이 솟고 벌레나 땅속의 바람이 속으로 광중을 침범할 것이라고 하였

14　"然則喝謂地之美者 土色之光潤 草木之茂盛 乃其驗也","父祖子孫同氣 彼安則此安 彼危則此危 亦其理也"『二程集』「葬說」.

15　민병삼, 같은 책. 342.

16　"地之惡者則反是. 彼危則此危 亦其理也"『二程集』「葬說」.

17　"卜其宅兆 卜其擇美惡也 非陰陽家所謂禍福者也"『二程集』「葬說」.

18　정자와 주자의 풍수사상은 일찍이 최창조 교수(최창조. 1984. 한국의 풍수사상. 민음사.), 김두규 교수(김두규. 1998. 우리 땅 우리 풍수. 동학사.; 김두규. 2008. 김두규 교수의 풍수강의. 비봉출판사.)부터 시작하여, 학위논문의 주제로도 많이 다루어졌다. 가장 최근의 연구는 배상열과 민병삼의 연구이다. 배상열. 2005.『山陵議狀』의 풍수사상 연구. 원광대학교 석사학위논문.; 민병삼. 2009. 주자의 풍수지리 생명사상 연구. 성균관대학교 박사학위논문.

다. 그렇게 되면 신령이 불안하게 되어 자손 역시 사망하거나 대가 끊기게 되는 절멸의 우환이 있게 되므로 심히 두려워해야 한다고 하였다.[19] 주자는 자손과 조상의 기가 서로 감응한다는 이치로 제사의 논리를 이끌어내고, 그것을 더욱 확장하여 풍수의 묘소 상태에도 적용한 것이다. 즉, 사자(死者)에게서 생자(生者)에게로 이르는 동기감응이 '풍수지리'에 대한 이론이라면, 제사는 반대로 생자의 정성이 사자에게 이르게 하는 동기감응론으로 후손의 정성이 조상의 혼백을 모아 유행하도록 한다는 점에서 이 두 가지는 모두 생자와 사자 간의 동기감응에 기반한 것이다.[20]

이러한 관점에서 주자는 아주 구체적으로 풍수적 효용을 언급하였다. 그의 풍수적 지식이 가득 담겨 있는『산릉의장』에서 풍수지리 전문가를 후하게 대접하라 말하며, 조상의 선영(先塋) 옆에서 자주 공사를 하면 조상의 신령이 놀라서 살아있는 후손에게 나쁜 동기감응을 주어 사망하게 되는 재앙을 불러온다고 하였다.

잘못된 풍수 조건에 대하여 구체적으로 (1) 외부에서 빗물이 광중(壙中)에 침입하면 시신이 썩어서 없어지고 후손의 삶은 매우 고단하다. 만약 광중에 샘이 나오면 후손 중에 갑자기 사고로 사망하는 재앙을 초래한다. (2) 광중에 벌레나 나무뿌리가 있으면 후손이나 배우자의 해당 부위에 암 같은 고질병에 시달리게 된다. (3) 혈처의 좌우에 지각(支脚)이 보호되지 않으면 지풍(地風)이 광중에 침입하여 기(氣)가 쌓이지 않아 유골이 숯처럼 검게 그을리고 자손이 절멸하게 된다고 하였다.[21]

이러한 정자와 주자의 풍수관은 조선왕조와 사대부들에게 그대로 받아들여졌다. 선조 때 대신 유성룡이 쓴『신종록(愼終錄)』에 보면, 유성룡은 후손들에게 반드시 풍수 공부를 하라고 하면서 주자가 쓴「산릉의장」을 그대로 받아들여 후손들에게 그 방법을 알려주었다.[22]

---

19 "其或擇之不精之不吉 則必有水泉 螻蟻地風之屬 以賊其內 使其形神不安 而子孫亦有死亡絶滅之憂 甚可畏也" 『朱子集』「山陵議狀」.

20 민병삼. 2009. 주자의 풍수지리 生死論 고찰. 유교사상연구 3. 256-266.

21 민병삼, 같은 논문. 249-250.

22 김두규. 2003. 우리 풍수 이야기. 북하우스. 115-116.

한국의 전통적 친족질서는 11~12세기 중국의 성리학자들이 모범으로 설정했던 것과 일치한다. 송대의 성리학자들은 중국사회가 고례(古禮)를 잃었음을 비판하고 부계 친족질서인 종법(宗法)을 회복하고자 하였다. 특히 주자는 『가례(家禮)』를 저술하여 종법에 부합하는 행동방식과 마음가짐을 정형화했다. 『가례』로 구체화된 종법질서는 14세기부터 고려의 지식인들에게 영향을 끼치기 시작했다. 이후 17세기에 이르면 오복제(五服制), 사대봉사(四代奉祀), 장자상속, 동족촌(同族村), 문중(門中), 족보 등 부계질서에 기반한 제반 관행이 정착하였고, 남성은 자신의 부계친에게 의무를 다하는 반면 여성은 남편의 부계친에게 의무를 다하는 것을 당연시하게 되었다. 후손 또는 조상의 범주에서 비부계(非父系)가 배제되기에 이른 것이다.[23]

이러한 친족질서의 변화는 동기(同氣)에 대한 인식 변화가 수반되어야 한다. 죽음을 혼기(魂氣)와 체백(體魄)이 흩어지는 것으로, 탄생을 아버지의 기(氣)를 아들이 계승하는 과정으로 이해한 유교적 생사관을 형이상학적으로 해석하여 주자는 동기이론을 구체화함으로써 부계로 이어지는 계보의 중요성을 부각시켰다. 17세기 이후 조선의 지식인들은 이 이론에 입각하여 부계질서를 강조하고 '외조(外祖)'와 '외손(外孫)'의 관계에 대해 단호한 입장을 취하였다.[24]

Ⅳ. 풍수의 동기감응론과 매장문화

위와 같은 성리학의 동기이론은 풍수지리의 동기감응론과 이론적 근거가 너무나 유사하다. 주지하듯이 풍수의 동기감응론은 무덤 속에 묻힌 조상의 유골이 양호하게 환원되면서 발산되는 기는 조상과 가장 동기라고 할 수 있는 살아 있는 후손의 기와 동조하여 좋은 영향을 주고, 반대로 조상의 유골이 물과 바람의 영향을

23 정경희. 1998. 주자가례의 형성과 家禮. 한국사론. 39: 70~83.; 이종서. 2003. 고려후기 이후 '同氣' 이론의 전개와 혈연의식의 변동. 동방학지. 120: 1~2.

24 이종서. 고려후기 이후 '同氣' 이론의 전개와 혈연의식의 변동. 동방학지. 120: 7~10.

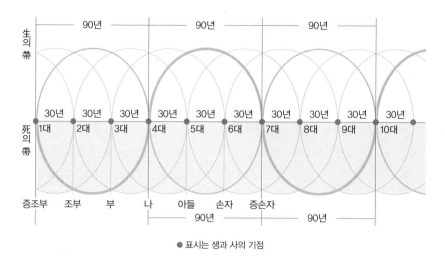

● 표시는 생과 사의 기점

그림1 인간의 생(生)의 대(帶)와 사(死)의 대(帶)의 곡선 25

받는 좋지 않은 곳에 있어 썩게 되면(산화酸化), 동기인 후손에게 좋지 않은 영향을 준다는 것이다. 유교의 조상 제사 논리는 역시 조상과 후손의 동기감응으로 성립하는 것으로, 풍수의 동기감응과 유교의 동기감응은 그 기본 논리가 같다고 할 수 있다. 그 때문에 정자나 주자 역시 풍수의 동기감응론을 믿었던 것이다.

그림1은 조상의 유골 상태가 후손의 누구에게 영향을 미치는가를 보여준다. 그림의 첫 부분이 증조부이고 다음이 각각 한 대씩 내려와 조부, 부, 나, 아들, 손자, 증손자로 표시되어 있다. 기본적으로 증조부가 사망하여 무덤에 묻힌다면 증손에 해당하는 '나'에게 동기감응이 직접적으로 연결되는 모습을 보여준다. 음택풍수의 동기감응의 원리는 가장 기본적으로 증조부가 증손(그림에서 '나')에게 영향을 준다. 그것은 통상 증조부가 죽은 후 무덤에 묻힌 이후에 증손이 태어나기 때문이다. 즉, '나'라고 하는 존재는 내가 태어나기 이전 가장 최근에 묻힌 조상과 가장 많이 동기감응된다는 것을 말해준다. 물론 이것은 기본원칙일 뿐이며, 증조

25 황영웅. 2002. 풍수원리강론. 동국비전. 432쪽.; 이익중. 1994. 길한 터 흉한 터. 53.

부가 요절하거나 또는 장수한다면 그만큼 무덤에 더 일찍 묻히거나 또는 늦게 묻히기 때문에 가장 직접적인 동기감응의 대상이 한 대가 올라가거나 내려갈 수도 있다.

증조부 이외에 고조부도 많은 부분 영향을 준다. 증손(그림에서 '나')이 태어날 때 가장 직접적인 영향은 그 직전에 돌아가신 증조부이지만, 이미 고조부의 무덤은 30년 전후를 경과하였으므로 실제 동기감응이 활발하게 일어나는 시기이기 때문이다.[26] 그러므로 흔히 풍수답사에서 한 인물의 성쇠(盛衰)를 풍수적으로 해명하고자 할 때 먼저 대상 인물의 고조부와 증조부의 묘소를 보는 것이다.[27]

앞에서 풍수적 동기감응을 설명하면서 남자만 언급했지만, 실상 고조부모, 증조부모, 조부모, 부모 등 남자나 여자 조상의 묘소 전부가 후손에게 동기감응하는 것이나 편의상 남자만 표현한 것이다.[28] 자손의 경우에도 마찬가지이다. 손자, 증손자 등으로 표현했지만 역시 남자 후손이나 여자 후손 모두에게 동기감응한다. 문제는 여성이 출가한 이후에 그 후손이 어떤 비율로 동기감응되는가 하는 점이다. 이처럼 외손의 문제로 가면 상황이 더욱 복잡해진다.[29] 실상 풍수의 동기감응은 풍수의 인과관계론(因果關係論)의 문제로, 대단히 복잡한 방정식으로 정립될

---

26 풍수이론에서는 통상 10년 이후에는 동기감응이 시작된다고 본다. 물론 더 일찍 이루어지는 것도 있다. 그것을 풍수에서는 '속발(速發)'이라 하며, 그러한 풍수적 조건을 갖춘 곳을 풍수이론에서 선호한다.

27 참고로 풍수논리에서는 내가 태어나기 이전 가장 가까운 시기에 무덤에 묻힌 조상(흔히 고조부와 증조부)의 무덤은 나에게 '기본 유전자'를 만들어주는 동기감응을 하며, 내가 태어난 이후에 사망하여 무덤에 묻힌 조상(흔히 할아버지, 부모)은 나의 '기본 유전자'의 발현 여부'를 결정한다고 본다. 즉, 내가 태어나기 이전의 조상 묘소의 상태는 나의 '그릇'을 만들어주는 동기감응을 하고, 내가 태어난 이후의 조상 묘소의 상태는 나의 '그릇의 발현 여부'(나의 그릇을 최상의 상태로 발휘하게 하는가 아니면 오히려 그 그릇을 써먹지 못하게 방해하는가의 여부)를 결정한다고 해석한다.

28 남자 조상과 여자 조상의 동기감응 비율에 대하여 현재 정확하게 언급한 기록은 없다. 황영웅은 멘델의 원칙처럼 남자는 우성이고 여자는 열성이므로 남자조상에서 9, 여자조상에게서 3, 즉 9:3의 비율로 동기감응한다고 보았다 (황영웅. 같은 책. 풍수인과론 참조).

29 일제시대 조선의 풍수를 정리한 무라야마 지준의 풍수서에는 다양한 풍수의 동기감응 사례가 소개되고 있다 (村山智順. 1931. 鮮の風水. 조선총독부). 이것을 번역하고 분석한 최길성은 특히 시집갔다가 소박 당한 후 친정에 묻힌 여자의 경우, 그 여자의 무덤의 동기감응이 친정 쪽 후손이 아니라 비록 소박 당했을지라도 시댁의 후손에게 발현되는 사례를 설명하고 있다(최길성. 1984. 풍수를 통해 본 조상숭배의 구조. 한국문화인류학. 16: 92-93.). 풍수논리에서 여자의 경우 결혼하기 이전에는 친정, 결혼한 이후에는 남편 쪽 집안 묘소의 영향을 받는다고 본다. 즉, 여자의 묘소의 상태는 친정보다는 남편 쪽 집안의 후손(결국 여자 자신의 후손이기도 하다.)에게 영향을 주는 것이다. 이 것은 여자의 무덤이 누구에게 영향을 주는가 하는 것이지만, 하나의 무덤의 동기감응이 여성 후손에게는 어떠한 비율로 영향을 주는가 하는 점은 또 다른 문제이다. 이 점은 곧 본문에서 후술될 것이다.

수 있어야 한다.[30]

풍수는 강한 직계(直系)의 논리이다. 풍수이론은 바로 뒤에서 오는 산(山)만을 지기(地氣)의 흐름으로 인식한다. 따라서 풍수는 그 산이 어디에서 왔는가를 매우 중시하는 것이다. 그런 점에서 풍수는 강한 직계의 논리라 할 수 있는데,[31] 남성 중심의 직계 원리인 성리학의 논리와 일치한다. 풍수논리에서 형의 무덤은 동생의 자손에게 동기감응하지 않는다. 삼촌의 무덤도 나에게 동기감응하지 않는다. 직계에게만 동기감응하는 것이다. 그리고 직계 중에서도 여자보다는 남자 쪽의 영향을 더 받는다. 여자는 시집가기 전에는 자기 부계조상과 동기감응하지만, 출가한 후에는 남편의 부계조상에게 동기감응되며 자신의 묘소도 남편의 부계혈족에게 동기감응을 준다.[32]

이상에서 밝힌 풍수의 동기감응론의 논리는 조선시대 성리학 사회의 정착과정과 풍수사상의 유행이 일치한다는 점을 설명하기 위한 것이다. 고려시대는 남계(男系)와 여계(女系)가 차별 없던 시대였다. 이는 고려시대에 기본적으로 무덤풍수 위주의 음택보다 도읍풍수 위주의 양택풍수가 더 유행했던 현실과 부합된다. 사회의 일반적인 관습과 풍수적 동기감응의 논리가 잘 일치하지 않았던 것이다.

고려말에 도입되고 조선의 국교가 된 성리학의 논리는 동기감응이 전제되어 있다. 그러나 조선의 사회 실상은 17세기에 이르기까지 여전히 고려사회의 양계적(兩系的) 논리였다. 17세기 중반 이후 본래 의미의 성리학 사회로 전환되었다. 현재 여러 사례를 통하여 17세기 중엽에는 양계적인 고려적 요소가 척결되고 부계 위주의 성리학 논리가 향촌사회까지 관철되는 사회변화가 증명되었다. 그 이

---

30 흔히 명당이라고 하지만 그것이 그 후손의 누구에게 어느 정도로 영향을 미치는 것인지는 차이가 있다. 흉한 곳도 마찬가지이다. 쉽게 표현하자면 장자와 차자 또는 딸에게 전부 안 좋을 수도 있지만 실제로는 차이가 있다. 그리고 이것이 다음 세대로 가면 더욱 복잡해진다. 이러한 것을 통틀어서 '풍수인과론(風水因果論)'이라 한다.

31 앞에서 제시한 이진삼·천인호의 연구에서는 친자만이 아니라 다른 구성원, 심지어 남에게도 동기감응되는 사례를 제시하고 있다. 그러한 측면이 있는 것도 사실이다. 양택의 동기감응처럼 장(場) 위주의 동기감응도 있는 것이며, 마음으로 이어지는 동기감응도 있는 것이다. 그러나 그것은 기본적으로 부차적인 것이며, 풍수의 동기감응의 핵심은 친자감응인 것이다.

32 남편의 부계혈족은 결국 여자(부인)의 혈족이기도 하다. 그런 점에서 풍수에서 여자의 묘소의 영향력도 대단히 크다고 할 수 있다.

유에는 조선후기 양난(兩亂)의 위기 속에서 집권 노론(老論)의 성리학적 질서로의 재편 시도가 가장 중요한 것으로 제시되지만, 필자는 변화의 이유에 직계 위주의 풍수적 경험 축적도 크게 자리 잡고 있었다고 주장하고자 한다.

V. 조선후기의 음택풍수사상 확산과 동기감응

조선시대는 고려시대와는 달리 도읍풍수는 쇠퇴하고 음택풍수가 유행하였다. 거기에는 성리학을 성립시킨 정자와 주자의 풍수관이 크게 영향을 미쳤다고 본다. 성리학적 동기감응론의 전제와 유사한 음택풍수의 동기감응은 시대가 흐르면서 경험적 사실로 조선 사대부들에게 전승되었을 것이다. 그것은 결국 부계친족 위주의 문중(門中)의 형성에도 영향을 주고, 조선사회가 부계 위주의 성리학 본래의 논리로 변화하는 데에도 크게 작용하였을 것이다. 산송(山訟)의 증가 역시 이러한 현상에 부응하는 것이었다.

산송은 많은 연구자들에 의해 이미 연구결과가 상당부분 축적되어 있다. 산송 연구에서 주목하는 것은 두 가지이다. 하나는 시기이며 다른 하나는 원인이다. 산송이 본격적인 사회문제로 대두되는 것은 산송 연구자 모두가 지적하듯이 조선후기다. 산송의 주원인으로 (1) 분산(墳山) 확보,[33] (2) 묘지 주변의 산림 이용 독점권에 있었다는 견해[34], 이러한 요인 외에 풍수적 길지 확보[35] 등이 제시되었다.

필자는 산송이 조선후기에 급증하였다는 점, 성리학적 동기감응론과 풍수적

---

33 김경숙. 2002. 조선후기 산송과 사회갈등연구. 서울대학교 박사학위논문.; 김경숙. 2002. 18, 19세기 사족층의 분산대립과 산송. 한국학부. 109.

34 김선경. 1999. 조선후기 山林川澤 私占에 관한 연구. 경희대학교 박사학위논문.; 한상권. 1996. 조선후기 사회와 訴冤제도. 일조각.

35 이화. 2005. 조선조 풍수신앙연구. 한국학술정보. 201-203. 한편 이덕형은 산송 관련 연구를 (1)경제적인 측면의 연구(김선경, 전경목), (2)위선사업과 관련된 연구(김경숙), (3)풍수사상과 관련된 연구(이화) 등으로 구분한 바 있다(이덕형. 2009. 조선후기 사대부의 성리학적 풍수관. 역사민속학. 30: 212.).

동기감응론이 일치하고 있다는 점을 보다 적극적으로 고려할 필요가 있음을 지적하고자 한다. 구체적인 사례를 통하여 산송 증가의 가장 직접적인 원인이 풍수적 원인이라는 점을 새롭게 제시하지는 않았지만, 묘지풍수의 핵심논리가 성리학적 동기감응론과 일치한다는 점과 성리학적 질서가 17세기 이후 조선후기에 정착되었다는 점을 일단 강조하고자 한다. 이 같은 성리학적 동기논리와 풍수적 동기감응론 논리의 일치를 근거로 이 시기 산송의 증가는 풍수적 원인에서 비롯되었다고 본다. 추후 이와 관련하여 보다 심도 있는 연구가 진전될 것을 기대한다.

한편 조선시대 동성양자(同姓養子)의 문제 또한 동기감응의 논리에 바탕을 두고 있는데 이는 풍수적 동기감응론과도 절묘하게 결합되고 있다. 주자의 제자인 진순(陳淳)은 성리학의 개념을 풀이한 『북계자의(北溪字義)』 귀신론에서 "신(神)은 류(類)가 아니면 흠향하지 않고, 민(民)은 족(族)이 아니면 제사하지 않으니 고인의 제사에 대종(大宗)이 아들이 없으면 족인(族人)의 아들을 이어 단일한 기맥(氣脈)이 서로 감통(感通)을 취함으로써 사속(嗣續)이 끊임없게 하였다."고 한 뒤, "많이들 몰래 이성(異姓)의 아이를 입양하는데 이는 겉으로는 이은 듯하나 속으로는 끊어진 것"이니 자손이 없으면 반드시 동종(同宗)의 근친(近親)을 후사로 세워 "단일한 기가 조상에게 감응하여 제사를 잃는데 이르지 않게 해야 한다."고 하였다. 그러면서 다음의 일화를 들었다.

동중서(董仲舒)는 『춘추번로(春秋繁露)』에 한(漢)나라 때의 일을 하나 실어 놓았다. 어떤 사람이 집에서 제사 지내는데 축문을 읽어 신을 불렀다. 그는 제사가 끝난 뒤 사람들에게 다음과 같이 말하였다. "방금 본 것이 매우 이상하다. 어떤 관리가 관복을 정식으로 차려입고 나오려다 주저하고는 감히 앞으로 나오지 못하였다. 그런데 한 귀신이 봉두난발을 하고 웃통을 벗어부친 채 짐승 잡는 칼을 들고 용감하게 앞으로 나와 제사를 받았다. 이것은 무슨 귀신인가?" 그 집주인이 까닭을 깨닫지 못하고 있자, 한 나이 든 어른이 이 집안이 예전에 후사가 없어서 다른 성씨의 백정 집안 아들을 데려다 후사로 삼았는데 그가 바로 지금 제사를 주관하는 당신이라고 말해주었다. 이러한 이유 때문에 그의 백정 집안 조상이 감응해서 왔던 것이다. 그가 이은 본가(本家)의 조상은 그와 기(氣)가 같지 아니하니 자연히 교접해서 감응할 이치가 없는 것이다.[36]

풍수논리에서 양자(養子)는 조상과 후손과의 동기감응이 끊어지는 것이다. 그러므로 조선시대에 이성양자가 아닌 동성양자를 취한 것은 풍수적으로도 참으로 절묘하다고 할 수 있다. 동성양자는 위로 한 대만 올라가면 조상이 같으며 그로 인해 역시 동기감응이 이어지기 때문이다. 물론 양자가 아닌 경우와 비교하면 동기감응의 비율과 총량은 많이 떨어지지만 동기감응이 완전히 소멸하는 이성양자와 비교할 바가 아닌 것이다.

동기감응으로 성리학의 논리와 풍수적 적용이 결합함에 따라 조선 지배층의 매장문화에 있어 풍수적 적용은 상례(常禮)이자 상식이 되었다. 유학자들은 풍수사상에 대해 비판적 태도를 지니기도 했지만, 당시 향촌에서 정치경제적 세력을 확대하고 있던 사족층(士族層)들은 풍수담론을 이용하여 고을에 대한 지리환경 해석의 공간적인 주도권을 행사하면서 관권(官權)의 견제를 통한 정치적 영향력을 확대하고자 했다.[37] 물론 조선시대 왕을 비롯하여 지배층들의 풍수에 대한 태도는 "불가신(不可信) 불가폐(不可廢)"로 표현되듯이[38] 양가적인 태도였다.

풍수논리에 의한 상지(相地)로 인해 토본(土木)의 역사(役事)를 일으키고 불필요한 논쟁을 야기한다는 면에서 잡술이라 공격하기도, 다른 면에서 유자(儒者)로서 풍수를 공부하는 것을 비루하다고 조소하기도 하였다. 이러한 비판에 의해 풍수는 정도이며 상도(常道)인 유교와 대치되는 좌도의 영역에 속하게 된다. 그러나

---

36 "仲舒繁露載漢一事 有人家祭 用祝降神 祭畢 語人曰適所見甚怪 有一官員公裳盛服 欲進 而踟躇不敢進 有一鬼 蓬頭衩袒手 提屠刀奮勇而前 歆其祭 是何神也 主人不曉其由 有長老說其家舊日無嗣 乃敢異姓屠家之子爲嗣 卽今主祭者 所以只感召得他屠家祖父 而來 其繼立本家之祖先 非其氣類 自無交接感通之理." 陳淳 지음, 김영민 옮김, 『北溪字義』 卷下 鬼神. 236-237쪽.

37 최원석. 조선후기 영남지방 士族村의 풍수담론. 267-268.

38 『세종실록』 권61. 세종 15년 7월 신유.

풍수담론이 항상 좌도로서 유교사회가 배척해야 하는 것으로 진단되는 데에만 그치지 않았다. 풍수는 전부 믿을 수 없지만, 그렇다고 버릴 수도 없다는 논리로 유교사회 속에 공존했다.[39] 그러나 실상에서는 점점 더 조선사회의 풍수에 대한 의존도가 높아졌다.[40] 이처럼 풍수의 폐해를 지적한 실학자들조차도 풍수에 대하여 양가적 태도를 취한 것은 동기감응에 대한 실제 경험이 전제되었기 때문이라는 것이 보다 역사적 진실에 가까울 것이다.

그 결과 매장문화에 있어 풍수적 결합은 더욱 공고해졌다. 이것은 당시 유행하였던 장택지(葬擇紙)에서도 확인된다. 매장과 관련된 기록인 장택지에는 임좌병향(壬坐丙向), 파취토(破舊墳), 고선영(告先塋), 사후토(祀后土), 개금정(開金井), 혈심(穴深), 파빈(破殯), 발인(發靷), 정구(停柩), 설악(設幄), 안장(安葬), 하관(下官), 불복(不伏), 취토(取土), 하관시피(下棺時避), 분금(分金) 등의 풍수 항목이 일반화되어 있다.[41] 자신들의 조상 묘소 및 선산에 대한 산도(山圖) 역시 일반화되어 족보에는 항상 실어 놓았다. 그리고 장례문화에 있어 풍수사상의 상식적 결합은 오늘날 전해지는 일기류(日記類)의 많은 고문서에서도 확인된다.

이러한 상황에서 두 가지의 경향이 나타나게 되었다. 하나는 풍수사상이 기층사회까지 확산된 것이다. 조선초기까지만 해도 풍수서들은 민가(民家)에서 소지하거나 개인이 소장하는 것이 금지되었다. 그러나 풍수적 경험에 입각하여 사족층들이 묘지풍수에 몰두하자 기층민들도 투장(偸葬), 암장(暗葬) 등 자신들이 할 수 있는 방법을 동원하여 적극적으로 뛰어들었다.

또 하나의 경향은 풍수사상의 유행과 관련하여 풍수의 방법론에 있어 형세 위주의 풍수방법론 외에 방위(方位) 위주의 풍수이론이 전개된 점이다.[42] 주자의 성

---

39 이화. 2005. 조선조 풍수신앙연구. 135-136.

40 다산 정약용은 풍수론에서 "풍수의 이치는 꼭 있다고도 할 수가 없고, 그렇다고 꼭 없다고도 할 수가 없다라고 얘기하는 자는 선비가 되기도 어렵다"고 비판하는데, 이것이 실상에 있어서 풍수에 의존하는 당시의 풍조를 잘 말해주고 있다고 할 수 있다. "有爲曠遠之論者曰 風水之理 曰有則不可 曰無亦不可 嗚呼 折訟如此 其亦難乎 其爲士矣" 『다산시문집』제11권. 풍수론 5.

41 이와 관련하여 다음의 글을 참조할 수 있다. 정승모. 2003. 葬擇紙에 나타난 조선후기 장례풍속. 역사민속학 16.

42 앞에서 제시한 장택지의 항목도 방위 위주의 풍수이론에서 사용되는 항목들이 많이 포함되어 있다.

리학을 받아들인 조선사회는 풍수이론에 있어 형세 위주의 풍수이론을 전개하였다. 정자와 주자는 일관되게 오행론(五行論) 위주의 풍수론을 강하게 비판하였다. 주자가 영종에게 『산릉의장』을 바친 것도 방위론 위주의 풍수로 논의가 분분한 것을 비판하기 위한 것이었다. 조선사회가 받아들인 풍수관은 본래 형세 위주의 풍수사상이었다.[43]

그러나 실제로 형세 위주의 풍수이론은 오랜 시간 경험을 필요로 하는 것으로 길지(吉地) 여부를 판단하기에 용이한 이론이 아니었다. 그 결과 방위론 위주의 풍수이론이 유행하게 되었는데, 이것은 마치 공식과도 같은 것이어서 배우기만 하면 적용하는 데에 어려움이 없는 이론이었다. 이러한 방위 위주의 풍수이론의 등장은 일면 풍수이론의 발전이라고 볼 수도 있겠지만, 실상은 주역 및 음양오행 방식의 공식적 적용으로 점차 풍수이론에 대한 불신(不信)과도 연결되는 것이라고 할 수 있다.[44]

그런데 풍수이론이 유교의 동기감응과 결합하여 유행하였다면 유교적 생사관(生死觀)이 쇠퇴하는 시대 분위기에서 자연히 유교의 매장문화와 결합된 풍수사상도 쇠퇴할 수밖에 없었다. 더욱이 시대적 분위기가 풍수사상에 있어 지나친 묘지 길흉론(吉凶論)으로 흐르고 그에 따른 부작용이 심화된다면 풍수사상은 비판의 대상이 될 수밖에 없었다. 유교적 가치관을 개혁하고자 한 실학(實學)의 흐름과 근대화를 지향한 새로운 개혁사상의 사조 속에서 발복(發福) 위주의 풍수사상은 극단적인 비판의 대상으로 되어 갔다.[45]

---

43 김두규. 2003. 우리 풍수 이야기. 115.; 이덕형. 2009. 조선후기 사대부의 성리학적 풍수관. 218~219.

44 다산 정약용은 풍수론에서 전반적으로 풍수를 비판하고 있으나, 이 방위론 중심의 풍수를 더욱 냉소적으로 비판하고 있다(『다산시문집』 제11권. 풍수론 3.). 참고로 이러한 방위론 위주의 풍수방법론은 흔히 이기풍수(理氣風水)라고 하며, 현재 풍수학계에서도 그 효용성에 있어 논쟁이 되고 있다는 점을 밝혀 둔다.

45 이후 풍수사상의 변화 및 비판에 대해서는 이 글에서는 생략한다. 참고로 이러한 점을 포함하여 동기감응의 관점에서 화장(火葬)의 경우에는 어떠한지에 대해서는 필자의 다음의 글을 참고할 수 있다. 김기덕. 2003. 한국의 매장문화와 화장문화. 역사민속학 16.

VI. 풍수의 동기감응과 길흉화복론

풍수가 유행하는 것은 풍수 조건, 즉 풍수적 동기감응에 의해 길흉화복이 이루어지기 때문이다. 물론 오로지 길흉화복만을 바라고 풍수에 몰입하는 폐해도 많이 있다. 그러나 이러한 폐해는 어느 분야에서나 있는 보편적인 사회현상이라고 보아야 한다. 이러한 폐해를 고치려고 노력하는 것과 아예 풍수에서 길흉화복론(吉凶禍福論)을 떼어내 부정하는 것은 다른 것이다.

이 점을 일찍이 정통역사학자 이기백 교수는 통렬하게 지적하였다. 풍수는 기본적으로 풍수적 조건이 길흉, 화복을 초래한다는 것이 풍수지리설의 핵심인데, 이러한 길흉화복만을 제거하면 훌륭한 과학이라고 주장한 최병헌, 최창조 교수의 견해를 넌센스라고 비판하였다. 그것은 이미 풍수지리설이 아니라는 것이다.[46] 실제 모든 고전에 보면 풍수지리설이 발생한 초기 단계부터 그 대표적 인물들이 택지(宅地)에 따르는 길흉, 화복을 말하고 있는 것이지 결코 후대에 가서 진전된 속신(俗信)이 아닌 것이다. 기본적으로 풍수지리설은 생기가 충만한 길지를 택하여 도읍·궁택·능묘를 경영해야 한다는 것과, 그 결과 왕조나 가문이 복을 받아 번성하고 그 반대이면 화를 입게 된다는 이론이다. 이것은 부정할 수 없는 사실인 것이다.

필자는 풍수의 이러한 길흉화복을 보다 큰 관점에서 바라보아야 한다고 생각한다. 풍수의 목적은 '인간생명의 바람직한 방향으로의 재창조'라고 할 수 있다.[47] 그것이 가능하려면 먼저 개인이 재창조되어야 한다. 풍수가 지향하는 것은 자연과 인간의 올바른 관계성으로, 그것을 통해 인간이 좀 더 나은 인간으로 재창조될 수 있는 것이다. 물론 풍수만이 그러한 역할을 하는 것은 아니다. 그러나 자연조건과 인간과의 조화로운 관계성 속에서 인간이 바람직하게 행동할 수 있다는 것이 풍수가 추구하는 목표이다. 그것이 바로 길흉화복인 것이다. 즉, 자연과 인간과의

---

46 이기백, 1994. 한국풍수지리설의 기원. 한국사시민강좌 14
47 앞에서 인용한 황영웅 교수의 책 제목 부제가 '인간생명의 재창조를 위하여'이다.

관계성이 풍수의 동기감응이며 그것이 인간의 길흉화복으로 나타나는 것이다.

그러므로 풍수의 길흉화복은 본래 숭고한 가치관이기도 하다. 자연과 인간과의 조화로운 관계 속에서 올바르게 인격화된 인간이 올바른 사회를 만들기 때문이다. 풍수에서 흔히 청룡-백호-주작-현무에 배정하는 인-의-예-지(仁-義-禮-智)는 그러한 인간상을 의미하여, 자연과 인간의 조화로운 관계성 속에서 명당, 즉 인간 관계로서는 신(信)이 탄생하는 것이다. 그러므로 풍수의 길흉화복은 개인적인 길흉화복만이 아니라 사회적, 국가적 길흉화복까지도 포함한다. 오늘날 국가의 도시계획에도 자연과의 조화를 통한 풍수적 논리가 반영되었을 때에 그 사회가 보다 안녕되고 건강해진다고 주장하는 것은 도시 속에 살고 있는 다수 사람들의 사회적 길흉화복론을 말하는 것이다.

이러한 길흉화복의 부정은 결국 청룡은 남자, 백호는 여자라는 인사(人事) 해석조차도 부정되는 것임을 잊어서는 안 된다.[48] 흔히 비판을 두려워하여 풍수를 환경론으로 해석하고 만다. 거기에 머물러서는 안 된다고 생각한다. 풍수의 길흉화복론을 정면돌파하면서 풍수의 효용의 문제를 논리적이고 바람직한 방향으로 해결해야 할 것이다. 이 점과 관련하여 필자가 가장 좋아하는 점성술 학자 러드아르의 '어떠한 점성가도 운명과 세상을 해석함에 있어 자신의 수준을 넘어설 수 없다.'라는 경구(驚句)를 마지막으로 인용하고자 한다. 풍수연구는 해석 수준에 있어 풍수연구자 자신들의 수준을 높일 수 있어야 한다. 그것은 풍수 자체의 연구 수준도 높여야 하지만 인간과 사회를 바라보는 지적 수준도 높일 수 있어야 한다. 필자는 그것이 현 단계 풍수연구의 가장 큰 과제이자 장애라고 생각하고 있다. 이 점에 있어 풍수의 동기감응과 그와 관련된 길흉화복론에 대한 인식은 피해갈 수 없다. 오히려 이 주제에 대한 다양한 연구와 해석이 풍수연구의 정체성 확보에 기여할 수 있을 것이다.

---

48 윤천근은 앞의 책에서 실제 이러한 해석도 부정하고 있다.

Ⅶ. 결론

지금까지 조선시대 성리학의 정착과정과 관련하여 매장문화와 풍수사상의 관계를 동기감응론의 관점에서 살펴보았다. 정자와 주자의 풍수관에 담긴 동기이론이 조선의 성리학에 영향을 미치고, 성리학 이론이 풍수의 동기감응론과 결합됨으로써 조선후기 매장문화에 결정적 영향을 미쳤다는 논지를 전개하였다. 이를 통해 부계원리의 측면에서 성리학과 풍수논리의 유사성과 17세기 중반을 기점으로 한 조선사회의 부계적 질서 위주의 문중 형성과 산송의 증가를 풍수논리로 해석했다.

현재의 친족상황은 조선중 · 후기의 상황과는 다르며, 어떤 면에서 고려시대의 전통과 유사한 측면이 많다.[49] 유교에서는 조상을 뿌리와 원줄기에, 후손을 가지와 잎에 비유한다. 그리고 조상을 화장(火葬)하는 것을 뿌리를 태우는 것에 비유하였다.[50] 그러나 새로운 시대풍조로 이제 70%가 넘는 화장의 유행을 가져오게 되었다. 여기에는 아들 위주의 가족 계승논리가 퇴조하는 친족 관념의 변화에 기인한 측면도 크다고 할 수 있다. 이러한 상황에서는 직계와 부계 위주의 성리학 동기감응도 재해석이 요청될 것이며 또한 풍수의 동기감응론도 그러할 것이다.

---

49 최근 언론에서는 아들보다 딸을 선호하고 딸과 함께 거주하는 부모세대가 증가하였다는 점을 대서특필하여, 변화하는 가족, 친족관계가 보도된 바 있다.

50 "장(葬)이란 감춘다(藏)는 뜻이니 장사를 지냄으로써 해골을 감추어 나타나지 않게 하는 것입니다. 근대에 불가의 화장법이 성행하여 사람이 죽으면 시체를 들어다 뜨거운 불꽃 속에 넣어 장사를 지냅니다. 이리하여 모발을 태워 버리고 피부를 익혀 다만 뼈만 남기며 심한 자는 뼈를 태워 그 재를 날림으로써 물고기와 날짐승에게 선사를 하고도 이렇게 해야만 천당에 갈 수 있고 서역(西域)에 갈 수도 있다고 합니다. 이러한 주장이 생긴 후로는 사대부의 고명한 자들도 다 이에 유혹되어 죽은 뒤에 땅에 장사를 지내지 않는 일이 많아졌으니 아아! 너무도 인도에 어긋난 일입니다. 사람의 정신이란 흘러 다니고 소통하는 것으로서 산 사람이나 귀신이나 그 기(氣)는 같으므로 조부모가 땅속에 편안하게 있으면 자손도 편안하고 그렇지 못하면 이와 반대로 되는 것입니다. 뿐만 아니라 사람이 세상에 살고 있는 것이 마치 나무가 땅에 뿌리를 박은 것과 같아서 그 뿌리와 줄기를 태우면 가지와 잎이 시들고 가지와 잎을 태우면 뿌리와 줄기도 병들 것이니 그 나무가 어떻게 무성하게 자라날 수 있겠습니까?" "恭讓王元年 憲司上疏曰 葬者藏也所以藏其骸骨不暴露也 近世浮屠氏茶毗之法盛行 人死則擧而葬之烈焰之中焦 毛髮爛肌膚只存其骸骨 甚者焚骨揚灰以施魚鳥 乃謂必如是然後 可得生天 可得至西方也 此論一起士大夫高明者亦皆惑之 死而不葬於地者多矣嗚呼 不仁甚矣 人之精神流行和通 生死人鬼本同一氣 祖父母安於地下則 子孫亦安 不爾則反是 且人之生世 猶木之托根於地焚其根株則 枝葉凋悴 燒其枝葉則 根株亦病矣 安有發榮滋長之理乎"『高麗史』권85. 지39. 형법2. 禁令. 이것은 고려시대 불교식 화장에서 유교식 매장으로 넘어가는 과도기적 상황을 반영하는 글이라고 할 수 있다.

이 글의 마지막 장에서는 풍수의 정체성을 위하여 풍수의 동기감응과 그로부터 파생되는 풍수의 길흉화복론을 어떻게 보아야 할 것인가 하는 점을 제시하였다. 앞으로 이에 대한 학문적 논쟁을 통해 풍수의 위상이 재정립되기를 희망한다.

참고문헌

高麗史.　　　　　世宗實錄.
錦囊經.　　　　　二程集, 葬說.
茶山詩文集, 風水論.　朱子語類.
北溪字義.　　　　朱子集, 山陵議狀.
星湖僿說.

김경숙. 2002. 18, 19세기 사족층의 분산대립과 산송. 한국학보 109: 59-102.
김경숙. 2010. 조선후기 전의이씨가의 산송과 분산수호. 역사학연구 39: 35-63.
김기덕. 2003. 한국의 매장문화와 화장문화. 역사민속학 16: 102-126.
김두규. 1998. 우리 땅 우리 풍수. 동학사.
김두규. 2003. 우리 풍수 이야기. 북하우스.
김두규. 2008. 김두규교수의 풍수강의. 비봉출판사.
김시덕. 2007. 한국 유교식 상례의 연구. 고려대학교 박사학위논문. 1-180.
무라야마 지준. 최길성 옮김. 1990. 조선의 풍수. 민음사.
민병삼. 2009. 주자의 풍수지리 생명사상 연구. 성균관대학교 박사학위논문. 1-324.
민병삼. 2009. 주자의 풍수지리 生死論 고찰. 유교사상연구 3: 250-279.
민병삼. 2009. 정이천의 풍수지리사상 연구. 동양철학연구 59: 328-360.
배상열. 2005. 『山陵議狀』의 풍수사상 연구. 원광대학교 석사학위논문. 1-68.
윤천근. 2001. 풍수의 철학. 너름터.
이덕형. 2009. 조선후기 사대부의 성리학적 풍수관. 역사민속학 30: 209-243.
이익중. 1994. 길한 터 흉한 터. 동학사.
이종서. 2003. 고려후기 이후 '同氣' 이론의 전개와 혈연의식의 변동. 동방학지 120: 1-35.
이태진. 1999. 18세기 한국에서의 민의 사회적·정치적 위상. 진단학보 88: 249-263.
이화. 2005. 조선조 풍수신앙연구. 한국학술정보.
전경목. 1996. 조선후기 산송 연구: 18, 19세기 고문서를 중심으로. 전북대학교 박사학위논문. 1-224.
정경희. 1998. 주자예학의 형성과 『家禮』. 한국사론 39: 35-86.
정승모. 2003. 葬擇紙에 나타난 조선후기 장례풍속. 역사민속학 16: 160-175.
조남호. 2004. 주희: 중국철학의 중심. 태학사.
최길성. 1984. 풍수를 통해 본 조상숭배의 구조. 한국문화인류학 16: 87-106.
최원석. 2010. 조선후기 영남지방 土族村의 풍수담론. 한국지역지리학회지 16: 265-275.
최창조. 1984. 한국의 풍수사상. 민음사.
최창조 역주. 1993. 청오경·금낭경.
한상권. 1996. 조선후기 사회와 訴冤 제도. 일조각.
황영웅. 2002. 풍수원리강론. 동국비전.

The Burial Culture
in Joseon Dynasty and Pungsu Theory

Kim, Ki-Duk

Professor, Department of Digital Cuture and Contents,

Konkuk University

Keywords: neo-confucianism, Pungsu (commonly known as Fengshui), burial custom, cremation, the same energies and interrelationship

The scholar who completed neo-Confucianism suffered the death of his father at the age of fourteen. He then had to support his family. He suffered many tragedies throughout his life, having had three sons and five daughters then suffering through the early deaths of two daughters and oldest son in addition to the death of his wife. He believed that the deaths of his children were related to Pungsu. When his mother died in 1169, he personally sought out a new, better position for the burial site and in 1176, when his wife died, he did the same again. He moved the burial site of his father twice. He also wrote many treatises on the positive aspects of Pungsu. When neo-Confucianism became the national religion in Korea during the Joseon era, burial Pungsu naturally became popular. These traditional values continue in part to this day. In modern times, there is the flawed situation of Pungsu, as it remains within the scholarly sphere yet is not recognized formally as such. At the core of the problem lies the issue of the concept of interchanging energies of the dead and the living.

This core idea lies at the base of burial Pungsu. It is this idea that keeps it from being accepted as a scientific method. Choi, Chang Jo had a rather emotional criticism of Pungsu burials by commenting that it is low to create a burial site hoping for blessings while Yoon, Chun Geun made a more logic based argument against Pungsu's basic concept. The main points are as follows: to simplify the very complex and difficult to explain state of flux between energies as first a sharing of type between ancestor and remaining family then to say that the ancestor's energies then affect those of the family is too simplistic and too fairytale-like to be believed. But in this paper, I proved the relation the same energies and interrelationship neo-Confucianism and Pungsu.

조선시대 국왕태봉의
풍수적 특성 연구*

A Study for Pungsu Characteristics of Taebong of King
in the Joseon Dynasty

박대윤
동방문화대학원대학교 풍수지리학 박사

I. 서론

태봉(胎峰)은 태실(胎室), 태봉(胎封), 태봉(台峰), 태묘(胎墓), 태장봉(胎藏峰), 태산(胎山), 태뫼 등으로 불리는데 산모가 태아를 출산한 후 나오는 태반(胎盤, placenta)을 묻는 장소를 의미한다.[01] 왕실의 태봉은 왕자·녀의 태반을 매장하는 장소를 말하며, 태반을 항아리에 보관한 후 미리 정해진 태봉에 태실[02]을 조성하고 태항아리와 태지석을 묻는 절차를 장태(藏胎) 혹은 안태(安胎)라고 한다.

조선왕실에서 태장(胎藏)을 중요시한 이유는 왕실 자·녀의 태를 풍수적 명당 길지에 매장함으로써 그 주인공이 무병장수하여 왕업의 무궁무진한 계승발전에 기여할 것이라는 믿음이다. 이러한 이유에 대해 신병주는 "태실은 풍수지리적 명당으로 알려진 곳에 터를 잡았다."고 하였다. 그리고 왕실의 태를 묻은 태봉이 서울에서 멀리 떨어진 곳에 산재하는 까닭은 명당으로 알려진 곳이면 어디나 조성했기 때문으로 보았다.[03]

『세종실록』에 "남자의 태가 좋은 땅을 만나면 총명하여 학문을 좋아하고 벼슬이 높으며 병이 없을 것이요, 여자의 태가 좋은 땅을 만나면 얼굴이 예쁘고 단정

---

* 이 논문은 필자의 박사학위논문을 기반으로 하여 수정·보완한 것이다.

01 최호림. 1985. 조선시대 태실에 관한 일 연구. 한국학논집 제7호. 한양대한국학연구소. 59.

02 태실이란 태함을 땅속에 묻는 석실로서 왕자 및 공주·옹주의 경우는 흙을 덮어 봉분을 만들고, 왕의 경우는 본래의 태실 위에 대석(臺石)·전석(磚石)·우상석(隅裳石)·개첨석(盖檐石) 등으로 태함을 안치시켜 완료된 것을 말한다. 태봉은 태실이 있는 산을 말한다.

03 신병주. 2009. 조선왕실에서 태실을 조성한 까닭. 선비문화 제16호. 남명학연구원. 13.

하여 남에게 흠앙(欽仰)을 받게 되는데…"[04]라는 기록이 있고 『문종실록』에도 "『태장경(胎藏經)』[05]에 이르기를, 대체 하늘이 만물을 낳는데 사람으로서 귀하게 여기며, 사람이 날 때는 태(胎)로 인하여 장성하게 되는데, 하물며 그 현우(賢愚)와 성쇠(盛衰)가 모두 태에 매여 있으니 태를 신중히 하지 않을 수가 없다."[06]라고 하여 태가 사람의 인생에 매우 중요한 영향을 미친다고 보았던 것이다. 또한 『성종실록』에도 "왕대비의 전교에 이르기를, '일반사람은 반드시 모두들 가산(家山)에다가 태를 묻는데…'"[07]라고 기록된 것을 보면 사가에서도 태를 매장하였다는 사실을 입증해 주고 있다.

이와 같이 장태풍속은 조선시대 왕실뿐만 아니라 일반 백성들에게도 성행하였는데 이는 풍수적 길지에 장태함으로써 동기감응(同氣感應)[08]에 의한 산모의 건강과 차손(次孫)의 잉태, 당사자의 무병장수 및 장래성장의 긍정적 영향을 기대하였기 때문이다.

풍수이론에서 음택풍수(陰宅風水)가 조상의 체백(體魄)을 매개로 풍수적 생기와의 감응을 통한 후손의 발복 메커니즘인 반면, 태봉풍수는 당사자의 태가 명당길지의 생기에 감응함으로써 본인이 발복한다는 양택풍수(陽宅風水)의 발복 메커니즘과 유사하다. 그러므로 장태문화는 풍수의 영향을 받은 전통문화 중 하나라고 볼 수 있다.

이러한 논리로 볼 때 조선왕실에서 전국의 명당에 왕족의 태를 안태하는 근본목적은 외적으로는 왕조와 백성 간의 유대감을 강화시키면서 백성을 통치하는 일

---

04 『세종실록』 권74, 세종 18년(1436년) 8월 8일 신미 "…男値好地,聰明好學,官高無疾. 女値好地, 嬋妍端正, 得人欽仰.…"

05 『태장경(胎藏經)』은 장태에 관한 기록 이외 고려시대의 '지리업(地理業)' 고시과목에 포함되었던 경전으로 조선시대까지 전해 오다가 현재는 전해 오지 않는 것으로 추정된다. 불경에 일명 『무구현녀경(無垢賢女經)』, 『보살처태경(菩薩處胎經)』이라는 태장경과는 내용이 다른 것이다.

06 『문종실록』 권3, 문종즉위년(1450년) 9월 8일 기유: "胎藏經 曰 夫天生萬物, 以人爲貴, 人生之時, 因胎而長, 況其賢愚衰盛, 皆在於胎, 胎者不可不愼."

07 『성종실록』 권73, 성종 7년(1476년) 11월 28일 무진 傳曰: 懿旨云: "凡人必皆藏胎于家山."

08 황영웅. 2002. 風水原理講論. 동국비전. 128-132. 동기감응이란 음택에서 명당길지에 모셔진 조상의 체백이 지기(地氣)를 받아 동일 유전인자를 가진 후손에게 동조(同調) 에너지장 원리에 의해 그대로 전달되는, 즉 서로 같은 기(同期)끼리 동조(同調)작용을 일으켜 감응하게 된다는 풍수적 용어를 말한다.

종의 통치 이데올로기로 사용하였던 것이다. 그리고 내적으로는 풍수지리의 핵심 이론인 동기감응에 의한 왕실의 계승발전을 궁극적 목적으로 하고 있는 것이다.

한편 동아시아의 장태풍속을 보면 중국은 오래 전부터 장태풍속의 기록은 있으나 그 근거를 찾기 어렵고, 일본은 우리와 비슷한 장태풍속이나 집 근처 포의총 (胞衣塚)에 매태(埋胎)되어 있다.[09] 이에 반하여 조선왕실에서는 집 근처가 아닌 산 정상의 태봉에 태를 매장하고 석물로 가봉(加封)까지 하는 점이 매우 특이하다. 이처럼 우리나라는 동아시아에서 오래도록 체계적으로 장태문화가 지속된 나라로서 태봉에 장태하는 제도는 우리 고유의 풍속이라고 볼 수 있다.

이 글의 목적은 조선시대 국왕태봉을 각종의 문헌과 현지조사를 통해 객관적인 측면에서 풍수적 특성을 파악하고, 이 특성을 중심으로 태봉의 내적 가치를 규명하는 데 있다. 연구범위는 조선시대 국왕의 태봉을 대상으로 하였으나, 27대 국왕 중 연산군, 인조, 효종, 철종, 고종의 태봉은 그 위치를 확인할 수 없어 부득이 제외하고 위치 확인이 가능한 22명의 국왕태봉을 대상으로 하였다.

태봉과 태실에 대한 주요 선행연구를 검토해보면 먼저 태실에 대한 최초 조사 보고서로서 일제시대 조선왕실의 일을 전담했던 이왕직(李王職)의『태봉(胎封)』[10] 과 조선총독부가 태봉의 위치를 조사·기록한『조선보물고적조사자료(朝鮮寶物 古蹟調査資料)』가 있다. 태실 관련 연구동향으로서는 첫째 태항아리와 태지석에 관한 연구[11], 둘째 태봉의 위치와 지표 및 발굴 조사 보고 형태의 연구[12], 셋째 장

09 宮田登, 伊藤比呂美. 1986. 女のフォクロア. 平凡社. 77-78(노성한. 2010. 일본민속에 나타난 태(胎)에 관한 연구. 比較民俗學 제42집. 비교민속학회. 255에서 재인용).

10 『태봉(胎封)』(1928, 한국학중앙연구원 장서각 소장)

11 태항아리와 태지석에 대하여 조사 연구한 것은 다음과 같은 논문들이 있다. 최순우. 1963. 백자정수아지씨태항. 고고미술 제4권 제6호. 한국미술사학회. 399-401.; 강경숙. 1964. 이조백자태호 고고미술 제5권 제8호. 한국미술사학회. 560-561.; 이홍식. 1969. 이조전기의 백자태항. 고문화 제5·6합집. 한국대학박물관협회. 81~84면; 윤석인. 2000. 조선왕실의 태실석물에 관한 一研究. 文化財 제33호. 국립문화재연구소. 94-135.; 심현용. 2006. 조선시대 아지태실비의 양식과 변천. 미술자료 제75호. 국립중앙박물관. 91-121.

12 태봉의 위치와 지표 및 발굴 조사 보고형태의 연구는 다음과 같은 논문들이 있다. 윤무병. 1965. 광주 원당리 태봉. 고고미술 제6권 제3,4호. 한국미술사학회. 46-47.; 홍성익. 1998. 강원지역 태실에 관한 연구. 강원도향토문화연구발표회. 강원향토문화연구회. 42-140.; 심현용. 2001. 울진지역 태실에 관한 시고. 고문화 57. 한국대학박물관협회. 157~194면; 심현용. 2004. 광해군태실에 대하여. 강원문화사연구 제9집. 강원향토문화연구회. 129-146.; 홍성익. 2004. 원주시 대덕리 태실에 대하여. 강원문화사연구 제9집. 강원향토문화연구회. 147-157.

태절차와 태봉의 조성 및 개 · 보수에 관한 연구[13], 넷째 왕실의 출산에 관한 연구[14], 다섯째 태봉과 풍수사상의 상관관계 연구[15] 등으로 세분할 수 있다.

그리고 1999년도 서삼릉의 54기 태실에 대한 국립문화재연구소의 종합발굴조사보고서『서삼릉태실(西三陵胎室)』[16]이 있다. 부록에 김용숙의 태봉역사와 지리적조건, 구조 등에 관한『태봉연구』가 있으며, 전주이씨대동종약원에서 조선왕실의 태실을 밝힌 총 3권으로 된『조선의 태실』[17]이 있다. 그리고 조선국왕 태봉에 대한 학술적 연구로서 박대윤 · 천인호는 조선왕실의 태봉 중에서 이장 경력이 있는 성종 태봉에 대한 초장지와 이장지의 풍수지리적 특징인 산중돌혈과 평지돌혈을 비교연구를 하였다.[18]

학위논문으로는 윤석인[19]이 서삼릉에 이안된 태항아리를 중심으로 태실 변천과정을 연구하였고, 박종득[20]은 조선조 숙종 태실지의 입지선정에 대해 형기풍수와 이기풍수를 비교하였다. 박주헌[21]은 조선시대 태실 중 순조 · 세종왕자 · 예종의 태봉을 사례지로 선정하여 내룡맥세가 좋고 사신사와 명당수를 갖춘 돌혈에 태봉이 입지하고 있다고 발표했다.

이처럼 태봉에 관한 연구동향은 태실석물, 태봉의 조사 발굴, 장태절차와 태실개 · 보수, 왕실의 출산문화, 태실변천 등 주로 고미술사학이나 역사학, 민속학적

---

13 장태절차와 태봉의 조성 개 · 보수등에 대하여 연구한 것은 다음과 같은 논문들이 있다. 최호림. 1985. 조선시대 태실에 관한 일 연구. 한국학논집 7. 한양대 한국학연구소. 59-88.; 김호. 2003. 조선왕실의 장태의식과 관련 의궤. 한국학보 제29권 제2호. 일지사. 164-199.; 권영대 역해. 2006. 국역 태봉등록. 국립문화재연구소.

14 왕실의 출산에 관한 연구는 다음과 같은 논문이 있다. 김용숙. 1987. 조선조 궁중풍속 연구. 일지사. 2151-2154.

15 태봉과 풍수사상의 상관관계 연구는 다음과 같은 논문이 있다. 박천민. 1979. 조선초기 풍수지리사상의 적용. 이화여자대학교대학원 석사학위논문.

16 국립문화재연구소. 1999. 서삼릉태실.

17 전주이씨대동종약원. 1999. 조선의 태실 I · II · III. 삼성문화인쇄(주).

18 박대윤, 천인호. 2010. 조선 성종태봉의 풍수지리적 특징비교: 초장지와 이장지를 중심으로. 한국학연구 제33집. 고려대학교 한국학연구소. 331-363.

19 윤석인. 2000. 조선왕실의 태실변천연구. 단국대학교대학원 석사학위논문.

20 박종득. 2003. 理氣風水와 形氣風水의 비교. 공주대학교대학원 석사학위논문.

21 박주헌. 2004. 胎峰의 풍수지리학적 입지특성 연구. 대구한의대 사회개발대학원 석사학위논문.

연구가 대부분이다. 풍수적 측면에서의 연구도 단편적인 연구에 불과하여 태봉 전체를 학술적으로 규명한 연구나 태봉의 형태별, 시기별 특징에 대한 종합적인 연구가 없었다.

이 글은 조선시대 국왕태봉의 특성으로 돌혈(突穴)이라는 공통점과 전기에는 산중돌혈, 후기에는 평지돌혈로 변천하는 것을 규명하면서 국왕태봉의 풍수적 특성을 다각도로 분석한다. 그럼으로써 태봉풍수(胎峰風水)의 내적 가치를 조명 하려는 점이 기존 연구와의 차별성이라고 볼 수 있다.

Ⅱ. 조선왕실의 안태제도와 외국의 장태풍속

1. 장태의 기원과 조선왕실의 출산제도

우리 민족은 예로부터 자연에 순응하면서 널리 인간을 존중하는 생명존중사상을 토 대로 주체성과 독자성을 가진 독특한 문화를 가꾸고 지켜 왔다. 그중 하나가 장태문 화라고 볼 수 있으며, 이는 우리 고유의 문화로 태는 곧 생명문화를 의미하기도 한다.

장태문화에서 장태란 태를 매장함을 뜻하는데, 우리 선조들은 산모가 태아를 출 산하는 과정에 아기와 모체를 이어주고 있는 생명선인 탯줄, 즉 태반을 함부로 방치 하지 아니하고 소중하게 다루었다. 다소 점복적이고 금기적인 의식을 바탕으로 하고 있다고 볼 수 있으나 인간생명의 소중함과 산모의 건강 및 차손의 잉태, 그리고 아기 의 먼 장래까지 안위와 번창을 기원하는 순수한 마음의 발로에서 행해졌던 것이다.

태를 처리하는 보편적인 방법으로는 불에 태우는 소태(燒胎), 땅에 묻는 매태 (埋胎), 물에 버리는 수중기태(水中棄胎), 말리어 두는 건태(乾胎) 등이 있는데 시대 와 지역에 따라 다소 차이를 보이고 있다. 매태의 범주에 속하는 장태가 처음 시 작된 시기는 삼국시대 이전의 마한, 가야국시대에도 시행되었다는 것이 구전으 로 전해 오고 있다. 그러나 실제 태실이나 태봉의 모양이 토총(土塚)의 형태로 약 간 있을 뿐 태실의 구조는 정확히 확인할 수 없다.

장태문화에 대해 문헌에 나타난 최초의 장태기록은 태실의 조영(造營)시기는 알 수 없으나 신라시대 때 김유신 태실이 가장 오래된 것으로 알려져 있다. 김유신 태실에 대하여『삼국사기(三國史記)』와『고려사(高麗史)』,『세종실록』「지리지(地理志)」는 신라 때 진천현 태령산에 김유신의 태를 묻고 사우를 지어 고려 때까지 국제(國祭)를 지냈으며 조선 태종 이후로는 지방관이 제사를 지냈다고 기록한다. 위 문헌기록의 내용을 차례대로 살펴보면 다음과 같다.

만노군(萬弩郡)은 지금의 진주(鎭州: 진천鎭川)이다. 처음 유신(庚信)의 태를 고산에 안장하였다 해서 지금도 태령산(胎靈山)이라 한다.[22]

진주(鎭州): 신라 때에 만노군태수(萬弩郡太守) 김서현(金舒玄)의 아내 만명(萬明)이 김유신을 낳아 그 태를 이 현 남쪽 15리 지점에 묻었더니 귀신으로 되었다 하여 태령산이라고 불렀다 한다. 신라 때부터 사당을 설치하고 봄과 가을에 왕이 향을 보내 제사를 지냈으며 고려도 그대로 하였다.[23]

태령산(胎靈山): 신라 진평왕(眞平王) 때 만노군태수 김서현의 아내 만명이 아이를 밴지 20달 만에 아들을 낳으니, 이름을 유신이라 하고 태를 현의 남쪽 15리에 묻었는데, 화하여 신(神)이 되었으므로 태령산이라 하였다. 신라 때부터 사당을 두고 나라에서 봄·가을에 향(香)을 내리어 제사를 지냈으며 고려에서도 그대로 따라 행하였다. 본조 태조 무인(戊寅)에 이르러 비로소 국제(國祭)를 정지하고 소재관(所在官)으로 하여금 제사를 지내게 했다. 속칭 태산(胎山)이라 한다.[24]

---

22 김부식,『三國史記』권 제41 열전 제1. 金庚信 上條.“萬弩郡今之鎭州, 初以庚信胎藏之高山, 至今謂之胎靈山.”

23 『고려사』지 제56권 지 제10 지리 1 청주목. 鎭州“新羅時萬弩郡太守金舒玄妻萬明生庚信藏胎於縣南十五里化爲神因號胎靈山 自新羅置祠宇春秋降香行祭高麗仍之.”

24 『세종실록』지리지 충청도 청주목 진천현. 태령산(胎靈山)“新羅眞平王時, 萬弩郡太守金舒玄之妻萬明姙身, 二十月生子, 名曰庚信, 藏胎於縣南十五里, 化爲神, 因號胎靈山, 自新羅時置祀宇, 春秋降香行祭, 高麗因而不革, 至本朝太宗戊寅, 始停國祭, 令所在官行祭, 俗稱胎山.”

위 내용으로 보았을 때 김유신의 태를 진천현 태령산에 안장하였다는 최초의 기록은 『삼국사기』로 보인다. 『고려사』와 『세종실록』 「지리지」는 그 후에 삼국사기의 기록을 인용한 것으로 볼 수 있다. 우리 역사상 최초의 태실로 추정되는 김유신 태실은 충청북도 진천군 진천읍 상계리 18번지에 위치하며 1999년 6월 11일 사적 제414호로 지정되었다.

고려시대의 태실을 통해 고려왕실을 중심으로 왕실의 장태제도가 확립되었다고 볼 수 있다. 이는 고려시대의 문헌기록에 왕실 장태풍속이 많이 나타나고 있기 때문이다. 여러 문헌기록 중에서도 『고려사』와 『세종실록』에 의하면 고려시대에 국왕과 태자의 태를 안태한 왕실 중심의 장태제도가 있었음을 알 수 있다. 문헌기록에 나타난 고려국왕과 태자의 장태 내용을 살펴보면 다음과 같다.

원주목(原州牧): 공민왕 2년에 왕의 태를 이 주 내에 있는 치악산(雉岳山)에 묻고 다시 원주목으로 고쳤다.[25]

예안군(禮安郡): 신우 2년에 왕의 태를 이 현에 묻었다 하여 군으로 승격시켰으며 얼마 후 다시 주(州)로 승격시켰다.[26]

흥주(興州): 충렬왕 때에 이곳에 태를 묻고 흥녕현령관(興寧縣令官)으로 고쳤고 충숙왕 때에도 이곳에 왕의 태를 묻고 지흥주사(知興州事)로 승격시켰으며, 충목왕(忠穆王) 때에도 이곳에 태를 묻고 순흥부(順興府)로 다시 승격시켰다.[27]

예천군(醴泉郡): 명종 2년 임진에 태자의 태를 묻은 까닭으로 기양현(基陽縣)으로 고쳐

---

25 『고려사』제56권 지 제10 지리 1 충주목 원주. "…恭愍王二年 安胎于州之雉岳山復原州牧."

26 『고려사』제57권 지 제11 지리 2 상주목 안동부. "辛禑二年 藏其胎於縣陞爲郡尋陞爲州."

27 『고려사』제57권 지 제11 지리 2 상주목 안동부. "…忠烈王安胎改爲興寧縣令官 忠肅王又安胎陞知興州事 忠穆王安胎又 陞爲順興府."

서 영(令)을 두었는데…[28]

이처럼 고려시대의 안태기록을 살펴보면 고려왕실에서는 이미 장태의식이 제도화되어 성행하였던 것으로 볼 수 있다. 그리고 장태는 국왕과 왕위를 이을 태자까지로 한정해서 태실을 조성한 것으로 보인다.

왕실의 장태에 관한 문헌 등에는 고려시대뿐만 아니라 중국에서도 태를 매태하는 풍속이 당나라 때에 이미 시행되고 있었다는 기록이 나타난다. 조선조『세종실록』에 "음양학을 하는 정앙(鄭秧)이 글을 올리기를 '당나라 일행(一行)이 저술한『육안태(六安胎)』의 법에 말하기를 … 일행과 왕악(王岳)의 태를 간수하는 법에 의거하여 길지를 가려서 이를 잘 묻어 미리 수(壽)와 복을 기르게 하소서.'라고 하였다."[29]라는 기록이 있다.『문종실록』에도 "『태장경』에 이르기를 … 육안태 법을 정하였다."[30]라는 기록이 있다. 이를 보면 조선조 세종과 문종 때 이미 중국 당대의 안태풍속의 영향을 받은 것으로 보인다.

태실제도는 조선시대로 계승되어 조선왕실에서 많은 태실을 조성하게 된 것이다. 태조 이성계의 태실 관련 기록이『조선왕조실록』에 언급된 것을 보면 이러한 습속은 고려시대의 풍습을 이어 받았다고 볼 수 있다. 그러므로 우리나라 왕실에서 제도화한 장태의식이나 태실 관련 석물이 조영된 태봉은 우리의 독자적인 문화라고 할 수 있다.

이와 관련하여 조선왕실의 출산제도를 살펴보고자 한다. 먼저 우리 옛 선조들은 천지지간(天地之間) 만물지중(萬物之中)에 인간이 가장 귀하고, 한편으로 경천애인(敬天愛人), 사인여천(事人如天) 그리고 인내천(人乃天)이라고 하면서 인간을 하늘과 같이 존귀한 존재로 여겼다. 이러한 인간의 탄생은 그 잉태에서부터 그야말로 축복이자 희망의 순간이었다. 조선시대의 유교사회에서도 후사를 잇는 일은 매우 중

---

28 『세종실록』「지리지」경상도 안동 대도호부 예천군. "…明宗二年壬辰, 以太子胎藏, 改爲基陽縣, 置令…".

29 『세종실록』세종 18년(1436년) 8월 8일(신미). 唐一行所撰《六安胎》之法, 有曰: "…有戾於古人安 胎之法. 乞 依一行 王岳藏胎之法, 擇吉地以安之, 預養壽福."

30 『문종실록』문종즉위년(1450년) 9월 8일(기유). "胎藏經 曰…謂之六安胎法也."

요한 의미를 가졌다. 더욱이 왕실에서의 출산은 왕위계승과 직결되는 사안으로 그 자체가 정치적으로 큰 이슈가 되면서 온 나라의 기쁨이자 축복된 일이었다.

왕실에서 비빈(妃嬪)이 임신하게 되면 출산에 필요한 각종 업무를 담당하는 임시기구인 산실청(産室廳, 후궁은 호산청)을 출산 5개월부터 3개월 사이 내의원에 설치한다.『육전조례(六典條例)』[31]에 의하면 산실의 설치시기는 산실청의 경우 출산 예정 3개월 전에, 호산청은 출산 예정 1개월 전에 설치하는 것으로 되어 있다.[32] 그리고 설치 당일에 의례적으로 산실청의 대령의관이 진맥을 하였다.[33] 조선왕실에서 산실청을 공식적으로 처음 설치한 때는 선조 36년(1603년) 3월로 알려지지만 그 이전에도 산실을 별도로 두어 출산을 준비한 것으로 보인다.[34]

산실청은 3제조(三提調: 도제조·제조·부제조)와 궁내부인사 그리고 권초관(捲草官)[35] 등으로 구성되며 총 책임자는 도제조(都提調)가 된다. 산실청은 아기 탄생 후 초이레(7일)가 되면 해산한다.

출산이 임박하면 도제조가 집사관을 거느리고 산실에 들어가 방의 사방에 순산을 기원하는 주사(朱砂)로 쓴 부적을 붙이고 동종을 설치한다. 그리고 산석(産席)을 깔고 그 위에 백문석(白紋石)을 깔고 다시 그 위에 양모포, 기름종이, 백마피(白馬皮)를 간 다음 고운 짚자리를 깔고 두상(頭上)에 다남(多男)을 뜻하는 족제비 가죽을 간다. 마지막으로 의관(醫官)이 차지법(借地法)[36]을 3번 반복해서 읽고 천

31　『六典條例』는 이(吏)·호(戶)·예(禮)·병(兵)·형(刑)·공(工)의 육전을 강(綱)으로 하여 그 밑에 해당 각 관청을 분속(分屬)시키고, 소장사목(所掌事目)·조례·시행세칙 등을 규정한 일종의 행정 법규집으로 고종 4년(1867년)에 완성하였다.

32　『六典條例』「禮典」〈內醫院〉 "前期三朔 稟請擇吉診候 仍說廳(幷直興輪直 侍下教擧行 別人直醫官 別掌務官 待令書員 醫女 草記以稟)."

33　신명호. 2002. 조선시대 궁중의 출산풍속과 궁중의학. 고문서연구 제21호. 고문서학회.; 한국학중앙연구원 장서각. 2005. 조선왕실의 출산문화. 이회문화사. 20. 재인용.

34　한국학중앙연구원 장서각. 2005. 위의 책. 20.

35　비빈의 산실에서 권초례를 행하던 임시벼슬로서 아들이 많고 다복한 조신(朝臣) 가운데서 선출하며, 해산할 때에 깔았던 거적자리를 걷어 보관하고 명(命)을 비는 일을 맡아보았다.

36　순산할 자리를 신에게 빈다는 주문을 말한다. "東借十步 西借十步 南借十步 北借十步 上借十步 下借十步 壁房之中 四十餘步 安産借地 恐有穢 法 或有東海神王 或有西海神王 或有南海神王 或有北海神王 或有日遊將軍 白虎夫人 遠去十丈 軒轅招搖 擧高十丈入地十丈合此地空閑 産婦某氏 安居無所妨碍 無所畏忌 諸神擁護 百邪逐去 急急如律勅."

장에 말고뻬를 걸어두면 출산준비가 완료된다.

산모가 아기를 출산하게 되면 국왕이 친히 산실을 방문하여 문 위 중방에 달아 놓은 동종을 흔들어 경사를 알리게 된다. 산모가 깔고 있던 산석은 산후 7일까지 중방문 위에 걸어두었다가 산후 7일이 되면 권초관이 산석을 깔고 명은(命銀), 명미(命米), 명유(命油), 명사(命絲)를 진열한 후 권초지례(捲草之禮)[37]를 지낸다. 산석은 옻칠한 궤에 넣고 홍보로 싼 후 왕자는 내자사(內資寺)에, 왕녀는 내섬사(內贍寺)에 보관한다.[38]

아기의 탯줄은 탄생 당일 백자항아리에 넣어 임시로 산실에 보관했다가 3일에서 7일 사이 길일을 택하여 정한수(淨寒水)에 백번 세태(洗胎)한다. 그리고 작은 내항아리에 담는데 항아리 바닥 중앙에 먼저 헌 동전 한 개를 자면(字面)이 위로 향하게 놓은 다음 백번 씻은 태를 그 위에 올려놓는다.

항아리 입구를 기름종이와 파란 명주로 봉한 다음 빨간 끈을 묶어 밀봉한다. 그리고 내항아리를 큰 외항아리에 넣고 항아리 사이를 솜으로 채운 다음 감당(甘糖)으로 원편을 만들어 입구에 넣고 화기로 녹여서 밀봉한다. 밀봉된 외항아리를 빨간 끈으로 묶는데 그 끈에는 묵서(墨書)로 기재한 장방형의 목간(木簡)을 매단다. 목간 전면에는 "모년모월모일모시(某年某月某日某時) 모모아지씨태야(某某阿只氏胎也)"라고 쓰고, 후면에는 3제조와 의관(醫官)이 서명한 후 길(吉) 방위(方位)에 안치해 두었다가 태봉이 선정되면 태봉으로 옮기게 된다.[39]

2. 조선왕실과 외국의 장태풍속

우리 선조들은 소중한 인간생명의 잉태(孕胎)를 기원하며, 잉태된 생명을 훌륭하

---

37 궁중에서 왕자·녀가 탄생하면 탄생한 날 다북쑥으로 꼰 새끼를 문짝 위에 걸고, 자식이 많고 재화(災禍)가 없는 대신에 명하여 3일 동안 소격전(昭格殿)에서 재(齋)를 올리고 초제(醮祭)를 베풀게 하는데, 상의원(尙衣院)에서는 5색 채단을 각각 한 필씩 바치고, 남자면 복건(幞頭)·도포·홀(笏)·오화(烏靴)·금대(金帶)를, 여자면 비녀·배자(背子: 덧옷)·혜구(鞋屨) 등의 물건을 노군(老君) 앞에 진열하여 장래의 복을 비는 행사를 말한다.

38 박주헌. 2004, 앞의 논문. 8.

39 박주헌. 2004, 앞의 논문. 9.

게 양육하고자 출산과 더불어 산모의 몸 밖으로 나오는 태반을 왕실은 물론 민간에 이르기까지 소중하게 처리하였다. 그 이유는 사람이 어질고 어리석음과 성하고 쇠함이 모두 태에 달려있다고 믿었기 때문이다. 다소 점복적인 의식을 바탕으로 하고 있다고 볼 수 있으나, 그만큼 태가 지닌 생명력에 대한 믿음이 각별했던 것이다. 태(胎)의 처리에 있어서 민간의 경우는 지역적 특색에 따라 불에 태우는 소태, 땅에 묻는 매태, 물에 버리는 수중기태, 말려서 보관하는 건태 등 4가지 방법이 보편적이었다.

이에 비하여 조선시대 왕실에서는 왕실 자·녀의 태를 태옹(胎甕)에 담아 길방(吉方)에 안치해 두었다가 관상감에서 풍수적 명당길지로 선정한 태봉에 일정한 의식과 절차에 의하여 태를 매장하였다. 그리고 왕세자나 왕세손 등 왕위를 직접 계승할 위치에 있는 사람의 태는 태봉으로 봉해질 것을 감안하여 석실을 만들어 보관하였다. 그 후 왕에 등극하면 위용을 갖추기 위하여 일정한 형식과 절차에 따라 석물로 태실(胎室)을 가봉까지 하였다. 이와 같이 조선왕실에서는 태를 항아리에 담아 좋은 땅에 묻는 장태풍속, 즉 일종의 매장문화가 성행하였던 것이다.

이러한 태와 관련한 매장문화에 대하여 외국의 장태풍속을 살펴보면, 중국에서는 일찍이 당나라는 물론 명나라에서도 오랜 세월 동안 매태하는 풍속이 있었음을 알 수 있다. 『세종실록』과 『문종실록』에 의하면 "당나라 일행이 저술한 『육안태』의 법에 의거하여 길지를 가려서 잘 묻어야 한다."라는 기록이 있다. 이러한 기록을 보면 조선조 세종과 문종 때 이미 중국 당대 안태풍속의 영향을 받은 것이 분명하다. 그러나 현재 태실과 관련된 석실(石室)이나 구조를 찾아볼 수 없고, 중국의 『사원(辭源)』과 『대백과전서(大百科全書)』 등에서도 장태, 태실, 태봉 등의 단어들을 찾아볼 수 없다.[40] 그러므로 중국의 장태풍속에 대하여 자세한 연구가 더 있어야 한다고 본다.

---

40 윤석인, 2000, 앞의 논문. 18.

일본에서는 우리와 비슷한 장태풍속이 있었던 것으로 보인다. 일본 민속에 관한 노성환의 연구[41]에 의하면 일본의 풍속에 태반의 처리는 사람의 장례와 같이 수장, 화장, 풍장, 토장 등이 있었다. 그중 땅속에 묻는 토장(土葬), 즉 매태를 많이 이용하였다. 이 경우 함부로 땅에 묻지 않았다. 특히 지배계층은 중국의 영향으로 방위, 일시, 장소, 작법 등 여러 가지 사항을 고려해야 했기 때문에 음양사(陰陽師)라는 전문가에게 의뢰하여 처리하는 경우가 많았다고 한다.

일본에서 토장하는 장소는 크게 두 가지로 나눈다. 첫째, 사람들에게 밟히면 밟힐수록 아이는 건강하고 출세한다며 좋아하는 장소, 즉 호구(戶口), 토간(土間), 마구간, 교차로 등지에 매장[42]하는 방법이다. 두번째는 사람들에게 밟히면 해로우므로 사람과 동물들이 밟지 못하게 화장실 옆, 툇마루 밑, 대들보 밑, 신사, 묘지, 해안의 모래 등에 매장하는 것이다. 특히 야마구치의 하기에서는 잠자는 방의 다다미를 걷어내고 그 아래 마루 밑에 두는 경우가 많았다고 한다.[43] 천황가(天皇家)에서는 이나리산(稻荷山), 가모산(賀茂山), 요시다산(吉田山)이라는 특정한 장소에 묻었다.[44] 그리고 어소(御所) 뒤편에 '어포총(御胞塚)'이라는 태를 묻는 공간이 있다.[45] 또한 하치오우지(八王子)의 구가(舊家)에서도 집의 뒷산에 포의총(胞衣塚)을 만들어 그 속에다 태를 안치하였다고 한다.[46]

이와 같이 외국의 장태풍속을 보면 중국은 오래 전부터 장태풍속이 행해졌다는 기록이 있으나 그 근거를 찾기 어렵다. 일본은 우리와 비슷한 장태풍속을 가지고 있으나 일본의 장태제도는 매태하는 장소가 집 근처의 포의총에 매태하고 있어 우리와 다소 다르다고 본다.

우리 조선왕실의 장태제도는 그 장소가 집 근처가 아닌 산 정상의 태봉에 태를

41 노성환. 2010. 일본민속에 나타난 태(胎)에 관한 연구. 比較民俗學 제42집. 비교민속학회. 254-255.

42 潮地悅三郞. 1976. 人生の習俗. 三彌井書店. 26.; 노성환. 2010. 위의 논문. 255. 재인용.

43 노성환. 2010. 위의 논문. 255.

44 伊勢貞丈. 2010. 貞丈雜記. 卷一祝儀.; 노성환. 2010. 앞의 논문. 255. 재인용.

45 宮田登, 伊藤比呂美. 1986. 女のフォクロア. 平凡社. 77-78.; 노성환. 2010. 앞의 논문. 255. 재인용.

46 宮田登, 伊藤比呂美. 1986. 위의 책. 77-78.; 노성환. 2010. 앞의 논문. 255. 재인용.

매장하고 석물로 가봉까지 하고 있다. 그러므로 일본의 장태제도와는 다소 상이하다고 할 수 있다. 특히 우리나라는 동아시아에서 오래도록 체계적으로 장태문화가 지속된 나라로 알려져 있다. 따라서 태봉에 장태하는 제도는 우리 고유의 풍속이라고 볼 수 있다.

Ⅲ. 조선시대 태봉의 입지선정 조건과 절차

1. 조선시대 태봉의 입지 선정조건

풍수지리에 있어서 양택풍수는 명당 터에 집을 짓고 살거나 공장, 사무실 등을 축조하여 사용하면 당사자가 직접 땅의 생기에 감응을 받게 된다는 것이다. 반면에 음택풍수는 명당 터에 조상의 유골을 안치하면 그 후손이 동기감응에 의하여 복을 받게 되어 집안이 번성하여 부귀영화를 누리게 된다는 이론이다. 이러한 풍속이 조선시대부터 일반 민가에서도 널리 파급되어 현재까지도 이어지고 있으며, 많은 사람들이 좋은 길지를 선호하고 있는 것이 현실이다.

그리고 우리 민족은 새 생명의 탄생에 대하여 먼 장래까지도 복을 기원하려는 습속으로 아기와 모체를 이어주고 있는 생명선, 즉 태아의 생명력을 부여한 탯줄을 함부로 방치하지 아니하고 소중히 처리하는 풍속도 함께 가지고 있었다.

조선왕실에서는 이러한 풍속과 더불어 왕족의 태를 장태하기 위하여 태봉에 태실을 조성하였던 것이다. 태실을 조성하는 것 자체가 왕실의 권위와 번영의 상징으로 볼 수 있다. 이러한 장태풍속은 다음 세대의 출산을 기원하는 점복적인 성격 외에도 풍수사상이나 음양설 등의 영향을 많이 받은 것으로 보인다. 당시 조선왕실에서 왕족의 태를 전국에 산재된 명당을 찾아 적극적으로 장태한 것은 왕조의 은택을 일반 백성에게까지 누리게 한다는 큰 뜻도 내포되어 있다.

그러나 태는 그 사람의 기운을 형성하는 가장 중요한 부분으로 당사자와 사이에 동기(同氣)가 흐르고 있는 것이다. 명당을 찾아 태를 묻으면 좋은 땅의 지기(地

氣)를 받아 산모의 건강과 차손의 잉태,[47] 태의 주인이 무병장수하여 왕업의 무궁무진한 계승발전에 기여할 것으로 믿는 것이다. 다시 말해 풍수지리에서 말하는 동기감응의 효과를 받자는 데 더 큰 의미가 있었던 것으로 판단할 수 있다.

문헌기록에 의한 태봉의 입지 선정조건을 살펴보면 조선왕실의 태봉은 능·묘(陵·墓)에 준하는 제도에 의하여 엄격한 절차로 선정되고 조성되었음을『왕조실록』등 문헌기록을 통하여 확인할 수 있다. 조선시대 태봉의 선정조건은 왕릉에 비하여 다소 상이한 부분이 있는데 시간적 선정조건과 공간적 선정조건으로 구분할 수 있다. 먼저 시간적 선정조건을 살펴보면 조선시대의 왕릉은 서울 도성에서 하루에 왕복할 수 있는 편도 100리(약 40km) 이내의 거리에 있어야 하는 규제가 있다.[48] 반면 왕실의 태봉은 거리 규제가 없이 길지를 얻기 위하여 하삼도(下三道)까지 원거리에 선정하기도 하였다. 이에 대하여『성종실록』에 그 뜻과 내용이 잘 기록되어 있다.

전교(傳敎)하기를 "종전에 안태는 모두 하삼도에다 하였으니 그 뜻이 어디에 있는가? 풍수학(風水學) -관원에게- 물어보는 것이 가하다." 하니 풍수학 -관원이- 아뢰기를 "멀고 가까운 것을 논할 것 없이 길지(吉地)를 얻기를 기할 뿐입니다."[49]

무엇보다 국왕의 태를 풍수적으로 좋은 땅에 묻어 좋은 지기를 받으면 그 태의 주인인 국왕이 무병장수하여 왕업의 무궁무진한 계승발전에 기여할 것이라는 믿음에서 시간적 선정조건은 고려하지 않았던 것이다.

공간적 선정조건을 살펴보면 지리적 입지조건에서 조선 왕릉은 고려 왕릉의 경우와 같이 배산임수(背山臨水)에 입지하고 있다. 주산과 청룡·백호·안산의

---

47 태봉풍수에서 동기감응은 태의 주인공은 물론 아기의 모체인 산모도 동일 유전인자체로서 동조(同調) 에너지장 원리에 의해 감응을 받아 차손의 잉태에 영향이 미친다고 보는 것이다.

48 이재영. 2009. 조선왕릉의 풍수지리적 해석과 계량적 분석 연구. 동방대학원대학교 박사학위논문. 14. 예외적으로 북한에 소재하는 정종의 후릉(厚陵)과 여주의 세종과 효종의 영릉(英陵)과 영릉(寧陵), 수원화성의 융·건릉(隆·健陵), 영월의 장릉(莊陵) 등 100리를 넘는 경우도 있다.

49 『성종실록』성종 7년(1476년) 11월 28일(무진). 傳曰: "前此安胎皆於下三道, 其意何也? 可問於風水學." 風水學啓: "無論遠近, 期得吉地耳."

사신사(四神砂)가 전후좌우에서 혈장을 잘 감싸 안아주고 물이 환포하는 국내(局內)의 용진처(龍盡處)에 입지하는 것이 표준형이다. 그러나 태봉의 지리적 입지조건은 능·묘의 예와는 다소 다르게 나타난다. 여러 문헌기록에 나타난 태봉의 풍수적 명당요건을 살펴보면 다음과 같다.

『현종개수실록』을 보면 "나라에서는 반드시 들 가운데에 위치한 둥근 봉우리를 택하여 그 정상에 태를 묻어 보관하고 태봉이라 하였다."[50]라고 명당요건을 기록한다. 그리고 『태봉등록』[51]에는 "무릇 태봉은 산의 정상을 쓰는 것이 전례이며, 내맥(來脈)[52]이나 좌청룡, 우백호, 안산은 따지지 않는 것이 원칙이라고 합니다.…"[53]라고 기록한다. 『세종실록』에도 "좋은 땅이란 것은 땅이 반듯하고 우뚝 솟아 위로 공중을 받치는 듯해야만 길지가 된다. … 높고 고요한 곳을 가려서 태를 묻으면 수명이 길고 지혜가 있다."[54], "…『안태서(安胎書)』에 이르되 태실은 마땅히 높고 정결한 곳이라야 한다.…"[55]라고 기록하고 있음을 볼 때 입지조건을 엄격하게 적용하였다고 볼 수 있다.

산 정상 봉우리에 위치한 태봉의 입지조건으로 좌청룡·우백호·안산은 따지지 아니하나 땅의 지기를 얻기 위하여 반드시 내룡맥(來龍脈)이 이어진 곳에 안장되어야 한다는 것을 알 수 있다. 위 왕조실록에 기록된 바와 같이 현존하는 조선왕실의 태봉은 입수(入首) 내룡맥(來龍脈)이 대부분 비룡입수(飛龍入首)로서 용맥이 잘 연결되어 있고 산 정상의 높고 정결하고 둥근 봉우리에 위치하고 있다.

50　『현종개수실록』현종 11년(1670년) 3월 19일(병자). "而國制必擇野中圓峰, 藏胎於其上, 謂之胎峰."

51　『태봉등록(胎峰謄錄)』은 1643년(인조 21년) 4월 초5일에서 1740년(영조 16년) 10월 사이 왕실에서 태를 태봉에 매장하는 관련 공문을 말한다. 각도 감사가 올린 장계를 임금에게 보고할 예조의 계목(啓目)으로 승정원승지가 임금의 윤허를 얻는 형식의 기록을 말하며 규장각에 소장되어 있다.

52　조종산에서 뻗어 내린 산줄기로서 풍수지리적으로 내룡(來龍)이라고도 한다.

53　『태봉등록』현종 3년(1662년) 2월 1일. "凡胎峯例用於山頂元無來脈龍虎案對看擇之事…" 이 문구에 대하여 "무릇 태봉은 산 정상에 내맥이 없는 곳이며, 용호가 마주보는 곳에 써야 한다."라고 해석하는 경우도 있다. 그러나 이 글에서는 '案對'를 풍수 전문용어인 안산(案山)으로 해석하고, '~無'를 '~하지 않는다, ~따지지 아니한다.'라고 해석하였다. 이는 연구과정에서 전국에 산재된 조선국왕 태봉의 현장답사를 통하여 실지에서 내룡맥을 조사 확인하였다.

54　『세종실록』세종 18년(1436년) 8월 8일(신미). "其好地, 皆端正突起, 上接雲霄爲吉地…選高靜處埋之, 可以長壽有智."

55　『세종실록』세종 26년(1444년) 1월 5일(을묘). 《安胎書》云: "胎室當於高淨處."

이와 같이 문헌기록에 의한 입지조건을 정리해 보면 다음과 같다. 첫째, 들 가운데 위치한 둥근 봉우리 정상으로 둘째, 내맥이나 좌청룡, 우백호, 안산은 따지지 아니한다. 셋째, 땅이 반듯하고 우뚝 솟아 높고 고요하면서 정결한 곳이어야 한다. 이 3가지 입지조건을 종합해 보면 태봉은 풍수적으로 내룡맥이 잘 연결되어 있는 사상혈 중 돌혈에 위치하고 있음을 알 수 있다. 돌혈을 입지조건으로 하는 이유는 입체구조인 산 정상에 집중된 땅 기운을 보다 빨리 감응 받을 수 있기 때문이다. 이러한 지형은 한의학에서 인체의 머리 정수리인 백회혈(百會穴)[56]의 경혈 자리와 대비될 수 있는 위치이기도 하다.

2. 조선시대 태봉의 선정과 봉안절차

우리 조상들은 풍수적 명당 길지를 선호하면서 살아왔다. 그래서 중요한 위치를 선정할 때는 여러 지역을 고찰한 후에 풍수적으로 가장 이상적인 환경의 길지를 찾아 선용하면서 생활해 왔다. 이처럼 풍수지리는 우리 민족과 밀접한 관계 속에 있어 일반 민가의 사대부뿐만 아니라 왕실에서도 왕릉과 태봉의 길지를 선택할 때 상당한 영향력을 행사하는 풍수전문 관료에게 그 임무를 맡겼던 것이다.

조선왕실의 태봉선정 절차를 살펴보면 조선초기는 태실증고사(胎室證考使)가 전국을 돌아다니며 태실 후보지를 조사한 후 1~3등급의 등급을 매겼다. 임진왜란 이후에는 지방관으로 하여금 세 곳을 추천하게 한 뒤 관상감에서 한 곳을 정하게 하였다. 태실증고사와 상지관(相地官)들은 장태 후보지의 지형과 산세 등을 한눈에 알 수 있도록 태실산도(胎室山圖)[57]를 그려 왕실에 올리기까지 하였다.

관상감[58]에서는 평소에 지방 관청의 도움을 받아 미리 태봉의 명당자리를 골라

---

56 백회혈(百會穴)은 한의학적으로 인체의 두정(頭頂) 정중선 중앙에 있는 경혈을 말한다.

57 조선국왕의 태(胎)를 묻은 태실(胎室)의 모습과 주변 지세의 경관을 그려 어람용(御覽用)으로 왕실에 올린 태봉도(胎封圖)를 말한다. 현재 장조(사도세자) · 순조 · 헌종의 태봉을 족자 형태로 그린 태봉도가 한국학중앙연구원 장서각에 소장되어 있다.

58 조선시대 천문(天文) · 지리학(地理學) · 역수(曆數: 책력) · 측후(測候) · 각루(刻漏) 등의 사무를 맡아보던 관청을 말한다.

놓았다가 충당하지만 수요가 많아 공급량이 부족하면 그때 가서 물색하기도 하였다. 조선초기의 태실증고사에는 풍수지리에 능통한 권중화, 하륜, 정이오 등이 선정되기도 하였다. 태실증고사 등용에 관하여『조선왕조실록』에 나타난 기록을 살펴보면 다음과 같다.

태실증고사 권중화(權仲和)가 돌아와서 상언(上言)하기를 "전라도 진동현(珍同縣)에서 길지(吉地)를 살펴 찾았습니다."하면서 이에 산수형세도(山水形勢圖)를 바치고, 겸하여 양광도(楊廣道) 계룡산(鷄龍山)의 도읍지도(都邑地圖)를 바쳤다.[59]

영사평부사(領司平府事) 하륜(河崙)으로 태실증고사를 삼고…[60]

전 대제학 정이오(鄭以吾)를 태실증고사로 삼고, 모관(毛冠)과 목화(靴子)와 약(藥)을 하사하였다.[61]

위 인용문에서 보는바 풍수지리에 능통한 고관들이 태봉선정을 하였음을 확인할 수 있다. 관상감에서 선정된 태봉은 풍수지리적 명당 조건에 따라 3등지로 구분하였다. 원자와 원손은 1등지, 대군과 공주는 2등지, 왕자와 옹주는 3등지 태실에 안태하여 차등을 두고 조성하도록 규정하였다. 이처럼 태봉의 등급을 규정한 것에 대하여『선조실록』에 그 뜻과 내용이 잘 기록되어 있고, 그 내용을 살펴보면 아래와 같다.

관상감이 아뢰기를 "평상시에 증고사(證考使)를 뽑아 보내 태봉(胎峯)으로 합당한 곳을 살펴보고 3등으로 나누어 장부를 만들어 두는데 원자(元子)와 원손(元孫)은 1등으

---

59 『태조실록』태조 2년(1393년) 1월 2일(무신). "胎室證考使權仲和還, 上言: '全羅道珍同縣, 相得吉地.' 乃獻山水形勢圖, 兼獻楊廣道雞龍山都邑地圖."

60 『태종실록』태종 1년(1401년) 7월 23일(경술). "以領司平府事河崙爲胎室證考使."

61 『세종실록』세종즉위년(1418년) 8월 29일(병오). "以前大提學鄭以吾爲胎室證考使, 賜毛冠及靴藥."

로, 대군과 공주는 2등으로, 왕자와 옹주는 3등으로 태봉을 초계(抄啓)하여 낙점(落點)을 받아 태를 저장해 두는 것이 전례입니다. 그런데 난리 이후로는 만들어 둔 장부가 불에 타버렸습니다. 지금 여러 아기씨들의 저장하지 못한 태가 한둘이 아닌데 오래지 않아 태를 저장하라는 명이 계시면 상고할 만한 자료가 없으니 지극히 민망스럽습니다. 비록 중고사를 뽑아 보내지는 못하더라도 각도 도사(都事)로 하여금 본감(本監)의 지리학 관원을 거느리고 태봉으로 합당한 곳을 미리 살펴서 등급에 따라 재가를 받아 장부를 만들어 두었다가 임시하여 아뢰어 사용할 수 있도록 승전(承傳)을 받드는 것이 어떻겠습니까?" 하니 윤허한다고 전교하였다.[62]

위 실록에서 나타난 바와 같이 임진왜란 이전에는 태실중고사가 조사한 태실 후보지를 관상감에서 1등지에서 3등지로 나누어 관리하였음을 알 수 있다. 그러나 임진왜란 이후에는 장부가 소실되고 태실 후보지가 부족한 관계로 평소에 각 도의 도사의 도움으로 미리 태봉을 선정하였다가 충당하였다. 그리고 미리 선정된 태실지가 없는 경우에는 그때마다 지방관으로 하여금 관상감의 지리학 관원과 함께 세 곳을 추천받아 관상감에서 한 곳을 선정하여 윤허를 받아 사용하였다.

조선왕실의 태 봉안절차를 살펴보면 해산 후 3일에서 7일 안에 세태일을 별도로 정한 다음 태를 100번에 걸쳐 씻은 후 약제로 처리한다. 그다음 태를 항아리에 넣고 기름종이와 태의로 싸서 큰 항아리에 넣고 항아리 한복판에 개원통보 1개를 놓는다. 관상감에서 안태 날짜를 결정하면 안태사가 태항아리를 함에 넣고 정해진 절차에 따라 제사를 지내고 태봉에 안치하게 된다.[63] 안태절차에 따른 업무 역할분담을 보면 관상감에서는 안태장소와 시기 등을 정하고, 선공감(繕工監)에서는 봉송할 도로를 정비하고, 배태관(陪胎官)은 봉송책임을 지며, 전향관(傳香官)과

---

62 『선조실록』 선조 35년(1602년) 6월 25일(을묘). 觀象監啓曰: "平時證考使, 差遣胎峯可當處看審, 分三等置簿, 元子' 元孫則一等, 大君' 公主則二等, 王子' 翁主則三等 胎峯抄啓受點, 藏胎前例, 而亂離以後, 置簿闊失, 諸阿只氏未藏胎, 非止一二. 不久有藏胎之命, 則無憑可考, 極爲悶慮. 證考使雖未可差遣, 而令各道都事, 率本監地理學官員, 胎峯可合處, 預爲看審等第, 啓下置簿, 臨時啓用事, 捧承傳何如?" 傳曰: "允."

63 이필영. 2001. 생활사와 민속: 민속의 지적과 변동: 출산의례 중의 안태를 중심으로. 역사민속학 제13호. 한국역사민속학회. 17-18.

128   한국풍수의 융합적 성격과 특색

주시관(奏時官)은 배태관을 보좌한다. 감동관(監董官)은 공사일체를 감독하며, 감역관(監役官)은 도로의 수치와 태실의 역사를 감독한다.[64]

태를 봉송할 준비가 완료되면 안태사의 주도로 태봉출(胎奉出) 의식을 거행한 뒤, 태봉을 향하여 출발한다. 안태행렬이 도착하면 지방군수는 국궁재배(鞠躬再拜)하고 맞이하게 된다. 그리고 태지석과 함께 태 항아리를 석실에 묻고, 전면에 태실 주인공의 생년월일과 이름을, 후면에 안태일을 새긴 태실비(胎室碑)를 좌향(坐向)에 맞추어 세우면 태실의 조성을 마치게 된다. 태를 봉안한 후에는 수호군사를 배치하였는데 왕세자의 경우 4인, 왕이나 왕비의 경우 8인을 두는 것이 관례였다. 한편으로 태봉지가 되면 지역주민은 지역적 자부심이 고취되고 행정적으로 혜택을 볼 수 있었다.[65]

국왕에 등극한 국왕태실은 위용을 갖추기 위하여 중앙의 대석 위에 구형(球形)의 중동석(中童石)과 옥개석(屋蓋石)을 얹어 태실을 만들고 주위에 전석(磚石)을 깔고 호석난간을 둘러 가봉까지 하였다.[66] 이와 같이 조선왕실의 안태에 관한 각종 의례는 사람의 태가 그 사람의 길흉을 좌우한다는 태장경의 영향과 음양학, 풍수지리사상이 기반이 되어 국왕의 태를 명당길지에 안장하는 관례가 되었다고 본다.

64 박주헌, 앞의 논문. 12.

65 고장 사람들은 금지옥엽(金枝玉葉)의 왕자·녀 아기씨의 장태지로 선정된 사실만 가지고도 충직한 마음의 자부심을 가졌다. 태봉이 들어서면 그 고장이 승격하여 현(縣)이 군(郡)이 되고 다시 주(州)로 격상되는 등 혜택이 주어졌다. 『태조실록』권3, 태조 2년(1393년) 1월 7일 계축에도 "…태실(胎室)을 완산부(完山府) 진동현(珍同縣)에 안치하고 그 현(縣)을 승격(昇格)시켜 진주(珍州)로 삼고…"라는 기록이 있다.

66 이규상. 2003. 청원지역태실을 중심으로 한 胎室研究. 향토문화원연합회. 366.

Ⅳ. 조선 국왕태봉의 실태와 풍수적 특성

1. 조선 국왕의 계보와 태봉의 실태

조선시대 왕위계승에는 종법(宗法)적 원칙이 적용되었다. 적장자계승의 원칙으로 왕비가 낳은 첫째 아들이 왕이 된다는 것이다. 장자상속이 반드시 유교에서만 있는 원칙이라고는 할 수 없다. 하지만 종법이란 형태로 체계화되고 강조된 것은 유교가 들어오면서 확립되었다고 볼 수 있다.

왕위계승에 있어서 적장자상속의 원칙은 군주제도에서 왕자들 간의 다툼을 방지하고 후계자를 미리 교육시켜 장래를 준비할 수 있는 큰 장점으로 볼 수 있다. 그러나 적장자가 무력하거나 아우들이 유능한 경우 반드시 원칙대로 시행되지는 않았다. 왕위계승과 같이 중요하고 복잡한 정치적 요소들이 작용하는 문제에 있어서 원칙의 시행이란 용이한 일이 아니기 때문이다. 종법 외에도 능력이나 덕(德), 도덕성도 중요한 왕위계승의 조건이 되었다. 특수한 경우 형제상속도 부차적인 원리의 하나로 인정되고 있었기 때문에 결코 단순한 문제가 아니었다.[67]

조선왕조 518년(1392~1910년) 간 군림했던 왕은 태조에서 순종까지 27명이었다. 이들 중에서 왕의 적장자나 적장손 또는 적자가 없었을 때 서장자(庶長子)로 종법적 정통성에 문제의 소지가 없는 왕은 10여 명에 불과하다. 조선전기에는 문종, 단종, 연산군, 인종의 계승만이 정상적으로 이루어졌다. 그리고 후기에는 현종, 숙종, 정조, 순조, 헌종, 순종의 계승만이 시비의 소지가 없었던 순리적인 계승이었다고 할 수 있다. 그런데 단종, 현종, 숙종, 순조, 헌종은 독자였기 때문에 문제의 소지가 없었다.[68] 나머지 17명의 국왕 중에서 태조를 제외한 16명의 왕은 종법에 맞지 않는 비정상적인 계승자라고 할 수 있다.

태조에서 순종까지 518년 간 유지된 조선왕조의 왕위계승에 관한 왕실의 종통 관계를 도식화하면 표1과 같은 형태의 왕위계승도가 그려진다. 조선 개국시조 태

---

67 이영춘. 1998. 朝鮮後期王位繼承研究. 집문당. 87.

68 이영춘. 1998. 위의 책. 88.

표1 조선왕실의 왕위계승도

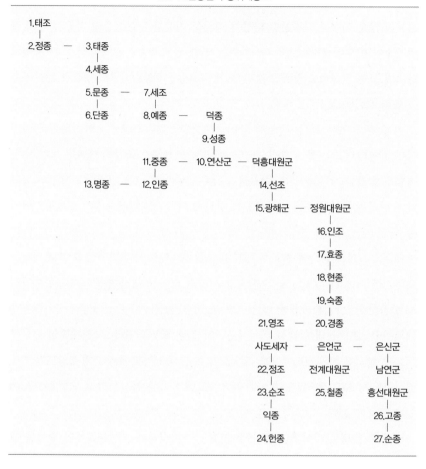

조로부터 상하 세로선으로 계승된 것은 정상적인 부자(父子) 간이나 조손(祖孫) 간에 승계가 이루어진 경우에 해당된다. 반면에 좌우 가로선으로 계승된 것은 형제간 또는 방계혈통 간의 승계로 적장자계승의 원칙이 잘 지켜지지 않았다고 볼 수 있다.

조선왕조에서 적장자가 실제 왕위에 오른 경우는 27명의 국왕 중 문종, 단종, 연산군, 인종, 현종, 숙종, 순종 등 7명으로 26%에 불과하다. 나머지 20명은 적장자가 아니면서 왕위에 등극하였던 것이다. 조선왕조의 적장자계승 원칙이 잘 지켜지지 않은 이유는 복잡하고 다양한 정치적 이해관계 요소들의 작용과 함께 왕위계승이 이루어졌기 때문이다. 한편 이러한 왕위계승으로 등극한 왕은 무엇보다 정통성을 인정받고 왕권을 강화하려는 의미에서 일련의 왕실법도를 강화하고자 했을 것이다.

이에 따라 왕실에서는 등극한 왕의 태를 명당길지의 태봉에 매장하거나 이장하여 가봉태실을 만들어 관리하였던 것이다. 조선조는 국왕이 태봉을 통하여 동기감응에 의한 지기(地氣)를 보다 빨리 감응 받아 정통성을 인정받고 왕권의 강화와 왕실의 무궁한 번영을 이룩하고자 왕릉에 버금가는 태봉풍수가 성행하였다고 볼 수 있다.

조선왕실의 태봉은 주인공이 미확인된 왕자·녀들 태실까지 합하면 전국적으로 300여 기에 달한다. 그중 조선국왕 27명의 태봉에 대하여 문헌기록과 현장답사를 통하여 조사 확인한바 연산군, 인조, 효종, 철종, 고종 등 5명의 국왕태봉을 제외하고 22명에 대한 태봉 위치가 표2와 같이 확인되었다. 국왕태봉의 전국분포도를 살펴보면 경기도에 2기, 강원도에 1기, 충청북도에 3기, 충청남도에 7기, 경상북도에 7기, 경상남도에 1기, 전라북도에 1기 등 하삼도까지 고루 분포되어 있음을 알 수 있다.

이들 태봉에 장태되었던 국왕들의 태는 1930년경에 조선총독부가 왕실을 관리한다는 미명 하에 고양시 서삼릉의 태실집장지에 봉안되었다. 서삼릉 태실군(胎室群)에는 현재 54기의 태실이 봉안되어 있으나 태항아리와 지석의 이장 시기와 기록을 정확히 알 수 없다. 다만 당시의 신문기사[69]나 「이왕직 전사(典祀)의 출장복명서」의 기록[70]을 근거로 인용하고 있는 실정이다. 22기의 국왕태봉에는 현

69 1929년 3월 1일자 동아일보의 기사에 "조선총독부 이왕직(李王職)이 전국의 명당지에 있는 39기의 태실을 종로구 내수동의 임시보관소에 두었다가 추위가 물러가면 서삼릉으로 이전한다." 라는 내용이 있다.

70 「이왕직 전사(典祀)의 출장복명서」에 "1928년 8월 5일부터 8월 30일까지 숙명공주·숙경공주·태종대왕·세종대왕·인종대왕·세종대왕 태실을 조사해서 태항아리와 지석을 경성(서울)에 봉송하여 봉안하였다."라는 기록과 "1930년 4월 15일부터 4월 17일까지 3일 간에 걸쳐 서삼릉 경내에 태실 49기를 이장했다."라는 기록이 있다.

표2 조선시대 국왕태봉 일람표

대	왕명(묘호)	태봉 주소지	복원여부	현재상태
		태실 복원지		
1	태조	충남 금산군 추부면 마전리 산4	o	민묘
		충남 금산군 추부면 마전리 산1-86		복원
2	정종	경북 김천시 대항면 운수리 산84-2 직지사 뒷산	×	공터
3	태종	경북 성주군 용암면 대봉2리 산65	×	민묘
4	세종	경남 사천시 곤명면 은사리 산27	o	민묘
		경남 사천시 곤명면 은사리 산27 (좌측 하단)		복원
5	문종	경북 예천군 상리면 명봉리 501 명봉사 뒷산	△	공터
6	단종	경북 성주군 가천면 법전동 산10	×	민묘
7	세조	경북 성주군 월항면 인촌리 산8	o	복원
8	예종	전북 완주군 구이면 덕천리 산158 태봉산	o	민묘
		전북 전주시 완산구 풍남동 3가 102번지 경기전		복원
9	성종	경기 광주군 경안면 태전리 265-4	o	공터
		서울 종로구 와룡동 창경궁 내		복원
10	연산군	태봉 위치 불명	–	–
11	중종	경기도 가평군 가평읍 상색리 산110	o	복원
12	인종	경북 영천시 청통면 치일리 산24	o	복원
13	명종	충남 서산시 운산면 태봉리 산1	o	복원
14	선조	충남 부여군 충화면 오덕리 산1-1 태봉산	△	민묘
		충남 부여군 충화면 오덕리 237 오덕사		복원
15	광해군	대구 북구 연경1동 산85 태봉산	×	공터
16	인조	태봉 위치 불명(충주댐에 수몰됨)	–	–
17	효종	태봉 위치 불명	–	–
18	현종	충남 예산군 신양면 황계리 산78 태봉산	×	공터
19	숙종	충남 공주시 이인면 태봉동 산64-1 (원태봉)	△	민묘
20	경종	충북 충주시 엄정면 괴동리 산34-1	o	복원
21	영조	충북 청원군 낭성면 무성리 산6-1 태봉산	o	공터
		충북 청원군 낭성면 무성리 산6-1 마을 뒤		복원
22	정조	강원 영월군 하동면 정양리 산51 태봉산	o	공터
		강원 영월군 영월읍 정양리 산133		복원
23	순조	충북 보은군 내속리면 사내리 산1-1	o	복원
24	헌종	충남 예산군 덕산면 옥계리 산6-2 태봉산	×	공터
25	철종	태봉 위치 불명	–	–
26	고종	태봉 위치 불명	–	–
27	순종	충남 홍성군 구항면 태봉리 366-31 태봉산	×	공터

재 태실석물들이 대부분 훼손되고 파손된 상태에 있다. 다행히 당초 태실지에 원형이 복원된 곳은 표2에서 중종 태봉, 인종 태봉, 명종 태봉, 경종 태봉, 순조 태봉 등 5기가 이에 해당된다. 태실군 형태로 복원된 곳은 경북 성주군 월항면 인촌리 선석산에 있는 세종 아들들의 태봉이다.

일부 태봉에는 민묘(民墓)가 들어서는 등 거의 방치상태에 있다. 민묘가 들어서 있는 태봉은 태조 태봉, 태종 태봉, 세종 태봉, 단종 태봉, 예종 태봉, 선조 태봉, 숙종 태봉 등 7기가 있다. 공터로 남아 있는 곳은 정종 태봉, 문종 태봉, 성종 태봉, 광해군 태봉, 현종 태봉, 영조 태봉, 정조 태봉, 헌종 태봉, 순종 태봉 등 9기에 이른다. 이와 같이 태봉 위치가 확인된 22명의 국왕태봉은 훼손되거나 파손되고 민묘가 들어서거나 공터로 남아 있어 관리가 제대로 이루어지지 못하고 있다.

2. 조선 국왕태봉의 풍수적 특성

국왕태봉의 풍수적 특성을 규명하기 위해 앞의 표2에 표시된 전국 국왕태봉 22기의 현장을 직접 답사하여 분석하였다. 그 절차로 각 태봉별 내룡맥과 혈의 형태, 좌향, 지리적 위치와 시·공간적 특성을 고찰하고자 한다. 객관성을 입증하기 위한 조사방법을 다음과 같이 하였다.

첫째, 국왕태봉의 위치 확인은『조선왕조실록』과『태봉등록』등 문헌에 근거하여 현장조사를 통하여 확인하였다. 둘째, 좌향의 측정은 혈장에서 9층 나경을 사용하여 4층 지반정침(地盤正針)으로 측정한 후 1/5,000 지형도로 점검하여 최종 결정하였다. 셋째, 산중돌혈은 장풍(藏風)이 중요하므로 높은 산중에 입지하거나 주산(主山)과 주변 국세(局勢)가 높은 곳에 입지하고 있는 태봉을, 평지돌혈은 득수가 중요하므로 평강룡(平岡龍)[71]이나 주위가 평탄한 평지룡에 입지하고 있는 태봉으로 구분하였다.

이러한 절차와 방법으로 국왕태봉 22기를 조사 분석한 결과 국왕태봉의 풍수

71　평강룡(平岡龍)이란 언덕처럼 낮은 산등성이로 내려온 용맥(龍脈)으로 그 줄기가 구불구불하게 내려오면서 끊기듯 이어지고 잘록하게 속기(束氣)된 흔적을 남기면서 혈장까지 이어지는 용맥(龍脈)을 말한다.

적 특성은 다음과 같이 정리할 수 있다.

첫째, 국왕태봉은 거리의 규제를 받지 않아 지리적으로 하삼도까지 분포되어 있다. 조선 왕릉은 서울도성에서 100리(약 40km) 이내의 거리규제로 서울 인근에 위치하고 있으나 국왕태봉은 명당길지를 얻기 위하여 하삼도까지 고르게 분포되어 있다.

둘째, 국왕태봉은 모두 풍수적으로 사상혈(四象穴) 중에서 돌혈명당이라는 공통점을 가지고 있다. 돌혈이란 풍수지리학적으로 분류하는 4가지 혈을 의미하며 와혈(窩穴), 겸혈(鉗穴), 유혈(乳穴), 돌혈 중에서 하나를 말한다. 돌혈은 입수 6격[72] 중 비룡입수(飛龍入首)의 입체구조(立體構造)로 속기(束氣)가 강하여 산 정상에 기운이 강하게 응축된다. 이렇게 강하게 응축된 지기를 보다 빨리 감응 받기 위하여 국왕태봉을 돌혈에 장태하였던 것이다. 국왕태봉은 돌혈 중에서도 산중돌혈과 평지돌혈로 구분 관리하였다. 장풍국의 산중돌혈은 내룡맥과 국세를 중요시하고, 득수국의 평지돌혈은 내룡맥과 수세(득수 · 취수 · 거수)를 중요시하여 2가지 유형으로 구별된다. 국왕태봉 22기의 유형을 살펴보아도 표3에서 보는 바와 같이 산중돌혈이 11기, 평지돌혈이 11기로 각각 입지양상이 다르다.

셋째, 국왕태봉은 전기에서 중 · 후기로 갈수록 장풍국의 산중돌혈에서 득수국의 평지돌혈로 옮겨가는 양상을 띤다. 표3에 따르면, 조선전기(태조~명종)[73]의 국왕태봉은 12기 중 산중돌혈이 8기(67%), 평지돌혈이 4기(33%)의 분포를 이루었다. 그러다 조선후기(선조~순종)에 10기 중 산중돌혈이 3기(30%), 평지돌혈 7기(70%)의 분포로 산중돌혈보다 평지돌혈을 더 선호하여 장태한 것으로 나타났다. 이는 조선시대의 풍수사상과 이론이 중국풍수 이론의 도입과 수용과정의 궤적과 함께 시대에 따라 변화하였다고 볼 수 있다. 조선전기의 경우 한국의 전통풍수

---

72   입수6격은 직룡입수(直龍入首), 횡룡입수(橫龍入首), 비룡입수(飛龍入首), 잠룡입수(潛龍入首), 회룡입수(回龍入首), 섬룡입수(閃龍入首) 등 6가지로 구분된다.

73   국왕태봉의 풍수적 특징을 시기별로 분석하기 위하여 본고에서는 조선시대 전 · 후기의 구분을 임진왜란을 기준점으로 정하였다. 조선전기는 개국시조 태조에서 제13대 명종까지, 조선후기는 제14대 선조에서 제27대 순종까지로 나누어 해석하였다. 조선전기는 국가의 기틀을 세우고 부흥시킨 시기로 볼 수 있고, 조선후기는 임진왜란을 극복하고 재건하면서 조선말기까지 이어지는 시기이기 때문이다.

표3 조선전·후기 국왕태봉의 돌혈 유형 비교

조선전기 국왕태봉(12기)			조선후기 국왕태봉(10기)		
왕명(묘호)	돌혈유형	비고	왕명(묘호)	돌혈유형	비고
태조	산중돌혈		선조	평지돌혈	
정종	산중돌혈		광해군	평지돌혈	
태종	산중돌혈		현종	평지돌혈	
세종	산중돌혈		숙종	평지돌혈	
문종	산중돌혈		경종	평지돌혈	
단종	산중돌혈		영조	산중돌혈	
세조	산중돌혈		정조	산중돌혈	
예종	평지돌혈		순조	산중돌혈	
성종	평지돌혈		헌종	평지돌혈	
중종	평지돌혈		순종	평지돌혈	
인종	산중돌혈		소계	산중돌혈 3기	평지돌혈 7기
명종	평지돌혈		합계	산중돌혈 11기	평지돌혈 11기
소계	산중돌혈 8기	평지돌혈 4기			

와 형기론(形氣論)이 강하게 반영되었으며 이기론(理氣論)은 『지리신법』이 유일하였다고 볼 수 있다. 그 후 임진왜란을 거치면서 중국에서 도입된 이기론이 확산된 것으로 유추 해석된다.

넷째, 국왕태봉의 좌향은 남향(남·남동·남서향)이 절대적으로 많다. 풍수에서 혈장(穴場)의 좌(坐)와 향(向)은 항상 일직선상에 있다. 그러므로 혈장에서 좌향을 측정할 때 입수(入首) 중심의 기선을 좌로 하고 전순(氈脣)과 안산 중심방위를 향으로 정하여 종축으로 일치시켜 자연향을 결정하게 된다. 그리고 물의 득수(得水)와 파구(破口) 방위를 나경(羅經)으로 측정하여 이기법(理氣法)으로 보완하는 방법을 많이 사용하는 것이 일반적이다. 국왕태봉의 좌향은 9층 나경을 사용하여 4층 지반정침(地盤正針)으로 측정하였다. 그 결과 전체 국왕태봉 22기 중에서 15기(약 68.18%)가 절대향인 남향(남·남동·남서향)을 하고 나머지는 동향이 2기, 서향이

표4 좌향과 절대향 분류

산중돌혈(장풍국)				평지돌혈(득수국)			
왕명 (묘호)	좌향 (坐向)	절대향 (絕對向)	비고	왕명 (묘호)	좌향 (坐向)	절대향 (絕對向)	비고
태조	건좌손향 (乾坐巽向)	동남		예종	자좌오향 (子坐午向)	남	
정종	건좌손향 (乾坐巽向)	동남		성종	건좌손향 (乾坐巽向)	동남	
태종	자좌오향 (子坐午向)	남		중종	술좌진향 (戌坐辰向)	동남	
세종	자좌오향 (子坐午向)	남		명종	손좌건향 (巽坐乾向)	북서	
문종	자좌오향 (子坐午向)	남		선조	임좌병향 (壬坐丙向)	남	
단종	술좌진향 (戌坐辰向)	동남		광해군	건좌손향 (乾坐巽向)	동남	
세조	축좌미향 (丑坐未向)	남서		현종	인좌신향 (寅坐申向)	남서	
인종	유좌묘향 (酉坐卯向)	동		숙종	묘좌유향 (卯坐酉向)	서	
영조	묘좌유향 (卯坐酉向)	서		경종	경좌갑향 (庚坐甲向)	동	
정조	계좌정향 (癸坐丁向)	남		헌종	임좌병향 (壬坐丙向)	남	
순조	을좌신향 (乙坐辛向)	서		순종	갑좌경향 (甲坐庚向)	서	
합계(22기)			남향 7기, 동남향 6기, 남서향 2기, 동향 2기, 서향 4기, 북서향 1기				

4기, 북서향이 1기로 각 분포되어 있다. 이는 『논어(論語)』 「위령공편(衛靈公篇)」에 "군자는 남면한다."[74]라는 구절과 남향을 향해 아침에 떠오르는 태양을 일몰할 때까지 오래도록 받고자 남향을 선호하였던 것이다. 이와 같은 국왕태봉의 좌향과 절대향을 조사하여 도표를 작성하면 표4와 같다.

---

74 『論語』「衛靈公篇」 "恭己正南面而已矣."

다섯째, 국왕태봉은 일종의 통치 이데올로기이면서 풍수지리의 핵심이론인 동기감응의 영향을 받기 위한 것으로 볼 수 있다. 국왕의 태를 전국의 유명 명당에 장태를 한 것은 왕조의 은택을 일반 백성에게까지 누리게 한다는 일종의 통치 이데올로기이다. 그리고 태의 주인공이 좋은 지기를 받아 무병장수하여 왕업의 무궁무진한 계승발전에 기여한다는 풍수지리의 핵심이론을 따른 것이라고 할 수 있다.

V. 결론

조선시대 국왕태봉은 앞이 낮고 뒤가 높은 전저후고(前低後高)와 배산임수의 풍수 기본원리가 적용되었고, 또한 자연을 거의 훼손하지 않는 친환경적인 조성방법을 사용하였다고 볼 수 있다. 이러한 국왕태봉을 풍수적 분석자료를 바탕으로 조사·분석한 결과 다음과 같은 특징이 도출되었다.

첫째, 국왕태봉은 거리의 규제가 없어 하삼도까지 고루 분포한다. 둘째, 국왕태봉은 사상혈 중 돌혈 명당이라는 공통점을 가진다. 셋째, 국왕태봉은 전기에는 산중돌혈, 중·후기로 갈수록 평지돌혈로 변화하는 양상이다. 넷째, 국왕태봉의 좌향은 남향이 절대적으로 많다. 다섯째, 국왕태봉은 일종의 통치 이데올로기이면서도 풍수지리의 핵심이론인 동기감응의 영향을 받기 위한 것이다.

이와 같이 국왕태봉 전체가 돌혈이라는 공통점과 전기에는 산중돌혈, 후기에는 평지돌혈로 변천하는 것을 규명하고, 남향이 절대적이라는 등 다각도로 국왕태봉의 풍수적 특성을 분석하는 틀을 제시하였다.

다만 이 글은 국왕태봉에 대한 이기론적 분석과 형국론적 분석 그리고 초장지 태봉과 인사해석(人事解釋)이 이루어지지 못한 부분과, 태봉의 풍수적 해석을 객관적인 시각에서 분석하고자 하였으나 풍수 자체가 주관적이고 자의적인 면을 내포하고 있는 까닭에 이를 완전히 극복하기가 어려웠다는 한계점이 있다. 그럼에도 불구하고 양택과 음택의 복합적이면서 중간 형태인 태봉에 대하여 구체적인 풍수적 특성을 해석하였다는 점, 태봉의 풍수적 가치를 조명하여 태실문화에 대한 이해의 폭을 증진시키고 풍수의 학문적 발전에 기여하고자 하였던 점에서 의의를 가질 수 있을 것이다.

高麗史.
三國史記.
新增東國輿地勝覽.
朝鮮王朝璿源錄.
朝鮮王朝實錄.
胎封騰錄.
撼龍經.
錦囊經.
論語.
明山論.
發微論.
疑龍經.
人子須知.
精校地理人子須知.
地理新法.
地理正宗.
靑烏經.

국립문화재연구소. 1999. 서삼능태실. 국립문화재연구소.
국립문화재연구소. 2007. 국역안태등록. 민속원.
국립문화재연구소. 2007. 국역호산청일기. 민속원.
권영대 역해. 2006. (國譯)胎封騰錄. 국립문화재연구소.
김두규. 1995. 한국풍수의 허와 실. 동학사.
김두규. 2005. 풍수학사전. 비봉출판사.
김용숙. 1987. 조선조궁중풍속연구. 일지사.
무라야마 지준. 최길성 옮김. 1995. 朝鮮의 風水. 민음사.
박시익. 1988. 건축과 풍수. 예송원.
박시익. 1999. 한국의 풍수지리와 건축. 일빛.
박영규. 2008. 한권으로 읽는 조선왕조실록. 웅진.
서선계, 서선술. 김동규 옮김. 1992. 人子須知. 명문당.
양균송. 김두규 옮김. 2009. 감룡경 의룡경. 비봉출판사.
이규상. 2005. 한국의 태실. 청원문화원.
이몽일. 1991. 한국풍수사상사. 명보문화사.
이영춘. 1998. 朝鮮後期王位繼承硏究. 집문당.
이왕직. 1928. 태봉(胎封). 정신문화원 장서각소장.
이익중. 1994. 길한터 흉한터. 동학사.
장용득. 1976. 명당론. 신교출판사.
전주이씨대동종약원. 1999. 조선의 태실 I · II · III. 삼성문화인쇄(주).
채성우. 김두규 옮김. 2001. 명산론. 비봉출판사.

천인호. 2007. 부동산풍수론. 효민디엔피.

최원석. 2004. 한국의 풍수와 비보. 민속원.

최창조. 1984. 韓國의 風水思想. 민음사.

최창조 역주. 1994. 청오경 · 금낭경. 민음사.

한국학중앙연구원 장서각. 2005. 조선왕실의 출산문화. 이회문화사.

호순신. 김두규 옮김. 2005. 地理新法. 비봉출판사.

황영웅. 2002. 風水原理講論. 동국비전.

강경숙. 1964. 이조백자태호. 고고미술. 5권 제8호. 한국미술사학회.

강원고고학연구소. 1997. 춘천지역 조선조 태실 지표조사보고서. 강원 고고학연구소 유적조사보고 제9집. 춘천문화원.

김기덕. 2001. 고려시대 개경의 풍수지리적 고찰. 한국사상사학. 제17집. 한국사상사학회.

김만중. 2000. 강릉 모전리 정복태실비와 성종의 자녀에 대하여. 박물관지 7호. 강원대학교 박물관.

김성찬. 1996. 원주 태실고. 원주의 얼. 제6호. 원주문화원.

김영진, 박상일. 1997. 청원 산덕리 태실 발굴조사 보고. 청주대학교 박물관보. 제10호. 청주대학교 박물관.

김현길. 1983. 중원군 엄정면 소재 태실비에 대하여. 약성문화. 제5호. 약성동호회.

김현욱. 2003. 조선왕조실록에 의한 한양의 입지와 도성관리. 성균관대학교 박사학위논문.

김혜정. 2008. 중국 풍수지리학의 천문관 연구. 공주대학교 박사학위논문.

김호. 2003. 조선왕실의 장태의식과 관련 의궤. 한국학보 제29권 제2호. 일지사.

노성한. 2010. 일본민속에 나타난 태(胎)에 관한 연구. 比較民俗學 제42집. 비교민속학회.

박대윤, 천인호. 2010. 조선 성종태봉의 풍수지리적 특징비교. 한국학연구 제33집. 고려대학교 한국학연구소.

박시익. 1987. 풍수지리설 발생배경에 관한 분석연구. 고려대학교 박사학위논문.

박종득. 2003. 理氣風水와 形氣風水의 比較. 공주대학교 석사학위논문.

박주헌. 2004. 胎峰의 풍수지리학적 입지특성 연구. 대구한의대학교 석사학위논문.

신라오악종합학술조사단. 1967. 世宗 · 端宗大王의 태실조사. 고고미술 제8권 제8호, 한국미술사학회.

신병주. 2009. 조선왕실에서 태실을 조성한 까닭. 선비문화 제16호, 남명학연구원.

심현용. 2001. 울진지역 태실에 관한 시고. 고문화 제57호. 한국대학박물관협회.

심현용. 2004. 광해군 태실에 대하여. 강원문화사 연구 제9집. 강원향토문화연구회.

심현용. 2006. 조선시대 아지태실비의 양식과 변천. 미술자료 제75호. 국립중앙박물관.

육수화. 2007. 조선왕실의 출산과 안태의 재조명. 민족문화논총 제35집. 영남대학교 민족문화연구소.

윤무병. 1965. 광주 원당리 태봉. 고고미술 제6권 제3~4호. 한국미술사학회.

윤석인. 2000. 조선왕실의 태실변천연구. 단국대학교 석사학위논문.

윤석인. 2000. 조선왕실의 태실석물에 관한 一硏究. 文化財 제33호. 국립문화재연구소.

이규상. 2003. 청원지역태실을 중심으로 한 胎室硏究. 향토문화원연합회.

이재영. 2009. 조선왕릉의 풍수지리적 해석과 계량적 분석연구. 동방대학원대학교 박사학위논문.

이필영. 2001. 생활사와 민속·민속의 지적과 변동: 출산의례 중의 안태를 중심으로. 역사민속학 제13호. 한국역사민속학회.

이홍식. 1969. 이조전기의 백자태항. 고문화 제5,6합집. 한국대학박물관협회.

정양모. 1964. 정소공주묘 출토분청사기 초화문사이호. 고고미술 제5권 제6,7호. 한국미술사학회.

차용걸. 1982. 영조대왕태실가봉의궤에 대하여. 호서문화연구. 제2집. 충북대학교 호서문화연구소.

천인호. 2007. 양택풍수의 속성이 아파트가격에 미치는 영향: 양택3간법과 동 · 서사택론을 중심으로. 국토연구 53. 국토연구원.

최순우. 1963. 백자청수아지씨태항. 고고미술 제4권 제6호, 한국미술사학회.

최연식. 2003. 숙종초 현종대왕실록의 편찬과 현종대왕실록찬수청의궤. 한국학보 제29권 제2호. 일지사.

최원석. 2004. 영남지방의 비보. 고려대학교 박사학위논문.

최호림. 1984. 조선시대 묘지의 종류와 형태에 관한 연구. 고문화 제25집. 한국대박물관협회.

최호림. 1985. 조선시대 태실에 관한 일연구. 한국학논집 제7호. 한양대학교 한국학연구소.

홍성익, 오강원. 1995. 춘천지역 소재 태실, 태봉에 관한 일고찰. 춘주문화 제10호. 춘천문화원.

홍성익, 오강원. 1998. 강원지역 태실에 관한 연구. 강원도 향토문화연구발표회. 강원향토문화연구회.

홍성익, 오강원. 2004. 원주시 대덕리 태실에 대하여. 강원문화사 연구 제9집. 강원향토문화연구회.

홍재선. 1992. 충남지방의 태실과 그 현황. 향토사연구 제12집. 충남향토연구회.

국회도서관. http://www.nanet.go.kr

다음지도. http://local.daum.net

디지털진천문화대전. http://jincheon.grandculture.net

조선왕조실록. http://sillok.history.go.kr

A study for Pungsu Characteristics of Taebong of King in the Joseon Dynasty

Park, DaeYoon

Ph.D. in Pungsu,

Dongbang Graduate University

Keywords: Pungsu, placenta, Taebong, Taesil, Joseon, Dol Hole, Taebong of King, King of the Joseon

This study analyzed Pungsu characteristics of 22 Taebongs (胎峯: a mountaintop where royal family's placenta is buried) of Kings in the Joseon Dynasty by the objective and improved data. As a result, the following characteristics were drawn:

First, there is no restriction on distance, so they are widely distributed even in Gyeongsang, Jeolla and Chungcheong Provinces. Second, they have one thing in common: the ideal spot of Dol Hole (突穴: shape of the risen hole). Third, in the former part Dol Holes in the mountainous areas were used, while in the latter part those in the plains were used. Fourth, southern exposures are absolutely many in Jwahyang (坐向: the front direction from easting point of the compass). Fifth, they tried to be affected by Dong-Gi-Gam-Eung (同氣感應: a principle of Pungsu where a grave's good and bad energy affects its posterity), a kind of ruling ideology and the core of Pungsu.

This study particularly analyzed Pungsu characteristics of the Taebong, which is the middle shape between the house for the living and the grave for the dead. By doing so, it has significance in that it illuminates the internal value of Taebong Pungsu, prepares the academic foundation for the location analysis, and lays the groundwork for studies on Taesil (胎室: a placenta chamber).

However, it has limitations because it did not analyze Yi-Gi theory (理氣論: a theory that explains the principle of Pungsu with energy), Hyeong-Guk theory (形局論: a theory that explains the principle of Pungsu with land shape), initial Taebong and Insahaesuk (人事解釋: interpretation from Pungsu perspective) of the Kings' Taebongs. Further studies and analyses of these should be continued.

02

경북 예천군 내성천

풍수의
현대적 해석과 활용

조선후기의 주거관과
이상적 거주환경 논의*

- 풍수와 건강장수의 관련성을 중심으로 -

A Study on the View of Ideal Dwelling Environment
in the Late Joseon Period

최원석

경상대학교 인문한국 교수

I. 서론

이 글은 조선후기의 주거관과 거주환경 논의에 관한 문헌연구에 치중하였다. 글의 구성 순서는, 사상적 배경으로서 거주환경의 중요성과 신체와의 상관적 인식을 살펴본다. 그리고 거주환경에 대한 풍수적 이해 방식을 고찰할 것인데 풍수는 사회 계층과 지역 여하를 막론하고 조선후기의 주거관을 지배한 사고방식이었기 때문이다. 이어서 조선후기 주거관과 이상적 거주환경 논의를 실학자들의 주요 저술들을 통해 검토한다. 조선후기 실학자들의 주요 저술을 통해 주거관과 거주환경의 논의를 건강장수의 조건과 관련시켜 탐구하는 연구는 처음 시도되는 것이다.

조선후기의 주거관과 거주환경에 대한 주요 선행연구로, 우선 주거관에서 『택리지』의 자연관과 산수론을 통해 조선후기 사대부의 주거관을 천착한 연구(김덕현, 2010)가 있다. 『정감록』과 『택리지』에 나타난 가거지관(可居地觀)을 비교연구한 논문(예경희와 김재한, 2007)도 조선후기의 주거관과 거주환경의 단면을 잘 포착한 것으로 평가된다.

전통적 거주환경에 관한 연구로는 주로 전통마을을 대상으로 연구가 많은 편이다. 단행본으로는 전통마을의 경관요소들이 갖는 생태적 의미를 탐구한 저술(이도원, 2005)이 있다. 전통생태학의 근래 성과를 모은 저술(이도원 외, 2004; 2008)에는 마을의 거주환경에 대해 현대적으로 조명한 다수의 글이 실려 있다.

＊　이 글은 최원석. 2012. 조선후기의 주거관과 이상적 거주환경 논의. 국토연구 제73권. 3-27.을 수정한 것이다.

학술논문으로는 함양 개평리 마을을 사례로 조선시대의 전통마을에 나타난 서식관(棲息觀)을 연구한 논문(최기수, 2001), 풍수이론을 통해서 전통마을 거주환경의 조성원리를 탐색한 연구(이학동, 2003) 등이 있다. GIS를 이용한 전통취락의 지형적 주거입지 적합성 분석(최희만, 2005)은, 주요 전통마을을 대상으로 GIS 기법을 활용하여 환경적합성을 분석한 결과 타당성을 입증하였다는 점에서 의미가 있다.

차후 지형적 환경지표의 선정에 있어 『택리지』의 마을입지론과 같은 조선후기의 거주환경 논의가 반영된 분석지표를 적극적으로 개발·적용하는 방법론이 요청된다.

II. 거주환경과 신체의 상관적 인식

건강과 장수의 실현은 생물학적인 동시에 사회문화적 현상이다. 사람의 수명과 건강에는 거주지역의 물리적 환경과 사회문화적 삶의 과정이 직접적으로 연관되어 있으며, 거주환경 조건은 건강과 장수의 요인에서 큰 비중을 차지하는 것으로 알려져 있다.[01]

건강장수 조건으로서 환경적 요인은 사회문화적·생물학적 요인의 자연적 배경을 이룬다. '건강한 환경이 건강한 몸을 낳는다.'는 동서고금의 진리는 자연환경과 건강장수의 관계에 대한 수많은 논의와 저술을 생산한 사회담론이었다. 중국의학의 고전 『황제내경』에 "사람과 천지는 서로 응한다."는 표현은 이러한 환경과 몸과의 상관관계를 단적으로 드러낸다. 이렇듯 자연과 신체를 통합적이고 일체적인 관계로 파악하는 동아시아 사상의 측면에서 건강과 장수의 장소적·공간적 조건은 매우 중요한 연구주제다.

인간의 수명은 유전정보에 의해서 결정되기도 하지만 그것보다는 물려받은 유

---

01 박삼옥, 정은진, 송경언. 2005. 한국 장수도 변화의 공간적 특성. 한국지역지리학회지. 제11권 제2호. 187-210. 에 의하면 지역환경요인 중에서 평균표고와 강수량, 산림율이 장수요인과 상관관계가 있는 것으로 해석되었다.

전정보를 기초로 개인이 어떠한 삶의 과정을 거치는가에 의해서 수명이라는 복합적 현상이 결정된다고 할 수 있다(전경수, 2008). 물론 건강이라는 현상도 마찬가지일 것이다. 여기서 삶의 과정에 연관되는 사회문화적인 주요 요소는 의식주로 대표될 수 있으며 여기서 주거의 조건은 가장 비중이 크다. 세계보건기구(WHO, World Health Organization)도 건강도시를 이루는 조건 중에서 '거주환경을 포함한 깨끗하고 안전한 물리적 환경'을 첫번째로 갖춰야 할 실현 요소로 둔 바 있다. 건강과 장수의 거주환경 조건에 대하여 전통적 지혜와 역사적 경험을 살펴보는 것은 필요하고도 당연한 노력이다.

조선후기 유교지식인들의 주거관을 보아도 거주환경을 섭생(攝生)과 생업에 비해 가장 기본적이고 중요한 조건으로 삼았음을 알 수 있다. 지리적 거주환경의 선택은 다른 사회경제적 조건을 규정하고 지배하는 최우선 요건이었다. 실학자 홍만선은 『산림경제』에서 "주거지 선택의 계획이 이미 성취되고 몸을 거처할 장소가 완성되면 이어서 보양(保養)과 복식(服食)의 방법으로 병을 물리치고 수명을 연장시킬 줄 알아야 한다."[02]고 하여 주거지 선택과 거주환경의 조성을 가장 우선시하였다. 그는 건강을 유지하는 방법(攝生)에 대한 논의도 이어서 전개하며, 농사 등과 같은 생업의 방법에 관한 서술은 주거지 선택(卜居)과 섭생 다음에 두었다.

이중환도 『택리지』에서, 살기 좋은 마을을 선택함에 있어서 거주환경 조건(地理)을 경제 조건(生利), 사회 조건(人心), 자연(미) 조건(山水)보다 중요하게 취급한 것은 그러한 인식의 배경에서 나왔다. 기타 저술들의 목차에서도 드러나는데 『산림경제』와 『증보산림경제』는 거주환경과 집터 선정에 관한 논의인 「복거(卜居)」편을 책머리에 두고 있다.[03]

동아시아의 사상체계는 거주환경과 신체조건이 밀접하게 관련된 것으로 파악한다. 흔히 이러한 사고방식을 서구지리학의 환경결정론 틀과 대비하여 이해하

---

02 『山林經濟』卷1, 「卜居」

03 다만 19세기 초반에 편찬된 서유구의 『임원경제지』에서는 주거지 선택과 거주환경에 대해 서술한 「상택지」가 책의 후반부에 편제되었다.

지만, 환경과 인간을 대립항으로 두고 환경의 일방적인 영향을 말하는 것이 아니라 자연과 인간의 유기적인 관계에 기초하여 사람의 생명에 미치는 자연의 긴밀한 영향력을 표현한 것이다. 우주와 인간의 연계를 도모하는『중국사유』에서, 대우주(자연)와 소우주(인체)에 공통되는 형태학과 생리학은 종합적인 앎이자 유일한 규칙이었다(마르셀 그라네, 2010). 환경-신체의 상관적 인식은 전통문화에 보편적으로 존재했으며 다양한 사상 분야에서 여러 가지의 해석 방식이 전개되었다. 그중에 대표적인 것이 '기(氣)'론이다. 중국의 고전인『좌전』은 기를 여섯 가지로 분류해 각각의 기로 표현된 자연환경 요소가 신체와 질병에 미치는 영향을 경험적 · 논리적 해석체계로 설명한다.

육기(六氣)는 음(陰), 양(陽), 바람(風), 비(雨), 어두움(晦), 밝음(明)을 말한다. … 음이 지나치면 냉병이 되고, 양이 지나치면 천식과 갈증을 일으킨다. 어둠이 지나치면 정신이 혼란해지고, 밝음이 지나치면 마음이 피로하다.[04]

중국의 고전의학 체계인 내경의학에서도 인체를 풍토와 기의 관점에서 해석한다. 예를 들면『황제내경』은 거주환경과 신체의 관계에 대해 중국의 지리적 특징을 근거로 다음과 같이 진술한다.

천기는 서북쪽에 부족하다. 그래서 서북쪽은 음이고 사람의 오른쪽 눈과 귀는 왼쪽 눈과 귀만큼 밝지 못하다. 지기는 동남쪽에 부족하다. 그래서 동남쪽은 양이고 사람의 왼쪽 손과 발은 오른쪽만큼 강하지 못하다. … 천기는 폐에 통하고, 지기는 목구멍에 통하고 풍기는 간에 통하고, 전기는 심장에 통하며, 곡기는 비장에 통하며, 우기(雨氣)는 신장에 통한다. 육경(六經)은 내가 되고, 장위(腸胃)는 바다가 되고, 구규(九竅)는 수주(水注)의 기가 된다.[05]

---

04 『左傳』卷17. 昭公元年

05 『黃帝內經』「素問」陰陽應象大論篇

인용문에서도 잘 드러나듯이 중국사상에서 지역적 거주환경과 신체의 밀접한 연관관계는 상호간의 대응(照應)으로 표현된다. 환경과 신체의 유비적(類比的) 인식과 상관적 해석 방식은 동아시아적 사유의 중요한 한 패턴이다. 『황제내경』에서 이르기를 "하늘이 둥그니 인간의 머리는 둥글고, 땅이 평평하니 발이 평평하다. 해와 달은 두 눈이고, 구주(九州)는 사람의 몸에 있는 9개의 구멍이며, 오음(五音)은 오장이고, 육율(六律)은 육부이며, 365일은 인체의 360마디로서, 12경수(經水)는 12경맥이다."[06]고 하였다.

풍토와 신체에 대한 상관 구조와 관계에 대한 다른 예는 하천과 혈맥의 상응을 설명하는 것에도 드러난다. 『관자』에서 "물은 대지의 피(血氣)이며 근육과 혈관에서처럼 통하고 흐르는 것이다."[07]라고 했으니 몸과 유비된 인문지리적·환경론적 인식을 반영한 것이다. 한의학에서 인체의 혈에 대한 명칭 중에서 곤륜(崑崙)이란 산 이름도 있고, 해(日)와 달(月), 별(太乙), 바람과 못(風池) 등을 비롯하여 물, 시내, 샘, 우물, 바다 등의 자연 명칭을 가진 것도 무수하다. 모두 환경과 인체의 대응에 대한 관계적 인식의 통찰이자 소산이다.

거주환경과 신체의 상관적 인식은 조선시대의 지식인들 사이에서도 보편화되었다. 허준(1539~1615년)은 『동의보감』에서 봄, 여름, 가을, 겨울의 변화에 따라 몸의 기능이 변화하고 질병이 서로 다를 수 있다고 하여 기후의 변화가 몸에 미치는 영향에 유의하였다(한상모 외, 1991). 이중환이 쓴 『택리지』에도 주거지와 사람의 상관적 인식이 잘 나타난다. "땅에 생생한 빛과 길한 기운이 없으면 인재가 나지 않는다."라고 하여 인재의 출생에 대한 환경적인 영향이 언급된 바 있다. 사람의 생명이 거주환경과 밀접한 관계를 맺으며 환경적 요소가 인재의 출생에 영향을 미친다는 인식의 반영이다. 김정호(?~1866년)가 "산등성이(山脊)는 땅의 근육과 뼈이며, 물줄기(水派)는 땅의 핏줄기(血脈)"[08]라고 한 것도 자연지형을 몸에 비

---

06 『黃帝內經』「靈樞」邪客篇
07 『管子』水地編
08 『青邱圖』凡例

유하여 자연과 신체의 상관적 인식을 잘 반영한 표현이다.

조선후기 최한기(1803~1877년)에 이르면 거주환경과 신체의 긴밀한 연관성에 대한 파악뿐만 아니라 사람의 능동적 의의와 역할이 강조된다. 기학(氣學)이라는 학문체계를 완성한 최한기는 지기(地氣)와 그 장소에 사는 유기체는 긴밀한 연관성이 있다고 파악했다. 지기는 그 자리에서 사는 생명과 직결되어 있어 적재적소에서 생명을 보전하거나 장소를 옮겨 생명을 해치는 것은 모두 '지기가 그렇게 만드는 것'이라 인식했다. 이 견해는 장소적 유기체에 대한 지기의 영향력을 강조한 것이다(최원석a, 2009).

또한 최한기는, 사람은 지기의 영향을 받지만 역으로 천지의 기를 도야하고 지기를 선택할 수 있는 능동적인 존재로, 변통을 위해 학습이라는 공부가 필요함을 다음과 같이 언급했다.

거주하고 있는 자연환경(水土)과 부모의 정혈(精血)이 근원과 기초가 되어 형질을 생성하니, 익혀서 천지의 신기(神氣)를 도야한다. … 사람의 몸에 신기를 생성하는 요소는 네 가지이니 첫째는 하늘이요, 둘째는 풍토며, 셋째는 부모의 정혈이요, 넷째는 보고 듣고 익히는 것이다. 앞의 세 가지는 이미 타고 난 것이라 거슬러 바꿀 수 없으나 아래의 한 가지는 실로 변통하는 공부가 된다.[09]

인용문의 후반부에 제기된 최한기의 논변은, 사람이 주체적으로 건강장수를 도모하기 위해서는 주어진 거주환경이나 타고난 신체조건에 한정되지 말고, 보고 듣고 익히는 공부를 통해 주어진 조건을 변화·개선시킬 것을 강조한다. 후천적 노력으로 건강을 유지할 수 있고 거주환경을 선택할 수 있는 존재로서 사람의 주체성을 강조했다는 데 의미가 있다. 그리고 거주환경을 개선하기 위해서 교육과 학습에 대한 필요성을 역설한 것으로도 해석된다.

---

09 『氣測體義』 「神氣通」 卷1, 體通

전통적 주거관의 인식체계에 있어 건강장수의 신체적 조건은 거주환경과 밀접하게 관련되어 있으며, 특히 지리적 거주환경 요건은 여타 건강장수의 여러 조건을 규정하고 지배하는 가장 중요하고 우선적인 것이었다. 여기서 사람은 거주환경을 선택하고 개선할 수 있는 주체적 위상을 가진 존재로서 파악되었다.

Ⅲ. 거주환경과 건강장수 조건에 대한 풍수적 이해 방식

동아시아에서 건강과 장수에 관한 주요 논의는 도가(道家)의 양생법이나 장생술, 의학, 풍수 등에 발달하였는데, 그것을 가능하게 하는 필요조건에 이상적인 거주환경을 요구한다. 특히 풍수는 거주환경이 사람의 건강과 장수에 미치는 직접적 영향을 통찰한 전문분야로, 거주환경과 주택의 조건에 관하여 매우 정밀한 방식으로 논의하고 있어 주목된다. 풍수론 중에도 특히 집터의 조건 및 집과 사람의 관계를 논한 주택풍수론에서 건강장수의 지리적·공간적 상관관계에 대한 논의가 두드러진다. 중국의 많은 풍수서에서 제기되었던 관련 내용은 조선의 지식인들에게도 큰 영향을 끼쳐 조선후기 지식인들의 주거론 저술에 인용되었으며, 당시 조선사회의 거주환경 조건에 적용되어 논의가 더욱 발전되었다.

풍수는 중국과 한국에서 주거지를 선택하고 거주환경을 관리하는 데 활용되었던 문화요소 및 배경사상으로 역사상 가장 강력한 영향을 미쳤다. 특히 조선후기의 시대적 배경과 경제적 조건 아래 풍수는 사회적으로 널리 수용되어 이상적인 삶의 터전을 선택하기 위한 이론적 수단과 사회적 담론으로 기능했다. 홍만선, 유중림, 이중환, 서유구 등의 조선후기 지식인들은, 이용후생(利用厚生)의 실학적 시대정신으로 중국의 풍수지식 중에서 유용한 면을 수용하여 마을과 주택의 입지를 선정하고 집의 건축에 합리적으로 활용하고자 하였다. 지역마을의 주민들은 풍수를 마을의 거주환경 관리를 위한 원리이자 지침으로 운용했다.

조선후기 실학자들의 저술에는 마을 혹은 집터 선택과 관련한 풍수론의 수용

태도와 내용이 잘 드러난다.[10] 실학자들은 풍수를 비판적으로 이해하지만 주거관 및 거주환경에 관련된 주요 저술에서 대부분의 내용들이 중국풍수서에 논의된 내용을 수용하고 있고 풍수적 사고방식과 담론의 범위를 크게 벗어나지 못한다. 홍만선의『산림경제』, 이중환의『택리지』, 유중림의『증보산림경제』, 서유구의『임원경제지』등의 저술에 나타난 거주환경에 관한 논의는 조선후기에 전해지던 중국풍수서의 지식이 그대로 인용되거나 취사선택되었다.

풍수사상은 한국의 이상적 거주환경 관념이 잘 반영된 이상향 논의에도 큰 영향을 주었다. 전통적으로 이상적인 거주환경과 주거지를 가리키는 용어는 낙토(樂土), 복지(福地), 길지(吉地), 명당(明堂), 승지(勝地) 등이 있었다.[11] 전통적 이상향들은 주로 명산에 분포하고 있었다. 한국의 대표적 이상향인 청학동이 지리산에 있고,『정감록』의 십승지(十勝地)도 태백산, 소백산, 속리산, 가야산, 지리산 등지의 명산권 내에 주로 분포한다. 특히 전통적인 한국의 이상향은 산간분지(洞天福地) 입지유형으로 요약되는데 현재 한국의 주요 장수촌이 산간지역에 분포한다는 사실로도 이상향의 지형조건과 건강장수마을의 실제적 분포의 상관관계를 짐작할 수 있다.[12]

산간분지형 이상향의 일반적 지형패턴은 조선시대 가거지(可居地)의 이상적인 취락입지 모형에서 준거가 되었던 풍수의 명당형국과 유사하며, 이것은 이상향의 지형 형국에 끼친 풍수사상의 영향으로도 해석할 수 있다. 산곡(山谷)에 입지하는 풍수명당의 지형조건은 동구(洞口)가 좁고 안으로 들이 넓게 펼쳐진 목 좁은 항아리 같은 분지형 지세로 요약할 수 있으며, 특히 수구(水口)가 잠기고 안쪽으로 들이 열리는 것이 이상적 거주환경을 갖춘 마을입지의 필수적 지형 요건이라

---

10 풍수론에 대한 기본적 태도와 입장을 보면 홍만선과 유중림은 주택풍수론을 대체로 수용하는 경향이 보이고, 이중환과 서유구는 풍수를 비판적으로 보면서 합리적인 내용만 수용하고자 하였다.

11 낙토라는 용어의 의미는 비옥한 농경지를 갖춘 농경제적 속성이 있고, 복지는 피난피세의 사회적 속성이 강한데 비해 길지와 명당이라는 용어는 도참사상과 풍수사상이 투영된 표현이다. 승지는『정감록』의 십승지 논의가 대표적이다.

12 박삼옥, 정은진, 송경언. 2005. 한국 장수도 변화의 공간적 특성. 한국지역지리학회지 제11권 제2호, 202.에 의하면 전국 평균 이상의 표고와 산림보유지역에서 장수지역이 많은 것으로 해석되었다.

하였다. 이러한 지형패턴은 중국의 무릉도원이나 한국의 청학동을 막론하고 산간분지형 이상향의 지형 형태에 공통적으로 나타난다(최원석b, 2009).

전통마을의 주민들도 지속가능한 마을의 거주환경을 관리하기 위해 풍수를 문화생태적으로 활용하는 지혜를 발휘하였다. 풍수적 마을환경의 관리방식은 환경용량(수용능력)의 규준과 적정 주거밀도의 유지, 환경관리(자연재해 방비와 자원환경의 보전), 토지이용 및 건축·생산활동의 규제, 환경에 대한 주민공동체의 집단적 의식과 태도의 형성 등으로 요약할 수 있다(최원석, 2011).

그러면 조선후기의 지식인들 사이에서 널리 읽힌 중국의 주요 풍수이론서에 나타난 건강장수의 공간·장소적 조건과 그 이해 방식에 대해서 고찰해 보자. 풍수론에서 거주환경과 건강장수와의 상관적 이해 방식은 어떻게 나타날까? 중국의 전통사상에서 풍수와 의학의 논리체계와 토대가 같아 서로 비유적으로 표현·설명되며, 풍수의 환경과 의학의 건강장수에 관한 인식은 직접적이고 긴밀하게 연관되었다. 중국 명대에 저술되어 조선후기에 널리 읽힌 풍수서인『인자수지』는 거주환경이 이상적인 장소의 지형적 조건을 인간사에 비유하여 다음과 같이 서술하였다.

산을 맥으로 일컬은 것은 어떠한 까닭인가? 사람 몸의 맥락은 기혈의 운행으로 말미암아 타고나는지라, 맥이 맑은 자는 귀하고 탁한 자는 천하며 길한 자는 편안하고 흉한 자는 위태롭다. 땅의 맥도 역시 그러하다. 훌륭한 의사는 사람의 맥을 살펴 그 사람이 편안한 상태인지 위태로운 상태인지, 생명의 길고 짧음을 아는 것처럼 지리를 잘 아는 사람은 산의 맥을 살펴 그 길흉미덕을 아는 것이다.[13]

앞의 인용문에 의하면 한의학에서는 인체 경락에서 기의 흐름이 원활해야 사람이 생기를 골고루 공급받아 생명을 유지하고 건강을 지켜갈 수 있는 것과 마찬

---

13 『地理人子須知』「論龍脈血砂名義」

가지로 풍수에서 거주환경이 갖추어야 할 산의 맥도 맑고 아름다워야 한다는 것이다. 한의학에서 병을 진단할 때 망기(望氣)하고 진맥하며 몸에 이상이 있으면 혈맥을 찾아 침을 놓고 뜸을 떠서 병을 고치는 것과 마찬가지로, 풍수에서는 산줄기의 흐름을 보아 산천의 어느 부분이 허하고 결함이 있으면 보완하고 지나칠 때 균형을 맞추고자 하였다. 이렇듯 거주환경에 대한 풍수적 사고방식은 인체의 건강장수 조건과 직결시켜 논의되었다. 총체성 속에서 인간의 삶과 활동을 조율하고자 한 중국 사유와 지혜는 공간적 삶을 규정하는 풍수의 인식과 태도에서도 그대로 적용되었던 것이다(마르셀 그라네, 2010).

풍수의 일반적 원리이자 목적은 '풍기(風氣)를 갈무리하고 모은다.'는 말로 압축될 수 있다. 풍기를 모으기 위해서는 생기를 저장하는 국면을 조성하고 살기를 막는 보완책이 필요하다. 풍수의 명당조건으로 왜 풍기가 모여야 하는지는 전통의학적인 측면으로도 설명이 가능하다. 좋은 땅이란 일차적으로 거주하는 사람이 건강한 생활을 영위할 수 있는 땅이다. 건강한 몸을 유지하기 위해서는 우선 거주환경에 살풍(煞風)이 없어야 하는데 한의학적으로도 만병은 바람에서 비롯하기 때문이다. 동아시아 한의학의 원전인 『황제내경』 「소문」에서도 지적하기를 "바람은 만병의 시초다."[14], "바람은 만병의 가장 큰 요인이다."[15], "바람이 사람을 상하게 한다."[16]는 등의 구절이 있으니 모두 인체의 병은 바람에서 비롯한다고 경계하는 내용이다(최원석, 2004).

중국 주택풍수서의 고전 『황제택경』이 건강장수의 공간적 · 지리적 조건에 대하여 어떤 철학적 관점과 이해 방식을 갖는지를 살펴보자. "땅이 좋으면 싹이 무성하고, 집이 길하면 사람이 번영한다."[17]라 하여 집과 사람의 상관관계를 땅과 초목에 비유하여 거주환경의 직접적인 중요성을 강조하였다. 그리고 "집은 음양

---

14 『黃帝內經』「素問」生氣通天論篇

15 『黃帝內經』「素問」玉機眞藏論篇

16 『黃帝內經』「素問」風論篇

17 『黃帝宅經』

의 중심이고 인류의 본보기"[18]라고 하여 집이 가지는 위상을 자연 질서와 인간 도덕의 중심 자리에 두었다. 또한 "집이라는 것은 사람의 근본이며 사람이 집으로 일가를 이루는데 주거가 안정되면 집안이 대대로 번창하고 길하나 불안하면 쇠망하고 만다.[19]"라고 하여 사람에게 있어서 집의 중요성과 주거의 안정이 집안의 번영과 쇠망에 미치는 영향을 확대시켰다. "택법(宅法)은 재앙을 막고 화를 그치게 함이 마치 병을 고치는 약의 효험과 같은 것"[20]이라는 대목에 이르면 사람이 주체적으로 (주택)풍수법을 활용하여 자연재해를 미연에 방지하고, 주어진 거주환경 조건을 적극적으로 개선할 수 있다(開天命)는 메시지로 해석된다.

거주환경과 건강장수 조건에 대한 풍수의 논의와 이해는 후대로 갈수록 더 치밀해지고 구체화되었다. 중국의 주택풍수를 집성한 책 『양택십서(陽宅十書)』는 집의 외형, 집터의 형태, 길의 조건, 수목의 형태, 하천의 조건, 연못 등의 조경 문제 등 다양한 실제의 공간적·장소적 조건을 건강장수와 관련시킨다. 주택과 거주환경을 구성하는 세부 조건이 건강과 장수에 미치는 영향에 관하여 지적된 것을 예시하면 다음과 같다.

> 문 앞이나 집 뒤에 도랑물이 팔자(八字)로 나뉘거나 앞뒤에서 물이 나가서는 안 된다. 집주인에게 후사(後嗣)가 끊긴다. ⋯ 집 문 앞에 연못을 새로 내는 것을 허락하지 않으니, 주인은 대가 끊어져 자손이 없게 된다. ⋯ 큰 나무가 대문을 마주하면 주인에게 전염병을 불러들인다.[21]

위 인용문에서 보는 것처럼 주거지의 자연(도랑물), 인공(연못), 생태(수목) 등의 제반 조건은 건강장수와 직결되어 있다고 풍수에서는 인식한다. 다만 그 설명 방

---

18 『黃帝宅經』

19 『黃帝宅經』

20 『黃帝宅經』

21 『陽宅十書』「宅外形」

식은 합리적인 인과나 논증이 아니라 경험적이거나 결과론적 증언 형식을 취하고 있어 오늘날 이해방식으로 납득하기에 어려움을 준다. 따라서 풍수론의 설명 내용에 대한 이해는 현대적 해석을 요하는데, 예컨대 위 인용문의 "큰 나무가 대문 앞에 마주하면 전염병을 불러들인다."는 것은, 대문 앞에 큰 나무가 있으면 그늘져 채광이 안 될 뿐만 아니라 공기순환을 막아 마당과 실내의 쾌적한 습도조절에 불리할 수 있고 따라서 보건위생에 좋지 않은 조건이 된다는 해석이 가능하다.

거주환경에 대한 풍수적인 이해 및 관리방식을 살펴보았지만 주택풍수론 자체가 전근대시기에 건강한 삶을 누릴 목적으로 논의된 경험적 주거지식이기 때문에 오늘날에도 합리적으로 해석될 수 있는 부분이 많다. 거주환경에 대한 전통적 지식체계를 조선시대의 지식인들과 지역주민들은 지역환경에 맞춰 취사선택하며 생활공간의 지혜로 활용하였던 것이다.

Ⅳ. 조선후기 지식인들의 주거관과 이상적 거주환경 논의

현대 건강장수도시의 거주환경은 오늘날 경제적 환경과 사회문화적 조건에 의해 일차적으로 규정되지만 전통적으로 어떤 공간적·지리적 조건을 살기 좋은 거주환경으로 인식했는지 검토해 보는 것도 중요하다. 현재 상태는 과거 문화전통에 관성을 지니며 그 연속선상에서 발전된 형태이기 때문이다.

가장 긴요하게 참고될 자료가 조선후기 실학자들의 저술들이다. 특히 18세기 초 홍만선의『산림경제』「복거」, 18세기 중반 이중환의『택리지』「팔도총론」·「복거총론」·「지리」와 유중림의『증보산림경제』「복거」, 19세기 초 서유구의『임원경제지』「상택지」로 이어지는 일련의 저술 내용들은 조선시대의 사회경제적인 배경에서 이상적인 주거지와 거주환경의 공간적·장소적 조건에 관해 서술한 대표적인 성과이다. 위 저술 속에는 조선후기 유교지식인들의 주거관이 잘 드러날 뿐만 아니라 거주환경의 지리적 입지(溪居·江居·海居 등)에 대한 논의, 이상적 거주지

(可居地)에 대한 지역정보가 수록되어 있다.

그 밖에도 당시 거주환경에서의 경험적이고 실용적인 건강장수 정보가 많이 수록되어 있다. 집터 정하는 방법, 물과 토지의 문제, 생업과 주거, 풍속과 인심, 거주환경의 미학, 풍토병이 발생하는 토지조건과 지역정보, 피해야 할 주거지 조건 등과 같이 오늘날 건강장수마을의 조성에도 참고될 내용이 포함되어 있다. 각 저술의 주거관 및 이상적 거주환경 논의와 아울러 건강장수와 관련된 서술내용을 검토해 보자.

1. 홍만선의 『산림경제』

홍만선(1643~1715년)이 저술한 『산림경제』는 저자가 산림에서 살 생각으로 산지생활사와 관련된 내용을 편집한 책이다.[22] 이 책의 전체적인 성격은 산림처사를 자처하는 사족(士族)의 생활지침서이기도 하다(염정섭, 2002). 이 책은 산림에서 자급자족적인 생활을 영위하는 데 필요한 주거, 생업, 양생, 보건 등의 내용을 망라한 지식정보를 수록한다. 이 책의 가치는 당시에 전해졌던 여러 문헌 자료들을 섭렵해 처음으로 산지생활사에 관한 지식체계를 종합하여 편찬했다는 의의로 평가된다. 홍만선의 『산림경제』는 당시의 지식인 사회에 영향을 끼쳐 이후 유중림의 『증보산림경제』(1768)와 서유구의 『임원경제지』(19세기 초)의 저술로 이어졌다.

홍만선은 『산림경제』의 첫 부분에 「복거(卜居)」편을 두고 거주환경 및 주거지의 선택에 관한 논의를 제시했다. 저자의 주거관이 간접적으로 반영되어 거주환경의 요소가 되는 주거지의 지리·지형적 조건, 도로 조건, 대지의 형태, 주위 산수와 건조물의 환경, 조경 요소, 주거지 주위의 지형지세, 토질과 수질 등의 다양한 조건들이 주거지의 선택에 고려되어야 할 기준으로 내세웠다. 논의의 근거로 참고한 책들은 당시 지식인 사회에서 주로 읽혔던 중국의 주택·주거 관련 서적들이었으며 책의 내용은 주로 주택풍수서에 정리된 거주환경 관련 내용을 요약

---

22 『山林經濟』序

한 것이었다. 아쉬운 점은 기존에 중국에서 저술된 내용을 발췌 · 정리하는 수준에 머물러 자신의 해석과 견해가 드러나지 않은 것과, 이상적인 거주지에 대한 지역정보가 수록되지 않았다는 점이다. 이후 이중환, 유중림, 서유구의 저술에서 그 한계가 보완되었다.

홍만선의 주거관과 거주환경 논의를 살펴보자. 그는 "터를 가려서 집을 지으려는 사람은 경솔하게 살 곳을 결정할 수 없다."며 주거지 선택의 중요성을 강조하였다. 이상적인 거주환경의 입지지형은 "풍기가 모이고 앞뒤가 안온하게 생긴 곳"으로 그 구체적인 공간 모형은 "안은 널찍하면서 입구는 잘록하여야 한다."[23]고 하였다. 구릉지나 산지의 분지지형을 이상적 주거지의 입지모델로 설정하였음을 알 수 있다. 이것은 풍수적인 명당 형국과도 그대로 일치한다.

『산림경제』에서는 이상적인 주택지의 거주환경이 되지 못하는 장소적 특성을 다음과 같이 열거한다. 거주환경의 불안정 요소로 사회 조건, 문화 조건, 경관 조건, 자연 조건, 방재(화재) 조건 등의 장소적 성격이 구체적으로 표현되었다.

주택에 있어서 탑, 무덤, 절, 사당, 신사 · 사단(祀壇) 또는 대장간, 옛 군영터나 전쟁터는 살 곳이 못 되고, 큰 성문의 입구와 옥문이 마주보는 곳은 살 곳이 못 되며, 네거리의 입구라든가 산등성이 곧바로 다가오는 곳, 흐르는 물과 맞닿은 곳, 여러 하천이 모여서 나가는 곳과 초목이 나지 않는 곳은 살 곳이 못 된다. 옛길 · 영단(靈壇)과 신사 앞, 불당 뒤라든가 논이나 불을 땠던 곳은 모두 살 곳이 못 된다.[24]

『산림경제』의 「복거」편에는 건강장수와 거주환경 간의 관련 내용도 여럿 보인다. 다음에 인용한 내용에서 거주환경 조건에 대한 길흉평가 속에는 건강장수의 관점이 기본적으로 내포되어 있다.

---

23 『山林經濟』卷1.「卜居」
24 『山林經濟』卷1.「卜居」

주택에서 동쪽이 높고 서쪽이 낮으면 생기가 높은 터이고, 서쪽이 높고 동쪽이 낮으면 부유하지는 않으나 귀(貴)하게 되며, 앞이 높고 뒤가 낮으면 문호(門戶)가 끊기고, 뒤가 높고 앞이 낮으면 우마(牛馬)가 번식한다.[25]

인용문에서 "주택지 지형에 앞이 높고 뒤가 낮으면 문호가 끊긴다."고 하여 이러한 지형조건의 택지는 건강하게 지속적인 삶을 이룰 조건을 갖추지 못했다고 평가되었다. 주택의 입지경관에서 앞이 높고 뒤가 낮으면 채광이나 배수가 불리하다는 것은 상식적으로도 이해될 수 있는 부분이다.

『산림경제』「복거」에 수록된 글은, 저자 홍만선이 기존 저술에서 실용적이고 합리적으로 참고될 수 있는 내용으로 판단하여 인용한 것들로 보인다. 여기에는 조선후기 지식인들의 주거관과 이상적인 거주환경에 대한 인식이 간접적으로 반영되었다.

2. 이중환의 『택리지』

이중환(1690~1752년)의 『택리지』는 한국적 취락입지 모델을 추구한 지리서로, 건강장수마을의 한국적 원형 탐색에 있어 반드시 참고해야 할 가치가 있는 이론서다. 이 책의 복거론에는 조선후기의 실학적 유교지식인으로서 이중환의 주거관이 집약되었고, 팔도론에는 조선후기의 전국적 거주환경에 대한 검토와 평가가 전개되었다. 이 책은 기존의 풍수서에 서술된 터잡기의 논리체계를 그대로 따른 것이 아니라 조선후기의 사회역사적 조건과 현지의 지역상황을 반영하여 마을입지론을 독창적으로 체계화한 저술이다. 『택리지』의 창의성은 '마을'이라는 공동체적 공간단위라는 사실도 돋보인다. 이 책 전후로 편찬된 『산림경제』, 『증보산림경제』, 『임원경제지』 등은 모두 개인주택의 주거에 대해서 논의한 저술이기 때문이다.

『택리지』의 거주환경 논의가 지니는 또 다른 중요성은 지리적 입지환경을 계거

---

25 『山林經濟』卷1.「卜居」

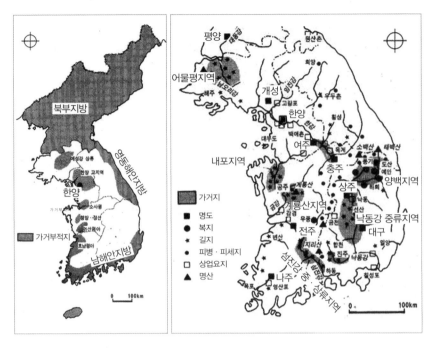

그림1 『택리지』의 가거부적지와 가거지
출처: 최영준, 1997

(溪居)・강거(江居)・해거(海居)로 일반화하여 논의를 전개하였다는 점과, 거주환
경 조건에 대해서 가거적지, 가거부적지로 구분・평가하고 지역정보를 수록하였
다는 점이다(그림1). 가거지 여부의 판단 근거는 이중환이 들었던 지리・생리・
인심・산수의 4대 조건이며, 여기에는 농업환경(지형・기후・토질 등), 교통 및 지
리적 위치, 주민의 교양과 풍속, 산수미학, 보건위생(장기) 등이 주요 요인으로 반
영되었다. 조선후기의 이러한 거주환경 논의의 성과는 이후의『증보산림경제』나
『임원경제지』에 비중 있게 반영되었다.

　이중환은 마을을 이루어 살 만한 곳(可居地)의 지리적 입지환경을 시냇가 거주
(溪居), 강가 거주(江居), 바닷가 거주(海居) 순으로 선호도를 평가하였다. 조선후기
의 농경사회에서 요구되는 경제적 조건이나 당시의 자연재해에 대한 방재 수준

을 감안한다면 시냇가가 마을입지에 가장 최적의 환경임을 이해할 수 있다. 강가
는 들이 넓고 수운이 편리하며 교역이 발달하므로 도회나 상업취락의 입지조건
을 갖춘 곳이 많았다(최영준, 1997). 바닷가에 사는 것이 불리한 까닭은 바다 가까
운 곳에 학질과 염병이 많기 때문이라고 이중환은 보건위생 조건과 관련지어 이
해했다.[26] 『임원경제지』에서 서유구도 바닷가의 거주환경이 갖는 불리한 측면을
식수원과 관련시켜 "바다에 가까운 지역은 풍기가 아름답지도 않지만 물이 짠 경
우가 많아 우물물과 샘물의 맛이 좋지 않은 데도 원인이 있다."[27]고 하였다. 조선
후기의 건강장수마을이 갖추어야 할 거주환경의 입지조건으로 이해될 수 있는
내용이다.

이중환의 주거관이 반영된 『택리지』는 조선후기에 사대부가 살 만한 마을이 갖
출 입지조건에 대해 상세히 논의하며, 그 중에서 '지리적 거주환경(地理)'을 가장
중요한 입지요인으로 다루었다. 그는 마을입지에 있어 아무리 경제적 여건과 교
통적 조건이 좋아도 지리적 거주환경 조건이 좋지 않으면 가거지가 될 수 없다고
하였다. 이것은 마을입지에 있어서 경제 및 교통 조건에 선행하여 지리적 거주환
경의 필요조건을 최우선적으로 강조한 것이다. 인용문에 그 사실이 잘 나타난다.

삶터를 선택하는 데에는 지리(地理)가 으뜸이고 생리(生利)가 다음이며 다음으로 인심
(人心)이고 다음으로 아름다운 산수(山水)이다. 네 가지 중에 하나라도 없으면 낙토(樂
土)가 아니다.[28]

이어서 이중환은 이상적 거주환경을 갖춘 마을의 선정에 있어서 고려해야 할
지형적 입지요소를 수구(水口), 야세(野勢), 산형(山形), 토색(土色), 수리(水理), 조
산(朝山)과 조수(朝水)라는 6가지의 세부 항목으로 나누어 설명했다. 현대적으로

---

26 『擇里志』「忠淸道」

27 『林園經濟志』卷6.「相宅志」占基

28 『擇里志』「卜居總論」

그 의미를 차례대로 검토·해석하면 다음과 같다.[29]

첫째, 수구[30]는 마을입지 요건 중에서 가장 우선적이고 중요하게 취급되었다. 이중환은 이상적인 마을의 거주환경을 선택할 때 "먼저 수구를 보라."[31]고 말하고, '빗장 잠긴 수구(水口關鎖)'가 가거지 입지의 제1 지형적 요건이 된다고 하였다.[32] 그리고 산간분지가 아닌 들판에서는 거슬러 흘러드는 물(逆水)[33]이 수구를 대신한다고 하였다. 그의 수구 논의를 인용해 보자.

수구가 이지러지고 텅 비고 열린 곳은 비록 좋은 논밭이 만 이랑이고 큰집이 천 칸이나 되더라도 대개는 다음 세대까지 잇지 못하고 자연히 흩어지고 망한다. 집터를 잡으려면 반드시 수구가 꼭 닫힌 듯하고, 그 안에 들이 펼쳐진 곳을 눈여겨보아서 구할 것이다. … 들판에는 수구가 굳게 닫힌 곳을 찾기 어려우니 거슬러 흘러드는 물이 있어야 한다.[34]

마을 입지경관의 수구 조건은 지형적, 자연생태적, 미기후적, 환경심리적으로 함축적 의미와 가치를 포함한다. 수구가 잠겨 있는 지형 조건에서는 수자원 확보(용수구득 용이), 취락의 침수 및 토양유실 방지, 배수 용이, 생태적 보전, 방풍·온열 효과, 주거심리 안정 등과 같은 거주환경의 긍정적 입지조건을 확보할 수 있는 기본 바탕이 된다.

둘째, 야세[35] 요소는 마을 입지지형에서 요구되는 채광 및 미기후 조건에 대한 논의로 해석될 수 있다. 충분한 일조시간이 거주민의 정신건강과 작물의 생육에

---

29 본문의 『택리지』에 관련된 기본 내용은 최원석. 2010. 택리지에 관한 풍수적 해석. 한문화연구 제3집. 43-68.을 기초로 하였으나 현대적 해석은 대폭 보완된 것이다.

30 수구란 마을 터 안의 하천이 합쳐져 밖으로 흘러 나가는 곳이다.

31 『擇里志』「地理」

32 『擇里志』「地理」

33 역수란 터 앞으로 물길이 서로 만날 때 평행하는 순방향이 아니라 교차하는 역방향으로 만나는 물줄기의 형태를 말한다.

34 『擇里志』「地理」

35 이중환이 말했지만 여기서 지칭하는 들(野)은 지형적으로 '주위에 낮은 산이 둘러 있는 들판'(『擇里志』「地理」)을 일컫는다.

깊은 관련성이 있음은 물론이다. 『택리지』에서 야세 요건은 다음과 같이 언급된다.

> 사람은 양명한 기운을 받아서 태어난바 하늘은 양명한 빛이니 하늘이 조금만 보이는
> 곳은 결코 살 곳이 아니다. 이런 까닭에 들은 넓을수록 터는 더욱 아름다운 것이다. 해
> 와 달과 별빛이 항상 환하게 비치고 바람과 비와 차고 더운 기후가 고르게 알맞은 곳이
> 면 인재가 많이 나고 또 병이 적다.

셋째, 가거지의 선정 기준으로 마을 입지경관의 산 모양을 살펴볼 필요가 있
다. 이중환이 눈여겨본 점은 주거지 주위의 산이 살기를 띠는지의 여부였다.[36] 이
러한 논의는 거주환경이 갖춰야 할 환경(경관)미학적 측면으로 합리적 해석이 가
능하다. 자연경관미가 주민의 심성에 미치는 영향은 중요한 요소가 될 수 있기 때
문이다. 정약용(1762~1836년)도 『택리지 발문』에서 "산천이 탁하고 추악하면 백성
(民)과 물산(物産)에 빼어난 것이 적고 뜻이 맑지 못하다."[37]라고 산천의 기운과 모
습이 인물에 미치는 영향에 대한 견해를 표명한 바 있다. 이중환은 거주환경의 산
모양을 살피는 논의를 다음과 같이 펼쳤다.

> 산 모양은 주산(主山)이 수려하고 단정하며 청명하고 아담한 것이 제일 좋다. … 가장
> 꺼리는 것은 산의 내맥이 약하고 둔하면서 생생한 기색이 없거나, 산 모양이 부서지고
> 비뚤어져서 길한 기운이 적은 것이다. 땅에 생생한 빛과 길한 기운이 없으면 인재가 나
> 지 않는다. 그러므로 산 모양을 살피지 않을 수 없다.[38]

인용문 중에서 '산 모양이 부서지고 비뚤어진 곳은 길한 기운이 적다.'라는 표
현을 현대적으로 해석하면 지각변동으로 불안정하면서 산사태의 가능성이 높은

---

36 예컨대 "금강 북쪽과 차령 남쪽은 땅은 비록 기름지나 산이 살기를 벗지 못하였다."(『擇里志』「忠淸道」)는 등의
   표현이 있다.

37 『與猶堂全書』第1集. 詩文集 第14卷. 文集. 跋. 「跋擇里志」

38 『擇里志』「地理」

산지지형은 취락입지에 부적합한 지역이라 이해될 수 있다(박의준, 2001). 『택지리』에서 산 모양뿐만 아니라 특정 마을에 대해 시냇물 소리를 평가하여 낙토 여부를 가리는 언급도 눈에 띈다.

> 미원촌은 … 앞 시냇물이 너무 목 메인 듯한 소리를 내니 낙토가 아니다.[39]

이런 인식은 현대적으로도 청각이 실생활에 미치는 영향과 소리환경을 중요하게 생각하는 사운드스케이프(soundscape)이론의 '소리 쾌적성(sound amenity)' 논의와 맞닿아 있어 충분히 합리적 관점으로 재해석될 여지가 있다.[40]

넷째, 이중환은 토색[41]을 평가하여 가거지의 여부를 판단하였다. 당시 토질과 흙 색깔은 식수원 및 배수조건과 직접적으로 관련되어 건강장수의 지표로 매우 중요한 평가 요소였다.

> 토색이 사토(砂土)로서 굳고 촘촘하면 샘물 역시 맑아서 살 만하다. 붉은 찰흙이나 검은 자갈돌이나 누른 가는 흙(細土)이면 모두 죽은 흙이라서 그 땅에서 나오는 우물물은 반드시 남기(嵐氣)가 있으니 이러한 곳이면 살 수 없다.[42]

위 인용문을 해석해 보면 이중환이 좋은 토질로 평가한 사토(砂土)는 화강암 풍화토로 수질정화에 유리하다. 반대로 진한 흙 색깔은 토양 속에 철분, 망간 등의 불순물이나 유기물이 있어 식수로 부적합하다(전영권, 2002). 특히 "검은 자갈돌로서 죽은 흙"이라 표현한 검은 자갈돌이 섞여 있는 토양은 유기물이 풍부한 하

---

39 『擇里志』「地理」
40 '사운드스케이프'라는 개념은 우리를 둘러싼 다양한 소리를 하나의 풍경으로 파악하는 사고로, 개인 또는 특정의 사회가 지각하는 소리환경으로 정의된다(한명호, 2003: 252). 1960년대 말 캐나다의 머레이 쉐이퍼(Raymond Murray Schafer)가 소음공해를 해결하기 위한 노력으로 처음 제창하였고, 환경 및 생태적 흐름과 연관되었다.
41 여기서의 토색 개념은 흙의 색깔과 토질조건을 아울러서 일컫는 말이다.
42 『擇里志』「地理」

천변의 충적토인데 여기서 나오는 식수에는 부영양화로 인한 수인성 질병이 생길 수 있기 때문으로 이해할 수 있다.

주거지의 토질과 흙 빛깔에 관해 서유구도 『임원경제지』에서 합리적인 논거를 제시했다. 그는 사람의 주거는 흰 모래땅이 적합한데 밝고 정결한 흙이 사람을 기쁘게 할 뿐만 아니라 배수가 좋기 때문이라는 것이다. 다음으로는 황토색으로 윤기가 흐르는 모래흙이 좋다고 평가하였다. 검은 흙은 초목을 심는 땅으로는 적합하지만 거처하기에는 부적합한 땅으로 보았다. 특히 비가 오면 미끄러운 진흙탕이 되는 검푸르고 붉은 점토는 거처해서는 안 되는 토질로 경계하였다.[43]

다섯째, 이중환은 마을 입지요인의 하나로 수리(水理)를 논하였다. 아래 인용문에 표현되고 있듯이 지속가능한 마을환경이 갖출 입지요건에서 풍부하고 안정적인 수자원의 확보는 필수적인 구비요소다.

물이 없는 곳은 사람이 살 곳이 못 된다. 산에는 반드시 물이 있어야 한다. 산은 물과 짝한 다음에라야 생성하는 묘함을 다할 수 있다. 물은 반드시 흘러오고 흘러감이 지리에 합당해야 정기를 모아 기르게 된다. … 비록 산중이라도 또한 시내와 산골물이 모이는 곳이라야 여러 대를 이어 가며 오랫동안 살 수 있는 터가 된다.[44]

여섯째, 이중환은 끝으로 가거지 마을이 갖춰야 할 지리적 입지요소 중에서 조산(朝山)과 조수(朝水)를 서술하였다. 조산과 조수로 지칭된 주거지 앞의 산수경관이 갖는 의미와 가치는 환경미학, 경관생태학, 하천역학, 지형재해 및 수재예방 등의 측면에서 현대적인 논리로 재해석될 수 있다.

조산에 돌로 된 추악한 봉우리가 있던가, 비뚤어진 외로운 봉우리가 있거나 무너지고 떨어지는 듯한 형상이 있든지, 엿보고 넘겨보는 모양이 있거나 이상한 돌과 괴이한 바

---

43 『林園經濟志』卷6.「相宅志」占基
44 『擇里志』「地理」

위가 산 위에나 산 밑에 보이든지, 긴 골짜기로 되어 기가 충돌하는 형세의 지맥이 전후 좌우에 보이는 것이 있으면 살 수 없는 곳이다. … 조수라는 것은 물 너머의 물을 말하는 것이다. 작은 냇물이나 작은 시냇물은 역으로 흘러드는 것이 길하다. 그러나 큰 냇물이나 큰 강이 역으로 흘러드는 곳은 결코 좋지 못하다. … 구불구불하게 길고 멀게 흘러들어 올 것이고, 일직선으로 활을 쏘는 듯한 곳은 좋지 못하다.[45]

이상과 같이 살펴보았지만 이중환은 조선후기에 지식인 사회에서 널리 퍼져 있던 풍수론과 경험적 주거지식을 검토하여 전국의 거주환경에 대해 논의했고 마을입지론을 체계적으로 구축했다. 그의 마을입지론은 한국적 지형환경과 지역조건에 적용된 것으로 미래 한국형 건강장수마을의 입지선정에도 현대적으로 재해석되어 참고될 수 있는 충분한 가치가 있다.

3. 유중림의 『증보산림경제』

유중림이 1766년에 홍만선의 『산림경제』를 증보하여 엮은 책이다. 저술 의도는 "조만간 관직을 버리고 이 몸을 한가한 들이나 적막한 강가에 맡기어 나의 품을 마음껏 발휘하면서 나의 남은 세월을 편안하게 보내려는 데 이 책을 사용할 것"[46] 이라는 서문을 통해 엿볼 수 있듯이 유중림이 산림처사로 살 요량으로 산지생활에 필요한 지식을 총 정리하여 수록한 것이다. 내의(內醫)로서 의술에 종사했던 그의 경력은 이 책에서 건강장수의 섭생과 관련한 자세한 서술의 바탕이 되었다. 이 책은 서유구의 『임원경제지』에도 수용되어 본문의 주요 내용이 인용·수록된 바 있다.

『산림경제』와 비교해 볼 때 분량은 『산림경제』의 두 배가 넘고 주제도 5가지가 더 추가되었다.[47] 편찬 방식과 목차의 순서도 다소 다르다. 이 책에 수록된 거주

---

45 『擇里志』「地理」

46 『增補山林經濟』序

47 농촌진흥청 해제. 2003. 古農書國譯叢書 4 증보산림경제 I ~Ⅲ. 농촌진흥청. 6-7.

환경에 관한 논의는 많은 부분이 『산림경제』「복거」에 나오는 내용을 재수록하였지만 새로 보완한 것도 있다. 거주환경이 좋다고 알려진 지역정보에 관하여 『택리지』의 내용과 『정감록』의 십승지(十勝地) 내용도 마지막에 따로 덧붙였다. 다만 「복거」편의 저술에서 대부분의 증보된 내용이 기존의 중국 풍수서와 주택 관련 서적에서 인용하였다는 한계가 있다. 자신의 견해 없이 기존의 저술을 인용하였을 뿐이고 출처도 밝히지 않아 아쉽다.[48]

거주환경 논의와 관련해 「복거」편에는 술수적 내용도 대폭 추가되었다. 터잡기와 집짓기에 대한 풍수 내용이 대폭 보완된 것은 관련 지식정보의 보완이라는 측면도 있지만 중국 주택풍수서의 화복설(禍福說)을 검토 없이 수록한 문제점도 다분히 내포하고 있었다. 이 점은 서유구의 『임원경제지』에 와서 비판적으로 검토되어 풍수적 주거관에 대한 합리적 기준이 마련되었다.

『증보산림경제』는 『산림경제』의 편제와는 달리 책의 끝부분에 「동국산수록(東國山水錄)」, 「남사고십승보신지(南師古十勝保身地)」, 「동국승구록(東國勝區錄)」을 싣고 당시 이상적인 거주환경을 갖춘 지역으로 알려진 지식정보를 수록하였다. 「동국산수록」과 「동국승구록」은 이중환의 『택리지』의 내용을 요약하거나 그대로 전재했고, 「남사고십승보신지」에는 『정감록』에 나오는 남사고 비결을 수록하고 끝에 본인의 생각을 달았다. 유중림은 "일반적으로 재난이 닥치지 않는 지역을 복지(福地)라 일컫는다고 하면서, 십승지는 경제적 조건이 어떤지는 알 수 없지만 오래도록 태평한 시기가 있었기에 살 만한 곳을 미리 생각하는 것 역시 군자가 길함을 추구하여 몸을 잘 보존하는 길이 아니겠는가."[49] 하며 조선후기 유학자로서의 주거관을 밝혔다. 당시에 『정감록』의 십승지 담론은 피난보신처를 찾으려는 민중들의 주거관뿐만 아니라 산림에 은거하고자 하는 조선후기의 지식인들에게도 상당한 영향을 끼친 것으로 짐작할 수 있다.

---

48 책의 본문에는 인용한 책에 대한 정보를 기입하지 않아 추가한 내용이 자신의 견해인지 여부는 기존의 책을 대조해야 드러난다. 저자가 취사선택하여 인용한 데서 간접적으로 그의 편집 의도와 생각을 짐작할 수 있을 뿐이다.

49 『增補山林經濟』卷16.「南師古十勝保身地」

유중림의 거주환경 관련 논의는 이 책의 「복거(卜居)」편에 종합되어 그의 주거관이 투영되어 있다. 여기에는 홍만선의 『산림경제』 「복거」의 체제와 내용에 비하여 상세하게 소제목을 나누고 부족한 부분을 보완하였다. 집터를 정할 때 고려해야 할 자연적 요소로 지세, 평지와 산골짜기(山谷)의 지형적 입지, 집터의 지형 및 방위, 토양, 물과 수구, 집터 주위의 산 모양, 바람의 방향 등과 사회적 조건을 고려한 주거지에 알맞은 장소 등을 상세히 논의하였다.[50] 또한 집을 짓는 데 있어 주의사항, 재료의 준비와 선택, 공사하기 좋은 날, 주택 요소들의 조성과 배치 등도 자세히 서술하였다. 건강장수와 관련하여 거주환경을 서술한 내용을 몇 가지 인용해 보자.

집터가 큰 산 가까이에 있으면 산사태를 당할 위험이 있다. 강이나 바다에 가까이 있으면 물이 범람할 염려가 있고 물이 나빠서 풍토병이 심하고 땔나무하기에도 불편하다. …[51]

집터의 동북쪽(艮)에서 바람이 불어오면 전염병과 풍토병이 생긴다. 동남쪽(辰·巽)에서 불어오면 집주인이 두풍(頭風)을 앓고 … 서남쪽(未)에서 불어오면 결핵을 앓고 기침을 하며, 서북쪽(戌·乾)에서 불어오면 절름발이가 생긴다.[52]

남동쪽(乾坐)으로 배치된 집에서 동남쪽(巽)과 북쪽(坎)으로 문을 내면 남녀가 전염병을 앓게 된다. 동쪽(兌坐)으로 지은 집에 남쪽(離)으로 문을 내면 폐결핵에 걸린다. 북쪽(離坐)으로 지은 집에 북쪽(坎)으로 문을 내면 장수하고 건강하나 북서쪽(乾)으로 문을 내면 병이 생기며, 동북쪽으로 문을 내면 풍질을 앓고 귀머거리와 벙어리가 생긴다.[53]

50　『증보산림경제』 「복거」편에서 터잡기와 관련된 세부 목차는 論地勢, 論平地陽基, 論山谷陽基, 相址, 址宜, 壤驗, 水應, 論風射方,…, 陽居雜法補遺 등으로 편제되어 있다.

51　『增補山林經濟』 卷1. 「卜居」

52　『增補山林經濟』 卷1. 「卜居」

53　『增補山林經濟』 卷1. 「卜居」

유중림이 거주환경과 집터잡기에 관해 추가한 대부분의 내용은 중국의 주택 풍수서에 서술된 것으로 중국의 자연환경과 사회문화에 기초한 지식으로 조선에 그대로 적용되기 어려운 점도 있다. 첫번째 인용문에서 보이는, 입지환경에서 유발된 자연재해나 보건위생의 영향처럼 현대적 견지로 이해되는 것도 있지만, 나머지 인용문처럼 술수적으로 바람 방향과 재해 · 질병의 관련성, 주택 배치와 건강장수의 상관관계를 설명하는 방식 등과 같이 납득하기 어려운 논의도 다소 포함되어 있다.

4. 서유구의 『임원경제지』

서유구(1764~1845년)의 『임원경제지』는 조선후기의 사대부가 시골에서 자족 생활을 살아가는 방법을 탐색한 것이다(심경호, 2009). 이 책의 「상택지(相宅志)」편에는, 『산림경제』 · 『증보산림경제』의 복거론과 『택리지』의 복거론 · 팔도론을 채록하였을 뿐만 아니라 기타 문헌을 대폭 참고하고 자신의 논의를 개진하였다. 「상택지」편에 나타난 서유구의 주거관 및 거주환경 논의의 가치는 다음의 몇 가지로 요약할 수 있다. 조선의 현실에 적용할 주체적 관점을 견지한 점, 거주환경 조건과 지리적 입지환경 유형에 대한 논의에 충실을 기한 점, 전국의 이상적인 주거지 지역정보를 종합적으로 요약정리한 점, 술법적 풍수를 배격하고 실용적이고 합리적인 태도를 견지한 주거관 등이다.

서유구는 중국의 주거 및 풍수 관련 저술들과[54] 조선에서 출간된 선행연구인 『산림경제』 · 『증보산림경제』 · 『택리지』[55] 등의 주요 내용을 정리하였을 뿐만 아니라 기존의 견해를 보완하거나 새로 자신의 견해까지 밝히고 있어 주목된다. 더욱이 저자가 이 책의 저술 의도에서도 밝히듯이 과거 중국에서 쓰던 것을 그대로 우리 현실에 적용한 것이 아니라 현재 조선에서 쓰일 수 있는 방도만을 수록하고

---

54 주거 관련 서적으로 『居家必用』, 『山居錄』 등이 있고, 풍수서로는 『相宅經』, 『陽宅吉凶書』, 『陰陽書』, 『地理全書』 등이 있다.

55 『林園經濟志』에서는 『八域可居地』로 표현되어 있지만 이 책은 일반적으로 『擇里志』로 알려져 있다.

자 했기에[56]『산림경제』(복거) 및『증보산림경제』(복거)가 중국책을 그대로 인용하였던 것과 비교하면 저술의 주체적 관점을 높이 평가할 수 있다.

그는『임원경제지』「상택지」의 구성을 '터잡기(占基)와 집짓기(營治)', '팔도명지(八域名基)' 두 부분으로 나눠 조선후기의 이상적인 거주환경 조건들을 상세히 논의하였다.

서유구의 주거관이 잘 드러난 '터잡기와 집짓기'에는 집을 짓기에 적합한 장소선택과 집의 조영 방법에 대해 종합적으로 정리했다. 터잡기는 총론과 각론으로 나누고, 각론은 지리, 물과 토지(水土), 생업의 이치(生理), 풍속과 인심(里仁), 뛰어난 경치(勝槪), 피해야 할 장소(避忌) 등 세부 주제별로 분류하여 가거지 선택의 논의를 전개했다. 이 체제는 이중환이『택리지』에서 총론, 지리, 생리, 인심, 산수로 구분한 것을 바탕으로 하며, 내용 안에는 마찬가지로 유교지식인의 주거관이 반영되어 있다. 책의 편제가 백과사전식 서술방식을 취하기 때문에『택리지』에 비해 전체적인 체계성과 논리적 구성도는 떨어지나, 내용상으로 터 잡는 방법론 논의는 더 상세한 편이다. 집짓기는 황무지개간(開荒), 나무심기(種植), 건물배치(建置), 우물·연못·도랑(井池溝渠)으로 나누어 서술하였다.

서유구의 이상적 거주환경에 대한 논의가 집약된 '팔도명지'는 팔도총론(八域總論), 명지소개(名基條開), 명지평가(名基品第)로 나눠 상세히 서술된다. 팔도명지를 편제한 목적은 "수신(修身)하는 선비가 살거나 다닐 때 가리고 선택할 곳을 알도록 하기 위함"[57]이며, 이것은 "올바른 일상의 삶에 도움이 될 것"[58]이라고 그 실용적 의의를 밝히고 있다.

팔도총론에서는 경기·호서·호남·영남·관동·해서·관서·관북의 8개 권역으로 지역구분을 한 후 거주환경과 가거지 조건을 서술하였으며, 내용은『택리지』「팔도총론」을 요약하여 인용하였다. 특히 명지소개에서는 전국의 230곳에

---

56 『林園經濟志』例言

57 『林園經濟志』相宅志引

58 『林園經濟志』相宅志引

이르는 가거지와 명승지(경기 81곳, 호서 56곳, 호남 17곳, 영남 24곳, 관동 41곳, 해서 5곳, 관서 3곳, 관북 3곳)를 열거한다(표1). 비율을 보면 중부지방(67%)에 집중되고, 상대적으로 남부지방(18%)의 비중은 낮으며, 북부지방(5%)은 희소한 분포를 보이고 있다. 각각의 명지에 대해서는 인용출처, 위치, 지리환경, 사회 · 역사 · 문화, 토지비옥도 및 생산성, 현황 등을 약술하고 일부 장소에는 가거지 여부의 평가도 덧붙였다.

인용한 주요 자료는 가까운 벗이었던 성해응(1760~1839년)의 『명오지(名塢志)』[59]와 이중환의 『팔역가거지』(택리지)가 있고, 자신이 편찬했던 『금화경독기(金華耕讀記)』[60]를 활용하여 72곳의 장소를 추가 수록했다. 그 밖에 부분적으로 1790년 이만운이 완성한 『문헌비고』(여지고)와 유몽인(1559~1623년)의 『어우야담(於于野談)』, 기타 기문(記文) 등을 참고했다.

이어서 명지평가에서는 거주환경을 입지조건별로 나누어 '강가 거주 논의(論江居)', '시냇가 거주 논의(論溪居)', '산 거주 논의(論山居)', '호숫가 거주 논의(論湖居)', '바닷가 거주 논의(論海居)', '시내 · 강 · 바닷가 거주 종합논의(合論溪江海居)'를 펼치고 각각의 거주환경 조건을 평가했다. 거주환경의 입지조건별 논의를 편제한 것도 『택리지』에 비해 의미 있는 일이지만 산 · 호숫가 거주 논의 및 시내 · 강 · 바닷가 종합논의를 더해 구성의 완성도를 높였다. 본문의 서술은 『팔역가거지』(택리지)의 논지를 따르고 내용을 인용한 것이 대부분이지만, 부분적으로는 본인의 『금화경독기』 관련 내용도 포함시켜 논의를 충실히 했다.

서유구가 새로 보완한 부분은 호숫가와 바닷가 거주 논의 부분인데 '호숫가 거주 논의'에서는 관동의 여섯 호수 권역, 호서의 홍주(洪州)와 제천, 호남의 익산과 김제, 영남의 용궁, 해서의 연안(延安) 등지 호숫가를 들어 가거지 논의를 전개했다. '바닷가 거주 논의'에서는 국토의 해안과 섬의 거주환경을 약술한 후 가거지와

---

59 『研經齋全集』 外集 권64, 「雜記類」에 실려 있다. 전국의 이름난 마을과 명승지에 대해 소개한 기록이다.

60 『금화경독기』는 서유구가 저술한 백과사전식 책으로 전체 8권이다. 2010년에 도쿄도립중앙도서관에서 7권 7책이 발견되었다. 8권에 「상택지」와 관련된 해당 내용이 실려 있을 것으로 추정되나 결락되었다.

표1 『임원경제지』의 팔도명지

출처: 『임원경제지』 권6. 「상택지」 팔역명기

도	명지(지역)	인용출처
경기 (81곳)	樓院村(양주), 望海村(양주), 靑龍洞(양주), 松山(양주), 沙川廢縣(양주), 三佳臺(양주), 柯亭子(양주), 盤谷(양주), 豊壤(양주), 兎院(양주), 石室院村(양주), 平邱驛村(양주), 蘆原(양주), 榛伐村(양주), 南一原(양주), 花山(포천), 梨谷(포천), 樹谷(포천), 金水亭(영평), 蒼玉屛(영평), 周原(영평), 白鷺洲(영평), 白雲洞(영평), 農巖(영평), 燕谷(영평), 花峴(영평), 龍虎洞(영평), 朝宗(가평), 淸平川(가평), 晩翠臺(가평), 鏡盤(가평), 秘琴山(가평), 陵隅村(가평), 鑑湖(양근), 歸來亭(양근), 蘗洞(양근), 龍津(양근), 迷原(양근), 鳳凰臺(지평), 巢溪(지평), 長生洞(지평), 幸州(고양), 三聖堂(고양), 嶼村(고양), 馬山驛村(파주), 花石亭(파주), 牛溪(파주), 來蘇亭(파주), 龍山(장단), 亭子浦(장단), 基一村(장단), 靈通洞(장단), 湘水村(적성), 梅花谷(적성), 澄波渡(마전), 朔寧邑村(삭녕), 溪亭(삭녕), 驪州邑村(여주), 梨湖(여주), 川寧(여주), 蒔蘿里(여주), 長海院(음죽), 安城邑村(안성), 金嶺村(용인), 琵瑟湖(용인), 板橋村(광주), 斗峴(광주), 石林(광주), 藍于谷(광주), 獐項(광주), 鶴灘(광주), 鴨鷗亭(두모포 南岸), 夙夢亭(두모포 南岸), 紫霞洞(과천), 月波亭(과천), 獐項(안성), 聲皐里(광주), 大阜島(남양), 薪谷(김포), 十勝亭(통진), 仙源(강화)	名塢志 金華耕讀記 南雷淵游洞陰記 文獻備考(輿地考) 金農晩翠臺記 八域可居地
호서 (56곳)	靑蘿洞(보령), 伽倻洞(덕산), 板橋川(서산), 聖淵部曲(서산), 武陵洞(서산), 合德堤(홍주), 化城(홍주), 廣川(홍주), 葛山(홍주), 花溪(남포), 聖住洞(남포), 儒城(공주), 敬天村(공주), 利仁驛(공주), 維鳩村(공주), 四松亭(금강 上), 江景浦(은진), 市津浦(은진), 鎭岑(서천), 扶餘邑村(부여), 王津(정산), 貢稅倉村(아산), 溫陽邑村(연산), 豊歲村(천안), 九老洞(청주), 鵲川(청주), 山東(청주), 松面村(청주), 利遠津(회덕), 黃山(연산), 安平溪錦溪龍華溪(영동), 梨花村(영동), 物閑里(황간), 十梨院(옥천), 館垈(보은), 楓溪村(회인), 龍湖(옥천), 彩霞溪九龍溪(옥천), 荊江(문의), 孤山亭(괴산), 鎭川邑村(진천), 艸坪(진천), 石室(진천), 候山亭(제천), 黃江(청풍), 桃花洞(청풍), 舍人巖(단양), 雲巖(단양), 金遷(충주), 嘉興(충주), 北倉(충주), 木溪(충주), 內倉(충주), 秣馬村(충주), 大興鄕校村(대흥), 水石洞(청양)	名塢志 金華耕讀記 文獻備考(輿地考) 宋欒川龍湖記 八域可居地
호남 (17곳)	栗潭(전주), 鳳翔村(임파), 黃山村(여산), 西枝浦(임파), 景陽湖(광주), 復興村(순창), 星園(남원), 九灣村(구례), 珠幸川(용담), 濟原川(금산), 長溪(장수), 朱溪(장수), 邊山(부안), 法聖浦(영광), 靈山江(나주), 月南村鳩林村(영암), 松亭(해남)	名塢志 金華耕讀記 八域可居地
영남 (24곳)	歸來亭(안동), 三龜亭(풍산), 河回(풍산), 奈城(안동), 春陽村(안동), 壽洞(안동), 玉山(경주), 良佐洞(경주), 陶山(예안), 靑松邑村(청송), 竹溪(순흥), 甁川(문경), 花開洞(진주), 岳陽洞(화개동 곁), 琴川(대구), 密陽邑村(밀양), 海平村(선산), 甘川(선산), 伽山(성주), 鳳溪(김산), 利安部曲(함창), 稼亭舊基(함창), 月城村(덕유산), 雩潭(상주)	名塢志 南藥泉嶺南雜錄 金華耕讀記 宋欒川月城記 江漢集
관동 (41곳)	臨溪驛村(강릉), 鏡浦(강릉), 大隱洞(강릉), 海鹹池(강릉), 大野坪(영월), 餘糧驛村(정선), 酒泉古縣(원주), 稚岳(원주), 獅子山(원주), 興原倉(원주), 德隱村(원주), 五相谷(원주), 玉山(원주), 龜石亭(원주), 挑川(원주), 玉溪(원주), 月瀬(원주), 山峴(원주), 丹邱(원주), 橋項(원주), 靈日村(횡성), 茅坪里(횡성), 橫城邑村(횡성), 粉谷(홍천), 瑞石(홍천), 虎鳴里(춘천), 泉田(춘천), 牛頭村(춘천), 麒麟故縣(춘천), 琴谷(금성), 松亭(김화), 下北占里(회양), 仙倉村(철원), 擧城(안협), 四堅村(안협), 廣福洞(이천), 佳麗州(이천), 浦內(이천), 龜塘(이천), 古密雲(이천), 亭淵(평강)	名塢志 金華耕讀記 緯史 於于野談

해서 (5곳)	石潭(해주), 水回村(송화), 采村(신계), 花川洞(평산), 舟邱(토산)	名塢志 金華耕讀記 八域可居地
관서 (3곳)	檜山(성천), 古香山(영변), 唐村(중화)	文獻備考(輿地考) 於于野談 金華耕讀記
관북 (3곳)	錦水村(고원), 廣浦(함흥), 蛤浦(안변)	於于野談 南藥泉北關十承圖記 金華耕讀記

*밑줄 친 지역은 서유구의 『금화경독기』를 인용한 것

가거부적지를 논의하였다. 그의 논의에 의하면 가거부적지로 영호남의 연해(沿海) 도서는 풍토병(瘴氣)과 해충이 있고 왜구와 가깝기 때문에, 그리고 서해는 선박이 수시로 정박하기에, 관동의 북쪽 연안은 바닷바람이 거세고 물이 부족하며 왜선이 이르고, 또 동해의 섬들은 물이 부족하기에 살 수 없다는 것이다. 다만 강화도는 해양교통의 요충지로 상인들이 모여들고 남양의 대부도는 토지가 비옥하고 수산 자원이 풍부하여 주민들이 부유하기에 가장 좋다고 하였다. 두 곳은 세상을 피해서 은거할 곳은 아니라고 덧붙였다. 또한 호서의 내포에 있는 여러 고을들과 해서의 연안과 백천 등지도 가거지라 하였다. 그 밖에도 남해안의 남해 금산동(錦山洞)과 동해안의 양양, 간성, 울진, 평해 등의 명승지에 대해 논의하고 있다.[61]

『임원경제지』에 나타난 서유구의 주거관을 살펴보면 거주환경 논의에 대해 유교지식인이자 생활인으로서 합리적이고 실용적인 태도를 견지하여 접근하였으며, 당시의 사회 전반에 퍼져 있던 술수적 견해를 경계하고 버리기를 권고하였다. 그는 "향배(向背)와 순역(順逆)의 자리를 따지고 오행(五行)과 육기(六氣)의 운수를 살피는 오늘날의 술수가들이 하는 짓거리를 똑같이 하자는 것인가? 나는 이렇게 말하겠다. 군자는 술수를 취하지 않는다."[62]라고 하면서 "아직 옳고 그름이 판가

---

61 『林園經濟志』卷6, 「相宅志」八域名基.

62 『林園經濟志』卷6, 「相宅志」占基. 이하 본문의 『林園經濟志』의 인용문은 『산수 간에 집을 짓고』(서유구. 안대회 옮김. 2005. 돌베개)의 번역문에 따른 것이다.

름 나지 않은 길을 고지식하게 믿고 따라 왜 그런 짓거리에 푹 빠져 있을까? 집터를 선택하는 자는 이런 짓을 버리는 것이 옳다."[63]라고 술법 풍수에 대한 자기의 분명한 입장을 「상택지」의 첫머리에서 밝혔다.

생활에 긴요한 집터의 선택에 있어서도 실용적 견지로 권고한다. "장래의 화복을 가지고 눈앞에 닥친 절실한 문제를 덮어둘 수 없다. 집터를 찾고 논과 밭을 구할 때에 샘물이 달고 토지가 비옥한 땅을 얻었다면 그 나머지 것들은 전혀 물을 필요가 없다."[64]고 하여 실사구시적인 학문자세와 이용후생의 주거관을 견지했으나 풍수의 화복설은 경계하고 비판하였다. 이처럼 서유구에게 있어 주거지 선택 방법은 생활에 꼭 필요한 것으로, 춥고 따뜻한 방향을 따져보고 물을 마시기가 편안한지만 살펴보면 충분하였다.[65] 집터에 필요한 요소는 '샘물이 달고 토지가 비옥한 곳'으로 표현된 양호한 식수원과 비옥한 농경지로 요약되는데 "샘물이 달지 않으면 거처함에 질병이 많이 생기고 토지가 비옥하지 않으면 물산을 제대로 생산하지 못하기 때문"[66]이었다.

그러면서 실제 주거지를 정한다면 다음과 같은 여러 조건과 요소를 추가적으로 고려할 수 있다고 상세히 논의하고 있다. 이상적인 거주환경이 갖춰야 할 요건으로 산 높이, 주택 외형, 지형경관, 생태경관, 수자원, 경작 조건, 경관미, 이상적 주거(마을) 규모, 주민의 교양수준 등이 구체적으로 거론된다.

주변의 산은 높더라도 험준하게 솟은 정도가 아니요, 낮더라도 무덤처럼 가라앉은 정도가 아니어야 좋다. 주택은 화려하더라도 지나치게 사치한 정도가 아니요, 검소하더라도 누추한 정도는 아니어야 좋다. 동산은 완만하게 이어지면서도 한곳으로 집중되어야 좋고, 들판은 널찍하면서도 빛이 잘 들어야 좋다. 나무는 오래되어야 좋고, 샘물은 물이

---

63 『林園經濟志』卷6,「相宅志」占基
64 『林園經濟志』卷6,「相宅志」占基
65 『林園經濟志』卷6,「相宅志」占基
66 『林園經濟志』卷6,「相宅志」占基

잘 빠져나가야 좋다. 집 옆에는 채소와 오이를 심을 수 있는 남새밭이 있어야 하고, 남새밭 옆에는 기장과 벼를 심을 수 있는 밭이 있어야 하며, 밭의 가장자리에는 물고기를 잡거나 논밭에 물을 댈 수 있는 냇물이 있어야 한다. 냇물 너머에는 산록이 있어야 한다. 이 산록 밖에는 산봉우리가 있어서 붓을 걸어두는 살강 모양도 같고 트레머리 모양도 같으며 뭉게구름 모양도 같아서 멀리 조망하는 멋이 있어야 한다. 또 형국 내외에 수십에서 1백 호에 이르는 집이 있어서 도적에 대비하고 생활필수품을 조달할 수 있어야 한다. 여기에서 가장 중요한 사실은 마음이 허황되고 말만 번드르르하게 잘하는 자가 주민들 사이에 끼어서 기분을 잡치게 해서는 안 되는 것이다. 이것이 그 대략이다.[67]

이 책은 주택배치에 대한 의견도 일조와 채광의 측면에서 합리적으로 납득할 수 있게 설명한다.[68] 그 밖에 거주환경 및 주거와 관련된 의식주의 제반사항을 연관시켜 논의하고 「보양지」편에서는 섭생 및 양생과 같은 내용이 서술되어 조선시대 건강장수의 경험적 지식으로 참고할 수 있다. 특히 지역의 위생보건에 대한 풍토적 조건에 관한 논의는 건강장수도시의 환경적 요인으로 참고될 수 있는 전통적 견해로서 의의가 있다.

거주환경과 건강장수 간의 논의와 관련해 서유구는 풍토병을 유발할 수 있는 토지의 조건과 질병에 대해 설명한 후 지역분포까지 열거하고 있어 주목된다. 장기(瘴氣)[69]라고 표현된 풍토병이 나타나는 곳에 대하여 이중환의 『택리지』에서도 여러 차례 언급되었지만 서유구는 장기의 전국 분포지 현황을 종합적으로 정리

---

67 『林園經濟志』卷6, 「相宅志」占基

68 관련 내용을 보면, 집터를 정할 때는 반드시 북쪽을 등지고 남향을 해야 춥고 따뜻함이 적절하고 초목이 무성하게 자라난다. 서쪽을 등지고 동향을 하는 것은 그 다음인데 왕성하게 샘솟는 생기를 받아들일 수 있기 때문으로 이해하였다. 가장 나쁜 자리는 동쪽을 등지고 서향을 하는 것인데 이런 배치는 햇빛을 일찍부터 볼 수 없기 때문이다. 북향하는 자리는 바람과 기운이 음산하고 추워 과실과 채소가 자라지도 않으니 거처할 수 없다고 하였다(『林園經濟志』卷6, 「相宅志」占基)

69 사전적 의미로는 축축하고 더운 땅에서 나오는 독기를 뜻한다. 장독(瘴毒)이라고도 하며 더운 지방의 산과 숲, 안개가 짙은 곳에서 습열(濕熱)이 위로 올라갈 때에 생기는 나쁜 기운으로, 전염을 일으키는 사기(邪氣)의 하나로 알려진다. 한의학적으로는 남쪽 지방의 숲속에 있는 습열(濕熱)한 장독을 받아 생기는 온병(溫病)이라 한다. 토질과 수질이 좋지 못하고 덥고 다습한 곳에서 생기는 수인성 풍토병으로 이해된다.

하였다. 이것은 조선시대에 건강장수마을의 지역보건위생 조건을 논의한 구체적 사례다. 이 책은 풍토병(장기)에 따른 해독과 전국적 실상, 그 풍토적 원인 등을 적고, 시골에서 살 뜻이 있는 사람이라면 가장 먼저 그 사실을 살핀 후에 집터를 찾고 농토를 구해야 한다고 조언한다. 『임원경제지』에 수록된 장기가 있는 지역을 인용하면 다음과 같다.

영남의 함양, 함안, 단성, 풍기는 모두 장기가 있는데 진주와 하동이 가장 심하다. 호남의 순천, 여산, 태인, 고부, 무장, 부안, 고산, 익산 등지에는 곳곳마다 장기가 있는데 광양, 구례, 홍양이 특히 심하다. 호서는 청양, 정산에 장기가 있다. 경기도는 남양, 안산, 통진, 교하의 바다와 접한 지역에 간혹 장기가 있다. 삭녕과 마전 등의 지역에도 간간이 장기가 있는 곳이 있다. 해서의 평산, 황주, 봉산 등의 고을은 토질이 차지고 수질이 혼탁해 거주민들에 질병이 많은데 금천 경내가 특히 심하다. 관서의 양덕, 맹산, 순천 사이에는 수질과 토질이 상당히 나쁘다고 한다. 관동은 영홍에도 장기가 있다고 한다.[70]

이상에서 보았지만 서유구의 논의는 기존의 선행저술에서 제기되었던 거주환경과 주택 관련 논의를 종합적으로 검토한 후에 바람직한 주거관과 이상적인 거주환경 조건에 대해 표준적 기준을 제시하고 자신의 견해를 개진하였다는 점에서 중요한 의미를 갖는다.

V. 결론

전통적 주거관의 인식체계에 있어 건강장수의 신체적 조건은 거주환경과 밀접히 관련되고 통합되었다. 조선후기에 유교지식인들에게 있어 지리적 거주환경 요건

---

70 『林園經濟志』卷6,「相宅志」占基.

은 여타 건강장수의 여러 조건을 규정하고 지배하는 가장 중요하고 우선적인 것이었다. 여기서 사람은 거주환경을 선택하고 개선할 수 있는 주체적 위상을 가진 존재로 파악되었다.

거주환경과 건강장수의 상관관계에 관한 동아시아의 전통적 인식은 도교의 장생술과 양생법, 풍수, 의학 등에서 상호 연관되어 논의가 전개되었다. 전통사상에서 건강장수의 거주환경과 장소적 조건을 전문적으로 논의한 분야는 풍수사상이다. 조선후기에 풍수는 사회계층과 지역 여하를 막론하고 주거관을 지배한 사고방식이었을 뿐만 아니라 거주환경을 실제적으로 관리한 실행원리였다. 조선후기의 지식인들은 중국의 주택풍수 지식을 비판적으로 수용하여 마을과 주택의 입지를 선정하고 집을 건축하는 데 합리적으로 활용하고자 하였다. 또한 지역주민들은 실생활에서 지속가능한 거주환경을 유지·관리하기 위해서 풍수를 문화생태적으로 활용하는 지혜를 발휘하였다.

조선후기의 저술인 홍만선의 『산림경제』, 이중환의 『택리지』, 유중림의 『증보산림경제』, 서유구의 『임원경제지』는 유교지식인들의 주거관과 이상적인 거주환경에 대한 인식이 반영된 대표적인 책이다. 공간입지, 환경관리, 경관미학, 지역보건위생의 측면에서 조선후기 사대부들의 주거관이 잘 드러날 뿐만 아니라 이상적인 주거지의 지역 정보가 수록되어 있다. 당시의 경험적인 건강장수의 관련 내용이 서술되어 오늘날의 건강장수를 위한 섭생과 주거에도 참고할 수 있는 합리적이고 실용적인 내용들이 적지 않다.

조선후기 실학자들의 저술에 논의된 이상적인 거주환경 조건을 요약하면 다음과 같다. 지리적 입지환경으로는 시냇가 주거를 선호하였다. 입지형태는 기본적으로 분지지형에, 산지입지에서는 입구에 합수처가 있고, 들판입지에서는 하천이 교차되어야 했다. 그리고 충분한 일조량과 경작지를 확보할 수 있는 규모의 내부영역이 요구되었다. 시각적으로 주위의 산 모양이 아름답고 균형미를 갖추면서 생동감이 있어야 하며, 청각적으로 물소리 등 자연에서 나는 소리가 쾌적한 느낌을 주는 곳이 좋았다. 위생적인 식수원과 환경보건을 위해 토양·토질의 선택도 중요하게 고려되었다. 자연적으로나 사회적으로 불안정한 거주환경 요인이 없으며 마을 호수(戶數)와 인구의 적정한 공동체 규모도 필요하였다.

이 글은 조선후기에 실학자들에 의해 저술된 주요 문헌을 위주로만 한국 전통의 주거관과 이상적인 거주환경에 대한 논의를 고찰한 한계가 있다. 앞으로의 과제는 현대적 해석과 심화된 이론연구, 현지조사 연구가 요청된다. 조선후기의 저술에서 이상적인 거주환경을 지닌 장소로 수록된 가거지, 명지, 승지, 이상향 등에 관한 장소분석과 현지조사는 후속되어야 할 연구과제이다.

左傳.

管子.

黃帝內經.

黃帝宅經. 古今圖書集成.

陽宅十書. 古今圖書集成.

徐善繼·徐善述. 地理人子須知.

許浚, 東醫寶鑑.

金正浩, 靑邱圖.

崔漢綺, 氣測體義.

洪萬選, 山林經濟.

柳重臨, 增補山林經濟.

李重煥, 擇里志.

徐有榘, 林園經濟志.

丁若鏞, 與猶堂全書.

국토연구원. 2011.12. 건강장수도시 조성의 현황과 과제. 국토연구원 보고서(RR 2011-56).

김관홍. 2010. 건강도시 지표와 평가에 관한 실증적 연구. 한성대학교 석사학위 논문.

김덕현. 2010. 『택리지』의 자연관과 산수론. 한문화연구 제3집. 69-88.

김충래, 이광영. 2004. 환경친화적 도시 마을계획 세부지표 개발에 관한 연구: 봉화 해저마을과 아산 외암마을 분석을 중심으로. 대한건축학회 학술발표논문집. 519-522.

농촌진흥청. 2003. 古農書國譯叢書 4 증보산림경제 I ~III. 농촌진흥청.

마르셀 그라네. 유병태 옮김. 2010. 중국사유. 한길사.

박삼옥, 정은진, 송경언. 2005. 한국 장수도 변화의 공간적 특성. 한국지역지리학회지 제11권 제2호. 187-210.

박의준. 2001. 한국 전통 취락입지의 지리학적 고찰. 호남문화연구 제29권. 285-326.

서유구. 안대회 옮김. 2005. 산수 간에 집을 짓고. 돌베개.

심경호. 2009. 『임원경제지』의 문명사적 가치. 쌀삶문명 연구 제2권. 5-42.

염정섭. 2002. 18세기 초중반 『山林經濟』와 『增補山林經濟』의 편찬 의의. 규장각 제25권. 177-200.

예경희, 김재한. 2007. 鄭鑑錄과 擇里志의 可居地鄭 比較 硏究. 淸大學術論集 제10권. 1-34.

이도원. 2005. 전통마을 경관요소들의 생태적 의미. 서울대학교출판부.

이도원 엮음. 2004. 한국의 전통생태학. 사이언스북스.

이도원 외 엮음. 2008. 한국의 전통생태학2. 사이언스북스.

이원규. 2009. 미국 시애틀시 지속가능한 도시재생 수법으로서 어반빌리지(Urban Village) 전략에 관한 연구. 중앙대학교 석사학위논문.

이중환. 이익성 옮김. 1993. 택리지. 을유문화사.

이학동. 2003. 전통마을의 분석과 풍수지리 이론을 통해서 본 거주환경 조성원리의 탐색. 거주환경 제1권 제1호. 131-168.

전경수. 2008. 백살의 문화인류학. 민속원.

전영권. 2002. 택리지의 현대지형학적 해석과 실용화 방안. 한국지역지리학회지 제8권 제2호. 256-269.

조창록. 2005. 일본 대판(大阪) 중지도도서관본(中之島圖書館本)『임원경제지(林園經濟志)』의 인(引)과 예언(例言). 한국실학연구 제10권. 353-387.

조창록. 2010. 풍석(楓石). 서유구(徐有榘)의『금화경독기(金華耕讀記)』. 한국실학연구 제19권. 287-307.

최기수. 2001. 朝鮮時代 전통마을에 나타난 捿息觀에 관한 연구. 한국전통조경학회지 제19권 제3호. 27-39.

최영준. 1997. 국토와 민족생활사. 한길사.

최원석. 2004. 한국의 풍수와 비보. 민속원.

최원석. 2009a. 최한기의 기학적 지리학과 지리연구방법론. 한국지역지리학회지 제15권 제1호. 86-98.

최원석. 2009b. 한국 이상향의 성격과 공간적 특징. 대한지리학회지 제44권 제6호. 745-760.

최원석. 2010. 택리지에 관한 풍수적 해석. 한문화연구 제3집. 43-68.

최원석. 2011. 마을풍수의 문화생태. 한국지역지리학회지 제17권 제3호. 259-269.

최희만. 2005. GIS를 이용한 전통취락의 지형적 주거입지 적합성 분석. 지리학연구 제24권. 300-319.

한명호. 2003. 도시공간의 쾌적 음환경 창조를 위한 사운드스케이프 디자인 연구. 대한건축학회논문집: 계획계 제19권 제12호. 251-262.

한상모 외. 1991. 동의학 개론. 여강.

Davis Llewelyn. 2000. Millennium Villages and Sustainable Communities. DETR.

UN. 1996. The Habitat Agenda. Habitat II.

A Study on the View of Ideal Dwelling Environment
in the Late Joseon Period

Choi, Wonsuk

HK Professor,

Gyeongsang National University, wschoe@empal.com

Keywords: view of dwelling, dwelling environment, Healthy & Longevity City, Pungsu, Sallimgyeongje, Taengniji, Imwongyeongjeji.

It can be helpful to look over the traditional discussion about the conditions of dwelling environment for examining Korean Healthy & Longevity City prototype. Intellectuals were regard the dwelling environment as the basic and important factor in the Late Joseon Period. Pungsu mainly fulfilled its function as the dwelling location theory and the environmental management principle. There are lots of useful contents on the Healthy & Longevity dwelling environment in the documents (Sallimgyeongje, Jeungbosallimgyeongje, Taengniji, Imwongyeongjeji) of Confusion Silhak School. The suitable spatial scale fit the environmental capacity and the succession of the nature friendly dwelling tradition are needed to get to achieve the Health & Longevity city project in Korea. This research could be a help to make ideal concept and model of the Korean style Healthy & Longevity city.

건축과 도시에 대한 현대풍수의 모색

- 건축 · 도시의 풍수 어떻게 전개해갈 것인가? -

Searching of Modern Pungsu about an Architecture and a City: How will Pungsu develop for Architecture and City?

조인철

원광디지털대학교 동양학과 교수

I. 서론

한국 전통풍수의 맥이 끊어지지 않고 현대까지 면면히 이어졌다고 할 때 그 풍수는 바로 후손 발복(發福)의 염원이 담긴 묘지풍수(墓地風水)라 할 수 있다. 우리는 매장보다 화장[01]이 대세인 시대에 살고 있다. 앞으로도 매장형식의 장례풍습은 더욱 줄어들고 그 영향으로 묘지풍수도 쇠퇴할 것이 명백해 보인다. 그렇다면 묘지풍수로 근근이 맥을 이어 온 한국풍수도 같이 사라질 것인가? 이제 풍수에 관한 다음과 같은 근본적인 질문을 할 때가 되었다고 본다.

(1) 풍수는 과학인가, 미신인가?
(2) 우리 시대에도 풍수가 필요한가?
(3) 우리 시대에도 통하는 풍수의 이론을 어떻게 정립할 것인가?
(4) 현대건축에 풍수이론을 어떻게 적용할 수 있는가?
(5) 현대도시에 풍수이론을 어떻게 적용할 수 있는가?

묘지풍수의 수요가 줄어드는 대신 이론적 정립이 미흡한 상태이긴 하지만 산 사람을 위한 건축풍수에 대하여 국내외 관심이 고조되고 있다. '죽음을 위한 풍수' 시대의 쇠락과 '삶을 위한 풍수' 시대의 도래는 풍수가 가진 원래의 의미와 가

---

01   보건복지부, 저출산고령사회정책국 노인지원과 유형 동향 · 연구보고서. 2011. '화장 선호비율 80% 육박'. 출처: 네이버검색, 2014년 5월 28일.

치로 돌아간다는 점에서 오히려 바람직한 것일 수도 있다.

풍수의 본질을 '삶'에 둘 것인가 '죽음'에 둘 것인가의 문제는 풍수를 어떻게 정의하느냐, 풍수가 어떻게 시작되었는가에 대한 각자의 생각에 따라 그 답이 다를 수 있다. 풍수의 기원으로 돌아가 열악한 환경에서 발가벗은 원시인의 입장이 되어 본다면 죽은 조상을 좋은 자리에 모시는 것보다 자신이 추위와 더위에서 살아남기 위한 삶터를 정하는 문제가 더 절실하였을 것이라는 데 누구나 동의할 것이다. 그런 점에서 풍수의 본질이 묘지풍수보다는 건축풍수에 있다 인정하더라도 풍수가 우리 시대에도 가치가 있으려면 원시시대가 아닌 현시대가 요구하는 풍수의 이론과 실제가 어떠해야 할지에 대한 고민이 뒤따라야 한다. 또한 시대적 요구가 사라진다 해서 묘지풍수를 폐기시켜야만 할지에 대한 논의도 함께 진행하여야 한다.

우리 시대의 풍수이론을 정립하는 데 있어 먼저 묘지풍수가 성행하던 과거와는 모든 것이 확연히 다른 상황임을 깊이 인식해야 한다. 고밀도 도시에 사는 우리시대의 사람들은 경제적으로 상류사회에 있는 사람들이라도 터를 고르는 일에서 선택의 여지가 없다. 또한 음택·양택으로 단순 구분되던 과거와 달리 복잡한 사회를 반영하는 다양한 건축물이 생겨났다는 점을 인식해야 한다. 변화된 조건에 적합하고 시대가 요구하는 풍수는 어떻게 변화할 것인가에 대한 논의를 이 글에서 다루고자 한다.

II. 풍수는 경험과 통계의 과학?

풍수의 근원적인 질문을 다시 하면 풍수는 무엇이며 우리 시대에 어떤 의미가 있으며 어떻게 받아들여야 할 것인가부터 살펴야 한다. 풍수를 포함한 '전통지식'에 대해 호의적으로 평가하면 '경험과 통계의 과학'이라 한다. 이를 뒷받침하듯이 전통지식 가운데는 과학적으로 입증되어 '참 지식'으로 인정된 것이 많다. 하지만 특정 전통지식을 수용할 때 그것이 괜한 기우적(杞憂的) 내용인지 정말 생활의 지

그림1 중국 산서성 삼문협시(三門峽市) 자종촌(磁鍾村):
야오동식 주거지 마당에는 나무 한 그루가 심겨 있다(2014년).

혜인지를 다시 한 번 곰곰이 생각해 봐야 한다.

마당 한가운데 나무를 심으면 한자(漢字)로 '곤(困)'이 되어 집이 글자의 의미대로 곤궁하게 될 수 있다[02]고 알려져 있다. 특히 농경사회에서는 이 내용을 여러 의미에서 상당한 타당성을 가진 언급으로 받아들일 수 있다. 별도의 작업장을 구비하지 않은 농경사회에서 마당은 중요한 작업장이며 건조공간(乾燥空間)이다. 그런데 마당 중앙에 큰 나무가 있다면 이는 수확해 온 곡식을 다듬고 말릴 여유공간을 차지하게 된다. 게다가 마당의 나무가 크게 자라면 그곳에 깃들어 사는 곤충, 새 떼 등으로 질병이 발생하기 쉽다.

하지만 지역에 따라 곤자금기(困字禁忌)에도 불구하고 마당 중앙에 나무를 심는 경우가 있다. 중국의 황토고원지대의 주거형식인 야오동(窯洞)은 땅굴을 파고 들어가 그 굴속에서 거주하는 방식이다. 절벽의 벽면을 뚫고 들어간 형식, 지면을 수직으로 파고 들어간 뒤 사방의 벽면을 뚫어 토굴을 구성하는 등의 형식이 있다.

---

02 서유구. 안대회 옮김. 2009. 산수간에 집을 짓고. 돌베게. 161.: 나무가 오래도록 마당 한가운데 심겨 있으면 한가롭고 곤궁하다고 한다. 큰 나무가 난간에 가깝게 서 있으면 질병을 불러들이는 경우가 많다.

후자는 지면을 수직으로 구자형(口字形)의 큰 구덩이를 만들어 그 속에 생긴 구덩이 바닥의 깊숙한 마당에 나무(木) 한 그루를 심는 것이다. 그야말로 곤자 형태가 된다(그림1). 야오동식 주거를 볼 수 있는 황토고원지대는 강수량이 많지 않고 여름에 무척 덥기 때문에 자연적으로 온도조절이 이루어지는 토굴형식의 거주방식이 성행했다.

이러한 주거형식에서 곤자의 여부와 상관없이 마당에 나무 한 그루는 꼭 필요하다. 야오동식은 평지를 갑자기 파고 내려간 것으로 어두운 밤길을 지나던 행인이 자칫 지면 아래의 깊은 마당으로 추락할 위험성을 내포한다. 그나마 지면 아래의 깊은 마당에서 삐죽하게 가지를 뻗어 올라온 한 그루의 나무가 서 있다면 야오동이 한 채 있는 곳이라는 유용한 표시가 된다. 설령 누군가 발을 헛디뎌 추락하더라도 그 나뭇가지가 추락의 충격을 완화할 수도 있다.

그 외에도 나무뿌리가 마당의 황토지반을 단단히 잡아줌으로써 토질의 건조해짐과 바람에 흙먼지 회오리가 일어나는 것을 막을 수 있다. 게다가 대낮에 집밖의 높은 곳에서 집 안을 훤히 내려다보는 불쾌한 상황도 피할 수 있다. 또한 생존과 결부시켜 말하면 말 타는 도적떼가 위에서 활이나 창으로 공격하는 경우에도 이 나무가 시선차단 및 방어막이 될 수 있는 것이다.

이처럼 어떤 지역에서 금기사항이지만 다른 지역에서는 금기가 깨져 더 유용한 지혜로 탈바꿈하는 경우가 있을 수 있다. 이 사례를 통해 경험과 통계의 전통지식이 지역별·시대별로 전혀 다르게 받아들여질 수 있음을 알 수 있다. 무조건 맹종하거나 배척하기보다 우선 근원적 의미가 무엇인지를 파악하고 따를 것인지 버릴 것인지를 판단하는 자세가 필요하다. 과거로부터 전해 오는 경험과학으로 생활의 지혜가 우리에게 여러 측면에서 생각해 보아야 할 것들을 일깨워주고 있다.

전통지식 중에 우리가 생각할 때 A와 B가 서로 관계가 없는데 A를 통해서 B라는 결과를 추론하는 경우가 흔히 발견된다. 풍수에서도 주변 환경을 관찰하여 특이한 대상을 발견하면 이를 놓고 어떤 낌새나 징조로 간주하는 사례가 많다. 그러한 사례로 대표적으로 내세울 수 있는 것이 바로 규봉(窺峰)이다.

풍수에서는 인재와 산(山)을 연관시키고 재물을 수(水)로 연관시켜 본다. 주산 뒤에 규
봉(窺峰)이 보이면 소년백발(少年白髮)이 생긴다.[03]

주산 뒤의 측면에 엿보는 듯한 규봉(窺峰)이 있으면 무녀(巫女) 또는 바람둥이가 나온
다. … 백호방의 규봉(窺峰)이 내당(內堂)에 보이면 도적(盜賊)이 나온다.[04]

규봉은 어떤 산 뒤로 또 다른 산이 겹쳐, 특히 뒷산봉우리가 삐죽이 넘어 보이
는 것을 말한다. 앞에 보이는 산은 일종의 담장으로 간주되고, 규봉은 도적질하기
위해 담 너머로 집안을 정탐하는 도적의 머리 부분이 되는 것이다. 인용문은 주변
이 산으로 둘러싸인 어떤 마을 안에 규봉이 보이는 경우 그 마을에서 규봉과 같은
도적이 배출될 낌새나 징조로 받아들인 것이다. 환경(環境)과 인성(人性)의 관계를
설명하는 풍수적 내용으로 납득과 공감을 불러일으키기도 한다. 심리학적 측면
에서 이것은 학습효과의 결과로 이 경관에 일상적으로 익숙해진 아이에게 규봉
과 같은 모습을 흉내 내며 남의 집을 엿보는 것은 그리 이상한 태도가 아닐 수 있
다. 어린애들이 어른의 행동을 본받듯 어릴 때부터 매일 바라보는 풍경에 익숙해
짐에 따라 커서도 이와 같은 행동을 거리낌 없이 한다. 그것이 습관화되면 견물생
심(見物生心)이 생겨 남의 집 물건을 훔치는 도적이 된다는 것이다.

풍수는 규봉과 같이 보기 흉한 봉우리에 대한 언급뿐만 아니라 빼어난 봉우리
를 좋은 징조로 간주하는 사례도 많다. 대표적인 것이 문필봉(文筆峯)이다. 문필봉
이 주변에 보이면 훌륭한 문장가가 배출된다는 이야기는 잘 알려져 있다. 규봉과
도적놈의 배출관계는 환경심리학적 측면에서 조금 이해가 가지만, 문필봉과 문장
가의 배출관계는 풍수를 전혀 모르는 현대인의 관점에서 쉽게 납득하기가 어렵
다. 풍수에서 필봉은 봉우리 끝이 글을 쓰기 위해 먹을 바른 후 치켜세운 붓 끝처
럼 생긴 것을 말한다. 과거에는 붓이 거의 유일한 필기도구로 글쓰기 연습도 하고
과거시험을 보는 데 중요한 도구였다. 당시 공부의 상징인 빼어난 필봉을 매일 보

---

03 최창조. 1998. 한국의 풍수사상. 민음사. 113.

04 위의 책, 112.

그림2 중국 산동성 제남시 근처의 고속도로변. 산 너머에 규봉(窺峰)이 보인다(2014년).

며 마음을 다잡고 명문장을 짓는 데 열중하였을 것으로 이해할 수 있다. '피그말리온 효과'라 치부하면 그만이지만 필기도구가 바뀐 요즘도 통할 이야기인지는 의문이다.

풍수는 경험과학이며 통계과학의 전통지식이라 할 수 있다. 하지만 풍수 속에는 지역·시대에 따라 그 의미가 달라질 것도, 그 속에는 미신적인 것도, 생활하는데 번거롭게 느껴지는 것들도 있다. 전통지식이 오늘날에도 가치 있는 지혜로 남았을 때 가치가 있지, 미신적 풍조나 허식적 절차일 뿐이라면 다시 돌아볼 필요가 없다. 그래서 비과학적이라 무조건 버려서는 안 되며, 전통적인 것이니 무조건 따라야 한다는 주장도 의미가 없다. 오래된 지혜 속에 담긴 진정한 의미가 무엇인지에 대해서 다시 살펴보고 옥석을 가려내는 작업이 필요한 것이다.

다음 단계는 시골이나 전원이 아닌 도심지 내에도 이런 원리를 그대로 적용하는 것이 의미가 있는 것인지 다시 생각해보아야 한다. 그리고 전통지식을 오늘날에도 의미 있는 것으로 계승·발전시키기 위해 어떻게 새로운 이론으로 정립해갈지 고민해야 한다.

Ⅲ. 풍수사이언스: 풍수는 기의 과학?

풍수라 하면 사람들이 미신적인 귀(鬼)와 뭔지 모를 기(氣)가 혼재된 것으로 이해하는 것 같다. 귀와 기를 간단히 구분하면 '귀'는 의지를 가지고 있는 존재로 자기 마음대로 판단하고 행동하기 때문에 예측불가의 대상이고, '기'라는 것은 일종의 자연현상으로 스위치를 통해서 전기(電氣)를 조절하는 것처럼 인간이 노력하면 어느 정도 통제와 예측이 가능한 대상이다.

'풍수는 미신이다.'는 사람들 대부분이 풍수를 귀신을 다루는 한 분야로 생각하는 경향에서 비롯된 말이다. 우리는 귀신을 다루는 사람을 무당, 퇴마사 또는 제마사(除魔師)라 부른다. 제마사는 집안의 흉사에 관여하는 잡귀를 으르고 달래는 일을 한다. 이들은 이 일을 스스로 '퇴마풍수, 제마풍수'라 한다.[05] 사실 귀신풍수[06]는 특별한 영적 능력이 있는 사람이나 신부, 승려만이 할 수 있는 것이다. 그렇지 않으면 미신적 술수로 멀쩡한 사람을 현혹하는 사기꾼일 가능성이 높다.

과거 전통시대에는 이 글의 주제가 되는 '귀'라는 것과 '기'를 구분하지 못했기[07] 때문에 풍수를 한다고 하면 세상의 이치를 모두 깨달은 도사가 되거나 귀신과 대화가 가능한 무당이 되어야만 할 수 있는 것이었다. 우리 시대에 일반인이 풍수를 공부하거나 풍수를 한다고 할 때 바로 이 귀신풍수는 배제되어야 한다. 귀신의 유무를 떠나 귀신풍수는 학습으로 어느 수준에 도달할 수 있는 것이 아니기 때문이다. 이 점이 우리가 풍수 공부를 시작하면서 '귀'와 '기'를 구분해야 하는 이유다. 전통풍수에서 '귀'를 제거하면 '기'가 남는다.

---

05 http://www.xemasanka.com/xe/index.php?mid=feng_shui&category=8957. 2014년 9월 27일 검색.

06 이 글에서는 퇴마풍수와 제마풍수를 포함하여 처녀귀신, 장군신, 조상신 등과 관련된 풍수를 통틀어 '귀신풍수(鬼神風水)'라고 칭하기로 한다.

07 김원모(金源模). 1988. 건청궁(乾淸宮) 멕케전등소(電燈所)와 한국최초(韓國最初)의 전기(電氣) 점등(點燈)(1887), 사학지(史學志), 제 21집. 단국대학교 사학과. 207.; NEW YORK Herald, October 15, 1883.(재인용) : 우리(유길준과 사절단 일행)는 일본에서 전기용품을 관람한 일이 있다. 그러나 전기불이 어떻게 켜지는지는 몰랐다. 우리는 인간의 힘으로써가 아니라 마귀의 힘으로 불이 켜지게 된다고 생각했다. 이제 우리는 미국에 와서야 비로소 그 사용방법을 알 수 있게 되었다. 뿐만 아니라 안전하게 조작되는 것도 알 수 있었다.

풍수 공부를 처음 시작하면 풍수에서 기(氣)를 이해한다는 것은 앞에서 다룬 귀를 이해하는 것만큼 어렵다. 기를 잘 이해하기 위해서 우선 과학적으로 측정이나 통제가 가능한 기와 그렇지 않은 기로 구분해야 한다. 생활 주변에서 과학적으로 설명되는 기의 종류와 측정기를 제시하면 습기-습도계, 온기-온도계, 전기-계량기, 자기-자력측정기, 염기(鹽氣)-염도측정기 등이 있다. '풍수는 미신이다.'에 대응하여 '풍수는 과학이다.'라 주장하는 사람들은 '과학적 도구로 측정이 가능한 기'[08]를 중심으로 풍수의 진수를 밝히고자 노력하고 있다.

특히 지자기는 풍수를 과학적으로 접근하는 사람들이 다루는 핵심주제이다. 우리 시대에 있어서 풍수를 과학적으로 접근하는 태도는 매우 바람직하다. 문제는 풍수에서 다루는 기에는 '과도기(科道氣)' 외의 것들이 포함된다는 것이다. 대표적인 것이 바로 풍수이론에 자주 등장하는 생기(生氣), 살기(殺氣), 음기(陰氣), 오행기(五行氣) 같은 것들이다. 이것들은 상대적인 것으로 과학적 도구로 측정이 불가하지만 인간의 오감[09] 또는 육감을 통해서 누구나 의식·무의식적으로 느낄 수 있다. 이 글에서는 이것들을 '납득(納得)과 공감(共感)의 기(氣)'[10]라 칭한다.

사실 풍수고전에서 강조하는 기는 귀나 '과도기' 외에도 인간의 육감에 의한 '납득과 공감의 기'이다. 풍수적 논의의 대상이 될 수 있는 기의 조건으로 '납득과 공감'은 너무 애매모호한 기준처럼 보일 수 있다. '납득과 공감'은 그냥 이루어지는 것이 아니라 경험에 의해서, 학습에 의해서, 주변 사람들과 공유하고 동화되어 오감 또는 육감을 동원하여 감지되는 것이기 때문에 어떤 측면에서는 고지식하고 멍청한 첨단기계보다도 더 엄밀하고 정확한 것일 수 있다. 또한 풍수의 기를 설명하면서 많은 사람들에게 납득과 공감을 얻어내려면 과학적 실험이나 기계적 장치로 측정하여 입증할 수도 있지만 그렇지 않더라도 그 자체의 논리성과 합리성을 갖추고 있어야 한다는 것이다. 그래서 '자연과학적 사이언스'가 아닌 '풍수적

---

08 이하 '과학적 도구로 측정이 가능한 기'를 '과도기(科道氣)'로 칭한다.

09 이·목·구·비·신의 오감에 의해서 감지되는 기운과 이것들의 종합, 즉 육감적으로 판단되는 기운이다. 특히 생기, 살기, 음양기, 오행기 등은 상대적인 것으로 과학기계로 측정하기 불가능한 것이다.

10 '납득과 공감의 기'를 줄여서 여기서는 '납공기(納共氣)'라고 부른다.

표1 풍수에서 귀와 기 그리고 풍수사이언스

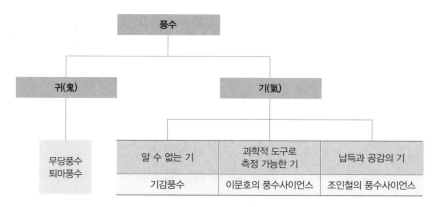

풍수		

귀(鬼)	기(氣)	

무당풍수 퇴마풍수	알 수 없는 기	과학적 도구로 측정 가능한 기	납득과 공감의 기
	기감풍수	이문호의 풍수사이언스	조인철의 풍수사이언스

성격의 사이언스'라고 부르기도 한다. 이하부터 납득과 공감의 기를 다루는 특이한 과학을 '풍수사이언스'라고 부르기로 한다.[11]

'풍수과학'이 '사이비과학'이 되지 않도록 '납공기(納共氣)'에 대하여 따져 보자. '납공기'는 과학적인 것이 아니기 때문에 이를 측정할 기계적 장치가 없다. 정리하면 풍수에서만 다루는 독특한 기란 귀와 구분되는 것이고, 과학적 측정도구에 의해서 측정되는 것으로 한정되지 않고 인간이기 때문에 보편적으로 갖고 있는 육감을 통해서 감지되는 것이고, 누구나 납득과 공감을 할 수 있는 기라고 해야할 것 같다.

구체적인 사례를 통해 납공기에 대해 알아보자. 집안에 강도가 침입해 그와 격투를 벌인다고 가정하면 적개심으로 주먹이 오고 가면서 심각한 살기를 느끼게 된다. 한편 식구끼리 서로 농담을 하다 친근감의 표현으로 한 대 치려 한다면 살기가 아닌 장난기를 느끼게 된다. 과연 첨단기계가 이러한 살기와 장난기를 구분

---

11 풍수과학, 풍수사이언스는 영남대학교 이문호 교수(2003. 펭수이 사이언스, 도원미디어)에 의해서 먼저 언급된 바가 있다. 또한 "풍수는 어떤 특정한 분야에 속한 것으로 볼 수 없다. 그래서 풍수를 과학적인 방법으로 접근하는 경우에 이를 학제적 분야로서 풍수과학이라 부르는 것이 합리적이라 할 수 있다. 풍수가 과학의 한 분야인 풍수과학으로 불리는데 어찌 이를 미신이라 할 수 있을까."(이문호, 2014. 明堂. 엔자임하우스. 63) 같은 용어라고 하더라도 이 글에서 주장하는 것과는 의미상 조금 차이가 있다. 이문호 교수의 풍수과학은 과학적 측정도구가 동원되는 반면에 여기서 말하는 풍수과학은 인간 중심의 납득과 공감을 요구하는 것이다.

해낼 수 있을까? 우리는 첨단기계가 없이도 육감적으로 이것을 구분한다. 봄날의 새싹, 어린이들의 재잘거림과 웃음소리에서 우리는 생기를 느낀다.

우리는 이제 과거와 달리 '귀'와 '기'의 구분을 할 수 있게 되었고 더 나아가 '살기'와 '장난기'를 구분할 수 있다. 훈련을 받았거나 기감이 뛰어난 사람은 오감으로 느꼈던 기를 의식의 수준으로 끌어올려 무의식 수준에 머물러 있는 사람에게 언어로 표현하고 논리적으로 설명하여 납득과 공감을 얻어낼 수 있다. 이런 작업을 했던 사람이 바로 우리가 과거에 성인(聖人)이라 불렀던 분들이 아닐까 싶다. 극도의 수양과정을 거친 성인들이 감지하였던 납공기를 이제 학습을 통해서 감지하며 키워갈 수 있다는 것인데 그러한 학습과정을 돕도록 정립된 것 중의 하나가 바로 '풍수론(風水論)'이다. 풍수가 미신을 탈피하고 미래지향적인 것으로 발전하기 위해서는 여기서 말하는 납공기에 집중할 필요가 있다.

나머지 과학적 도구로 측정할 수도 없고 납득과 공감을 얻어낼 수도 없는 기는 기존 풍수계가 소위 '기감풍수(氣感風水)'라고 하는 것인데 이는 학습에 의해서 감지될 수 있는 것이 아니므로 여기서 다룰 내용이 아니라고 본다.

Ⅳ. 풍수이론 재정립의 한 단면: 산수의 생기와 살기를 다시 보기

풍수를 다시 보며 혼란스러운 풍수를 귀와 기, 그리고 과도기와 납공기 등 몇 가지 상대적 개념으로 구분했지만 그것만으로 우리 시대의 사회적 요구에 부응하기 어렵다. 풍수강의를 해 보면 수업 시작도 전에 수강생들로부터 "풍수는 어렵다."는 푸념을 먼저 듣게 된다. 풍수전문가도 풍수를 전혀 모르는 초보자나 외국인에게 한정된 시간 안에 풍수를 이해하도록 설명하려면 상당한 어려움을 느낀다. 이 곤란은 풍수의 원리를 설명하기 위해 초보자가 이해하기 어려운 음양오행이나 하도낙서, 팔괘 등의 복잡한 이론을 제시할 수밖에 없기 때문이다. 그래서 한참 설명하고 나면 여지없이 "풍수 참 어렵네요."라는 반응이 나온다. 특강에 나선 풍수강사로서 또는 방송의 출연자로서 음양오행 등의 복잡한 개념에 대한 선행지식이 없는 수강생이나 시청자에게 풍수를 쉽게 이해시킬 수 있는 방법이 없을까를 고민하게 된다.

그런 측면에서 생기(生氣)와 살기(殺氣)는 풍수를 시작할 때 가장 논리적이면서 쉽고 유효한 것이라 할 수 있다. 이것으로 풍수의 기초개념과 풍수에서 말하는 기의 개념도 비교적 확실히 이해시킬 수 있다. 생기・살기란 상대적인 것으로 세상의 여러 기를 그냥 이해하기 쉽게 두 가지로 구분한 것에 불과하다. 철저히 사람 중심으로 생각해서 사람에게 이로운 것은 생기, 해로운 것은 살기로 구분한 것이다. 세상에는 생기로 생각할 수 있는 것과 살기로 생각할 수 있는 것들이 많이 있는데 그중에서 산(山)과 수(水)에 관련된 것을 풍수에서 주로 논하는 것이다.

산의 생기를 논할 때는 산을 용이라는 상상의 동물에 비유한다. 즉, 살아 있는 용을 생룡(生龍), 죽은 용을 사룡(死龍), 살아 있지만 살기를 띠는 용을 살룡(殺龍)으로 대별한다. 멀리서 볼 때 산이 단단하고 야무지며 거기서 자라는 초목들이 싱싱하게 보이면 그곳은 바로 생기가 있는 땅이며 줄기의 일단을 생룡으로 간주한다. 풍수에서 좋은 땅이란 좋은 산줄기에 연결되어 있는 곳을 말한다. 그래서 풍수에서는 산줄기를 용(龍)에 비유하여 생룡(生龍)이 무엇이며 사룡(死龍)이 무엇인지를 따지는 용론(龍論)[12]이 있고, 그것의 핵심이 바로 간룡법(看龍法)이다. 용론(龍論)에서는 생룡・사룡・살룡 외에 여러 종류의 용[13]을 다루지만 여기서는 세 가지 용에 국한하여 설명하겠다.

건물들 속에서 살아가는 도시인이라면 어떤 산이든 푸른 초목으로 덮여 있기만 한다면 모두 생룡이지 않느냐고 주장할 수 있다. 하지만 풍수에서는 산줄기에 기대어 있다고 해서 모두가 산의 생기를 받는다고 보지 않으며 오히려 살기를 받을 수도 있다고 본다. 이 때문에 풍수에서 '산이라고 다 같은 산이 아니다.'는 말을

---

12 풍수이론은 크게 5가지로 대별하는데, 용・혈・사・수・향이다. 제일 중요하게 취급하는 것이 용론이다.

13 길룡(吉龍)으로 생룡, 강룡, 순룡, 진룡이 있고, 흉룡(凶龍)으로 사룡, 약룡, 퇴룡, 역룡 등이 있다.

표2 생룡, 사룡, 살룡의 그림 및 설명
출처: 인자수지 권4. 70항

생룡(生龍)	사룡(死龍)	살룡(殺龍)
뒤에 있는 산줄기가 구불구불한 선형으로 생룡이며 주변의 산들이 겹겹이 감싸주는 그곳이 바로 생기가 있는 곳이고 혈처이다.	생기가 없고 죽은 듯이 쭉 뻗은 산줄기이다.	살아 있기는 하나 살기를 뿜어내고 있어서 무정한 기운이 감도는 산줄기이다.

그림3 설악산 천불동. 기암괴석의 명산에는 명혈이 없다(2008년).

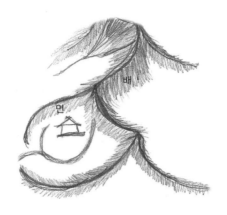

그림4 용의 품속인 면에 자리 잡기
산줄기를 용으로 보며, 용의 등쪽이 아니라 면인 안쪽에 자리 잡아야 한다.

하는 것이다. 서울의 경우 평창동 일대는 산을 깎아 택지를 조성하여 기가 센 곳으로 흔히 알려져 있다. 변화무쌍하고 기가 세다는 것은 일반들이 감당하기에 적절하지 않은 정도를 의미하며 일종의 산살(山殺)이 있음을 말하는 것이다.

그러면 어떤 산줄기가 생기를 머금은 것인가? 첫째, '명산에 명혈(名穴)이 없다.'는 말이 있다. 그것은 명산이라는 것이 경치가 화려한 산을 지칭하며 기암괴석이 삐죽삐죽 드러난 산으로 기가 셀 가능성이 높기 때문에 나온 말이다. 바위는 기운이 아주 강하게 뭉쳐 형성된 고체로 그 근처가 기가 센 스님들의 암자터로 적합할지 몰라도 보통의 인간이 받아들이기에 너무 센 기운이 발산되는 곳이기 때문에 묘터나 집터로 적합하지 않다는 것이다.

둘째, 완만하게 구불구불한 형태를 띠고 있는 것을 생룡(生龍)으로 간주한다. 직선에 가까운 산줄기는 사룡(死龍)이 아니면 살룡(殺龍)이 될 가능성이 높다. 사룡으로는 기운을 받을 수 없고 살룡은 기운이 너무 세기 때문에 살기(殺氣)를 받을 수 있다. 셋째, 구불구불한 곡선형이면서 면(面)에 해당하면 좋은 곳으로 본다. 산을 용이라고 볼 때 면(面, 품속)에 해당하는 곳에는 어머니의 품속처럼 부드러움이 있고 영양공급을 받을 수 있는 생기 공급처인 젖꼭지가 있다고 보는 것이다.

그림5 용론으로 본 관악산 전경
연주암은 대표적인 살룡 위에 자리를 잡았고(왼쪽, 2009년),
능선을 따라 용의 등지느러미가 살짝 드러난다(오른쪽, 2009년).

반면에 배(背, 등쪽)에 해당하는 곳은 까칠한 곳으로 톱날 같은 용의 지느러미와
비늘이 있다고 본다.

산을 용(龍)으로 보고 산줄기적 개념에서 생기와 살기를 논했다면, 별(星)로 볼
때의 생기와 살기를 논할 수도 있다. 산을 별로 본다는 것은 산봉우리 위주로 산
을 평가하는 것인데 소위 필봉(筆峯)은 생기, 규봉(窺峰)은 살기를 띤다고 이야기
하는 것이다. 밤하늘에 보이는 별들 중에 길성(吉星)과 흉성(凶星)이 있는 것처럼
집 주변을 둘러싸고 있는 산봉우리 중에는 좋은 기운을 주는 것과 흉한 기운을 주
는 것이 있다고 본다.

풍수는 수(水)를 보는 방법도 정립하였는데 그것이 수론(水論)이다. 누구나 알
고 있는 배산임수(背山臨水)는 '산을 등지고 물을 앞에다 둔다.'는 의미로, 수론에
서는 배산임수의 터 중에서도 물줄기의 형태를 기준으로 생기가 있는 터와 살기
가 있는 터를 구분한다.

우선 산줄기의 선형에서 직선에 가까운 산줄기를 두고 사룡 또는 살룡[14]이라

---

14 사룡이나 살룡은 모두 직선적 선형을 가지고 있다는 측면에서는 비슷하지만, 전자는 기운이 약한 것이고 후자
는 기운 너무 센 것이다. 속도감에서도 전자는 축 늘어진 것이고, 후자는 과속인 것이다.

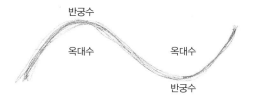

그림6 물줄기에서 자리 잡기
같은 물줄기를 놓고 어느 쪽에 자리하느냐에 따라 옥대수가 되기도, 반궁수가 되기도 한다.

했듯이 물줄기에서도 직선으로 세차게 흘러가는 물줄기를 직충수(直沖水)라 하여 살기로 간주한다. 한편 흐르지 않는 물은 썩은 물로서 죽은 것으로 본다. 호수라고 하더라도 물이 들어오고 나가는 과정이 있어야 한다. 살기나 사기(死氣)가 아닌 생기를 공급하는 물줄기는 곡생수(曲生水)로서 구불구불한 선형을 띠며 흐르는 것을 말한다. 조선 선비들이 시로 읊었던 구곡수(九曲水)는 곡생수의 대표적 사례. 생룡에 비유되는 곡생수, 사룡에 비유되는 흐르지 못해 썩어가는 고인물, 살룡에 비유되는 직충수로 요약된다.

다음 단계로 옥대수(玉帶水)와 반궁수(反弓水)를 구분하는데 곡생수측(曲生水側)에 배산임수의 터를 잡았다고 해서 안심하기는 이르다. 곡생수의 변(邊)에서도 옥대수 쪽으로 자리해야만 생기를 받을 수 있는 것이다. 반궁수 측에 자리하면 같은 배산임수라도 오히려 살기를 받게 된다. 산줄기의 용에서 면배를 보았다면 물줄기에서는 옥대수와 반궁수를 본다.

옥대수 측이 길하고 반궁수 측이 흉하다는 것에 대해서는 검증 없이도 받아들일 만한 경험과 통계로 뒷받침되는 전통지식이다. 지형학적 관점에서 보면 옥대수 측은 퇴적사면, 반궁수 측은 공격사면이 된다. 퇴적사면의 터는 비옥하여 농사짓기에 좋고 강물이 흐르고 시간이 지남에 따라 땅의 면적이 늘어난다. 반면에 공격사면의 터는 갈수록 그 터가 줄어들고 경사는 급해진다. 결국 공격사면의 절벽 위는 주변 경치를 즐기기 좋은 높은 곳이 된다. 농경시대의 관점은 먹고사는 것이 우선이지 경치를 즐기는 것이 우선이 아니다. 그런 측면에서 아마도 반궁수 측은 정자나 누를 건설하기에 좋은 터이지만 장기간 머물 집터로는 좋지 못하다는 평가를 받는 것이다. 그래서 직선으로 다가오는 물줄기는 직충수, 구불구불하게 흐르는 물줄기는 곡생수로 요약할 수 있는 것이다. 곡생수도 같은 물줄기를 두고 더 구체적으로 구분하면 옥대수 측은 생기, 반궁수 측은 살기를 받는 곳이다.

이렇게 음양오행 등의 어려운 이론을 들먹이지 않더라도 풍수의 요체인 산수(山水)의 생기와 살기를 설명할 수 있다. 물론 용혈사수향(龍穴砂水向)의 지리오과(地理五科)라는 복잡한 이론과 풍수고전을 통해 스승의 말씀을 통해 우리가 곱씹어야 할 것이 이외에도 많이 있을 수 있다. 하지만 이 글에서는 풍수의 가장 기초적인 생기와 살기에 국한하여 제시한 것이다.

V. 건축풍수와 용도풍수

묘지풍수는 『청오경(青烏經)』 또는 『금낭경(錦囊經)』[15]이라는 풍수고전의 출현을 계기로 이론이 정립되었고 그것이 묘지풍수의 출발점이라고 한다면 묘지풍수가 건축풍수에 앞선다는 주장이 가능하다. 이것과 별개로 사람들이 산 자를 위한 집터 혹은 죽은 자를 위한 묘터를 정하고자 하는 순간부터 풍수가 시작되었다고 주장할 수 있다. 후자의 경우는 '풍수'라는 용어 이전의 것으로 일종의 '풍수적 사고(思考)'에 속하는 것으로 치부할 수 있다. '풍수적 사고'도 광의의 풍수개념에 넣어 '그것도 풍수'라 수용한다면 풍수에 관한 논의를 훨씬 풍부하게 진행할 수 있다.

개념을 확대하여 풍수가 고대부터 축적된 '생존과학'으로 '환경에 대한 인간의 통찰력이 결집된 경험과학'으로 본다면 아무리 『청오경』이나 『금낭경』이 묘지풍수를 지지한다고 하더라도 풍수는 단연 산 사람을 위한 건축풍수적 개념에서 출발된 것이라는 점을 주장할 수 있다.

---

15 『금낭경』은 중국 동진시대(東晉時代)의 곽박(郭璞, 276~324)이 저술한 것으로 풍수고전 중에서 가장 오래된 것으로 알려져 있다. 국내에서 『금낭경』은 『청오경』과 합본으로 여러 번역본이 출간되었다.

건축풍수의 이론을 정립하기 위해서 우선 양택풍수와 양기풍수를 구분해서 볼 필요가 있다. 도심 속에 고층빌딩이 빽빽하게 들어서는 현대를, 과거 전통시대의 터잡기인 양기풍수를 통해서만 풍수사가 개입하는 정도의 소극적 방식 그대로 대응하기는 매우 어렵다고 본다. 우리 시대의 풍수는 과거와는 반대로 건축물 자체가 주(主), 터가 종(從)이 되어야 한다고 주장할 수 있는 것이다.[16]

과거의 풍수를 용도적 관점에서 보면 단순히 생인(生人)과 사인(死人)을 위한 집으로 양분하여 양택과 음택으로 분류했다고 볼 수 있다. 이제 음택의 수요가 거의 없어지는 상황에서 산 사람과 관련된 것을 모두 양택으로 뭉뚱그려서 범주화한다면 너무 애매하고 두리뭉실한 것이 되기 쉽다. 좀 더 세분화해서 말하면 과거 양택이라 한 것은 주로 주거용도를 말했던 것이다. 이제는 주거용도 외에 상업용도, 업무용도 등 다양한 용도의 건축물이 생긴 만큼 단순히 양택이라 포괄해 말하던 것들을 조금 세분하여 바라볼 필요가 있는 것이다.

양택풍수는 이제 단순한 묘지풍수의 상대적 용어로 머물지 않고 건축풍수, 용도풍수 등으로 세분하여 이론이 정립되어야 한다고 본다. 건축풍수는 용도와 관계없이 거의 모든 건축물에 관련되는 내용을 담아야 하며 디자인하고 시공하고 유지관리하는 측면에서 필요한 내용을 모두 망라하는 풍수다. 일반적으로 건물이라면 모두 해당되는 건물의 형태 및 각 시설부분에 대한 디자인적 측면과 동선처리에 관련된 부분을 다루는 것이 건축풍수이다. 건축풍수는 여기서 상세하게 다룰 수 있는 부분이 아니지만 결국 용도풍수적 내용과 서로 깊이 연관되어 있다.

건축풍수와 약간의 구분이 필요한 용도풍수는 각 건물의 용도적 특성에 따라 다루어야 할 내용을 담고 있다. 용도풍수가 필요한 이유는 각 용도별로 특성화되거나 특성화해야 할 기운이 서로 다르게 존재하기 때문이다. 예를 들어 과거 양택풍수의 대표였던 주거용도를 대개 음적(陰的)인 기운의 용도라고 한다면 상업용도는 대개 양적(陽的)인 기운을 가지고 있다고 할 수 있다. 음적인 용도는 음적인

---

16 무라야마 지준. 최길성 옮김. 1990. 조선의 풍수. 민음사. 526.: "땅이 주(主)이고 집은 종(從)의 위치에 놓여 있었던 것이다."

분위기에 맞게, 양적인 용도는 양적인 분위기에 맞게 대응할 수 있도록 풍수가 이론적 뒷받침을 해줄 수 있어야 한다. 또한 용도가 사적(私的)인 것이냐 공적(公的)인 것이냐에 따라 개방과 폐쇄의 정도가 다르므로 이에 따라 각 건물의 입지조건과 추구해야 할 분위기가 달라야 한다. 그 다음 주인 위주로 보아야 할 것과 손님 위주로 보아야 할 용도가 구분되어야 한다. 각 용도가 가지는 기운에 따라 출입문의 구조나 형식 등이 확연히 달라진다. 그래서 용도풍수가 우리 시대의 풍수에서 중요한 문제로 떠오르는 것이다.

용도풍수는 현대사회에서 건물이 가질 수 있는 수많은 용도를 대상으로 하는 풍수라 할 수 있다. 과거에는 무라야마 지준의 주장대로 양택에 건물 자체가 아니라 주로 주거지로서의 터, 즉 양기(陽基)를 잡을 때 풍수가 개입했다. 터잡기 문제에 국한하더라도 전통이론에 따라 현대의 다양한 성격의 용도에 적합한 입지를 선정한다는 것은 어불성설이다. A 용도로는 좋지 않은 입지라고 하더라도 B 용도로는 좋은 입지가 되는 경우가 얼마든지 있을 수 있다. 게다가 각 용도별로 요구되는 건물의 형태, 분위기 등이 다르기 때문에 순전히 양기적 입장에서 정립된 전통풍수이론으로는 사회적 요구를 수용하기 어렵다. 이런 점에서도 풍수이론의 현대화가 절실하다. 그렇다면 구체적으로 터 위주로 정립된 용·혈·사·수·향의 이론은 어떻게 변화되어야 할 것인가?

전통풍수에서의 산(山)과 수(水)는 현대도시에서 빌딩과 도로로 대체될 수 있다. 풍수이론을 현대화하는 것은 어디까지나 전통풍수의 이론을 바탕으로 하는 것이지 전혀 전통 풍수이론과 무관한 새로운 이론을 창시하는 것이 아니다. 산을 보듯이 건물을 보고 물을 보듯이 도로를 본다는 것이 과연 전통풍수이론에서 말하는 기(氣)의 관점에서 말이 되는 것인지를 먼저 살펴보아야 한다.

과거 전통풍수의 이론 중에서 건물을 청룡·백호에 빗대어 설명한다든지 도로를 물줄기에 빗대어 설명하는 사례는 얼마든지 있다.[17] 그래서 이것을 과거에 없

---

17 다음 책에서는 도로를 물줄기와 같이 보는 사례들을 많이 제시하고 있다. 王君榮, 중화민국 66년, 陽宅十書, 鼎文版古今圖書集成, 鼎文書局, 7004-7043.

그림7 중국 산동성 태산 정상 공북석(拱北石) 입구 영욱문(迎旭門)
담장을 용으로 형상화했다(2014년).

던 전혀 새로운 이론이라고 할 수는 없다. 다만 과거에는 부수적이었고 소극적으로 적용하던 것을 주된 것으로 끌어올려 적극적으로 적용하며 확대·발전시키자는 것이다.

왜 우리 시대에는 용론이나 수론보다도 동선론·도로론을 위주로 생기를 논해야 하는가? 대체로 묘지풍수사가 빌딩이 밀집된 도시 내의 어떤 건물에 대하여 제시한 풍수적 평가기준을 보면 대략 용론에 의지하는 경우가 많아 보인다. 감평내용을 보면 건물이 자리하고 있는 터를 기준으로 어떤 지맥이 어디서 내려와서 어디를 통해서 어떻게 연결되었기 때문에 그 결과가 어떻다는 식으로 설명한다. 현대도시에서 고층빌딩의 경우 지하주차장 건설을 위해 지하 7층(깊이 30m) 이상 파헤치는 것이 일반화된 상황에서 그러한 논리가 타당한 것인가?

묘터에 아주 얕은 골이나 주변 돌덩어리의 훼손이 조금만 있어도 상당한 길흉의 차이를 말하던 분들이, 주변이 지하 7층 깊이로 파헤쳐진 상황에 대해서는 거의 고려도 하지 않고 지맥을 논하고 있다는 것이다. 현대도시에서 전후좌우로 고층빌딩이 둘러싸고 있는 상황에서 보이지도 않는 산줄기를 논할 것이 아니라 인기(人氣)의 통로인 보행자 동선이나 차량의 동선을 가지고 건물의 생기공급에 대

표3 탐두규봉, 류시, 좌퇴전필, 우퇴전필의 그림

탐두규봉(探頭窺峰) 출처: 인자수지 권10. 99항.	류시(流尸) 출처: 인자수지 권10. 102항.	좌퇴전필(左退田筆) 출처: 인자수지 권10. 48항.	우퇴전필(右退田筆) 출처: 인자수지 권10. 48항.

하여 논해야 하지 않을까 싶다. 과거에는 산줄기가 공급하는 지기로서의 생기가 중요했지만 현대도시에서는 도로가 가져다주는 인기(人氣)로서의 생기가 더 중요한 시대인 것이다.

우리가 산줄기・물줄기가 아니라 도로에 주목한다고 해서 풍수를 포기하는 것이 아니다. 과거에도 생기를 논함에 있어 산줄기만을 본 것도, 물줄기만을 본 것도 아니다. 이 둘을 함께 본 것이다. 산세가 좋은 곳에서는 산을 위주로, 수세가 좋은 곳에서는 수세를 위주로 보아야 한다는 것은 당연한 풍수논리이다. 이제 이 고려조건에 도로와 동선이 추가되었다. 도시의 중심부라면 산세나 수세에 비해 더 기세등등한 것이 바로 도로임을 인식하고, 그곳의 풍수를 볼 때 어느 조건보다 도로를 기준으로 감평해야 하는 것이다. 다만 도로나 동선을 논할 때 풍수적으로 논해야지 토목공학적으로 논해서는 아니 될 것이다.

산과 물이 청룡방향으로부터 주택에 접근하고 있다면 문로(門路)는 왼쪽을 향하여 내는 것이 마땅하다. 산과 물이 백호방향으로부터 주택에 접근하고 있다면 문로는 오른쪽을 향하여 내는 것이 마땅하다. 만약 물이 흘러내려 가는 방향으로 문로를 낸다면 흉하다.[18]

---

18 『양택길흉론』; 서유구, 앞의 책. 174.

표4 건물살의 유형

		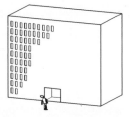
첨탑살 건물 위의 뾰족한 장식은 살기를 부른다. 만화영화에서나 봄직한 궁전을 본뜬 많은 예식장, 모텔 건물들이 이러한 형식을 추구한다.	**규봉살** 건물 너머로 보이는 건물의 머리부분을 규봉이라 한다. 도적이 남의 집의 담을 넘어 남의 물건을 탐내는 형상으로 간주한다.	**능압살** 도심 속에 덩치 큰 고층건물이 둘러싸게 됨으로써 답답함을 느낀다. 마치 절벽 앞에 서 있는 것과 같다.

풍수적으로 논한다는 것은 풍수적 용어를 동원해서 기운 차원의 생기와 살기적 관점에서 논하는 것을 말한다. 앞의 글『임원경제지』에서 언급된 문로, 즉 동선에 영향을 주었던 산과 수는 현대도시에서 주변의 건물과 도로로 대체될 수 있다고 본다. 이런 점에서 풍수이론 중의 사론(砂論)이 등장하게 된다. 산을 줄기적 대상으로 하여 보는 이론이 용론이라면 산을 봉우리 위주로 별에 비유하여 보는 이론이 사론이다.

도심에 있는 각 건물들은 각자 생존을 위해 자신을 드러내야 하므로 아주 자극적이고 강렬한 형태를 추구한다. 이 점이 살기가 많은 도시환경을 만드는 데 일조를 하고 있는 것이다. 자신도 기운을 뿜어내지만 주변 건물들에 의해서 생기도 받고 살기도 받는 것이라고 할 수 있다. 현대도시 속에서 사론에 근거하여 주변 건물들에서 나오는 살기, 즉 건물살(建物殺)을 살펴보면 대표적으로 모서리살, 첨탑살, 규봉살, 능압살, 풍살 등이 있다.

도심의 건물들이 경쟁적으로 자신을 드러내기 위해 자극적 형태를 취하는 상황에서 과연 살기가 아니라 생기를 받는다는 것이 가능할까? 가능하다면 어떠한 경우가 이에 해당될까?

산을 건물로 보는 동시에 건물을 인간과 같이 생태계 속 살아 있는 존재로 볼 수 있다. 한 건물이 주변 건물의 생기를 받으면 번창할 것이고, 주변 건물에 의해서 살기를 받으면 망할 것이다. 특정한 용도의 건물이 잘 생존하기 위해서는 주변 건물의 용도를 잘 살펴 자리를 잡아야 한다. 이것은 용도풍수의 외적 조건에 대한 것이다.

다음으로 각 용도에 따라 잘 작동하도록 간판이나 출입문, 내부 동선, 가구 배치, 실내장식 등이 이루어져야 한다. 이것은 용도풍수의 내적 조건에 대한 것이다. 용도풍수는 용도에 따라 입지를 비롯한 외적으로 요구되는 것이 각기 다를 수 있으며, 내적 요소의 적용도 각기 다르게 해야 하는 것이다. 용도에 관계없는 절대적 명당이 아니라 용도에 따라 다른 성격을 가진 상대적 명당을 주장한다.

기존 건축법에서는 안전, 공익적 차원에서 비슷한 유형끼리 묶어 28가지 용도로 분류하고 있다. 풍수에서 그 분류기준을 그대로 받아들여 용도풍수에 적용하기는 다소 어려운 점이 있다. 풍수는 순전히 기운의 관점에서 용도를 보아야 하기 때문이다. 예식장, 극장, 종교시설의 교회당, 성당을 사례로 본다면 건축법에서는 서로 다르게 분류하지만 용도풍수에서는 이벤트를 통해서 기운을 얻고 운영된다는 측면에서 모두 동일한 기운을 가진 용도로 분류할 수 있다. 용도풍수가 정립되기 위해서는 면밀한 연구를 거쳐 건축법과 다른, 풍수를 위한 용도분류가 따로 이루어져야 할 것이다.

우리 시대의 풍수가 '풍수지리'가 아니라 '풍수'가 되어야 함을 강조한 것은 지기에 치중하는 전통풍수의 한계를 극복하기 위해 요구되는 것이다. 지기에 치중하는 묘지풍수가 풍수고전 『장경』에서 출발하여 『인자수지』로 결실을 맺었다면, 건축풍수는 『황제택경』에서 『양택십서』[19]로 연결되었고, 한국의 건축풍수는 『한정록』, 『산림경제』, 『증보 산림경제』, 『임원경제지』 등의 고전으로 연결되고 있다고 할 수 있다. 바로 이러한 인식에서 건축풍수, 도시풍수의 이론정립이 묘지풍수이

---

19 王君榮, 앞의 책.

론과 다르게 진행될 수 있고 다르게 진행되어야 함을 주장할 수 있는 것이다.

VI. 도시풍수

대도시 부분을 위성사진으로 확대하면 간혹 산과 물이 보이지만 건축물과 이 방향 저 방향으로 난 도로가 서로 관계를 형성하며 얼기설기 결합되어 있는 모습을 볼 수 있다. 도시를 형성하는 개개 건축물에 대해서는 이미 '건축풍수'에서 언급하였다. 물론 건물이 군집을 이룰 때 개개의 건축물로 보는 건축풍수와는 다르게 도시적 관점에서 보아야 하는 것과, 단일 건축물이라고 하더라도 도시적 관점에서 보아야 할 것이 있을 수 있다. 하지만 이 글에서는 도시를 이루는 여러 요소들 중에서 도로에 관해서 집중 거론하려 한다. 도시계획시설 중에서 도로는 매우 중요한 부분을 차지하기 때문이다.

현대사회에서 살기 좋은 도시가 되기 위해서는 자연환경 못지않게 경제적 풍요가 매우 중요한 요건이 된다. 도시풍수적 개념에서 경제 활성화를 위해서 어떠한 처방을 내놓을 수 있을 것인가? 도시를 여러 지구단위적 명당이 모인 다핵적 구조로 볼 것인가, 아니면 중심핵을 두고 그 주위로 확산된 구조로 볼 것인가? 이런 것들은 각각의 도시적 성격에 따라 다를 수 있다. 서울과 같은 대도시는 명동과 같은 중심핵이 있지만 여러 지역에서 동시다발로 활발한 경제활동이 일어나는 지역이다. 반면에 지방에서는 대도시나 중소도시 할 것 없이 모두가 경제적 침체상황을 면치 못하고 있다.

지방도시의 경제 활성화를 위해 풍수가 어떠한 역할을 해줄 수 있을 것인가? 도시의 기운을 모으고 부흥을 이루기 위해서 우선 중앙로[20] 살리기부터 해야 한다는 제안을 할 수 있다. 경제활동 인구가 적은 곳에서 다핵적 구조를 지향할 경우

---

20 어느 도시를 가든 중앙로라 불리는 곳이 있다. 그곳은 과거부터 현재까지 중앙로인 것이다. 그곳에 우선 기운이 모이게 하고 그것이 확산되어 나갈 수 있도록 도시환경을 조성해주어야 한다는 것이다.

상권이 분산되어 더 맥없이 무너진다. 그래서 지방도시에서 우선해야 할 것은 중앙로를 상대적 명당으로 꾸며 어떻게 인기가 흩어지지 않고 모이게 하여 중앙로로부터 경제가 살아나고 활성화되도록 할 것인가에 주력하는 것이다.

기운의 집산문제(集散問題)는 생기·살기의 관점에서도 거론할 수 있다. 전통 풍수이론에 의하면 기운이 흩어지는 것은 살기가 많기 때문이고 기운이 모이는 것은 생기가 있기 때문이다. 그러면 도시 속에 기운을 모으려면 풍수적으로 어떠한 처방을 할 수 있는가? 우선 도심 속을 빠른 속도로 달리는 차량들에 의해 많은 살기가 발산된다는 것을 인식해야 한다. 살기가 등등한 곳은 인적이 드물고 기운이 모이지 않는다. 중앙로를 살리기 위해서는 생기가 있는 거리로 만들어야 하는데 우선 중앙로의 선형을 생룡이나 곡생수처럼 구불구불하게 조정해야 한다. 용이든 물줄기든 도로든지 간에 구불구불한 것은 생기, 직선으로 빠르게 뻗어나가는 것은 살기로 요약할 수 있다. 『증보산림경제』에는 문로, 즉 동선의 생기와 살기에 대한 내용이 있어 살펴보고자 한다.

문로는 굽이굽이 집을 향해 오는 것이 길하다. 주택의 서남방에 큰길이 있으면 길하다. 가장 꺼리는 것은 문을 향하여 길이 곧장 뻗어서 문을 뚫고 나가는(衝破) 형상이다. 내 천(川) 자 형상으로 집을 뚫으려 하는 것을 꺼리고 또 정자형(井字形)을 꺼린다. 사방으로 통하는 길에 문이 바짝 다가서 있는 것과 두 갈래 길이 문을 끼고 있는 것, 문 앞에서 길이 교차하는 것, 두 개의 길이 가로 놓이고 하나의 길이 두 길을 뚫고 지나가는 것이 있는데 모두 불길하다.[21]

수론에 근거해 도로를 물줄기에 비유하면 도로의 선형과 자동차의 운행빈도에 따라 그 강도가 결정되는 도로살(道路殺)이 발생하게 된다. 도로살이 강한 곳은 교통사고가 집중되는 곳이기도 하다. 그 도로에 면한 상가가 적절한 강도의 기운

---

21 서유구, 앞의 책. 175.

인 생기를 받으면 대박이 날 것이고 과도한 기운인 살기나 미흡한 기운인 사기를 받는다면 쪽박을 찬다는 것이다.

중앙로의 선형을 구불구불하게 조정한 그 다음 단계는, 중앙로에 접속되는 다른 도로에 의해 만들어지는 곳곳의 교차로의 성격을 파악하고 그 성격에 맞는 용도의 배치로 기운을 모으는 일이다. 교차로는 도로의 기운이 멀리까지 퍼져 나아가기 위한 결절점이다. 그 결절점은 높이 자란 대나무에 있는 마디와 같은 것이다. 도로가 교차로가 없이 직선으로 멀리 뻗어 있기만 하다면 차량은 멀리까지 달릴 수 있을지 모르나 지역경제에 도움을 주는 인기를 모을 수는 없다. 경제 활성화의 측면에서 보면 그 도로변의 상가들은 경제적 힘을 받지 못하고 모두 죽어버리기 때문에 특정 상권의 기운이 확산되기 어렵다는 것이다.

교차로는 기운을 모이게 하는 곳이면서 기운을 분산시키는 곳이기도 하다. 교차로의 기운을 풍수적으로 판단할 때 많은 변수를 고려해야 한다. 일방향의 도로라면 물줄기와 동일한 개념으로 볼 수 있지만 양방향도로일 경우는 물줄기를 놓고 판단할 때와는 매우 다른 상황이 된다. 도로에서는 하나의 도로가 자동차의 동선에 따라 반궁수가 되기도 옥대수가 되기도 한다. 같은 장소에 있는 상점이라도 생기와 살기가 동시에 미치는 경우가 발생한다는 것이다.

중앙로 상의 교차로 기운을 효율적으로 관리하기 위해서는 각 교차로에서 생기와 살기의 기운조절계획을 잘 세워야 한다. 교차로로 가장 흔한 형태가 삼거리와 사거리인데 우선 중앙로 상에 삼거리가 있다고 보고 그곳에서 차량통행에 의해 드러나는 생기처와 살기처를 살펴보자.

도로살의 이론은 수론과 마찬가지로 직충수살과 반궁수살의 이론을 바탕으로 전개할 수 있다. 직충도로살은 막다른 골목 끝집이나 삼거리 중심위치에 있는 곳에 미칠 가능성이 높고, 반궁도로살은 좌회전이 있는 곳에 발생하는 것이다.

그림의 ①번 지점은 B차량 동선의 옥대수 측에 위치하기 때문에 생기를 받는다고 할 수 있다. ②번 지점은 D차량 동선의 옥대수 측임과 동시에 C차량 동선의 반궁수 측에 자리하고 있어 D로부터 생기, C로부터 살기를 동시에 받는다. ③번

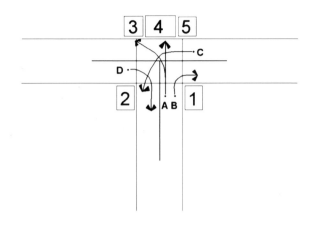

그림8 삼거리 교차로에서 도로살
4번은 곧바로 달려오는 차량에 의한 직충도로살.
2번과 3번은 건너편에서 좌회전 신호를 받고 달려오는 차량에 의한 반궁도로살을 받게 된다.

지점은 A차량 동선의 반궁수 측에 위치하여 살기를 받는다. ④번 지점은 A차량 동선에 의한 직충살을 받는다. 반면에 ⑤번 지점은 차량동선에 의한 생기도 살기도 받지 않는다. 그래서 ⑤번 지점은 생기·살기와 관계없이 '자기하기 나름'으로 번창할 수도 쇠락할 수도 있는 것이다.

정리하면 생기만 받는 곳은 ①번, 살기만 받는 곳은 ③번과 ④번인데 ③번이 반궁수살, 즉 좌회전도로살을 받는 곳이고 ④번이 직충살을 받는 곳이다. ②번 지점은 생기도 받고 살기도 받는다.

①번에서 ⑤번까지 다섯 개 상점이 삼거리에 위치하고 있다고 가정할 때 가장 유리한 상점은 생기만 받는 ①번이 된다. 그다음으로 ②번과 ⑤번을 놓고 판단해야 한다. 하지만 생기 또는 살기를 주고받는 것이 단순한 산술적 계산처럼 1+1이 반드시 2가 되는 그런 식이 아니다. 생기1과 살기1을 주고받는 질(質)과 양(量)의 계산은 1이 될 수도 3이 될 수도 있고, 그 이외의 값으로 나타날 수도 있다. 그래서 ①번에서 ⑤번까지 상점이 있다고 가정할 때 단순히 도로살 이론에 근거해 유불리를 따져 줄 세울 수 있는 것이 아니다. 명확한 것은 ⑤번에 비해 ②번 지점에

서 기운의 변화가 심하게 일어난다는 것이다. ②번에서는 생기와 살기가 같은 강도로 동시에 있다고 해서 +(플러스)와 -(마이너스)로 서로 상쇄되는 것이 아니라 시간대별 또는 지역별로 생기와 살기가 변화무쌍하게 들락날락할 것이다.

그런 점에서 ②번이 ⑤번보다 나을 수도 못할 수도 있는데 그것은 ②번이 받는 생기와 살기의 강도를 비교해 보아야 한다. 현장에 가서 살펴볼 때 생기 〉 살기일 경우는 ②번이 ⑤번보다 낮고, 살기 〉 생기일 경우는 ②번이 ⑤번보다 못하다는 결론을 내릴 수 있다. 생기와 살기의 강도 비교는 D차량의 운행량과 C차량의 운행량을 비교하여 산출할 수 있다. 그다음 ③번과 ④번을 비교할 때는 직충살의 강도가 좌회전도로살보다 더 강한 것으로 판단한다.

하지만 살기를 받는 상가라고 해서 반드시 나쁜 곳이라고 할 수는 없다. 어떤 용도의 상가는 오히려 살기를 적절히 받아야 대박이 나는 경우가 있다. 특히 가장 강한 살기인 직충살을 받는 ④번의 경우에 삼거리 전체의 기운을 장악할 수 있는 곳으로 대박을 터뜨릴 가능성이 높다. 다만 ④번 상점의 기운이 직충살과의 경쟁에서 이겨내지 못한다면 쪽박을 찰 각오를 해야 한다. 국회의사당, 광화문, 지방의 철도역사는 대개 삼거리 직충살을 받는 위치에서 삼거리를 장악하며 군림한다. 교차로 각 지점의 용도를 결정함에 있어서도 용도풍수적 관점이 동원되어야 한다.

용도에 따라 위치를 다르게 선택해야 한다는 것은 용도풍수에서 말하는 것인데 ②번은 생기와 살기가 들쑥날쑥하면서 죽었다 살았다를 반복하는 곳으로 올바른 기운을 가진 곳이라고 하기가 어렵다. 그래서 용도풍수에서는 이런 곳을 두고 복권판매점에 적합한 명당으로 꼽는 것이다.

삼거리 교차로에서 기운의 정산(定算)을 해 보자. 생기와 살기의 강도가 상대적으로 엇비슷하다고 보고 평면적으로 합해보면 살기가 3개, 생기가 2개가 된다. 그래서 삼거리는 살기가 더 많은 곳이고 좌회전에 의한 좌절의 기운을 가진 다소 우울한 거리로 간주되는 것이다. 물론 중앙로 삼거리의 상권은 단지 도로살에 의해서만 좌우되는 것이 아니라 지역의 성격, 경제적 수준 등도 고려해야 한다. 특히

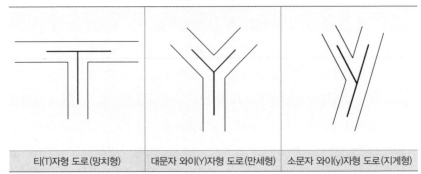

표5 도로의 유형

티(T)자형 도로(망치형)	대문자 와이(Y)자형 도로(만세형)	소문자 와이(y)자형 도로(지게형)

도로살에 대한 판단도 삼거리의 유형에 따라 달라질 수 있다. 삼거리의 유형은 세 개의 도로가 서로 교차하는 각도, 지형경사 조건, 교통량 등이 종합적으로 검토되어야 한다는 것은 당연한 주장이다.

이제 사거리 교차로의 경우도 살펴보자. 사거리를 도로살의 관점에서 살펴보면 삼거리에 비해서 오히려 단순하다. 사거리에서 각 모서리에 있는 상가는 균등한 기운을 받는다. 그림에서 A, B, C, D의 지점은 생기도 받고 살기도 받는다. 일본이나 영국은 자동차가 좌측차선으로 한국이나 미국은 자동차가 우측차선으로 통행하는데 한국이나 미국을 기준으로 살펴보자.

4차선 도로상에 우측 1차선 ①, ③, ⑤, ⑦에 좌회전 신호를 받기 위해 자동차가 줄지어 서 있다고 가정한다. 그래서 좌회전 신호가 떨어질 때마다 ①번에서 대기하던 차량은 C로, ③번에서 대기하던 차량은 D로, ⑤번에서 대기하던 차량은 A로, ⑦번에서 대기하던 차량은 B를 향하여 좌회전을 하게 된다. 그때 A, B, C, D의 지점은 반궁수 측에 자리하고 있어 도로살을 받는다. 사거리 교차로에서는 일정하게 좌회전이 있는 곳에 반드시 도로살을 받게 된다. 이를 두고 '좌회전도로살의 원칙'이라 한다.

사거리의 각 상가에서 받는 '좌회전도로살'을 선으로 연결하면『중보산림경제』에서 언급한 정자형(井字形) 또는 만자형(卍字形)이 되는데 이를 두고 만자살(卍字

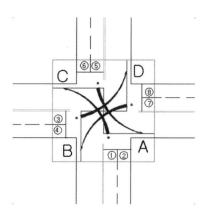

그림9 사거리 교차로에서 만자살
①③⑤⑦차선의 차량동선에 의해 살기, ②④⑥⑧차선의 차량동선에 의해 생기

殺)이라고 지칭한 것이다.『증보산림경제』에서 말하는 정자살(井字殺)은 집이 도로 중간에 고립된 채 사방이 도로에 노출된 것을 의미한다. 이 글에서 말하는 정자(井字)는 그림에서 일종의 샤프 표시(＃)로 차량동선에 의해서 사거리 중앙에 그려지는 문양을 말한다. 차량이 우측통행인 한국과 같은 곳에서는 만자살이지만 일본이나 영국의 차량이 좌측으로 통행하는 도로구조에서는 한국, 미국과는 반대로 '우회전도로살의 원칙'이 적용된다. 그래서 일본이나 영국 같은 곳에서는 나치문양살(卍)이 된다. 좌회전도로살의 원칙은 앞에서 언급한 삼거리에서 똑같이 적용된 것이다.

②, ④, ⑥, ⑧의 차선에 서 있는 차량은 직진이나 우회전을 하게 된다. 사거리에서 직진은 그냥 지나가는 통과차량이므로 삼거리처럼 직충살을 주지는 않는다. ②, ④, ⑥, ⑧의 차선에 서 있던 차량이 우회전 할 경우 각 모서리를 끼고 회전하기 때문에 옥대수형의 차량동선을 그리게 된다. 그래서 각 모서리의 지점에 대하여 생기를 공급한다고 볼 수 있다. 요약하면 사거리에서 좌회전이 있는 곳은 살기, 우회전이 있는 곳은 생기가 공급된다. 그래서 사거리에서 4개의 모서리에 있는 상점이라면 모두 생기와 살기를 동일하게 받는다고 할 수 있다.

사거리 전체로 보면 살기 4곳, 생기 4곳으로 생기와 살기의 정도가 같다. 각 지점의 생기와 살기의 질과 양이 모두 같다고 한다면 사거리는 매우 안정된 기운을 가지고 있다고 할 수 있다. 이런 점에서 삼거리가 좌절의 기운으로 약간 음산한 기운이 감돈다고 한다면 사거리는 음양의 기운이 조화를 이룬 안정된 교차로라 주장할 수 있다. 그렇지만 교차로의 기운 파악이 그리 간단하지 않기 때문에 문제가 발생하는 것이다.

예를 들어 중앙로 사거리 모퉁이에 상점 하나가 있다고 해 보자. 생기와 살기도 모두 받는다고 할 때 생기와 살기의 강도가 반드시 같을 수는 없다. 생기와 살기가 전혀 없는 경우와 전혀 다른 상황인 것이다. 생기와 살기의 강도가 같다고 가정하더라도 생기도 없고 살기도 없는 곳과는 다르게 생기와 살기가 동일 시간에 같이 와서 서로 상쇄되는 것이 아니므로 모퉁이 상점에서는 기운의 변화가 다양하게 일어나는 것이다. 그렇다고 하더라도 대체로 사거리의 기운을 현장에서 살펴보면 다른 형식의 교차로에 비해서 비교적 들어오고 나가는 기운의 강도가 비슷한 균형적인 교차로임을 알 수 있다. 이것은 교차로가 비교적 평평한 지대에 형성되어 있고 교차각이 직각에 가깝고 네 모서리의 필지 크기가 비슷하며 비슷한 규모의 건물이 자리하고 있다고 가정할 때 얻어낼 수 있는 결론이다.

중앙로 사거리 교차로에서 기운이 모이고 상점이 활성화되기 위해서는 교차로의 모양이 반듯하고 각 모서리가 균형을 이루는 것이 좋다. 교차로 4곳에 건물의 규모가 비슷하고 비슷한 용도의 건물이 서 있을 경우 일종의 '모닥불 효과'라 하여 그곳의 기운이 '1 × 4 = 4'로 그치는 것이 아니라 2배가 되든가 몇 제곱의 상당한 시너지 효과를 거둘 수 있다.

그런데 중앙로의 교차로 중에서는 이런 조건을 갖춘 곳을 찾기가 어렵다. 중앙로는 대체로 역사가 아주 오래되고 오래 전부터 지방의 중심상권이 형성되어 있던 곳이기 때문에 중앙로에 접한 좁은 골목들은 비정형적으로 사거리 교차로로 입구를 내밀고 있는 경우가 많다. 큰 도로만 보면 분명히 사거리라고 할 수 있으나 교차로의 각 모서리를 자르고 들어가는 이러한 골목까지 계산에 넣으면 오거리나 육거리가 되는 경우가 많다는 것이다. 이 경우 교차로의 기운이 그쪽 골목으로 새어나가기 때문에 모닥불 효과는 반감되기 쉽다. 도시계획적 측면에서 강력한 중심핵 상권을 이루기 위해서는 이러한 교차로 부분의 정리가 필요한 것이다.

그 외에 중앙로 사거리의 교차로는 교통 혼잡도가 매우 높아 이를 조정하기 위하여 간혹 좌회전 금지차선을 두게 된다. 이렇게 되면 교차로에서 또 변수가 생기기 때문에 각 모서리에 위치한 상점에서는 여러 기운의 변화를 맞이하게 된다. 직진, 우회전이 금지되는 경우도 있고 지하도의 신설이나 횡단보도의 설치 등으로 사거리는 삼거리 교차로 이상의 변화무쌍한 기운의 교차로가 되는 것이다.

이외에 교차로 기운의 성격을 판단하기 위해서는 도로의 경사도나 경사방향도 고려해야 하고 도로상에 주행하는 자동차의 통행량도 참고해야 한다. 전국 사거리를 몇 개라도 조사해 보면 전국 산천의 모양이 각기 다른 것처럼 동일한 것이 없다. 교차로에서는 이 모든 것을 종합적으로 고려하고 판단해야 한다. 도시계획적 차원에서 중앙로의 상권을 살리기 위한 삼거리와 사거리 교차로의 정비를 시행할 때는 반드시 이러한 도로풍수적 측면을 고려하여 접근할 필요가 있다고 주장하는 것이다. 각각의 위치에 맞는 토지 활용계획을 세우고 적합한 용도에 배치해야 중앙로 교차로의 기운이 살아나고 사람도 모이며 경제도 살아난다.

용도풍수에서 큰산용도와 의지용도의 관계에서 도로나 동선을 볼 때는 동선의 시작과 타깃의 연결선의 성격을 다루는 용론적 개념이 중요하였다면 교차로에서 거론되는 것은 수론의 옥대수와 반궁수에 대한 것이다. 도로에 관해 이야기를 하더라도 어떠한 기운을 위주로 보느냐가 중요한 것이지 눈에 보이는 물리적 대상인 도로 그 자체가 중요한 것이 아니다. 똑같은 도로를 보더라도 어떤 경우에 용론적 접근을 하고 어떤 경우에는 수론적 접근을 해야 하는 것이 바로 풍수이론의 한 단면이다.

특정 도시가 매력적이고 경쟁력이 있는 도시가 되는데 풍수가 기여할 수 있는 부분은 문화재풍수로 역사풍수적 관점에서 접근하는 것이다. 과거가 국가 간 경쟁시대였다고 한다면 이제는 국제적 수준에서 도시 간 경쟁시대가 되었다고 할 수 있다. 지금까지 생존풍수나 명당풍수적 관점에서 접근한 도시는 그곳에 거주하는 사람을 중심으로 생각한 것이었다면 문화재풍수나 역사풍수는 관광객으로 방문하는 사람을 중심으로 생각한 것이다. 지방자치단체의 시장이라면 그 지역의 유형적 문화재나 무형적 역사가 공업단지를 새로 조성하는 것 이상으로 가치가 있는 것임을 먼저 인식해야 한다.

한편 의식 있는 시민이라면 경쟁적으로 산업단지를 유치하기 위해 노력하는 것이 선거를 위한 일시적인 것일 뿐이지 도시의 대외적 경쟁력과 도시적 정체성을 구축하는 것에는 그리 도움이 되지 않는다는 사실을 인지할 필요가 있다. 개발 공약들은 오히려 자연환경을 열악하게 하거나 지나친 개발로 앞으로의 가능성을 담보하고 있는 여유지(餘裕地)를 없애는 결과를 초래할 가능성이 높다.

문화재풍수는 문화재가 있게 된 의미를 부여하고 그 배경을 재미있게 설명하여 풍부한 이야깃거리를 만들어내는 역할을 한다. 그런 측면에서 문화재풍수는 모든 역사적 유적을 대상으로 하는 것이기 때문에 앞으로 묘지풍수가 나아가야 할 방향을 제시하는 것이다. '사연이 없는 무덤이 없다'는 말도 있지 않은가?

한편 역사풍수는 과거의 여러 사건들을 재조명하여 그 도시만의 특별한 이벤트를 만들어낸다. 자연과 문화재가 있는 장소에 문화재풍수를 통해 의미를 부여하고 재미있는 이야깃거리를 만들어내며, 역사풍수를 통해서 각종 축제 등의 이벤트를 만들어내는 것이 경제적 측면이나 도시 활성화의 측면에서 아주 중요한 것이다. 이런 것들이 모여 도시의 정체성을 만들어가고 도시의 경쟁력을 강화하게 된다.

도시풍수의 이론은 아직 정립되지 못한 것이 사실이다. 도시풍수를 도시계획시설에 근거한 용도풍수, 자연환경과 역사성에 근거한 경쟁력 있는 도시를 만들기 위한 특징적(identical) 풍수로 발전시켜야 할 것이다.

Ⅶ. 결론

한국전통풍수의 맥이 묘지풍수로부터 면면히 이어져 왔다는 사실을 누구도 부인하기는 어렵다. 하지만 '우리 시대에도 풍수가 필요한가?'라는 근본적인 질문에 답하기 위해 묘지풍수의 관성에서 벗어나야 한다는 것도 거부할 수 없는 현실적 과제이다.

풍수는 과학적인 내용을 담고 있음과 동시에 미신적인 내용을 담고 있다. 그런 면에서 미신적인 내용을 탈피하고 과학적인 접근을 해 나가야 한다는 것도 당연한 주장이다. 하지만 그러한 좁은 의미의 과학의 틀 속에 풍수를 가두어서도 안 될 것이다. 그러한 의미에서 이 글은 풍수라는 것을 우리 시대적 관점에서 어떻게 볼 것인가에 대해 다음의 주제와 몇 가지 견해를 다루고 있다, 첫째, 풍수는 발복에 목적이 있는 것이 아니라 경험과 통계의 과학이다. 둘째, 풍수가 기(氣)를 다루는 과학이라 할 때 일반적으로 말하는 자연과학과 다른 점이 무엇인지에 대한 것이다. 셋째, 그런 풍수가 속한 과학을 어떻게 정의할 것인지에 대한 것이다.

풍수과학은 과학적 도구를 이용하여 입증하는 것이 아니라 인간의 오감으로 감지하여 납득과 공감을 얻어내는 것으로 주장하였다. 그래서 풍수에서 말하는 기를 납득과 공감의 기, 즉 '납공기'로 정의하였다. 그다음 풍수를 여러 분야로 세분하고 건축풍수에서 각 용도별로 요구되는 풍수를 '용도풍수'라고 이름을 붙였다. 용도풍수는 건축풍수나 도시풍수에서도 각기 적용될 수 있다. 건축에는 건축물의 용도가 있고 도시분야에는 도시계획시설의 용도가 있는 것이다.

풍수를 대중적으로 납득과 공감을 불러일으키는 대상으로 만들기 위해서는 음양오행론 등의 어려운 이론으로 이야기를 시작하기보다 풍수의 요체인 생기와 살기의 관점에서 먼저 거론해나가는 것이 더 나은 경우가 있다. 풍수가 다룰 수 있는 여러 종류의 생기와 살기가 있을 수 있으나 풍수는 특히 산수의 생기와 살기를 다루는 것이다. 산을 용으로 볼 때는 생룡, 사룡, 살룡으로, 산을 별로 볼 때는 길성과 흉성으로 구분해서 본다. 물을 선형적 운동체로 볼 때 직충수, 옥대수, 반궁수로 구분한다.

　도시풍수는 건축풍수와 또 다른 분야인데 국제적 도시 간 경쟁에서 경쟁력이 있는 도시를 만드는 데 일조를 하는 것이어야 한다. 도시풍수에서 주요하게 다루어야 하는 것이 환경풍수, 생존풍수, 상대적 명당풍수, 문화재풍수와 역사풍수이다.

　우리 시대의 풍수를 빨리 정립시키기 위해서 다음의 세 가지 중요한 문제를 해결하여야 한다. 첫째, 그동안 묘지풍수 위주로 뭉뚱그려 보던 시각을 탈피하여야 한다. 둘째, 풍수분야를 좀 더 세련되게 분화하고 풍수이론을 정립해야 한다. 셋째, 풍수를 현대에 적용 가능한 분야로 만들기 위해서 풍수의 분야를 세분화하고 각 분야의 전문가를 양성하는 것이 필요하다.

辜託長老, 1911. 改良入地眼全書, 上海江東書局,

王君榮. 중화민국66년. 陽宅十書. 鼎文版古今圖書集成. 鼎文書局. 7004-7043.

강촌. 1995. 혈맥. 도서출판 인화.

김광언. 2003. 풍수지리. 대원사.

김두규. 2007. 13마리 용의 비밀. 랜덤하우스코리아.

김원모. 1988. 건청궁(乾淸宮) 메케전등소(電燈所)와 한국최초(韓國最初)의 전기(電氣) 점등(點燈)(1887). 사학지(史學志) 제21집. 단국대학교 사학과. 207.

김재근. 2001. 땅의 신학-구양 창조신학과 한국풍수사상을 중심으로. 한일장신대학교 대학원 석사학위논문.

김종록. 2006. 소설풍수. 나남출판사.

김창택. 1994. 동양(東洋) 풍수사상(風水思想)에 비추어 본 고대(古代) 이스라엘의 땅 이해(理解)- 길지(吉地)와 복지(福地)에 관한 연구. 목원대학교 석사학위논문.

무라야마 지준. 최길성 옮김. 1990. 조선의 풍수. 민음사.

박영한. 1994. 현대의 연금술 풍수지리(風水地理)해부 - 아직도 명당(明堂)을 찾으십니까. 신동아(新東亞) 제37권 7호, 통권418호. 동아일보사.

서선계, 서선술. 1922. 인자수지(人子須知). 상해: 금장도서국.

서수용. 1999. 안동 하회마을을 찾아서. 민음사.

서유구. 안대회 옮김. 2009. 산수간에 집을 짓고. 돌베게.

손정희. 2000. 풍수와 한국문학. 세종출판사.

신월균. 1994. 풍수설화. 밀알.

윤구병. 1994. 바람도 바람 나름 물도 물 나름 - 최창조씨가 쓴 풍수관련 책들을 읽고. 창작과 비평 봄 제22권 제1호. 창작과 비평사.

윤승운. 2001. 청소년이 꼭 읽어야 할 한국대표 단편소설 28선 · 김동리, 황토기. 글동산.

이문호. 2014. 明堂. 엔자임하우스.

이문호. 2003. 펭슈이 사이언스. 도원미디어.

이병도. 1948. 고려시대(高麗時代)의 연구(硏究) - 특(特)히 지리도참사상(地理圖讖思想)의 발전(發展)을 중심(中心)으로. 을유문화사.

이청준. 2007. 선학동나그네. 문이당.

장장식. 1995. 한국(韓國)의 풍수설화(風水說話) 연구(硏究). 도서출판 민속원.

조인철. 2007. 부동산생활풍수. 평단문화사.

조인철. 2008. 우리시대의 풍수. 민속원.

최창조 역주. 1993. 청오경 · 금낭경. 민음사.

최창조. 1993. 땅의 논리 인간의 논리. 민음사.

최창조. 1998. 한국의 풍수사상. 민음사.

하태혁. 2003. 맥페이그와 한국풍수사상의 자연관에 대한 신학적 연구. 한남대학교 대학원 석사학위논문.

홍만선. 민족문화추진회(역). 1982. 산림경제. 솔.

홍승기. 1994. 고려초기(高麗初期) 정치(政治)와 풍수지리(風水地理). 한국사시민강좌(韓國史市民講座) 제1호 제14집. 일조각.

Searching of Modern Pungsu
about an Architecture and a City:
How will Pungsu develop for Architecture and City?

Zho, In-Choul

Professor of Oriental Science Department
Wonkwang Digital University, professor49@naver.com

Keywords: road, use, city, architecture, environment

No one can deny the fact that traditional Korean Pungsu (風水) has been come down from tomb-Pungsu (墓地風水). However, we must get away from tomb-Pungsu in order to answer the question about the necessity of Pungsu in modern era.

Pungsu can be defined as a study that contains both scientific and superstitious contents. In this aspect, it is very natural to suggest that the approach to Pungsu should be in a scientific way instead of superstitious contents. However, at the same time, we should not limit the range of Pungsu in the narrow sense of science. In that sense, this thesis includes several opinions about how we should understand Pungsu in the view of our generation. First of all, Pungsu is not for a good fortune but for an empirical and statistical science. Secondly, if Pungsu science treats qì (氣), we should define the difference between a natural science and Pungsu. Lastly, the opinion about how we can give a definition for such Pungsu science.

I suggest that this Pungsu science is something that can not be detected by scientific instruments but by five human senses. So I defined Pungsu as Qì (氣) of consent and sympathy, and it is called Nàgòngqì (納共氣, 納得共感之氣). Furthermore, I divided Pungsu into several segments and named it as Yòngtúpungsu (用途風水) which is needed for each functional uses of buildings. Yòngtúpungsu (用途風水) could be adopted to both architectural Pungsu and urban Pungsu. There are architectural uses in architecture and there are uses of urban facilities for field of city planning.

In order to get consent and sympathy from public, it is better to bring up Shēngqì (生氣, vital energy) or Shāqì (殺氣, threatening energy) than yīnyáng (陰陽) or Wǔxíng (五行). There are a lot of types of Shēngqì or shāqì that can be discussed in Pungsu study, however, the theory of Pungsu is particularly focusing on Shēngqì or Shāqì of the mountains and rivers.

The mountains could be divided into three types dragons, Shēnglóng (生龍, dragon giving vital energy), Sǐlóng (死龍, dead dragon), Shālóng (殺龍, dragon threatening).

Also, the mountains could be divided into two types of stars, jíxīng (吉星, lucky star) and Xiōngxīng (凶星, unfortune star). Water, a kind of a linear dynamic object, it could be divided into three types, Zhíchōngshuǐ (直衝水, water making straight moving line), Yùdàishuǐ (玉帶水, water making jades belt) and Fǎngōngshuǐ (反弓水, water shooting an arrow).

Urban Pungsu is another Pungsu part comparing with architectural Pungsu, and it should play a role as a special recipe for making competitive city in an international city competition period. Main subjects of urban Pungsu are environment Pungsu, survival Pungsu, relative Míngtáng (明堂, good fortune place) Pungsu, heritage Pungsu, and historical Pungsu.

In order to establish a modern Pungsu, we should solve the following three important issues. First, we should discard the point of view that mainly regarded tomb Pungsu as an only type for all Pungsu. Secondly, we should divide Pungsuas the several professional types and establish detailed theory for each part of Pungsu. Lastly, I suggest that in order to optimize Pungsu for modern society, it is necessary to train experts for each divided field of Pungsu.

환경풍수의
연구 방법론 시론*

– 풍수연구를 위한 지역기후모델의 역할을 중심으로 –

A Methodological Approach
for Environmental Pungsu Study:
focused on the Role of Regional Climate Model

옥한석

강원대학교 지리교육과 교수

I. 서론

기존의 풍수지리 연구는 우리의 일상생활에 구체적으로 활용되었음에도 불구하고 추상적이고 관념적인 내용이 많았다. 학문 간 융복합연구가 이루어지는 여건이 조성되지 않아 풍수지리의 가장 본질적인 개념인 '생기'에 관한 과학적인 데이터의 수집이 불가능하거나 어려웠기 때문이다. 즉, 과학적인 관측데이터 수집보다는 경관상의 관찰에 의존한 연구가 주류를 이루어 왔다. 경관상의 관찰도 관념적이었지만 계량화시켜 지표를 개발한 바 있다. 이를 '풍수계량화지표'[01](박재락, 2011)라 한다. 이 연구는 육안의 관찰에 의존한 풍수지리 연구를 탈피하여 대상지에 관한 과학적인 환경데이터 수집과 활용 방안을 위한 방법론을 제시하고자 한다.

풍수와 관련된 과학적인 환경데이터는 무엇을 말하는 것인가? 최근의 어떤 풍수지리 연구자(이도원 등, 2014)는 풍수에 생태적인 측면이 있음을, 지종학(2014)은 바람의 세기와 도시환경과의 관계를, 이문호(2001)는 풍수에 에너지적인 측면이 있음을 강조하였다. 옥한석(2008)은 풍수에 미기후적인 측면이 있다고는 했으나 보다 정교한 생태적 개념으로는 발전시키지 못하였다. 생태적인 측면에 관련된 기후, 기상, 토양 데이터 등 과학적 환경데이터 수집이 없었기 때문이다.

이를 위해 기존의 풍수지리 연구자 외에 기후 및 기상학자, 토양학자, 건축학자

---

* 이 연구는 대한풍수연구 제1권 제1호에 게재된 것을 수정, 보완하였으며, 이종범(강원대학교 교수), 지종학(강원대학교 환경연구소 연구위원), 정귀준(강원대학교 박사과정)과 함께 협력한 결과물이다.
01 박재락(2015)에 의하여 이루어졌다.

등이 참여한 융복합연구가 절실히 필요한 시점이다. 풍수경관의 자연환경적 특성 분석과 함께 생태적 의미가 규명되고 풍수지리 연구의 계량적 모델링이 시도되면 일반 사람들이 쉽게 활용할 수 있는 계량적 풍수지도 작성도 가능해질 것이다.

그렇게 된다면 풍수지리가 특정인의 발복에 따른 영화와 치부를 누리는 '제왕학'적인 경험적 지식체계에서 '대중적' 체계로 전환될 수 있을 것이다. 대중적 체계란 대중의 삶을 향상시키는 '건강과 장수'의 체계가 되어야 한다고 제시한 바 있지만(옥한석, 2013) 풍수지리가 건강과 장수에 어떤 영향을 주는지에 관한 연구는 아직까지 없다. 특정 암석이 분포하는 지역에 살고 있는 이들의 집이나 취락에 관해 조사도 하고, 100세 이상 장수인이 사는 마을에 관한 풍수지리적 고찰이 시도되기도 했으나, 기본적으로 풍수지리의 환경요소에 의한 구체적인 측정 데이터가 부족하다.

II. 경관풍수와 미기후모델링의 이론적 기초

육안의 관찰에 의존한 경관 풍수지리 연구를 탈피하여 대상지에 관한 과학적인 환경데이터 수집과 그 활용 방안을 중심으로 하는 방법론은 기본적으로 생태적 방법론이다. 환경결정론, 환경가능론, 적응역학 등으로 자연환경과의 관계를 설명한 베네트(J. Bennett)의 생태적 모델 이론은 풍수지리에도 적용될 수 있다. 풍수지리에 자연과학적인 생태론적 접근방법이 제시되기도 하였고(이도원 등, 2012), 사신사의 풍수지리 모델이 융기와 침식, 유역 내에서 물질의 재분배 과정이 이루어지도록 하여 농경에 활용 가능한 여러 환경조건을 제시할 수 있음을 밝혔지만(박수진 등, 2014) 그 본질에 대한 토의가 부족한 실정이다.

대안으로 옥한석(2007)은 풍수를 인간이 쾌적한 자연환경에 적응하는 하나의 전략으로 보았다. 옥한석(2005)은 기체상태로 대기 중에 존재하는 수중기 혹은 습기가 바람에 의해 잘 순환되어 갈무리되는 곳에 나타나는 것을 '지기'라 보고,

연중 일정한 온도가 유지되며 상대습도의 큰 변동 없이 통풍이 잘 되고 일조량이 상당한 조건을 갖춘 곳에서 인간은 쾌적성을 느낀다고 하였다.

옥한석(2003)은 지기가 넘치는 곳, 이른바 명당은 반개방성, 중첩성, 안정성, 조화성, 균형성의 5가지 특징과 이를 구체화시킨 10가지 조건을 갖춘 곳이라고 하였으며[02] 이러한 조건을 갖춘 곳에 대한 미기후 관측이 요청된다고 하였다. 경관풍수 연구에서 지기를 '연중 일정한 온도가 유지되며 상대습도의 큰 변동 없이 통풍이 잘되고 일조량이 상당한 조건을 갖춘 쾌적성'이라 한다면 풍수는 미기후적 및 지형학적 연구가 되기 때문이다. 이에 따라 옥한석(2007)은 생기가 넘치는 곳을 선정하기 위한 경관풍수적인 조건과 미기후적인 조건의 관계를 그림1과 같이 제시하였다.

경관풍수적인 조건과 미기후적인 조건과의 관계를 밝히기 위한 연구「서울의 기후지형 요소와 왕궁터의 경관풍수적 평가」(옥한석, 2007)에서는 서울시의 기온, 강수량, 풍향, 일조량, 풍속, 지세 등의 자료를 이용하여 한양에서 어느 지역과 왕궁이 생기가 넘치는 곳인지를 구명했다. 다시 말해「서울시 기상특성을 고려한 도시계획기법연구」에 나오는 기후 관측자료를 풍수지리와 관련지어 보았다. 연구 결과, 한양은 6~8월의 강수량이 전체의 59%를 차지하고 연중 상대습도는 65%이지만 7월이 80%로 가장 높으며 4월이 55.8%로 가장 낮았다. 특히 2~4월은 60% 이하의 낮은 수치를 나타내 봄이 제일 건조하다는 것을 알 수 있다.

바람의 풍향과 세기를 고려할 때 한양에는 남풍보다 동풍과 서풍 계열이 많이 불어 양재천 일대와 청계천 일대가 생기 넘치는 조건을 제대로 갖춘 곳이 된다. 서해의 대해와 한강을 거슬러 불어온 서북풍이 사당천, 양재천 일대를 지나 득수

---

02 10가지 조건으로 옥한석(2005)은 (1) 특정 사이트에서 앞을 바라보았을 때 시야가 반쯤 열리고 안산과 조산을 이루어내는 산줄기가 3겹 이상 펼쳐지는가?(안산과 조산, 들) (2) 특정 사이트에서 앞을 바라보았을 때 안산과 조산 산줄기 사이로 작은 하천, 큰 하천이 차례로 에워싸고 있으며 수구가 막혔는가?(물길과 수구) (3) 특정 사이트에서 앞을 바라보았을 때 안산과 조산 산줄기 상에 상징적인 산봉우리가 나타나는가?(산모습) (4) 특정 사이트에서 앞을 바라보았을 때 안산과 조산 산줄기의 간격이 어떠한가?(짜임새) (5) 특성 사이트에서 앞을 바라보았을 때 좌우대칭적인 방향은 어떠한가?(정향) (6) 특정 사이트에서 뒤를 보았을 때 조산에서 주산, 주산에서 특정 사이트까지 산줄기의 흐름이 뚜렷한가?(용의 흐름과 입수) (7) 특정 사이트에서 뒤를 보았을 때 주산이 뚜렷하고 안정적인가?(주산) (8) 특정 사이트에서 좌우를 보았을 때 에워싸고 있는 산줄기가 좌우 양쪽에 있는가?(좌청룡, 우백호, 각) (9) 특정 사이트에서 좌우를 보았을 때 산줄기가 에워싸며 기복을 보이는가?(산의 앞뒤, 품격) (10) 특정 사이트는 밥공기를 뒤집어 놓은 것처럼 안정된 모습이며 토질이 좋은가?(혈처의 모습) 등의 조건을 제시하였다.

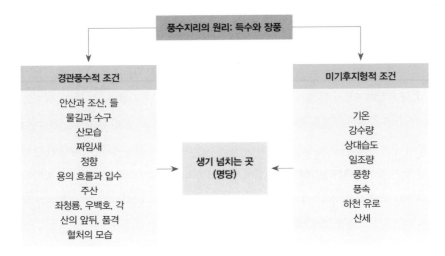

그림1 명당을 찾기 위한 2가지 방법(경관풍수적 조건과 미기후지형적 조건)

가 이루어지며 우면산이 장풍의 기능을 하는 주산이 되고, 왕숙천, 중랑천, 정릉천을 거슬러 북동풍이 부는 청계천 일대는 인왕산이 주산이 되는 것이다. 양재천 일대와 청계천 일대가 장풍과 득수가 이루어져 '지기, 즉 연중 일정한 온도가 유지되며 상대습도의 큰 변동 없이 통풍이 잘되고 일조량이 상당한 조건을 갖춘 쾌적성'이 지속되는 곳이 된다.

이러한 기후지형적 데이터를 경복궁, 창덕궁, 경희궁 등 왕궁터에 대한 경관풍수적 평가[03]와 관련시킨 결과, 경희궁이 경복궁이나 창덕궁에 비해 상대적으로 생기가 더 넘치는 곳으로 나타났다. 그렇지만 정향이 남향인 경복궁을 법궁으로 선정하

---

03 청계천을 명당수로 하는 곳에 경복궁, 창경궁, 창덕궁, 경희궁, 인경궁 등의 궁궐터가 입지한다. 법궁인 경복궁은 북악산을 주산으로 한다. 북악산보다 남산이 80m 정도 해발고도가 높고 실제로 남풍은 연중 거의 불지 않아 득수가 잘 이루어지지 않는다. 특히 좌청룡에 해당되는 타락산이 낮아 동쪽에서 불어오는 바람이 연중 습기를 머금게 되지만 목면산과 우백호 사이가 낮기 때문에 오히려 생기가 흩어지게 된다. 인왕산을 주산으로 하는 경희궁은 북악산이 좌청룡, 남산이 우백호, 타락산이 안산이 되어 이상적인 형태를 이루게 된다. 타락산이 낮아 멀리 아차산이 주작의 역할을 하게 되고 더욱 멀리 용문산이 조산의 역할을 하게 되는 것이다. 양평의 용문산에서 남동방향으로 흘러오는 한강수와 중랑천, 청계천, 성북천을 너머 부는 북동풍은 인왕산 아래에 생기를 머금은 인경궁터와 경희궁터를 이루어놓은 것이다. 안산을 주산으로 한 창덕궁은 명당수가 짧고 협소하여 정궁이 들어서기에는 아주 불리하나 서북풍을 맞이하여 득수가 자연스럽게 이루어진다(옥한석, 2005, 101-105).

였다. 한양의 왕궁터가 기후지형적 요소나 경관풍수적 평가에 따라 비교될 수 있다는 이 연구에서, 생기 넘치는 명당에 대한 연구라면 기후지형적 조사가 활발히 이루어져야 함을 제시한다. 하지만 기후지형 요소가 어떻게 상호 관련을 가지면서 '지기', 즉 '쾌적성(comfortableness)'이 되는지에 대한 개념적 설계는 제시되지 못했다.

Ⅲ. 명당도 설정을 위한 미기후모델링과 적용

1. 명당도 설정을 위한 기상모델링 구축

바람과 물의 순환 개념도를 기초로 하여 강수, 풍향, 풍속, 토양 등의 측정 데이터가 수집된다면 풍수의 생태적 모델 제시가 가능하다고 본다. 물론 그 모델은 바람과 물의 순환 모델 상에서 실현되는 것이다(그림2). '해양에서 증발된 강수가 바람에 의하여 대기 중에 흘러 다니다가 다시 강수가 되어 토양을 침식시키고 이는 지각운동의 영향을 받는다.'는 그림2의 개념도는 풍수연구의 생태적 모델을 제시하기에 충분하다.

명당도 설정을 위한 미기후모델 시스템의 적용을 통해 정성적인 방법에 의한 풍수적 명당 선정 방식을 탈피하고, 기존 명당지역에 대하여 정량적인 기상모델을 이용해 미기후와 생명기상정보를 분석할 수 있다. 또한 명당지역의 미기후와 생명기상조건이 분포하는 이외(여타) 지역에 대한 정량적인 분석이 가능해진다. 특히 공간지리정보 분석을 통한 기존 명당지역의 미기상(기온 및 습도)은 해당지역의 생태계 구성(토양의 비옥도, 생물다양성, 지형에 따른 기상편차, 농작물 생산량 등)에 중요한 요소로 작용되며, 극한기상의 빈도와 시간변화 정보는 생명기상정보를 통한 웰빙(사람이 살기 쾌적한) 지역 파악에 중요한 정보로 활용된다. 이를 위해 정확한 기상정보 분석이 필요하며, 가장 좋은 방법은 조밀한 격자망을 구성하고 해당 지역의 기상을 직접 관측하는 것이다. 하지만 복잡한 지형구조 및 접근성, 예산부족 등의 이유로 직접관측에는 한계가 있으며 이를 보완하기 위해 3차원적

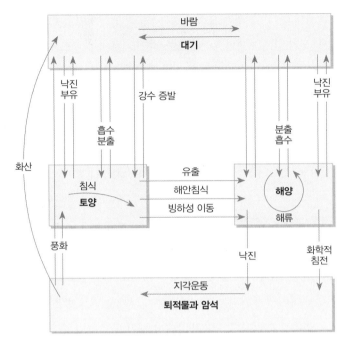

그림2 바람과 물의 순환 개념도
출처: 박동원과 손명원, 1985

인 미기후모델 시스템이 필요하다.

현재 기상을 예측 및 분석하는 모델 시스템은 높은 정확도를 갖추고 있음에도 불구하고 고해상도 격자(1km 이하)의 복잡한 지역에서는 불확실도(오차)가 나타나고 있다. 이를 해결하기 위해 고해상도의 입력자료를 사용하고 복잡한 지역에 적합한 미기후모델 시스템을 구축하여 시스템의 오차를 개선하고 실제 현장에 적용하였다. 풍수의 생태적 모델을 위한 데이터의 수집은 자동기상관측기(AWS, Automatic Weather System) 설치에 의한 기온, 풍향, 풍속 데이터[04], Hobo(일종의

---

04 대상 지역 내의 주요기상을 파악하기 위하여 지역을 대표하는 위치에 10m 높이의 AWS를 설치한다. 측정 기상 요소로 2m 높이의 온도와 일사량, 10m 높이의 기온, 풍향, 풍속을 30분 단위로 관측한다. 그림1은 관측을 위해 설치한 AWS의 전경을 나타내고 있으며, 기록된 자료는 CR10의 데이터로거에 저장되며 정기적인 점검과 데이터 수집을 실시한다.

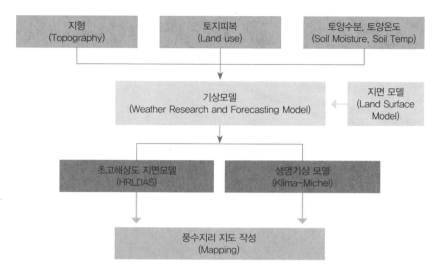

그림3 풍수지리 지도 작성을 위한 미기후모델링과 시스템 모식도
출처: 이종범과 김재철, 2015

데이터로거data logger, 데이터 축적 시스템) 설치에 의한 온도와 상대습도 데이터[05],
센서 설치에 의한 토양수분 및 온도 관측 데이터[06] 수집이 가능하다. 이 데이터를
토대로 미기후모델링 시스템 구축, 실행 및 분석이 이루어지며 절차는 그림3과
같다. 미기후모델링 시스템은 다양한 시공간 해상도의 입력자료를 기본정보로
하여 초고해상도(200m 이하) 격자의 미기후정보를 생산하는 시스템이다.

이를 구축하기 위해 먼저 1초(30m) 해상도의 ASTER GDEM(Advanced
Spaceborne Thermal Emission and Reflection Radiometer Global Digital Elevation
Models) 자료를 사용해 만든 고해상도 지형자료가 기상모델에 입력된다. 미기후

---

05   대상 지역의 기상학적 특징을 파악하기 위해서 다양한 지점의 관측이 필요하다. 따라서, AWS를 주요 지점에
설치하는 것이 가장 바람직하지만, 부지공간 확보 및 비용적인 부분에서 대상 지역을 대표하는 지점 2곳에 AWS를
설치하고, 나머지 기상관측이 필요한 지역에 Hobo를 설치한다. 센서는 온도만 측정하는 장비부터 상대습도, 광량
등 다양한 수기가 추가된 제품이 있다. 이 글에서는 온도와 상대습도를 측정할 수 있는 센서를 이용해 대상 지역의
기상을 관측하였다.

06   풍수요건에 중요한 영향을 미치는 해당지역의 토양수분과 온도를 관측하기 위하여 주요관측지점(AWS설치지
점)에 토양수분 및 온도 관측기기를 설치한다. 이 센서는 AWS의 데이터로거에 연결이 가능하며, 대상 지역의 2개
AWS지점 로거에 연결해 관측을 실시한다.

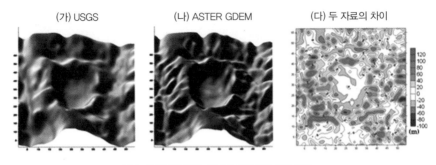

(가) USGS   (나) ASTER GDEM   (다) 두 자료의 차이

그림4 해상도에 따른 양구군 해안면의 지형 차이
출처: 신광근, 2014

모델에 사용되는 지형자료[07]는 공간해상도(10', 5', 2', 30")가 다양하며 모두 전지구 영역을 대상으로 기상모델에 활용된다. 대상 지역이 복잡한 산악지역인 경우 저 해상도의 지형자료는 지형 상쇄 효과 때문에 해당지역의 기온 및 바람성분 비교 분석에 오차로 작용할 수 있다. 그림4는 양구군 해안면을 대상으로 지형자료 해 상도 차이에 따른 오차를 나타냈다. 이처럼 복잡한 지형의 미기상을 분석하기 위 해서는 고해상도의 지형자료 사용이 필요하다.

또한 대상 지역의 토지피복 정보는 기상모델 결과에 영향을 주는 중요한 인자 이다. 우리나라는 빠른 도시화가 진행되고 특히 지역에 따라 급속한 발전과 함께 인공구조물들이 들어서는 도시의 특성과 복잡한 산악지형이 나타난 복합적 특징 을 보인다. 토지이용도의 차이는 기온, 강수, 일사, 토양온도, 토양수분 보유량 등 에 영향을 준다. 이러한 변화는 국지기상 조건을 변화시키기 때문에 얼마나 실제 에 가까운 자료를 입력하느냐에 따라 모델의 정확도에 직접적인 영향을 미친다.

그림5는 양구군 해안면의 미국 USGS 30초 자료, 한국 환경부의 1초 토지이용 도 자료, TERRECO(Complex Terrain and Ecological Heterogeneity) 프로젝트의

---

07 일반적으로 수치모델의 지형자료로 활용되는 USGS(United States Geological Survey) 30초(900m) 지형자 료는 우리나라처럼 좁은 영역에 복잡한 지형을 나타내는 지역에 있어서 실제 지형과 많은 차이를 보이기 때문에 상 세한 지형에 대한 기상모델의 모사에 많은 어려움이 있다.

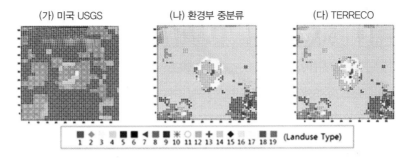

그림5 입력자료에 따른 양구군 해안면의 토지피복의 차이
출처: 김재철, 2010

환경부 중분류 기반 보정 토지피복도를 기상모델의 입력자료로 재분류한 후 서로 비교한 것이다. USGS에서 분류한 토지피복 분류 결과 국내에 분류되지 않는 사바나 지역이 다수 분류되었고, 환경부 중분류의 경우 실제와 유사한 토지피복을 나타냈다. 하지만 해안면 내부의 토지사용에 대해서는 시간해상도에 의한 차이가 다소 나타나고 있다.

대상 지역의 미기상을 보다 정확하게 모사하기 위해서는 기본으로 제공하는 USGS의 30초 토지이용도 자료를 환경부에서 작성한 1초 토지이용도 자료로 수정하여 적용, 입력하는 일이 필요하다.

지형, 토지피복, 토양수분 및 토양온도, 지면모델 데이터가 입력되는 기상모델 (WRF, Weather Research and Forecasting model)은 미국의 대기연구를 위한 대학 협력체(UCAR, University Corporation for Atmospheric Research)와 국립대기연구 센터(NCAR, National Center for Atmospheric Research)가 개발한 수치모델로 고해 상도 예측에 초점을 맞춘 중규모 모델이다.[08] 관측자료를 이용한 3차원 변분 자료

08 현재 WRF 수치모형은 미국 기상청 홈페이지(www.mmm.ucar.edu/wrf/user)를 통하여 제공되며, 50km 이 상 크기의 격자부터 1km 이하 크기의 격자까지 다양한 공간범위에서 모사가 가능한 지역 모델이다. 완전압축성 비 정수계(Fully compressible non-hydrostatic) 모형으로 수평격자는 Arakawa-C 격자체계를 사용하며, 연직격자 로는 Eulerian 질량좌표계(mass-based terrain following coordinate)를 사용한다. 중・단기 모델에서 인지도와 정확도가 높은 모델이며, 플럭스 형태의 진단 방정식을 사용하여 질량, 운동량, 엔트로피, 스칼라 양을 보존하고, 수 치계는 3차 Runge-Kuttasplit-Explicit 시간적분을 사용하며 이류항에 대해서는 6차 중심 차분법을 도입하였다.

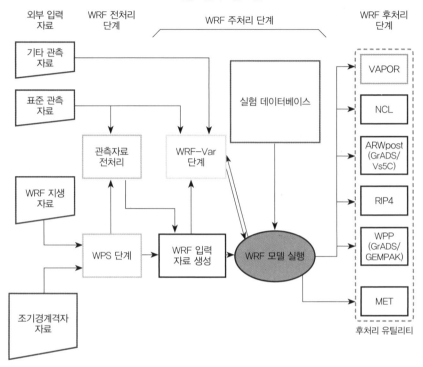

WRF 기상모델시스템 흐름도

외부 입력
자료

WRF 전처리
단계

WRF 주처리 단계

WRF 후처리
단계

기타 관측
자료

표준 관측
자료

WRF 지생
자료

조기경계격자
자료

관측자료
전처리

WPS 단계

WRF-Var
단계

WRF 입력
자료 생성

실험 데이터베이스

WRF 모델 실행

VAPOR

NCL

ARWpost
(GrADS/
Vs5C)

RIP4

WPP
(GrADS/
GEMPAK)

MET

후처리 유틸리티

그림6 WRF-ARW 모델링 시스템 체계도
출처: NCAR, 2008

동화(3D-Var)가 가능하고 다중격자방법으로 여러 개의 단·양방향으로 둥지격자
를 사용할 수 있으며, 미시적 물리학에 관련된 여러 방법들을 선택적으로 사용 가
능한 모듈 구조로 되어 있다(그림6).

2. 고해상도 지면모델과 생명기상 모델의 적용

기상모델(WRF model)은 고해상도 지면모델(HRLDAS, High Resolution Land
Data Assimilation System)과 생명기상 모델의 적용으로 풍수모델화에 기여하게
된다. HRLDAS는 미국 NCAR가 개발한 2차원 HRLDAS이다. 이 모델은 Noah

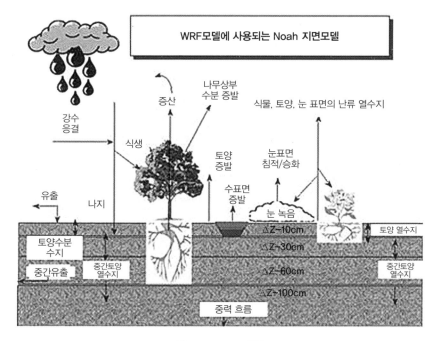

그림7 Noah LSM 흐름도
출처: NCAR, 2008

LSM(Land Surface Mode, 그림7)을 기초로 실행되며, 실행 기간은 몇 달 또는 몇 년이 될 수 있다. HRLDAS는 토지상태를 업데이트하기 위해 토양온도, 토양수분 및 기타 상태변수들의 초기 조건을 Noah LSM에 강제요인(forcing)으로 공급하고 이 요인들에 의해 반응하는 토양 수치 값들을 지면 모형의 수치적분을 통하여 얻어내는 방식이다. 등지격자체계를 사용하기 위해 각 도메인이 독립적으로 실행되고 도메인 간 정보의 교류 없이 단독적으로 실행돼야 한다. HRLDAS는 WRF-ARW(Advanced Research WRF)모델과 함께 사용되도록 설계되었기 때문에 HRLDAS의 Noah LSM 소스코드는 WRF에서 사용되는 코드로 구성된다.

그림7은 Noah LSM의 콘셉트를 나타낸다. 이 지면 모델은 연직 방향 1차원 모델로 지표면의 초기상태, 대기와 지표면의 플럭스(flux), 토양, 식생, 지형 등의 값

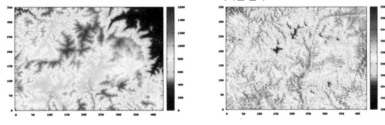

그림8　평창 횡계리 대관령면 인근의 HRLDAS 결과
출처: 이종범, 권순일, 김재철, 2008

들을 입력자료로 하여 현열, 잠열, 순복사, 토양, 열류량 등을 산출하며 토양온도
와 수분의 연직분포를 계산한다. 또한 유출량, 적설량, 옆면적지수(LAI, Leaf Area
Index), 지표온도 등을 제공한다. 그림8은 이 모델에 의하여 평창 횡계리 대관령
면 인근의 지형과 2m 높이의 기온을 111m 해상도의 격자로 나타낸 결과이며 지
형에 따른 온도 차이를 비교적 상세히 모사하고 있다.

　한편 HRLDAS와 함께 생명기상모델 KMM(Klima-Michel Model)이 풍수모델링
에 중요하다. KMM은 인간이 주변 환경과의 상호작용에 의한 열 스트레스를 포
함한다(김정식 등, 2006). 인간의 열 스트레스 영향은 결코 하나의 기상요소에 의한
것이 아니라 많은 개개 요소들이 결합하여 유기적으로 작용한다. 인간은 주변 환
경과 독립적으로 어떤 범위 내에서 인체의 온도를 유지할 수 있는 능력이 있다. 이
것은 인체의 자율적인 물리, 화학적 순환 메커니즘에 의해서 가능하다. 이런 시스
템은 인체와 환경조건 사이에 열 손실과 발생의 균형을 유지한다(Fanger, 1972).

　독일에서는 모든 분야에 적용이 가능하고 열 생리적 환경을 잘 표현하는 열수
지모델(Heatbudget model)로 KMM을 개발하였다. 이 모델은 열의 스트레스를 표
현하는 주요 지수로 PT(Perceived Temperature, 인지온도)를 제시하였다. PT란 실
제 조건에서의 열 스트레스(heat stress)와 한기 스트레스(cold stress)를 느끼는 기
본 환경에서의 기온이며(Staiger et al., 1997) 단위는 섭씨(℃)이다. 느끼는 열과 추

위는 팽거(Fanger, 1970의 컴퍼트(comfort)식에 의해서 계산되는데 인체의 열 생리적 상태를 새로운 지수 형태인 예측평균지수(PMV, Predicted Mean Vote)로 제시하였으며 이것은 인체 열수지모델의 기초가 된다(김정식 외, 2006).

WRF의 결과를 가지고 각각 물리역학 모델과 HRLDAS, KMM 등을 수행하고, 생성된 결과를 활용하여 최적의 풍수모델과 지도를 작성한다. 이를 통틀어 미기후시스템이라 할 수 있다.

3. 환경풍수 모델링을 위한 사례마을 선정과 미기후시스템의 적용

환경풍수 모델링을 위한 미기후모델링 구축과 시스템은 사례마을 선정이 중요하다. 음택지와 양택지를 대상으로 지역별 풍수양호 지점과 풍수결함 지점을 사례마을 대상 지역으로 선정한 다음 기상관측기간에 대한 미기후모델링을 실시하고 지역별 기후적 특징을 분석한다. 또한 대상 지역에 대해 기상관측지점의 기상요소(온도, 풍향, 풍속, 일사, 습도)별 통계분석을 실시하여 미기후모델을 검증한다.

미기후모델에 의해 작성된 시·공간적인 풍수양호 지점과 풍수결함 지점의 미기후 분석 결과는 정량적인 지수로 변환하여 평가하고자 하는 대상 지역의 지표로 활용된다. 대상 지역으로 선정된 풍수양호 지점의 기후조건을 분석하고 개발된 지수를 정량화한다면 미기후 분석에 의한 풍수지도 작성이 가능해진다.

이와 관련하여 우리나라 전통취락 중 풍수적으로 4대 길지의 하나인 하회마을을 대상으로 2년 간 4차례에 걸친 옥외 기상장치 측정 기상 데이터를 기반으로 한 기후특성에 관한 연구(황정하 외, 2000)가 있다. 하지만 미기후모델링으로 발전하지는 못했다.

GIS/RS 분석에서 공간 규모에 대한 어느 정도의 분석이 이루어진 후에는 정말로 명당인 지역이 명당으로 보이고 나쁜 지역은 나쁜 지역으로 보이는지에 대한 검증(validation)이 수행되어야 한다. 이 검증 과정에서 전통적 지관 및 풍수가와 분석가들이 서로 논의를 해야 할 것이다. 풍수에 있어 명당의 기후환경을 형성하는 데 중요한 요소로는 국지적 지세를 고려한 미기후적인 요소들과, 우리나라 산맥 체계와 관련된 종관규모 이상의 기후요소들을 들 수 있다. 후자 또한 충분히 고려될 필요가 있으며 이에 대한 향후 논의가 이루어져야 한다.

미기후모델의 결과를 평가하기 위하여 대상 영역의 자동기상측정소를 포함한 Hobo 관측지점의 모델결과와 해당 격자 내 실측치를 비교하는 일이 필요하다. 모델 결과와 관측값과의 오차 평가를 위하여 통계적 계산식(송은영, 2007)이 적용, 제시된다. 수리적인 모델을 적용한다는 말이다.

상관계수(correlation coefficient)는 모델값과 측정값 사이의 상관관계의 정도를 나타내는 것으로 -1에서 1의 범위를 가진다. 편차(bias)는 관측과 추정값의 잔차를 정의하는 표준오차이다. 평균편차(mean bias)는 모델값과 실측값의 차를 평균한 것으로 모델값이 측정값을 과소평가 혹은 과대평가하는 경향을 나타낸다. 평균편차는 0에 가까울수록 평균편차가 적음을 의미한다(Bell et al., 2004). 부분편차(FB, Fractional Bias)는 정규화된 편차로 모델값과 관측값의 평균과 표준편차로 계산한다. 이는 측정치를 모사할 수 있는 모델의 능력에 대한 추가적인 정보를 줄 수 있으며 -2와 2의 범위로 0에 가까울수록 이상적인 모델이다. 예측값의 정확도를 계산하는 하나의 방법으로 평균절대오차를 사용한다.[09]

표준화평방근오차(NMSE, Normalized Mean Square Error)는 예측값과 관측값 사이의 전반적인 오차에 대한 정보를 나타내며 전체 자료에 대한 산포 정도를 나타낸다. 이것은 차원이 없는 통계값이고 그 값이 작을수록 좋은 결과이며, 평방근오차가 0.5 이하이면 만족스러운 모델 결과이다. 이러한 모델결과를 토대로 하여 풍수지도 작성을 위한 지수를 개발한다. 대상 지역으로 선정된 풍수양호 지점의 기후조건을 분석하여 개발된 지수에 의한 풍수지도 작성이 가능해진다.[10]

---

09 평균절대오차(MAE, Mean Absolute Error)는 예측값과 관측값의 차에 절대값을 취하여 전체 자료의 수로 나누어 나타낸다. MAE 값은 0에서부터 무한대의 범위인데 0에 가까울수록 예측이 좋다. 전체적인 예측의 정확도를 측정하는 지수평방근오차(RMSE, Root Mean Square Error)는 오차의 평균적인 크기를 제공한다. MAE에 비하여 큰 오차에 대하여 민감하게 작용하며 범위는 0에서 무한대의 값을 가지며 0에 가까울수록 예측의 오차가 작아진다.

10 지도는 한국임업진흥원의 임산물 새배적시를 안내하는 사이트의 시노와 유사하다.

Ⅳ. 결론 및 제언

이 연구는 육안관찰에 의존한 풍수지리 연구를 탈피하여 대상지에 관한 과학적 환경데이터 수집과 활용 방안을 위한 환경풍수의 방법론을 제시하고자 한다. 환경풍수의 중요성을 여러 학자들이 강조하였고 경관풍수와 환경풍수의 관계에 대하여 나름대로의 진척이 이루어졌다. 경관풍수 연구가 '지기'란 '연중 일정한 온도가 유지되며 상대습도의 큰 변동 없이 통풍이 잘되고 일조량이 상당한 조건을 갖춘 쾌적성'의 연구라 한다면 풍수는 미기후적 및 지형학적 연구가 되고 이에 따라 생기가 넘치는 곳을 선정하기 위한 경관풍수적 조건이 미기후적 조건과 관계를 가지게 된다. 이 관계를 밝히기 위해 기온, 강수량, 풍향, 일조량, 풍속, 지세 등의 자료를 이용하여 어느 지역과 터가 생기가 넘치는 곳인지를 밝히려 했다.

하지만 이들 기상자료는 경관기후적 자료에 불과하며 풍수모델링을 수립하기 위해서는 미기후적 자료수집이 필요하다. 최근 풍수의 생태적 모델을 위한 데이터 수집은 AWS 설치에 의한 기온, 풍향, 풍속 데이터, Hobo 설치에 의한 온도와 상대습도 데이터, 센서 설치에 의한 토양수분 및 온도 관측 데이터 수집이 가능하다. 이 데이터를 토대로 미기후모델링 시스템 구축, 실행 및 분석이 이루어진다.

미기후모델링 시스템은 다양한 시공간 해상도의 입력자료를 기본정보로 하여 초고해상도(200m 이하) 격자의 미기후정보를 생산하는 시스템이 될 수 있다. 풍수경관상 양호지역을 선정하여 미기후데이터 수집이 이루어지면, 이를 이용한 기상모델링은 HRLDAS이나 KMM의 생성에 기여해 풍수모델링화 수립에 일조한다. 모델링화는 궁극적으로 풍수와 자연환경과의 관계 속에서 '생기 넘치는 곳'에 대한 철학적 조명이 필요하다.

강병규 외. 2009. 개발낙후지역 쾌적성 향상을 위한 주택색채개발 사례연구. 한국기초조형학회지 35(2). 한국조경학회. 27-40.

권선정. 2002. 텍스트로서의 신도안 읽기: 조선초 천도과정을 중심으로. 문화역사지리 14(3). 한국문화역사지리학회. 19-36.

권선정. 2003. 풍수의 사회적 구성에 기초한 경관 및 장소 해석. 한국교원대학교 박사학위논문.

김동규 옮김. 1994. 人子須知(徐善繼, 徐善述). 명문당.

김재철. 2010. 지표특성 자료 향상에 의한 복잡지형하에서 고해상도 기후모사의 평가 및 예측. 강원대학교 박사학위논문.

김정식, 박일수, 방소영, 김지영. 2006. 생명기상모델에서 산출된 우리나라 지각온도특성. 한국기상학회 춘계학술대회 논문집.

무라야마 지준. 최길성 옮김. 1990. 조선의 풍수. 민음사.

박수진, 최원석, 이도원. 2014. 풍수사신사의 지형발달사적 해석. 문화역사지리 26(3). 한국문화역사지리학회. 1-18.

박시익. 1999. 한국의 풍수지리와 건축. 일빛.

박재락. 2015. 종택마을 입지공간에 풍수지표를 적용한 명당기준의 정량화 연구. 한국학연구 제53집. 고려대학교 한국학연구소. 49-77.

백용규. 2005. 인간의 열적쾌적 환경. 서일대학교 건축도시연구정보센터.

서주석 편역. 1995. 안동의 분묘. 도서출판 삼경인쇄(주).

송길룡. 1995. 나경과 산지생기. 오성문화사.

신광근. 2014. 복잡지형 하에서의 경사면 일사량을 고려한 초고해상도 기상모델링 기법 개발. 강원대학교 석사학위논문.

송은영. 2007. 광화학모델을 이용한 수도권 및 주변 지역의 오존 시공간거동 모사. 강원대학교 박사학위논문.

윤홍기. 2001. 왜 풍수는 중요한 연구주제인가?. 대한지리학회지 제36권 제4호. 343-355.

이도원, 박수진, 윤홍기, 최원석. 2012. 전통생태와 풍수지리. 지오북

이문호. 2001. 공학박사가 말하는 풍수과학이야기. 청양

이우성 외. 2007. 물리적 환경 인자를 활용한 도시의 쾌적성 평가. 한국지리정보학회지 10(1). 169-182.

양동양. 1997. 도시 공공 공간의 쾌적성 방해 요인의 분석에 관한 연구. 대한건축학회지 38(1). 14-35.

양진우, 노경준, 안정현. 2004. '쾌적' 이미지의 평가 및 인식 구조에 관한 연구. 환경영향평가.

옥한석. 2003. 안동의 풍수경관 연구: 음택 명당을 중심으로. 대한지리학회지 38(1). 70-86.

옥한석. 2003. 북한강 유역에 있어서 경관 풍수에 의한 전원주택 후보지의 선정. 사진지리 13. 한국사진지리학회. 59-72.

옥한석. 2003. 강원의 풍수와 인물. 집문당.

옥한석, 서태열. 2005. 풍수에 입각한 평화생태도시(Peaceful Ecopolio). 행정중심 복합도시 도시개념 국제공모작품 입선작품. 행정중심 복합도시 건설추진위원회.

옥한석. 2005. 경관풍수의 본질과 명당의 선정기준: 북한강 유역을 중심으로. 문화역사지리 17(3). 한국문화역사지리학회. 22-32.

옥한석. 2006. 경관풍수에 입각한 묘지후보지의 선정: 대지공원묘지를 중심으로. 2006 대한지리학회 연례학술대회 발표논문집. 83-85.

옥한석. 2007. 서울의 기후 지형 요소와 경관풍수에 의한 양궁터의 평가. 문화역사지리 19(1). 78-90.

옥한석. 2007. 환경적응 전략으로서의 풍수지리연구. 대한지리학회지 42(5). 761-768.

옥한석. 2012. 안동에서 풍수의 길을 묻다. 집문당.

옥한석. 2013. 풍수지리의 현대적 재해석. 대한지리학회지 48(6). 967-977

이완규. 2001. 안동의 풍수기행, 와혈의 땅과 인물. 예문서원.

이완규. 2001. 안동의 풍수기행, 돌혈의 땅과 인물. 예문서원.

이종범, 권순일, 김재철. 2008. 복잡지형 하에서의 초고해상도 지면모델(HRLDAS) 모사능력 평가. 한국환경
영향평가학회 학술대회 논문집.

이종석. 2008. 건축계획. 한솔 아카데미.

이현군. 2004. 한성부의 도시계획연구. 서울대학교 박사학위논문.

장익호. 1983. 유산록: 풍수지리 천년을 정리한다. 종문사.

장지환. 여산록. (미출판)

전영옥. 2003. 어메니티가 경쟁력이다. 삼성경제연구소.

지종학. 2014. 풍수지리 장풍국과 요풍지의 주거환경 특성에 관한 연구. 영남대학교 박사학위논문.

최원석. 2000. 영남지방의 비보. 고려대학교 박사학위논문.

최창조. 1984. 한국의 풍수사상. 민음사.

최창조 역주. 1993. 청오경·금낭경. 1993. 청오경, 금낭경: 풍수지리학의 最古 經典. 민음사.

최창조. 1992. 좋은 땅이란 어디를 말함인가. 서해문집.

크리스티안-디트리히쉰비제. 김종규 옮김. 2006. 기후학. 시그마프레스.

한동환, 성동환, 최원석. 1994. 자연을 읽는 지혜: 우리 땅 풍수 기행. 푸른나무.

홍순민. 2003. 우리 궁궐 이야기. 청년사.

허경진 옮김. 1991. 擇里地(李重煥). 서해문집.

황정하, 호야노 아키라, 도근영, 스가와라 마사노리, 혼마 히로부미, 정명섭. 2000. 하회마을의 미기후 특성에
관한 연구. 한국주거학회지 제11권 제3호. 137-144.

American Society of Heating and Air-Conditioning Engineering. 1959. Heating Ventilating Air
Conditioning Guide. Waverly Press.

Bell, M., Ellis, H.. 2004. Sensitivity analysis of tropospheric ozone to modified biogenic emissions
for the Mid-Atlantic region. Atmospheric Environment 38. 1879-1889.

Fanger, P. O.. 1972. Thermal Confort, Analysis and Applications in Environmental Enineering.
McGraw-Hill.

NCAR. 2008. ARW Version 3 Modeling System User's Guide. NCAR.

Wener H. Terjung. 1966. Physiologic Climates of the Conterminous United States: A Bioclimatic
Classification Based on Man. Annals of the Association of American Geographers Vol. 56,
No. 1. 141-179.

Wener H. Terjung. 1968. World Patterns of the Distribution of the Monthly Comfort Index.
International Journal of Biometeology 12(2). 119-151.

Abstract

A Methodological Approach
for Environmental Pungsu Study:
focused on the Role of Regional Climate Model

Ock, Hansuk

Professor, Department of Geography Education,
Kangwon National University, ock@kangwon.ac.kr

Keywords: environmental Pungsu, ecological methodology, comfortableness theory, microclomatic modelling, Pungsu modelling

This study tries to find out the methodology for environmental Pungsu Study. The methodology is based on the ecologic system which combines land data and microclimate data. Pungsu study goes toward to ecological studies. However, some of scholars do not know how to collect data to model.

Pungsu study defines 'sengki' as a comfort that is based on the data, such as temperature, precipitation, wind velocity and the amount of sunlight. It is called as comfortable theory compared to the landscape theory of Pungu by the main Seoul palace. Han-yang (Seoul) has unmoderate temperature, unseasonal precipitation, and low relative humidity. Considering direction and velocity of the wind, there are western and eastern wind rather than southern wind. Changduk palace, Gyunghee palace is founded around the Cheonggye stream. Changduk palace around Mt. Naksan facing the northwest wind is good based on the view of landscape of Pungsu,

The study based on the comfortable theory suggests environmental Pungsu study that consists of microclimate modelling. This modelling is Weather Research and Forecasting model (WRF) by topography, soil moiture, soil temperature, landsurface model data. WRF is redefined with HRLDAS and Klima-Michel meaning as Pungsu modelling. In order to complete WRF, it is necessary to choose the sites of good Pungsu helped by landscape Pungsu practitioners, in which data is collected.

풍수산도의 공간표현 방식과 현대적 의미

Space Representation of Pungsu Maps and their Modern Meanings

이형윤

대구가톨릭대학교 겸임교수

I. 서론

풍수산도(風水山圖)는 풍수공간의 지형과 지세를 그림으로 설명하기 위한 목적에서 시작되었다. 풍수적 상징성보다 명당공간의 실증적 검증이라는 측면이 강조되고, 명당공간의 사실적 이해를 돕는 세밀한 묘사를 위한 다양한 기법이 활용되면서 지도적 성격을 갖게 되었다. 특히 산도가 지도로서의 성격을 갖는다는 것은 단순히 풍수적 상징성에서 벗어나 산도가 제작된 시대의 지리관과 세계관을 함축한다는 의미이다.

풍수사(風水史)에서 산도는 주거공간과 음택공간을 선택하는 주요한 이론적 바탕이 되었다. 특히 주거공간과 음택공간의 지형을 판단하는 데 가장 필요한 요소가 되었다. 우리나라는 통일신라 이후 풍수사상이 도입되면서 국가를 운영하는 하나의 원리로 풍수가 활용되었다. 물론 고려시대에는 중국의 풍수사상보다 도선국사의 비보풍수가 국가를 운영하는 운영체계의 근간을 형성하였다. 하지만 그 기저에는 중국의 풍수사상이 내재해 있었다고 할 수 있다.

조선시대에는 국가를 운영하는 체계로 다양한 지리관과 세계관을 가지고 있었다. 풍수는 국토를 바라보는 지리관으로 중요한 역할을 하였으며, 풍수적 지리관은 고지도를 통해 극명하게 표출되었다. 그리고 조선시대의 중요한 세계관으로 성리학을 들 수 있다. 유교를 근간하는 성리학은 조상에 대한 효를 중요시하였다. 그래서 왕실과 사대부는 효의 연장으로 무덤을 귀중히 여겨 조상의 묘를 쓰고 기록으로 남겨 후손들이 묘를 실전하게 되는 폐단을 막으려 했다. 여기서 활용된 방법이 산도를 통한 기록이라 할 수 있다.

이러한 산도를 묘도식 산도라 하는데 이는 묘지에 대한 위치와 주변의 지리와 지형에 대한 사실적 기록으로, 풍수적 상징성보다 지도적 성격이 강화된 형태이다. 묘도식 산도는 산도가 제작된 당시의 지리관과 세계관을 읽을 수 있는 중요한 자료로, 제작을 통해 기념할 만한 공간이나 건물을 기록하여 자료로 남기는 데도 활용되었다.[01]

산도의 기록성과 역사성은 산도가 단순한 그림이 아닌 지도로서의 가치를 증명하는 자료가 된다. 현대사회는 지형도의 등고선에 의한 지형판단이 중심을 이루고 있다. 그런데 지형도는 제작자의 사상과 지리관, 세계관을 표출하는 데 한계가 있다. 과학적이고 획일적인 지형도에 의한 지형표현은 그 시대의 사상과 정서를 담는 데 한계가 있기 때문이다. 하지만 산도는 제작 당시의 사상과 정서를 담고 있으며 지형의 확실성보다는 공간에 대한 과장된 표현으로 다양한 사상을 담고 있다.

산도에 대한 종합적인 연구는 조선시대 산도제작과 지리인식에 관한 논문(이형윤, 2010)을 통해서 이루어졌다. 그리고 왕실에서 제작된 산도에 대한 풍수적 상징성과 지형의 사실성에 관한 연구(이형윤과 성동환, 2011)와 풍수서의 산도 제작 기법에 대한 세부적인 특징을 고찰한 연구(이형윤과 성동환, 2010)가 있었다. 또한 사대부의 족보류에 게재된 산도의 특징과 지형의 사실성에 대한 연구(이형윤과 성동환, 2011)가 있었으며, 족보류 산도의 풍수적 상징에 대한 세밀한 고찰(이형윤, 2013)이 이루어졌다.

선행연구는 산도의 기법과 사례지 연구에 중점을 두고 산도의 제작 의미와 역사성을 중심으로 연구되었다. 그렇기 때문에 산도가 갖고 있는 공간표현의 현대적 의미에 대한 고찰은 부족하였다. 이 연구는 산도에서 공간지형을 표현하는 방식과 의미를 개괄적으로 알아보고 이러한 표현방식을 활용한 회화지도와 능전

---

01 서원 공간에 대한 기록으로 소쇄원도와 사찰공간에 대한 기록의 송광사도가 대표적인 그림이다.

도, 특수지도가 갖고 있는 도상적 의미를 살펴본다. 다음으로 이러한 분석의 연장선에서 산도의 공간표현이 갖는 현대적 의미를 둘러보고자 한다.

II. 풍수산도의 표현기법과 공간성

풍수는 자연현상에 대한 경험에서 오는 지형판단과 시지각(視知覺)적으로 관찰되는 지형에 대한 공간인지(空間認知)의 성격을 가진다. 이것은 초기 풍수가 자연에 대한 절대성과 인간의 한계성을 인식하고 자연 적합형 지형공간을 선택하는 데서 알 수 있다. 여기서 자연 적합형 지형공간은 풍수적 공간지형이며, 지형과 공간의 장소적 의미로 명당공간을 가정하고 있다.

풍수는 발생 초기부터 명당을 구성하는 다양한 형태의 공간구조 모형을 만들었다. 이 모형들은 자연의 변화에 대한 경험과 검증을 통해서 정형화되었다. 이를 통해 풍수에는 명당공간(明堂空間)을 구성하는 지형에 대한 이론적 체계가 정립[02]되기 시작하였다. 그런데 풍수에서 이론은 발복(發福)이라는 결론을 추구하므로 추상적 개념보다는 논리의 타당성과 신뢰성을 주기 위한 실증적 검증이 필요했다. 특히 지형에 대한 설명과 가치판단은 시지각적 관찰에 의존하게 되므로 시각적 확신을 주는 방법으로 실증적 검증을 제시하게 되었다. 그 방법 중 하나가 그림을 통한 검증이었고, 중국에서 발단한 산수화법을 차용한 그림에 의한 검증에서 산도가 발생하게 되었다. 초기 산도는 지형에 대한 풍수적인 설명에 중점을 두었다. 그러므로 풍수서에서 언급한 다양한 지형을 설명하는 데 활용된 풍수 개념도에 한정되었다고 할 수 있다.

중국 당나라 이후 풍수 이론서 중에서 이론에 대한 검증을 위해 사례지를 넣

---

02 대표적인 이론이 형세론(形勢論)이다. 형세론은 명당공간의 지형과 지세를 용혈사수(龍穴砂水)라는 진행과정과 공간배치를 통하여 풍수적으로 길지(吉地)인가를 판단하는 이론으로 중국의 당나라 때에 정립된 이론이다. 형세론은 현대 풍수에서 가장 기초적으로 습득해야 하는 이론 중에 하나이다.

그림1 「태식잉육도」(왼쪽), 「시위전송호탁조응영배도」(오른쪽)
출처: 『지리인자수지』

는 형식을 취하는 책들이 발간되었다. 이들 이론서는 사회적으로 영향력 있는 조상의 묘지를 사례지로 선택하여 풍수이론으로 설명하는 방식을 취하는데 산도를 삽입하여 시각적인 확신성을 주고 있다. 이들 산도는 사례지의 위치와 지형을 그림지도와 산론(山論)을 통하여 풍수적으로 설명하는 방식을 취한다.[03] 그러므로 산도의 제작은 중국의 풍수지리에서 발생했다고 볼 수 있다. 고대부터 지도를 제작했던 중국은 실지형에 대한 판단을 중요시했기 때문이다.

산도는 사례지를 풍수적 명당공간으로 표현하기 위해 다양한 방식을 취하면서도 정형화된 기법으로 제작된다. 제목과 그림을 기본으로 명당의 성격과 형세를 설명하고, 그림으로 설명이 부족하거나 불가능한 경우는 그림의 여백에 부기하거나 별도로 구획하여 기록하는 방식을 보인다. 별도로 구획하여 지리적인 위치

---

03 이러한 경향의 책으로 송나라 때 발간된 장자미(張子微)의 『옥수진경(玉髓眞經)』과 명나라 때 발간된 서선계·서선술(徐善繼·徐善述)의 『지리인자수지(地理人子須知)』를 들 수 있다. 이 책들은 풍수이론의 증거로 발복지를 소개하고, 발복에 대한 평가는 산도를 활용하여 검증하는 방식을 취하고 있다. 특히 『지리인자수지』의 사례지 기록방식은 족보류 산도에 많은 영향을 주었다.

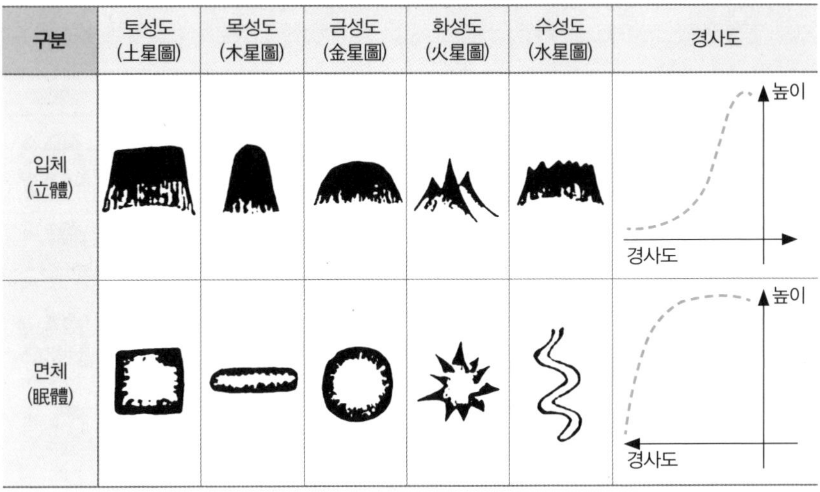

구분	토성도 (土星圖)	목성도 (木星圖)	금성도 (金星圖)	화성도 (火星圖)	수성도 (水星圖)	경사도
입체 (立體)						높이 / 경사도
면체 (眠體)						높이 / 경사도

그림2 산의 오성(五星) 모형과 경사도
출처: 이형윤, 2010

와 풍수적인 평가를 기록하는 것을 산론이라 한다. 이러한 표현방식은 산도가 지도로서의 성격을 드러내는 데 중요한 역할을 하였다.

산도는 풍수지형의 이상적인 결합 형태인 길지를 표현하는 회화지도라고 정의할 수 있다. 산도에서 길지는 혈(穴)이 있는 공간으로 풍수적 공간지형의 핵심이 된다. 그래서 이 공간을 표현하기 위한 방법으로 혈 중심의 공간표현 방식인 풍수개념도(風水槪念圖)[04]를 만들어 제작기법으로 활용한다. 대표적인 풍수개념도가 태조산(太祖山)에서 시작하는 산맥의 흐름과 혈까지 이르는 일련의 과정을 상징적으로 표현한 「태식잉육도(胎息孕肉圖)」[05]이고, 다른 하나는 풍수적 공간의 구성

---

04 풍수지형은 명당공간을 구성하는 사신사(四神砂)와 사신사를 제외한 주변의 사격(砂格)으로 통칭되는데 사격은 자연지형과 지물을 포함하는 의미다. 이러한 개개의 풍수지형을 구성하는 요소들의 생김새와 특징을 그림으로 정형화하여 표현한 것이 풍수개념도이다. 풍수개념도는 풍수에서 지형판단을 위한 그림으로 풍수적 상징성을 내포하고 있다.

05 「태식잉육도」는 자연을 단순히 사물로 보는 것이 아니라 하나의 생명체로 보고 있다. 즉, 혈이라는 아기가 생기기 위해 시조인 태조산에서 시작하여 조산인 할아버지, 주산인 부모, 그리고 혈까지의 연결되는 일련의 과정을 설명한 그림이다.

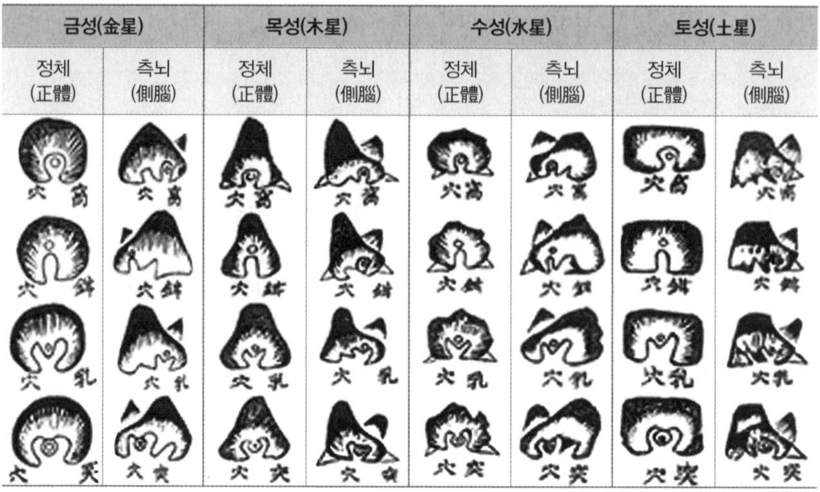

금성(金星)		목성(木星)		수성(水星)		토성(土星)	
정체 (正體)	측뇌 (側腦)	정체 (正體)	측뇌 (側腦)	정체 (正體)	측뇌 (側腦)	정체 (正體)	측뇌 (側腦)

그림3 산의 오성(五星) 모형과 혈(穴)의 표현
출처: 이형윤, 2010

과 표현방식을 설명한 「시위전송호탁조응영배도(侍衛纏送護托朝應迎拜圖)」[06]이다.

이러한 흐름과 공간 중심의 표현방식은 산도 제작기법 중에 하나이다. 「태식잉육도」와 「시위전송호탁조응영배도」에 의한 공간표현에서 다양하게 배치된 산의 모양은 오행을 중심으로, 결과인 혈형(穴形)은 사상(四象)을 기본으로 표현하고 있다. 산의 모양과 혈형은 서로 긴밀한 관계를 가지면서 하나의 명당공간을 형성한다.

여기서 산형은 오성(五星)[07]을 중심으로 서 있는 모습인 입체(立體)와 누워 있는 모습인 면체(眠體)로 구분된다. 그리고 오성 중에 화성(火星)을 제외한 다른 성체(星體)에서 혈을 맺는데 그 혈의 모습은 와겸유돌(窩鉗乳突)의 혈형으로 분류된다. 하지만 실지형에서 혈형은 다양한 모습을 갖게 되는데 풍수에서는 이들 혈형의

---

06 산도에서 명당공간을 표현하는 방식은 혈처(穴處)를 중심으로 지형을 배치하는 방식으로 『지리인자수지』「시위전송호탁조응영배도」의 풍수개념도를 따르고 있다. 혈처는 산맥의 기가 응집된 혈(穴)이 있는 곳으로 명당공간의 중심이 되는 길지(吉地)를 일컫는 말이다.

07 오성은 목화토금수의 오행의 성정(性情)을 가진 산을 의미한다.

그림4 산도의 구성
출처: 「지리인자수지」

다양성은 무시하고 4개의 혈형 중 하나에 포함시키고 있다.

산도는 성격에 따라 두 가지로 분류할 수 있다. 하나는 풍수서와 비결서(秘訣書)와 관련된 산도이다. 풍수서의 특징은 앞에서 간단히 설명하였으니 생략한다. 국가적으로 혼란한 시대에는 도참(圖讖)적 성격이 강한 비결서들이 나오게 되는데 이들 비결서에서도 산도를 활용하고 있다. 비결서의 산도는 풍수적 상징성이 강하고 지형과 위치에 대한 사실적 검증을 풍수적인 상징성에 맡기므로 지도로서 성격이 약한 특징을 가진다. 다른 하나는 이미 조성된 음택(陰宅)과 양택(陽宅)의 위치를 후손들에게 알려주고 보존을 하기 위해 제작된 산도이다.[08] 이 산도는 지형표현의 사실성과 기록성으로 인해 지도로서 성격을 내포하고 있다.[09]

산도는 표현방식이 다양하나 풍수공간을 표현하기 위한 정형화된 격식이 존재한다. 이것을 산도 제작기법이라 한다. 산도 제작기법은 구도와 표현기법으로 분류할 수 있다. 산도의 구도는 제목과 그림지도(또는 그림), 산론으로 구분하는 3단

---

08 이 글에서 산도는 이 성격을 가진 산도를 통칭하는 것으로 하겠다.

09 이러한 경향의 산도로는 음택적 성격으로 왕릉도와 묘지도, 양택적 성격으로 서원도와 사원도 등을 들 수 있다.

그림5 산도에서 내당공간과 외당공간
출처: 「지리인자수지」

구도가 주류를 이룬다. 제목은 지면의 상단에 위치하며, 산도 제작의 목적을 함축적으로 표현하기 위해 산도의 주인공 또는 지명과 성격을 간략하게 기록하는 방식을 취한다. 그림지도는 「태식잉육도」와 「시위전송호탁조응영배도」를 표현방식의 기본으로 하되 세부적으로 다양한 기법[10]을 사용한다. 특히 「태식이육도」나 「시위전송호탁조응영배도」에서 표현한 부감법(俯瞰法)은 다른 표현기법의 중추적 역할을 한다. 부감법은 산맥의 흐름과 시점의 흐름으로 동선을 만들고 명당공간을 중심으로 표현하는 데 중요한 역할을 한다. 다음으로 산론은 그림지도를 부연해서 설명하고 논증하며 그림 속에 넣을 수 없는 지리관 및 세계관을 함축해서 담는다. 산론의 서술방식은 명당의 지리적인 위치와 산맥의 체계, 풍수적 특징, 후손들의 발복 정도를 기록하여 산도에서 표현하고자 하는 내용을 완성하는 단계이다.[11]

산도에서 공간은 풍수적으로 합당한 명당공간을 표현한다. 그래서 혈을 중심

---

10 이형윤, 성동환. 2010. 그림의 세부적인 표현기법으로 입수(入首)의 표현방식, 수(水)의 표현방식, 도시 및 성, 도로의 표현방식이 있다. 그리고 산형의 표현방식으로 능선과 사면의 산악입체도식과 산악평도식이 있다.

11 이형윤. 2010. 96-98.

으로 하는 공간배열을 중요시한다. 이러한 공간은 산도에서 내당공간(內堂空間)[12]과 외당공간(外堂空間)으로 나눈다. 내당공간은 혈처에서 관찰할 수 있는 공간으로 주산(主山)을 중심으로 청룡백호(靑龍白虎)와 안산(案山)으로 형성된 공간, 이 공간의 바깥으로 관찰이 가능한 지형을 포함한다. 외당공간은 내당공간을 넘어 공간에 대한 관찰이 불능한 지형으로 대부분 산형(山形)과 방위를 중심으로 표현되는 부분이다. 여기서 모든 공간의 산형은 혈에서 관찰되는 모양을 중심으로 표현하되 오성(五星)으로 그 표현을 표준화하려 한다. 외당공간의 방위는 혈에서 관찰되는 산의 위치에 대한 방위이다.

내·외당공간의 표현은 산도를 이중적 축척으로 표현하게 만들며 내당공간의 확대는 심상지도로서의 성격을 보여준다. 혈 중심적 공간표현은 산도가 중심지향적 성격을 갖는 것과 동시에 방위의 상대성을 갖게 한다.[13] 또한 조종산에서 혈로 이어지는 시점의 흐름은 유기체적 연결과 산맥의 조종적(祖宗的) 위계성(位階性)을 띠게 만든다. 이것은 산맥의 흐름에서 동선의 중심성을 가지도록 한다. 여기서 조종적 위계는「태식잉육도」에 근간을 두고 있으며 족보론(族譜論)적 산맥체계를 상징한다.

Ⅲ. 전통적 공간인식과 산도 표현방식

1. 군현도의 산도식 공간표현

고지도가 풍수의 영향을 받아 제작되었다는 것은 이미 선행연구[14]에서 검증되었

---

12   여기서 내당공간은 풍수지리에서 내명당(內明堂)을 의미할 수 있지만 산도에서 표현하고자 내당공간에 외명당(外明堂)의 일부를 필연적으로 표현해야 한다면 외명당의 일부도 내당공간으로 표현될 수 있다.

13   이형윤. 2010. 91-92. 그림지도에서 방위는 합리적인 공간표현을 위해 절대적 방위보다는 상대적 방위를 추구한다. 즉, 지면의 상단이 늘 북쪽을 가리키는 지형도식 표현이 아니라 명당공간을 이상적으로 표현하기 위해 지면 상단에 다양한 방위를 놓는다는 의미이다.

14   한영우, 안준휘, 배우성. 2003. 우리 옛지도와 그 아름다움. 효형출판.; 배우성. 1996. 18世紀 官撰地圖 製作과 地理認識. 서울대학교 박사학위논문.; 이형윤. 2010. 앞의 논문.

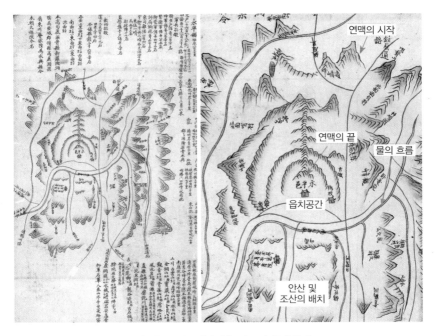

연맥의 시작

연맥의 끝

물의 흐름

읍치공간

안산 및
조산의 배치

그림6 『해동지도』「영평현」지도 및 읍치 확대

다. 이러한 선행연구를 기초로 고지도의 지형표현 또한 풍수의 영향을 받았다고
할 수 있다. 풍수의 영향은 엄밀히 말하면 산도의 영향이라고 할 수 있다. 풍수에
서의 명당공간은 산도의 표현방식으로 정형화되었기 때문이다. 그러므로 산도의
공간표현기법을 중심으로 고지도를 살펴보면 산도의 영향관계를 알 수 있다.

고지도는 우리 전통의 지리관과 세계관이 반영된 지도로 일제 강점기에 근대적
인 지형도가 나오기 전까지 활용되었다. 고지도 중에서 회화지도는 풍수에 영향
을 받아 산도 제작기법을 활용하여 읍치공간과 산맥의 흐름 등을 표현하고 있다.
조선후기에 제작된 대표적인 군현지도집(郡縣地圖輯)인 『해동지도(海東地圖)』[15]는
회화지도이며 풍수의 영향을 받아 제작된 지도로 볼 수 있다.

---

15 『해동지도』의 제작시기는 1750년대 초로 8책으로 구성되어 있는 회화식 군현지도집이다.

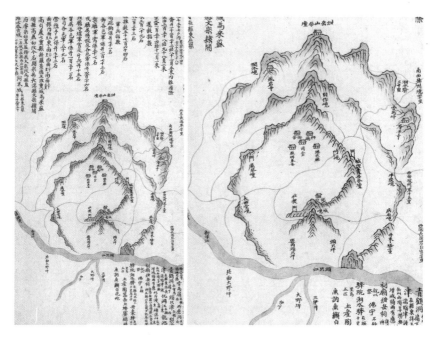

그림7 『해동지도』「적성현」지도 및 읍치 확대(명당적 표현기법)

　『해동지도』에서 각 군현도의 특징은 읍치공간을 사람이 살 만한 이상적인 공간으로 표현하려 했다는 점이다. 그 당시의 이상적인 공간은 풍수에 적합한 명당공간을 의미한다. 그러므로 고지도에서 읍치공간은 풍수적 명당공간으로 인식되었으며, 그 인식의 틀에 적합한 지형공간을 표현하기 위해 산도 제작기법을 활용하고 있다. 이 지도들의 특징을 살펴보면 다음과 같다.

　읍치공간으로 이어지는 산맥체계는 진산(鎭山)을 중심으로 산맥의 연속성을 강조한다. 또한 위에서 언급한 「시위전송호탁조응영배도」에서 보이는 공간표현과 유사한 표현을 하고 있다. 군현의 읍치공간을 원형적 공간으로 표현하며 안정감과 편안함을 주고 있다. 공간의 원형적 표현은 혈의 표현과도 일정한 관련이 있다. 풍수에서 명당공간은 태극(太極)의 공간으로 원형을 가장 이상적인 공간으로 본다. 산도 또한 공간을 원형으로 표현하려고 한다. 하지만 이러한 원형적 공간표

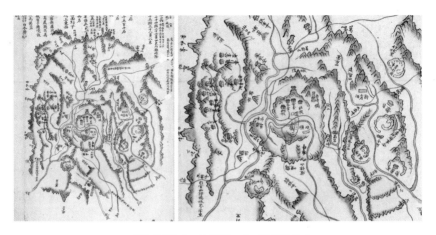

그림8 「해동지도」 「지평현」 지도 및 읍치 확대

현은 실지형과 비교했을 때 지형의 왜곡을 초래한다.

그런데 지형의 왜곡은 풍수에서 보이는 비보(裨補)와 일정한 관련이 있다고 본다. 비보는 풍수적 시각으로 바라보는 공간의 재구성이라 할 수 있다. 실제 읍치공간과 왜곡된 풍수적 명당공간의 표현은 그림을 통한 읍치공간의 명당화로 인식의 전환을 가져오는 효과가 있다. 불안정한 읍치공간에 대한 객관적이고 실질적인 판단이 어려웠던 제작 당시의 사람들에게 안정된 풍수적 공간표현은 안정된 인식의 전환을 주었다. 이것을 비보풍수적 측면에서 보면 그림을 통한 공간변화로서 지형비보와 경관비보적 효과를 준다고 할 수 있다.

「영평현」 지도의 경우 풍수적 명당공간을 표현하기 위해 산도의 기법을 여과 없이 표현하고 있다. 그림6의 오른쪽 읍치공간의 표현기법을 보면 그림의 상단에서 영평읍까지 들어가는 산맥은 연맥성을 강조하고, 읍치공간은 사신사가 환포되는 원형적 공간표현을 하고 있다. 그리고 영평현을 중심으로 하는 산맥의 연맥성과 대비되는 안산 및 조산의 산점배치, 물의 환포성은 읍치공간의 지형 및 경관비보적 차원에서 의도된 표현기법이라 할 수 있다.

지형과 경관비보적 지형표현을 극명하게 보여주는 사례는 「적성현」 지도에서 찾아볼 수 있다. 특히 그림 상단의 진산에서 이어지는 산맥의 흐름과 읍치공간을 감싸는 청룡백호와 환포하는 물의 흐름은 읍치공간을 이상적인 명당공간으로 그린다.

「영평현」과 「적성현」의 군현도는 그림1의 풍수개념도와 표현기법이 유사함을 알 수 있다. 고지도에서 풍수개념도적 표현방식을 활용하는 것은 읍치의 공간구성과 지형을 그 당시에 사람들이 인식하고 있는 이상적인 공간 패러다임에 적합하게 만들어 불안전한 읍치공간에 대한 인식의 전환을 모색하기 위한 방법으로 추측된다. 대부분의『해동지도』의 군현도는 표현방식에 차이는 있으나 경관비보적 차원에서 풍수개념도에서 사용하는 표현방식을 어느 정도 따르고 있는 것을 확인할 수 있다.

「지평현」지도는 읍치공간의 표현을 와형혈(窩形穴)에 가깝게 표현한다. 읍치공간과 안산 사이를 물이 환포하며 흐르고 있다. 주변 주요 묘지들은 혈형도(穴形圖)로 그리고 있다. 혈형도는 와형혈과 유형혈(乳形穴)의 모습을 나타낸다. 고지에서 읍치공간은 단순히 사람이 거주하고 통치를 하기 위한 행정만의 공간이 아니라 사람의 삶과 질을 높이는 풍요로운 공간이어야 한다고 군현도는 표현하고 있다. 풍요로운 경관은 풍수적 길지로서 명당공간이고 지형과 경관비보에 의한 공간표현이라 할 수 있다. 이러한 표현을 위해 고지도는 산맥의 연맥성과 공간의 원형적 표현, 물의 환포, 주변 산들을 산점배치하고 있다. 주변의 산들을 어떤 기준이 없이 다양하게 표현하나 읍지공간과 연결된 산형은 어느 정도 오성체(五星體)를 가정하고 그린다.

2. 능전도의 산도식 공간표현

조선시대에 음택은 추효(追孝)와 발복의 대상이었다. 음택은 풍수적으로 명당인 지형에 모시고 돌보는 공간이다. 조상의 유체(遺體)를 편안하게 모시는 것이 추효이고, 추효의 보상으로 후손의 안녕과 발복을 기원했다. 이러한 인식은 왕실도 마찬가지여서 왕실의 안녕과 번영을 무엇보다 중요시했다. 그래서 음택적 발복을 위해 음택인 왕릉은 풍수적 완전체로서 명당공간을 기획했다. 이러한 경향은 능

그림9 「월중도」 장릉(壯陵)과 명당공간의 확대
출처: 장서각, 화첩

전도(陵殿圖)를 통해서 확인할 수 있다. 능전도는 임금의 능을 그린 그림이다. 선왕의 능을 새롭게 조성하거나 기록으로 남기기 위해 그린 능전도는 음택이라는 관점에서 보면 산도의 한 부류로 볼 수 있다.

능전도의 표현방식은 산도 제작기법의 범주에 해당된다. 몇몇 능전도는 명당공간을 표현하는 방식이 채색화라는 것을 제외하고는 산도 제작기법과 상당히 유사하다. 대표적인 것으로 『월중도(越中圖)』 장릉도(壯陵圖)와 『명릉산형도(明陵山形圖)』를 뽑을 수 있다.[16] 산도 제작방식과 조금은 동떨어진 능전도로 『북도각릉전도형(北道各陵殿圖形)』[17]을 들 수 있다. 하지만 『북도각릉전도형』에서 주산과 용호사(龍虎砂), 조안산(朝案山)을 내당공간으로 표현하는 방식은 풍수적 공간표현 방식으로 산도의 제작방식과 무관하다고 할 수 없다.

---

16 규장각에 소장된 준경묘도(濬慶墓圖)(작자연대미상)는 능전도는 아니지만 왕실에서 제작된 것으로 전형적인 산도 제작방식을 따르고 있으며 산도의 채색본이라 할 수 있다.

17 박정혜, 이예성, 양보경. 2005. 조선왕실의 행사그림과 옛지도. 민속원. 166. 『북도각릉전도형』은 장서각에 소장되어 있으며, 1808~1840년경에 제작된 것으로 추정되고, 채색본이다. 함경북도에 있는 태조의 4대조의 능과 태조와 관련된 사적지들을 그린 것으로 산릉도 6폭, 사적지를 그린 것이 6폭이다. 현재 『북도각릉전도형』은 장서각, 문화재연구소, 규장각에 각각 소장되어 있다.

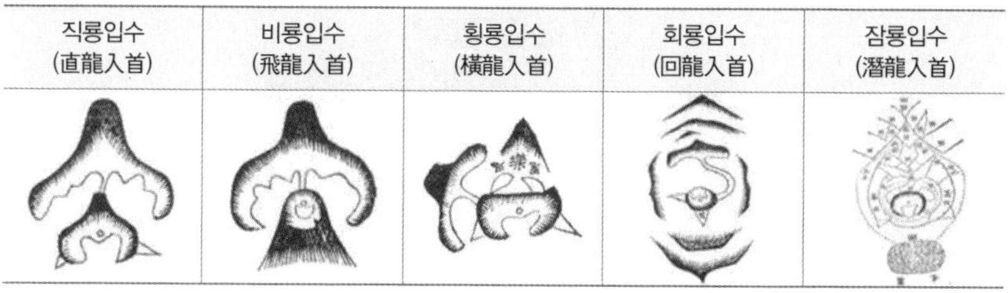

직룡입수 (直龍入首)	비룡입수 (飛龍入首)	횡룡입수 (橫龍入首)	회룡입수 (回龍入首)	잠룡입수 (潛龍入首)

그림10 산도에서 입수의 표현(입수5격)
출처: 『지리인자수지』

그림9의 오른쪽 『월중도(越中圖)』에서 산의 가장 윗부분(그림의 상단)의 병산(甁山)에서 내려오는 산맥의 흐름과 주산에서 버섯모양의 능인 강(崗)으로 입수(入首)[18]하는 모습은 그림10의 입수5격(入首5格)에서 직룡입수(直龍入首)를 표현한다. 약간 오른쪽으로 치우쳐서 들어오는 것 외에는 동일한 입수형태를 보인다. 명당공간을 원형적으로 표현하고 주변의 산형은 왕릉을 중심으로 환포하며 주변의 산들은 왕릉을 향해서 배치된다.

장릉도의 경우 공간표현 방식이 내당공간과 외당공간에 의한 표현만 아니라 내당공간과 외당공간 사이에 또 하나의 공간을 만든다. 내당공간인 장릉공간과 외곽에서 장릉을 감싸고 있는 외당공간 이외에 읍치공간(그림 하단의 아사(衙舍))을 강조하여 그리고 있다. 여기서 읍치공간은 내당공간과 대비되는 상대적 공간이라 할 수 있다. 『월중도』는 이 공간을 긴 타원형으로 그려 상대적으로 넓은 공간이미지로 표현한다. 이러한 표현은 두 개의 대비되는 공간을 만드는 효과를 준다.

수(水)는 명당공간의 바깥에서 환포하여 흐르는 형태로 나타내는 것이 산도의 일반적인 특징이다. 그런데 장릉도는 내당수에서 시작하는 물이 청룡백호를 빠져나와 내당공간과 외당공간의 사이를 흐르다가 외수와 합세하는 모습을 한다. 여기서 수는 명당공간을 환포하는 형태이지만 묘지공간과 읍치공간을 구분하는

---

18 입수를 크게 보면 태식잉육의 절차를 포함하는 진행과정인데 풍수개념도에서 표현한 입수는 식(息)의 부분만을 표현한 것이다.

그림11 명릉산형도
출처: 국립문화재연구소, 지본채색

역할도 하고 있다.

다음으로『명릉산형도(明陵山形圖)』는 조선 제19대 숙종과 계비 인현왕후 김씨 그리고 제2계비 인원왕후 김씨의 능을 그린 능전도이다.『명릉산형도』는 능을 중심으로 하는 명당공간을 나타내고 있으며 외당공간을 심하게 생략하여 일차적인 내당을 공간의 중심으로 표현하고 있다. 이러한 능전도의 지형표현은 지형을 심하게 왜곡하고 있는데 산도의 제작기법을 반영한 것이라 할 수 있다.

명릉산형도에서 산도식 공간표현기법을 살펴보면, 첫번째로 산의 입면(立面)을 입체로 표현하기 위해 검은 태점을 사용한다. 정상은 진하게 채색하고 하단으로 내려올수록 묽게 채색하여 입체감을 살린다. 급경사면과 완경사를 가정하여 표현한 것인데 산도식 산형표현기법인 능선과 사면의 산악입체도식을 변형한 채색화법으로 볼 수 있다.

두번째로 산들은 엷은 묵선으로 윤곽선을 그린다. 산지 말단면과 평지를 구분하는 선으로 경사도의 변형을 표현한다. 주산에서 왕릉으로 내려오는 지각을 영송각(迎送脚)[19]으로, 산맥의 흐름은 지형의 상하운동으로 나타내고 있다. 풍수에

---

19 영송각(迎送脚)은 사격과 관련된 용어로서 영(迎)은 혈장 앞에 있는 조안산(朝案山)으로 혈을 받아 주는 역할을 하는 지각이고, 송(送)은 산맥의 흐름이 혈까지 잘 도착하도록 보호하는 호사(護砂)들을 통칭하는 개념이다.

서는 상하운동을 기복격(起伏格)[20]이라 한다. 이러한 표현은 산맥의 역량을 강조하기 위함이다.

『명릉산형도』는 물의 파구(破口) 방향으로 수구산(水口山)을 그려 넣고 있다. 풍수에서 파구에서 물의 흐름을 막는 역할을 하는 것을 수구산이라 한다. 명릉도형의 좌측 하단에 배치된 군니산이 외수구의 물을 막는 수구산의 역할과, 수구 쪽의 허한 공간을 막아주는 장풍의 역할을 하고 있다. 이러한 내외수의 수구산의 표현은 산도에서 중요한 부분이다. 그런데 군니산은 명릉에서 관찰하기 힘든 원거리에 위치하며 그것을 상징적으로 표현하기 위해 묽은 채색으로 묘사한다.

물의 흐름은 풍수개념도에서 표현한 흐름을 반영하고 있다. 즉,「시위전송호탁조응영배도」의 표현기법을 유지한다. 물론 실제 물의 흐름이 그렇다고 할 수 있으나, 혈까지 들어오는 입수맥과 횡으로 만곡하여 혈 앞을 감싸고 도는 것을 강조한 점은 이것을 반영한 표현이라 할 수 있다. 그리고 명당공간을 둘러싸고 있는 산형의 외부에 24방위 표시는 주요 산맥에 대한 방위를 표시하기 위한 의도보다는 능묘공간의 방위를 표시하기 위한 의도로 보인다.

그러면 이 산도의 주인공이 누구인가가 중요하다. 이 왕릉도는 전체적인 시점은 부감법으로 표현하고 있고, 정자각 주변의 건물은 안암산에서 내려다보는 시점을 사용하고 있으며, 재실(齋室)의 경우는 시점을 중복하고 있다. 그리고 시점의 주 흐름은 앵봉에서 시작하여 그림의 우측 가장자리에 있는 효경현으로 흐르다가 방위를 바꾸어 그림의 중앙에 있는 명릉이라 기록한 제2계비 인원왕후의 능에서 멈춘다. 그리고 다시 방향을 바꾸어 흐르다가 명릉의 주인인 숙종릉에서 흐름을 멈춘다. 공간의 중심은 시점의 변화가 있는 경우 첫번째로 시점이 멈춘 곳에 두는 경우가 많다. 이 경우도 그림의 중심이 첫번째 시점에서 흐름을 멈춘 인원황후의 능묘에 있는 것으로 보인다.

『명릉산형도』에서는 우측에 있는 봉수현과 망원산, 제실 아래 수구처에 있는

---

20 태조산에 혈까지 진행되는 산맥의 흐름을 비유하는 말로 산맥의 상하운동에 의한 흐름을 말한다.

산봉우리들을 현저히 강조해서 그린다. 이렇게 강조한 산형들은 숙종릉에서는 미미한 산봉우리로 관찰된다. 하지만 제2비인 인원왕후의 능에서는 봉우리들이 확연히 모습을 드러낸다. 그리고 정자각 앞에서 명릉을 감싸는 첫번째 산맥에서 내린 물과 좌선수가 만나는 지점 및 두번째 산맥을 넘어가는 도로 등이 제2계비의 위치에서는 사실적으로 관찰된다.

다음으로 명릉의 백호에 해당하는 산줄기는 창릉을 제외한 오릉[21]이 감싸고도는 권역으로 한정할 수 있다. 경릉, 익릉, 홍릉의 삼릉의 권역을 감싸는 산맥이 축약되어 가까이서 감싸는 백호의 역할을 하는 것으로 표현된다. 이러한 축약이 제2비 인원왕후 능에서는 청룡백호의 넓이가 균형을 이루고 있지만, 숙종릉에서는 청룡 쪽으로 치우쳐 백호의 공간이 상대적으로 넓게 표현된다.

이러한 몇 가지 근거로 볼 때 이 그림은 제2계비의 능을 중심으로 내부능역을 그려서 보고하는 기록화 형식이라 할 수 있다. 숙종이 중심이 아닌 제2계비의 능역을 설명하기 위한 그림으로 가정된다. 그러므로 명릉도는 그림의 이미지 측면에서는 정자각과 비각 등의 시설물이 배치된 숙종릉이 강조되지만 공간의 중심성은 제2계비인 인원왕후 능이 가진다고 할 수 있다.

『조선왕실의 행사그림과 옛지도』[22]는 『북도각릉전도형』을 소개하고 각 그림들에 대한 기법과 내용을 분석한다. 『북도각릉전도형』에서 능전도는 조산(祖山) 또는 주산을 중심으로 하는 명당공간을 형성하고 용호사(龍虎砂)를 중심으로 하는 내당공간만을 강조하여 표현한다. 내당공간의 지형과 지물을 상세히 설명하기 위해 선택한 기법이라 할 수 있다. 명당공간을 둘러싸는 산형의 외부에 24방위 표시는 『명릉산형도』에서 같이 산영에 대한 방위를 표시하기 위한 의도보다는 능묘의 좌(坐)를 기준으로 하는 방위를 표시하기 위한 의도로 보인다.

『북도각릉전도형』에서 산도 제작기법에 가장 가깝게 표현한 것이 「정화릉도(定

---

21 경기도 고양시 용두동에 소재한 조선시대 왕릉이다. 5릉은 경릉(敬陵)·창릉(昌陵)·익릉(翼陵)·명릉(明陵)·홍릉(弘陵)을 일컫는다.

22 박정혜, 이예성, 양보경, 앞의 책, 2005.

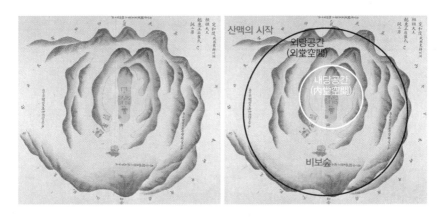

그림12 「북도각릉전도형」 「정화릉도」[23]
출처: 장석각

그림13 정화릉의 위성사진
출처: 구글지도

和陵圖)」이다.「정화릉도」를 살펴보면 좌측 상단에서 24방위인 인(寅) 방위에서 산맥이 시작되고 을좌(乙坐)라 기록된 봉우리가 능의 방위축인 좌(坐)의 방위점이 된다. 조안산에 해당되는 앞의 봉우리는 능의 방위인 향(向)의 지향점이 된다. 그러한 지형은 남동측에서 북서측을 향하는 방위로 북서풍에 취약한 지형이라 할 수 있다. 능전도에서도 건방위라 기록한 글자 앞의 산형이 경계를 이루는 공간을 넓은 여백으로 남겨두어 공간이 허(虛)하다고 표현한다. 즉, 건해방위에서 바람이 들어오는 것을 막을 수 있는 지형이 없다는 풍수적인 문제점을 안고 있다는 표현이다. 그래서 청룡 자락 앞에 비보숲을 조성하였고, 능전도에서도 비보숲을 나타내고 있다. 능전도를 제작한 사람들과 왕실에서도 건해방위가 허한 것을 알고 있었고, 이러한 풍수적 결함을 보완해 주는 비보숲은 반드시 표현해야 할 부분으로 인식했다고 여겨진다.

위성사진(그림13)에서 비보숲이라 기록한 부분이 건해방위이고 이곳에 바람을 막아줄 산맥이 없는 것을 볼 수 있다. 최고의 길지로 평가되는 왕릉이라도 지형의 결함은 발견된다. 그런 결함은 비보라는 방법을 써서 보완한다. 능전도에서도 능의 공간을 풍수적인 명당공간으로 표현하고 결함이 있는 부분을 보완한 비보부분까지 표현하여 완전한 풍수적 명당공간을 만들고 있다. 비보적 명당공간을 표현하는 방법으로 내당공간의 과장적 표현은 반드시 필요하다고 본다.

3. 특수 목적지도의 산도식 공간표현

이 글에서 특수 목적지도는 지도제작의 기록성에서 그 특징을 찾아 분류한 개념이다. 특히 특수 목적지도는 지도제작의 의도를 읽을 수 있는 지도를 의미한다. 특수한 목적성을 지닌 지도는 음택에 한정되지 않고 다양한 부분에 활용되고 있다.

음택과 관련된 지도로 대표되는 산도는 수묵(水墨)에 의한 산수화식 표현으로 인식된다. 대부분의 풍수관련 산도와 족보류의 산도는 수묵의 산수화식으로 표

---

23 정화릉은 태조의 부(父)인 이자춘과 의혜왕후 최씨의 능이다.

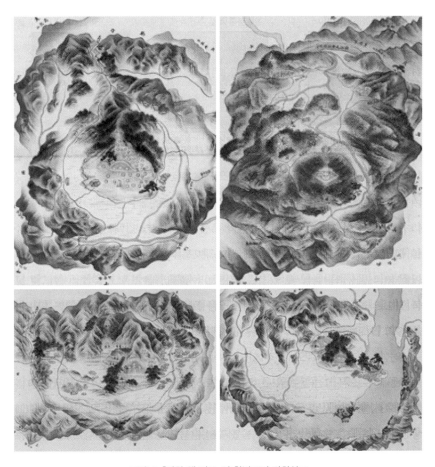

그림14 「강화 옛 지도」의 창녕조씨 강화산도
(1) 「허씨무덤도」, (2) 「황씨무덤도」, (3) 「신지동도」, (4) 「박씨촌도」
출처: 온양민속박물관

현된다. 하지만 왕릉도와 왕실에서 제작된 것으로 추정되는 몇몇 산도는 채색화를 사용한다. 2003년에 발간된 『강화 옛 지도』[24]의 분류 중 특수지도에 사대부 집

---

24 인천광역시 강화군. 2003. 강화 옛 지도. 인천광역시 강화군. 옛 지도책에는 강화를 비롯해 경기 및 전국지도, 강화의 역사적 발자취를 알 수 있는 연혁지도, 근대지도에 이르기까지 강화와 관련된 거의 모든 지도들이 수록되어 있다.

그림15 「허씨무덤도」와 「황씨무덤도」의 창녕조씨 선조 묘 부분의 확대
출처: 온양민속박물관

안에서 발간한 것으로 추정되는 무덤도가 있다. 이 무덤도는 수묵화에 의한 표현이 아닌 진경산수화풍의 채색화로, 능전도의 영향을 받은 것으로 보인다. 무덤도의 제작연대와 제작동기에 대해서는 알 수 없다.[25] 단지 『강화 옛 지도』에서는 이 채색화를 창녕조씨 강화산도라고만 설명한다.

또한 『강화 옛 지도』에서 소개하는 창녕조씨 강화산도는 총 4개의 무덤도가 있는 산도집(山圖輯)으로 창녕조씨의 음택과 관련이 있는 지역의 무덤도로 볼 수 있다. 그림14의 (1) 「허씨무덤도」, (2) 「황씨무덤도」, (3) 「신지동도」, (4) 「박씨촌도」라 기록되어 있다. 우선 살펴볼 것은 창녕조씨 강화산도라는 제목이다. 무덤도의 성격상 강화도에 있는 창녕조씨 선조의 묘지를 그린 그림을 의미한다. 다음으로 무덤도 (1), (2)에서 허씨무덤과 황씨무덤이라는 소제목은 창녕조씨 선조의 묘가 있는 강역(崗域)에 타 성씨의 무덤을 제목으로 표현한 것이다. 선조의 묘지 위치를 정확히 비정하기 위한 방법으로 타 성씨의 무덤을 기점으로 잡고 주인공의 무덤을 상세히 그리고 있는데 무덤도의 성격을 드러내고 있다. 그림15에서 창녕조씨 선조의 묘로 추정되는 곳 주위에 허총(許塚), 황총(黃塚)이라 기록한 부분을 보면

---

25 『강화 옛 지도』에서는 이들 무덤도에 대한 제작연대나 제작 동기에 대해서 언급이 없다. 하지만 이들 무덤도에 대한 제작연대에 대한 깊이 있는 고증과 제작 동기 및 무덤도의 주인공에 대한 연구는 앞으로 지속적으로 진행되어야 할 것이다. 본 연구는 앞으로 이루어질 연구에 대한 기초 작업으로 무덤도의 산도적 특징만을 다룬다.

그림16 「신지동도」와 「박씨촌도」의 창녕조씨 선조 묘 부분의 확대
출처: 온양민속박물관

알 수 있다.

(3) 「신지동도」와 (4) 「박씨촌도」는 선조의 묘가 있는 마을 이름을 제목으로 삼는다. 이 그림 또한 선조묘의 위치를 비정하기 위한 묘지도로 주변 마을을 기점으로 잡고 있다. 이들의 전체적 특징은 묘지로 이어지는 산맥의 흐름을 강조하지만 인위적으로 명당공간을 만들기 위한 용호사를 부각하지 않는다. 이것은 풍수적 표현의 필수요소인 청룡백호를 강조하기보다 묘지공간의 세밀한 묘사와 원형적 공간표현으로 공간의 안정적 표현에 중점을 둔 것으로 보인다. 이러한 표현을 위해 물의 흐름은 곡선에 의한 완만한 변화를 주었다.

묘지도의 특징은 묘지가 있는 내당공간과 그 바깥의 외당공간을 이중적 축적으로 표현할 수 있도록 만든다는 점이다. 내당공간의 과장성은 선조가 모셔진 묘역을 세밀하게 묘사한다. 특히 내당공간의 세밀한 묘사는 선조 묘를 상대적으로 확대하고[26] 주변의 수목은 소나무와 버드나무 등 다양한 수종으로 그린다. 가옥은 일정한 시점에서 입체적으로 그리는 것이 아니라 다양한 시점으로 입면의 변화를 주고 있다.

외당공간의 바깥에 기록된 방위는 풍수적 방위로서 24방위 모두를 표현한 것

26　묘지는 묘지 뒤의 용마루까지, 묘지 앞의 상석은 고석까지 묘사하고 있다.

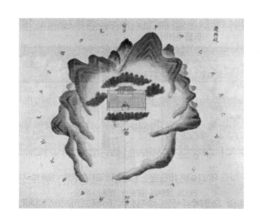

그림17 「북도각릉전도형」, 「경흥전도」[27]
출처: 장석각

이 아니라 풍수적으로 중요한 산과 지형에 방위만을 나타낸다. 중요한 지형에 풍수적 가치를 부여하기 위한 의도와 묘의 위치를 비정하기 위한 의도가 동시에 공존하기 때문이다. 앞에서 언급한 『북도각릉전도형』에는 사적지의 그림이 있다. 『북도각릉전도형』은 특수한 목적을 두고 그려진 목적지도라 할 수 있다.

능전도는 앞장에서 다루었고 이제 사적지 그림 중에서 「경흥전도(慶興殿圖)」를 통해서 산도의 공간표현기법을 살펴보고자 한다. 「경흥전도」는 주산의 경사가 급하고 산의 체적을 크게 그린다. 그리고 주산에 뻗어내린 용호사는 가지를 중첩적으로 뻗게 하여 경흥전을 감싼다. 도상의 중심에 있는 내당공간을 강조하기 위해 원형적 공간으로 넓게 확대해서 표현하며 경흥전 건물과 수목을 제외한 공간은 여백으로 처리하고 있다.

반대로 주산 뒤로 묘사된 외당공간은 산형만을 배치시킨다. 경흥전 뒤의 주산은 두 개의 봉우리로 되어 있고 두 봉우리 사이를 낮은 지형으로 연결한다. 이런 지형은 외부에서 산봉우리가 낮은 지형을 받쳐주어야 하는데 이런 역할을 하는

27 경흥전은 태조 이성계의 옛집으로 정종과 태종이 태어난 곳이다.

산을 낙산(樂山)이라 한다. 경홍전도 이러한 지형적 결함을 보완하기 위해 주산 뒤 묘(卯) 방위에 낙산을 그리고 있다. 또한 경홍전의 명당공간을 표현하고 명당 공간에 대한 검증으로 명당수로 상징되는 감천(甘泉)을 경홍전 아래에 그려 넣는 다. 주산과 용호사를 감싸는 넓은 여백은 원형적 공간으로 명당의 공간을 상징하 며 발복의 공간으로 표현되고 있다.

Ⅳ. 공간미학으로서 산도 표현방식의 현대적 의미

1. 전통적인 공간인식과 현대적 공간인식의 비교

전통적인 지리관에서 공간은 음택이든 양택이든 모든 풍수적 명당공간을 이상적 인 것으로 인식한다. 이러한 인식의 한 틀로 공간지형을 표현하는 방법으로 산도 의 공간표현기법을 활용하고 있다. 군현지도에서 읍치공간을 과장해서 표현하는 방식에서 알 수 있듯이 공간의 원형표현은 용호사와 계수(界水)를 통한 공간의 안 정감을 심어준다. 공간의 안정은 풍수에서 표방하는 명당공간이라 할 수 있다. 산 도에서는 명당공간을 표현하기 위해 명당을 중심으로 하는 내당공간을 과장한다 는 것을 앞에서 밝혔다. 이러한 기법은 명당공간을 중심으로 지도가 표현하고자 하는 지리관과 세계관을 표출하는 데 도움을 주며 부기를 통하여 지도가 의도한 바를 좀 더 충실히 설명할 수 있다.

현재 보급되고 있는 지형도를 활용한 공간의 표현은 지형에 대한 사실적인 전 달에는 도움을 주지만 표현하고자 하는 공간 속에 제작자가 추구하는 사상이나 세계관을 함축하는 것은 불가능하다. 등고선과 기호로 표시된 지형도는 특성상 외형 전달이라는 한계를 갖는다. 축적 1/25,000 또는 1/5,000 지형도는 실지형 을 등고선을 통하여 그대로 표현하므로 특정 공간만을 축약하거나 확대할 수 없 다. 일정한 지형을 강조하기 위해서 그곳의 지형을 확대하면 주변의 지형 또한 같 은 비율로 확대되어 묘사의 전체성을 상실하게 된다. 그리고 지번도 또는 지적도

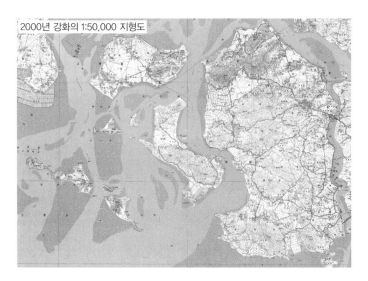

그림18 강화 지형도 축척 1/50,000
출처: 『강화 옛 지도』

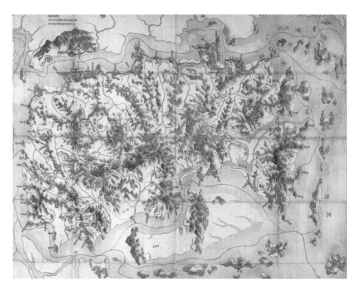

그림19 『강화 옛 지도』의 「강도부지도」. 19세 후반 제작
출처: 서울대학교 도서관

를 통한 공간의 표현은 획일적인 도면식 표현으로 지형의 높낮이와 변화를 읽을 수 없다. 특히 지번도와 지적도는 구획되고 평면화된 도면으로 확장과 수렴의 공간변형을 표현할 수 없다.

그림18, 19는 강화도를 표현한 지형도와 회화지도이다. 그림18의 지형도는 강화도의 전체 지형과 주요 행정구역 및 도로 등을 등고선과 실선을 통해서 사실적으로 표현한다. 지형도에서 공간은 축적에 의한 객관적이고 정형화된 표현이다. 공간의 왜곡을 통한 자의적인 해석이 불가능하다. 그러므로 지형도는 등고선을 이용한 지형과 사선에 의한 도로를 통한 획일적인 공간과 동선만을 전달하는 한계를 갖는다.

하지만 전통 지리관이 반영된 「강도부지도」는 시지각적 관찰에 의한 공간을 사실적으로 표현하는 동시에 자의적인 지형해석을 하고 있다. 즉, 지형과 공간의 과장을 병행한다. 또한 부감법을 활용한 개성적인 산형과, 산줄기와 물줄기가 함께 흐르는 표현으로 역동성을 보여준다. 주요 지형은 일반 지형에 비해 강조하면서 세밀하게 그리고 있다.

그림20은 18세기 초에 발간된 족보류 산도로 창녕성씨의 시조 중윤공의 묘소도이다. 산도에 표현된 산맥의 범위는 시조 묘소가 있는 창녕의 권역을 넘어 비슬산까지 확대되어 있다. 산맥의 중심은 창녕의 진산(鎭山)인 화왕산을 축으로 한다. 묘소가 있는 내당공간과 내당공간을 벗어난 외당공간의 지형은 왜곡이 심하다. 그림18의 지형도와 비교해도 지형공간의 왜곡이 심한 것을 알 수 있다.

「중윤공묘소도」에서 내당 중심의 공간표현은 산도를 통해서 전달하려는 의도를 충분히 발휘하기 위해 공간이 넓다. 내당의 확대는 묘지를 중심으로 하는 지형을 세밀하게 묘사할 수 있으며, 주변의 여백을 이용한 부기는 표현하고자 하는 주제를 확실히 드러내는 장점이 있다. 하지만 「중윤공묘소도」와 같이 이중적 축적을 통한 공간표현과 지형공간의 왜곡은 지형도와 지번도에 익숙한 현대인들이 쉽게 이해하기 힘든 부분이다.

지형도와 위성사진을 통해서 사회의 모든 면을 바라보는 현대인들에게 지형공

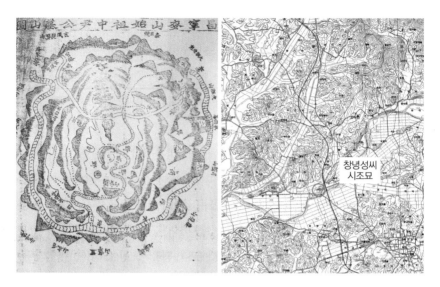

그림20 『창녕성씨족보(昌寧成氏族譜)』 병신보(丙辰譜, 1709년)의 시조
「중윤공 묘소도」와 시조묘 지형도
출처: 국립중앙도서관

간은 객관적인 관찰의 공간이다. 이러한 관점에서 지형공간은 시지각적으로 인지하고 지형도와 위성사진을 통해 다시 검토하는 객관적으로 검증된 공간이 된다. 즉, 주관적인 사고의 틀을 거부하는 과학적이고 객관적으로 인지되는 공간이다. 이러한 지형인식은 자연을 탐미하지 못하며 자연친화적 공간인지를 하지 못하게 한다. 현대인들의 시각에서 고지도는 자연을 바라보는 관점과 공간인식에 대한 차이를 가지고 있으며, 지형에 대한 심한 왜곡은 접근을 어렵게 하고 있다. 그러므로 전통적인 지리관과 자연관과의 단절은 불가피하게 된다.

2. 공간미학으로서 산도 표현방식의 현대적 의미

산도에서 지형공간은 인간과 자연의 합일을 이루는 공간으로 인식된다. 앞에서 언급한 「태식잉육도」에 의한 공간표현은 자연과 사람을 하나로 보는 표현방식이다. 명당공간은 태식잉육으로 이어지는 진행과정과 잉육으로 형성되는 공간으로

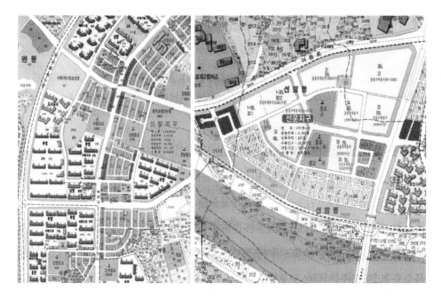

그림21 광주광역시 광산구 신창지구(왼쪽), 선운지구(오른쪽) 지번도
출처: www.geopis.co.kr/map

이루어진다. 이 공간은 나를 잉태한 어머니로서 자연과 혈로 비유되는 내가 존재하는 것이다. 이러한 공간인식은 자연합일체로서 나를 존재하게 하고 나를 잉태한 자연에 대한 경외심을 갖게 한다. 나와 자연이 별개의 존재가 아닌 생명력을 갖고 공존하는 경합체가 된다.

「시위전송호탁조응영배도」는 어머니로서의 자연공간이 인간을 포근하게 감싸는 모습을 가정한 개념도라 할 수 있다. 산도에서 공간은 삶의 뿌리를 찾은 인간본성의 마음이다. 태조산에서 시작되는 산맥의 흐름은 혈의 근원을 찾는 동시에 나의 근본을 찾는 매개체가 된다. 인간은 사회라는 공동체에 내던져진 고립되고 외로운 존재가 아니라 종중이라는 혈연공동체와 부모로 이루어진 가정공동체의 한 일원으로 존재한다는 것이다. 이러한 인식과 일맥상통한 산맥체계가 족보론적 산맥체계라 할 수 있다.

이는 어머니로서의 자연이 산도에서 표현하고자 하는 공간미학으로 연결된다.

산도에서 명당공간은 원형적 공간성과 공간의 여백으로 대표될 수 있는데 어머니의 자궁과 같은 공간이다. 산도에서 명당공간의 여백은 자궁 속에 태아를 감싸는 양수(羊水)의 공간이며, 명당공간으로 이끄는 촉매제이자 마음의 안정을 주는 공간이다. 이러한 명당공간은 군현도에서 읍치공간과 주요 지형공간을 표현하기 위해 활용되었다.

현재 우리 사회는 광범위한 개발과 획일화된 도시지형을 추구하며 자연에 역행하는 방향으로 나아가고 있다. 그림21은 광범위한 지역을 지구단위로 개발한 지역을 보여주는 지번도다. 두 지번도를 보면 도로가 중심 동선이 되며 양쪽으로 아파트단지와 상업용지, 주택단지를 구획하고 있다. 도시공간에서는 동선의 획일성과 공간의 편리성이 중심이 되어 자연을 배려하는 어떤 구조물도 고려하기 힘들다. 밀집되고 획일화된 공간에서 자연에 대한 인식 자체가 무의미하다.

현대사회에서 산도가 보여주는 공간미학은 자연에 대한 인식의 전환을 심어주는 중요한 역할을 한다고 본다. 획일적이고 기계화된 지번도와 지형도를 통해 들여다보는 자연은 무미건조한 사물에 불과하다. 자연은 인간이 활용하기 위한 개발의 대상인 것이다. 자연과 공존하는 환경을 만들어 가는 것이 절실한 때이다. 자연과 공존하는 공간은 전통 지리관에서 시작되어야 한다. 전통 지리관에 의한 공간인식을 자연과 합일을 이루는 공간미학으로 표현하는 산도는 현대의 우리들에게 자연을 다시 인식하게 한다.

V. 결론

산도는 풍수공간의 지형과 지세를 그림으로 설명하는 지도로 다양하게 활용되고 있다. 풍수의 논리적 타당성을 검증하고 시각적 확실성을 심어주는 데도 이용되었다. 산도는 「태식잉육도」와 「시위전송호탁조응영배도」의 개념도로 기본 구도를 잡으며, 이 개념도는 군현도뿐만 아니라 다른 특수지도의 기본 구도가 된다는 것을 알 수 있었다. 산도는 제목, 그림지도, 산론의 3단 구도로 구성되며 이 구도에 산도가 제작된 시대의 지리관과 세계관을 함축해 담고 있다.

산도에서 산의 모형은 오형으로, 혈의 모양은 사상을 기본으로 하며, 내당공간과 외당공간의 유기적인 연결성과 공간표현의 상대성을 갖고 있었다. 공간의 상대성은 내당공간의 비대칭적 확대를 가져와 혈 중심적 공간표현을 가능하게 해주고 조종산에서 혈까지 유기체적 연결성은 산맥의 위계성을 보여준다.

산도에서 자연공간을 표현하는 제작기법은 고지도에 많은 영향을 주어 다양한 지리관과 세계관이 결합하여 하나의 공간미학으로 승화되었다. 군현도를 비롯한 고지도에서 산도 제작기법을 활용해 읍치 또는 사적지, 묘지 등의 지형공간을 묘사하여 자연공간과 인간이 합일체를 이루는 공간미학을 보여준다.

현재 산도를 과거의 지리관으로 남겨두면 산도의 가치에 대한 한계점을 긋고 단순히 과거의 것으로 치부하는 오류를 범하게 된다. 산도는 획일성과 객관성에 중점을 두는 현대 지형도적 표현에 전통적 감성과 정서를 심어줄 수 있다는 장점을 가지고 있다. 이러한 산도의 가치는 현재의 지형도와 지번도가 갖는 특징과 비교를 통해 확인할 수 있다.

현재 우리 사회는 광범위한 개발과 획일화된 도시화로 자연과 합일을 이루는 개발과 발전을 기대하기 어렵다. 이러한 사회적 경향에서 전통 지리관을 기초로 자연지형을 표현하는 산도의 공간표현 방식은 자연에 대한 인식을 재고하게 되는 밑바탕이 된다. 풍수가 현 시대에도 하나의 지리관으로 어느 정도 역할을 하고 있다는 점을 감안한다면 산도식 자연인식이 과거와 현재를 이어주는 역할을 할 것으로 판단된다. 지형도식 관광지 또는 유적지의 표현은 그곳이 갖는 상징성을 다양하게 표현할 수 없다는 표현의 한계에 직면하고 있다. 이러한 지적에서 풍수에 대한 연구의 방향과 방법을 찾고자 한다.

張子微, 玉髓眞經.
徐善繼·徐善述. 地理人子須知.
趙九峰, 地理五訣.
山圖.
海東地圖.
北道各陵殿圖形.
明陵山形圖.
越中圖.
江都府地圖.
昌寧曺氏 江華山圖.
昌寧成氏族譜.

박정혜, 이예성, 양보경. 2005. 조선왕실의 행사그림과 옛지도. 민속원.
배우성. 1996. 18세기 관찬지도 제작과 지인인식. 서울대학교 박사학위논문.
이형윤. 2010. 조선시대 산도를 통해서 본 지리인식. 대구가톨릭대학교 박사학위논문.
이형윤. 2013. 창녕성씨의 산도제작과 지리인식에 관한 연구. 한국고지도학외 5(1). 25-50.
이형윤, 성동환. 2011. 조선대 족보에 게재된 산도의 특성과 지형표현. 한국지역지리학회지 17(1). 44-27.
이형윤, 성동환. 2010. 풍수서『地理人子須知』山圖의 지형표현연구. 한국지역지리학회지 16(1). 1-15.
이형윤, 성동환. 2010b. 소령원 산도의 지형표현 연구. 문화역사지리 22(3). 1-20.
인천광역시 강화군. 2003. 강화 옛 지도. 인천광역시 강화군
한영우, 안준휘, 배우성. 2003. 우리 옛지도와 그 아름다움. 효형출판.

Space Representation of Pungsu Maps and their Modern Meanings

Lee, Hyungyun

Adjunct Professor, Department of Geography Education,
Catholic University of Daegu, lhukim@hanmail.net

Keywords: Pungsu map, genealogical record, old map, landform representation, spatial aesthetics

Mountain maps were initiated to depict the terrain and topography of the Pungsu spaces in pictures. When more emphasis was put on mountains maps verifying propitious sites, they took on more importance as just maps. They are basically based on the Taesikyingyukdo and Siwijeonsonghotakjowoongyoungbaedo as their conceptual maps. And, these conceptual maps are basic frames not only for administrative maps, but also for other special maps. These mountain maps are composed of three frames: title, picture map and mountain discourse. These frames are utilized to epitomize the geographical viewpoints and world views of the period when specific mountain maps were made.

The cartographical techniques employed to represent the natural space in mountain maps greatly influenced old maps and, combined with varied geographical and world views, were sublimated to one kind of spacial beauty. In addition, old maps including administrative maps took advantage of the cartographical techniques for mountain maps in order to depict the topographic spaces of counties, historical sites, tombs, etc. They were tantamount to conjuring up spatial aesthetics where natural spaces and human beings got intertwined.

Putting aside mountains maps as something that reflects the geographical views of the past leads to a fallacy where the values of mountain maps are delimited so as to be ignored just as something that existed in the past. Mountain maps have their merits in that they can add traditional emotions and feelings to the current cartographical representations that emphasize uniform and objective depictions.

03

일본 오키나와 포호

아시아적
공동가치로서의
풍수

인류 보편적
가치로서의 풍수

Pungsu as a Sustainable Geomorphologial
Land Management Approach

박수진

서울대학교 사회과학대학 지리학과 교수, 아시아연구소 환경협력프로그램 디렉터

I. 서론

현대사회에서 풍수를 보는 시각은 다양하다. 혹자는 우리 선조들이 땅을 이용하면서 인식해 왔던 오랜 역사를 지닌 전통지리사상이라고 본다. 다른 사람들은 혹세무민하는 주술정도로 취급하기도 한다. 풍수에 대해 부정적인 시각을 보이는 사람들 중의 상당수는 객관적인 검증이 가능해야만 과학이 될 수 있다는 신념을 가진 전문가들이 많다. 하지만 이들조차도 풍수가 우리나라의 전통사상으로 일상생활에 상당한 영향력을 미치고 있다는 점에는 의심을 하지 않으며, 풍수에 대한 보다 적극적이고 포괄적인 연구가 필요하다는 점에 대해서도 부정하지 않는다.

1980년대 이전 풍수에 대한 학계의 연구는 주로 몇몇 학자들에 의한 심층연구였지만, 1980년대 이후 다양한 분야에서 급격한 증가현상을 나타내고 있다. 풍수의 연구내용은 분야 및 목적별로도 큰 차이를 보인다(윤홍기, 2001). 지리학 관련 논문들은 장소 선택과 취락 입지에 관한 내용이 주를 이루고 있는 반면, 건축학 분야에서는 풍수를 이용한 고건축물의 조사해설, 건축 및 주거의 공간구조 해석이 다수를 차지한다. 조경학에서는 전통적인 조경과 더불어 능묘조성기법에 관한 내용을 중요하게 다룬다. 국문학에서는 풍수와 관련된 설화에 대한 연구, 그리고 인류학은 전통가문과 조상숭배, 역사학에서는 고려 및 조선시대의 수도의 선정과 천도의 문제를 빈번하게 대상으로 삼는다.

같은 글에서 윤홍기(2001)는 풍수에 대한 보다 폭넓은 이해를 위해서 (1) 풍수지리사상과 당대의 정치사회적 상황의 상관관계를 밝히는 것, (2) 풍수지리사상의 적용과정에 대한 참여관찰 혹은 민족지적 접근, (3) 풍수지리가 가지고 있는 사상사적 의미에 대한 국문학적, 민속학적 연구, (4) 전통적인 환경사상으로서의 풍수에 대한 연구 등이 심도있게 진행될 필요가 있다고 보았다.

풍수가 우리의 역사와 사회에 어떤 영향을 미쳤는지 종합적으로 평가하는 것은 저자의 역량을 벗어나는 내용이다. 특히 저자의 경험과 연구분야가 가지고 있는 한계를 고려한다면 이 글은 전통토지관 혹은 환경사상으로서 풍수의 특성과 가치에 대한 논의에 집중될 수밖에 없다. 하지만 풍수가 서양의 과학지식과 대비되는 '전통지식(traditional knowledge)'으로 문화 혹은 인문학적인 관심의 대상으로 그 의미가 축소되는 것에는 우려를 표시하고 싶다.

풍수는 우리의 역사와 함께 수천 년을 발전해 왔으며, 그 과정에서 한국의 독특한 환경지식이 축적되어 있는 경험지식체계이다(Yoon, 2006; 최창조, 2014). 이것은 우리와 전혀 다른 환경에서 만들어져 일방적으로 전파된 현대적 지식체계와 분명한 보완관계에 있다. 서구가 주도하고 있는 지표과학에서는 한계점을 인식하고 스스로 새로운 패러다임을 모색하는 시점에서 풍수에 대한 과학적 연구를 기피하는 우리 학계의 풍조는 하루 빨리 개선되어야 한다. 필자는 개인적인 경험을 토대로 풍수가 토지이용 나아가서는 지표과학에서 새로운 패러다임을 이끌 내용과 가치가 있다고 확신한다.

이 글에서는 좋은 땅을 찾으려는 풍수와 가장 유사한 연구목적을 가진 학문인 토양경관분석법을 소개하면서 현대학문에서 제기되고 있는 다양한 문제점들을 먼저 고찰하였다. 이어 지표의 형성과 발달과정을 다루는 지형학의 패러다임 전개과정을 기술하면서 서양의 지표과학이 현재 추구하고 있는 발전방향을 소개한다. 그리고 풍수에서 명당을 구성하는 대표적인 형국인 사신사(四神砂)의 지형학적인 발달과정과 환경적 의미를 분석하고, 그 과정에서 풍수가 지형을 해석하는 방법들을 현대과학과 접목시켜 보고자 하였다. 필자가 내리고자 하는 결론은 풍수가 현대과학에서 고민하고 있는 다양한 문제점들에 대해 대안을 제시할 수 있기 때문에 보다 적극적인 노력을 통해 풍수를 과학화하려는 노력이 필요하다는 것이다.

II. 풍수의 이론체계와 토양경관분석법

토지이용 측면에서 보면 한반도는 인간이 농경에 의지하여 생활할 수 있는 한계지역(marginal land)에 가깝다. 산지가 차지하는 비율이 절대적으로 높을 뿐만 아니라 복잡한 지형특성을 보이며 기온 및 강우량의 계절적인 변동이 심하기 때문에 사람들이 쉽게 이용할 수 있는 환경이 아니다. 이러한 지형 및 기후환경 하에서 잘못된 토지이용은 자칫 심각한 토지훼손(산사태, 침식, 홍수 등), 그로 인한 재난으로 이어질 가능성이 높다. 그럼에도 불구하고 전 세계적으로 가장 높은 인구밀도를 유지하고 있다는 사실은 토지를 효과적으로 이용할 수 있는 사회 및 문화시스템을 갖추지 않았다면 불가능했을 것이다. 즉, 환경적으로 한계지역에 가까운 우리 땅을 이용하기 위해서는 독특한 경험적 지식들이 개발되고 축적되었을 것이다.

서구에서도 풍수에 대한 평가는 태풍과 몬순에 따른 강한 기후의 계절성 하에서 기복이 심한 지형을 효과적으로 관리하기 위해 습득된 동양의 경험과학이라는 것에 동의를 하고 있는 듯하다(Needham, 1962; Mak and Ng, 2005). 이러한 근거 하에서 대부분의 풍수지리학 연구자들은 풍수를 '추길피흉을 목적으로 삼는 상지기술학(相地技術學)' 혹은 '민족지형학'이라는 용어로 통해 그 핵심을 정리하고 있다(최창조, 2006; 이도원 외, 2012).

풍수가 추구하는 목적에 가장 근접해 있는 현대 학문분야가 토양경관분석법(soil-landscape analysis)이다. 토양경관분석법이란 지표상에서 토양이 어떻게 분포하는지를 분석하고, 그 결과를 통해 토양을 예측하여 지도화하고 토지이용 간의 관계를 규명하고자 하는 지형학 및 토양학의 한 연구분야이다(Park and Vlek, 2002; McBratney et al., 2005; 그림1 참조). 풍수와 토양경관분석법은 좋은 땅 혹은 최적의 토지이용방법을 찾는다는 동일한 목적을 가지고 있기 때문에 두 접근법의 비교는 풍수를 현대적으로 재조명하는 직접적인 기회를 제공한다.

지표면에서는 위치와 기복에 따라 물, 물질, 에너지가 지속적으로 이동한다.

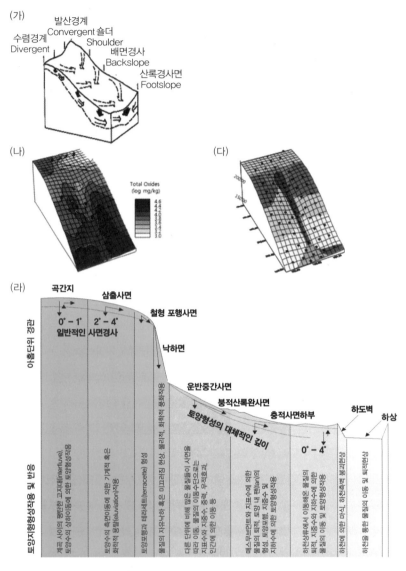

그림1 (가) 토양의 공간적 차별성을 가져오는 물과 물질의 흐름

출처: Pennock, 1987

(나), (다) 물과 물질의 흐름의 차이로 인한 토양속성과 토양유형의 변화

출처: Park and Vlek, 2002

(라) 사면에서 토양의 공간적 변화를 지형경관단위로 나누어 일반화한 토양경관모델

출처: Conacher and Dalrymple, 1977

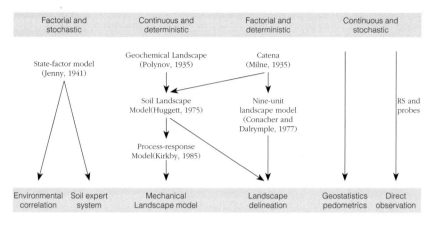

Spatial variance of soils

Modern Soil Landscape Analysis

그림2 토양예측을 목표로 하는 토양경관분석법의 이론적 흐름과 방법론
출처: Park and Vlek, 2002

이러한 물질의 순환은 토양의 형태를 결정하며 그 위에 살고 있는 생물적 요소의 특성을 결정하게 된다(Kirkby 1971). 따라서 한 지점을 구성하고 있는 다양한 환경작용들을 정확히 이해하면 토양의 분포와 최적의 토지이용형태를 결정할 수 있다(그림1). 지표면에서 지형과 토양이 가지고 있는 상관성은 1930년대에 영국의 토양학자 밀른(Milne)에 의해 카테나(catena)라는 개념으로 처음 개념화되었으며, 이후 각국의 토양조사과정에서 가장 핵심적인 개념으로 사용되어 왔다(Conacher and Darlymple, 1977).

토양경관분석법은 이론적 토대와 방법론 면에서 다양한 접근법들을 포괄하고 있다(그림2). 하지만 현대의 토양경관분석법은 과학기술의 발달로 원격탐사(remote sensing) 혹은 각종 기기분석을 통해 직접 혹은 통계적으로 토양특성을 예측하려는 기법들(Direct observation, pedometrics, environmental correlation)이 주를 이루고 있다(McBratney et al., 2005). 이 기법들의 공통적인 특징은 지표면을 점과 선, 면으로 나누고 각각의 속성을 부여한 뒤 실측된 토양자료 혹은 원격탐사

자료와 인과적 상관관계를 찾는 것이다. 즉, 한 지역 혹은 특정 자료에서 환경요인과 토양속성간의 통계적 관계가 성립된다면 그 결과를 다른 지역에서도 확장하여 토양을 예측할 수 있다고 본다.

이와 대비되는 접근법은 토양의 분포를 보다 이론적으로 파악하는 것으로 mechanical landscape model 혹은 landscape delineation이 대표적인 기법들이다. mechanical landscape model은 지표면 위에서 나타나는 물과 물질의 흐름을 수학 및 물리학 모델을 통해 토양분포를 예측하려 한다. 반면, landscape delineation 방법은 토양의 분포를 특징짓는 독특한 지형토양경관단위(soil-landscape unit)가 지표면에 존재하기 때문에 이들을 선험적으로 구분해 낸다면 토양이 예측 가능하다고 보는 접근법이다(Conacher and Darymple, 1977; 그림1의 라 참조). 이 접근법은 현대적 풍수와 그 논리적인 측면에서 상당한 유사성이 있다.

풍수에는 다양한 유파와 이론이 존재하고 있지만 한국풍수학계에서 가장 보편적으로 받아들여지고 있는 이론체계는 최창조(1984)가 제시하는 논리실증적 인식체계와 기감응적(氣感應的) 인식체계의 구분법이다. 기감응적 인식체계는 동기감응론(同氣感應論), 소주길흉론(所主吉凶論), 형국론(形局論)으로 다시 나뉘고, 논리실증적 인식체계는 간룡법(看龍法), 장풍법(藏風法), 득수법(得水法), 정혈법(定穴法), 좌향론(坐向論)이 있다.

이러한 풍수의 논리체계는 중국의 곽박(273~324년)에 의해 정리되었다고 알려진『장서(葬書)』의 풍수 이론체계를 현대적으로 재정리한 것으로 보인다. 여기에 한국적 풍수의 가장 중요한 특성으로 알려진 비보론(裨補論, 최원석, 2014)을 추가하여 풍수이론의 전체적 구성을 표시하면 그림3과 같다. 그림3에 제시한 풍수의 현대적 의미는 토양경관분석법(soil-landscape analysis)의 이론적 체계와 접근법을 비교·평가하여 필자가 주관적으로 해석한 것이다. 여기서는 토양경관분석기법에서 활발하게 논의되는 기존 이론과 방법론들의 한계점을 지적하고 풍수가 제시할 수 있는 새로운 접근법의 가능성을 제시하고자 한다.

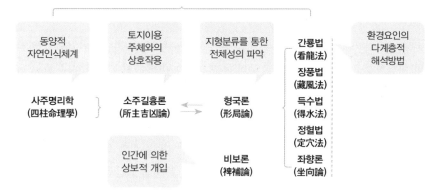

그림3 풍수의 이론체계의 현대적 재해석

토양경관분석법은 컴퓨터와 수식을 통해 토양을 예측하기 위해 지표면의 모든 사상을 점과 선, 면으로 바꿔 수학 혹은 통계연산을 한다. 하지만 이 과정에서 지표 및 토양이 가지고 있는 고유한 특성을 잃어버리는 문제점이 발생하게 된다. 이러한 문제점들은 토양의 예측력을 급격하게 낮추는 중요한 원인이 된다 (McBrateny et al., 2005; Phillips, 2003; Park et al., 2009).

첫번째 문제점은 각 환경요인들이 가지는 상대적인 중요성을 적절하게 반영하기 어렵다는 것이다. 토양에 영향을 미치는 자연현상의 종류와 속도, 빈도, 지속시간은 관찰하고자 하는 시·공간적 범위에 따라서 크게 변한다. 소위 스케일 의존성(scale-dependency)이라고 불리는 이 문제는 토양을 예측할 수 있는 최적의 환경요인들을 추출하는 데 있어 가장 중요한 장애요인이 되고 있다. 특히 그 특성이 지역마다 큰 차이를 보여 시공간적인 일반화가 현실적으로 불가능하다는 한계를 가지고 있다(Park et al., 2009). 따라서 한 지점에서 관찰된 인과관계를 다른 지역에 적용한다는 원래의 목적을 달성하기 어렵다.

두번째는 다양한 환경요인들이 상호작용을 거치면서 나타나는 창발의 문제(emergence)이다. 토양시스템은 지형, 지질, 기후, 동식물, 인간이 복잡한 상호작용을 하고, 이 상호작용의 결과는 요인들의 단순한 조합 이상의 결과들로 이어질 수 있다. 흔히 이야기되는 동적시스템(dynamic systems)들이 가지는 비선형성(non-linearity)의 문제이다(Huggett, 1988; Phillips, 2003). 토양경관분석법은 이러한 비선형성을 고려하지 않아 토양의 예측 가능성이 낮아지게 된다(McBrateny et al., 2005).

세번째는 지표면 혹은 토양이 가지는 지속가능성을 보장해줄 이론체계를 갖추지 못하고 있다. 토양과 지형은 단기간에 만들어지지 않는다. 현재 관찰되는 토양은 몇천 혹은 몇만 년의 시간이 중첩된 결과이다. 하지만 인간의 토지이용은 불과 몇십 년 · 몇백 년의 역사다. 토양시스템의 선형성을 기반으로 한 토양경관분석법은 '현재의 토지이용형태가 누적되면 장기적인 토양발달로 이어진다.'를 전제로 한다. 하지만 이 역시 전술한 비선형성과 창발현상으로 인해 예측이 불가능한 특징을 가지게 된다(Lane and Richards, 1997).

마지막으로 인간에 의한 토지이용형태의 다양성을 어떻게 고려할 것인가도 문제점이 되고 있다. 토양과 마찬가지로 인간의 토지이용행태 역시 비선형적인 복잡계적 특징을 보인다(Werner and McNamara, 2007). 그 결과 인간과 자연과의 상호작용은 단순한 토양의 분포에 비해 훨씬 더 복잡한 특성을 보인다. 인간의 토지이용특성을 새로운 차원에서 이해해야 한다는 복잡계 과학(complexity science)[01]이 본격적으로 대두되기 시작하면서 이런 설명은 더욱 힘을 얻게 되었다.

한계점들을 인지한 상태에서 풍수의 지형해석 혹은 논리구조를 살펴보면 풍수는 이러한 문제점들에 대해서 뚜렷한 해답을 가지고 있다. 가장 주목되는 접근법은 지표환경을 구성하는 환경요인들을 다계층적으로 해석하고, 그 결과를 통해

---

01 1980년대 이후 기존의 논리실증주의와 과학의 환원주의의 문제점을 지적하는 다양한 이론들이 등장한다. 특히 비평형이론과 카오스이론이 대두되면서 미래에 대한 예측이 가능하다는 결정론적 과학관보다 예측이 불가능하다는 확률론인 과학관이 더 주목을 받게 되었다. 따라서 복잡계 과학은 환원주의적인 접근법보다 전체성을 강조하고, 구성요소들 간의 상호작용을 중요하게 다루고 있다.

나타나는 지형의 특성을 3차원적인 속성을 가진 대상으로 인식한다는 점이다. 풍수에서 입지를 선정하는 과정을 살펴보면, 명당을 구성하는 환경요인들의 중요성을 공간적인 범위를 줄여가면서 지형특성(看龍), 기후적 특성(藏風), 수문학적 조건(得水), 구체적 위치(定穴), 방향(坐向)으로 순차적이고 계층적으로 파악해나간다(그림3).

그 결과로 나타나는 지형특성은 각 환경요소들을 개별적으로 분석하는 것이 아니라 형국이라고 하는 체적을 가진 3차원적인 실체로 파악한다. 형국을 파악하고 명명하는 것은 주관적인 부분이 많아 비판의 대상이 되기도 하지만 풍수서들에서는 지형들을 다양하게 분류하고 기록한다.[02] 풍수서에 기술되는 지형분류체계는 서양 지형학에서는 찾아볼 수 없는 것으로 향후 집중적인 연구가 필요하다. 더욱 관심이 가는 것은 이상적인 형국에서 부족한 부분을 보완하는 비보행위가 중요한 이론으로 자리 잡고 있다는 점이다. 땅을 사용하는 사람과의 연결성 혹은 상호의존성(所主吉凶論)을 강조하고 있어 주목된다.

Ⅲ. 지형학의 패러다임 변화와 복잡계 지형학

땅의 형태를 분류하고 발달과정을 연구하는 지형학(地形學, geomorphology)은 인류 역사와 밀접하게 연관된 학문이다. 지형학의 역사에 대해 서구는 이미 그리스시대에서 그 기원을 찾고 있으며, 동양도 고대 왕조의 업적을 기리면서 '치산치수(治山治水)'가 가장 빈번하게 등장한다. 서양의 지형에 대한 인식 변화와 지형학 발달사는 다양한 문헌에서 체계적으로 정리되어 있다.[03] 하지만 불행하게도 한국을 포함한 동북아시아에서 지형을 어떻게 인식하고 이해해 왔는지에 대해 정리된 문헌은 없다. 따라서 서양의 지형학 발달사를 간략히 정리하고 전술한 풍수의

---

02 조인철(2013)의 책에 많은 예들이 제시되고 있다.

03 예를 들어, Kennedy(2005)의 연구가 있다.

지형 및 경관인식방법이 현대 지형학의 패러다임 변화에 어떤 시사점을 주는지 살펴본다.

서구의 지형학이 본격적으로 발달한 지난 200년 간 지형학에서 적어도 4번 이상의 패러다임 전환이 있었다(그림4). 고전기인 그리스·로마시대에는 지형의 발달과정에 대해 체계적이고 과학적인 사유가 있었다고 한다. 헤로도토스(Herodotos, BC 484~430년)는 나일강 삼각주의 검은색을 띠는 비옥한 충적토와 리비아와 시리아의 나지에 있는 돌이 많은 토양 간의 차이점을 설명하였으며, 나일강이 실트를 퇴적시키면서 이집트의 해안이 지중해로 전진해가고 있다는 결론을 내렸다고 한다. 그는 퇴적속도의 추정을 통해 나일강 삼각주의 형성시기를 계산하기도 하였다(Huggett, 2013).

이러한 과학적 사고가 서양의 중세시대에 전달되지 못해 1800년대 후반까지는 땅이 보이는 지형기복을 하나님의 의도에 따라 일시적으로 만들어졌다는 성서적 격변설(catastrophism)이 지형발달을 해석하는 주류가 되었다. 현대 지질학과 지형학의 토대를 놓았다고 평가되는 스테노(Nicolas Steno, 1638~1686년)[04]조차도 땅의 기복이 지하동굴의 붕괴로 만들어졌으며 성경에 기록된 노아의 홍수로 많은 땅이 침수되었다고 설명하였다. 19세기 초반에는 지구가 만들어진 시기가 성서에 기록된 6,000년보다 훨씬 오래되었다는 생각이 보편화되었지만, 사회적 통념은 아직도 대홍수의 흔적이 지표 구성물질과 계곡에 남아 있다고 믿었다.

이러한 성서적 격변설을 대체한 것이 호턴(James Hutton, 1726~1797년)과 라이엘(Charles Lyell, 1797~1875년) 등에 의해 체계화된 동일과정설(uniformitarianism)이다. 이 이론은 오늘날 일어나고 있는 지형발달과정이 오랜 시간 지속된다면 현재의 지형경관이 만들어질 수 있다고 보는 것이다. 성서에 기록된 대홍수로 인해 현재 지형이 만들어진 것이 아니라 긴 시간에 걸쳐 강들이 각각의 계곡과 지

---

04 스테노는 새로운 퇴적층일수록 위에 위치해 있다는 중첩의 법칙(Steno's law of superposition)을 제안하였다. 또한 퇴적암이 수평으로 만들어진다는 사실을 밝혀냈으며, 그 원리를 이용하여 북부 이탈리아의 지질·지형발달 역사를 추론하였다.

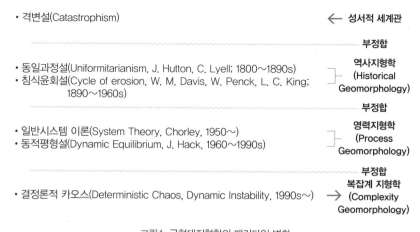

그림4 근현대지형학의 패러다임 변화

형의 기복을 만들었다고 해석하였다. 19세기 말에는 동일과정설이 지구의 역사를 설명하는 패러다임으로 자리를 잡았으며, 생물학 분야는 다윈의 자연도태론으로 인해 대변혁을 겪었다. 이러한 연구방법론은 소위 역사지형학(historical geomorphology)으로 알려져 있으며, 유년기, 노년기, 장년기 등으로 지형을 설명하는 데이비스의 침식윤회(geographic cycle)설은 생물학적 변화와 진화의 개념을 동일과정설에 도입하여 지형발달과정을 해석하고자 한 역사지형학의 대표적인 예였다(Davis, 1909).

20세기 중반까지 대부분의 지형학 연구는 데이비스의 지형윤회설에 입각한 지형의 진화가 주를 이루었다. 하지만 베그놀드(Ralph A. Bagnold, 1896~1990년)와 레오폴드(Luna B. Leopold, 1915~2006년)로 인해 연구경향이 크게 변하기 시작하였다. 지형이 만들어지는 관계와 원인을 현장과 실험실에서 정밀하게 측정하여 연결고리를 찾으려고 노력하였으며, 그 결과를 이론모형과 접합시켜 지형발달현상을 설명하려고 하였다. 이러한 접근법은 지형학을 전문화시켜 20세기 말 영력지형학(process geomorphology)의 본격적인 발달을 이끌었다. 이 시기 지형의 발달을 설명하는 이론은 시스템이론에 입각한 평형설(equilibrium)로, 지형이 만들어지는 과정은 지질, 기후, 지각을 움직이는 힘들의 균형 속에서 전체적인 특성이 결정된다는 것이었다.

이 세 가지의 서로 다른 접근법은 많은 현장조사 및 새로운 과학방법론과 결합되어 지금까지 지속된다(Huggett, 2013). 성서에 따른 지형해석은 그 의미가 퇴색되었지만 지구환경 변화와 관련된 새로운 형태의 격변설이 제기되었다. 현재의 지형형태는 지구의 장기적인 환경변화로 인해 과거의 격변에 해당하는 지형형성 작용들이 뚜렷한 흔적을 남기고 있다는 것이다. 즉, 시간이 지나면서 지형형성 작용의 강도와 종류는 크게 변하지만, 과거의 환경변화를 정확하게 이해하지 못한다면 현재의 지형을 정확하게 해석하는 것은 어렵다고 본다.

역사적 지형학의 경우에도 역사기록, 방사성원소를 이용한 연대추정, 고지자기 등의 현대적 환경복원기법들이 등장하면서 지형의 발달역사를 체계적이고 종합적으로 정리하는 지구연대학(geochronology)으로 발달하게 되었다. 영력지형학을 통해 다양한 지형형성 작용에 의해 지형이 발달해가는 관계와 속도에 대한 전 지구적인 정보를 확보할 수 있었고, 컴퓨터를 활용한 수학적·물리적 모델과 결합되면서 환경의 변화를 정량적으로 추정할 수 있게 되었다.

지형학적 연구결과와 이해의 폭이 넓어지면서 이 접근법들이 가진 한계들 역시 점차 명확해지기 시작했다(Malanson et al., 1992; Huggett, 1998). 가장 대표적인 것이 지구연대학의 연구결과에서 나타나는 수만~수십만 년 동안 이루어진 장기적인 지형발달과정과 현재 측정되고 있는 중력과 물, 바람에 의한 지형변화 속도 간에 큰 차이가 난다는 사실이다(Lane and Richards, 1997). 동일과정설에서 전제되는 평형 혹은 안정상태가 지속된다면 과거의 지형모습은 현재 측정되거나 모델화될 수 있는 결과들을 통해 역으로 추적될 수 있어야 한다. 하지만 실제 장기적인 지형의 변화와 현재 추정이 가능한 지형의 변화속도 간에는 상관관계를 찾을 수 없을 만큼 큰 차이가 나며, 그 차이는 이전의 진화 혹은 평형의 개념이 아니라 격변의 흔적으로 밖에 설명되지 않는다. 즉, 지형의 발달과정에는 지형시스템에는 특정한 임계점(threshold)이 있고, 내부 혹은 외부의 특정작용이 임계점을 넘어설 경우 지형시스템은 현재와는 전혀 다른 새로운 시스템 혹은 형태로 급변하게 되는 것(bifurcation)으로 해석된다(Shumm, 1973). 격변설, 역사지형학, 영력지형학으로 크게 구별하여 연구되어 온 지형발달과정에 서로 연결되지 못하는 부정합 혹은 '잃어버린 고리(missing link)'가 만들어진 것이다.

지형이 가지는 비선형적 특징(non-linearity)은 1960년대 이후 생물학과 기후학 등의 분야에서 다양한 형태로 제기되기 시작한 복잡계 과학(complexity science)과 자연스럽게 만나는 결과를 가져 왔다. 복잡계 이론은 다양한 분야에서 동시에 발달하고 있어 사용하는 정의나 개념, 해석 등에서 아직도 큰 차이를 보인다(Keiler, 2011). 이 이론이 지형학에서 적용될 때 언급되는 내용을 정리하면 (1) 지표현상의 대부분은 결정론적 비선형적 동적시스템(deterministic nonlinear dynamic systems)으로 이루어져 있으며 그 결과는 예측이 불가능하다. (2) 동적시스템의 일부는 초기조건 혹은 역사적 우연성에 대한 민감성이 높다(butterfly effect). (3) 상기한 두 개의 원칙에 의해 나타나는 결과는 무작위적(random)으로 보이지만 정해진 질서가 나타나며, 이러한 질서를 관찰하면 나름대로의 진리를 발견할 수 있다(Malanson et al., 1992; Huggett 2007). 지형시스템은 열린계(open system)로 그것을 구성하는 다양한 요인들이 복잡한 상호작용을 거치는 과정에서 비선형적 특징들을 만들어낸다는 것이다. 비선형성의 결과는 특정한 평형상태에서 벗어나 예측이 불가능한 특징을 보인다.

복잡계 이론에서 주목되는 현상은 지형이 복잡하고 혼돈상태에 있는 듯하지만, 시스템 내부의 엔트로피의 생성과 소멸과정에서 거시적인 질서가 나타날 수 있다는 점이다(Huggett, 1988). 시간이 지나면서 정해진 조건(attractor)을 만족시키는 과정에서 특징적인 형태를 만들어가는 자기조직화(self-organization)[05] 현상이 나타난다고 본다(Phillips, 2003; Keiler, 2013). 지형의 자기조직화에 의해 만들

---

05 지표시스템은 많은 경우 시간이 지나면서 가지고 있는 에너지를 점차적으로 잃게 되는 소실시스템(dissipative systems)이다. 지표시스템 내에서 소실현상은 내부적인 마찰력, 열역학적인 손실, 물질의 손실 등에 의해 발생되며, 소실현상은 에너지 소실을 최대화하고 공간적으로 균등화시킨다. 소실현상으로 인해 시간이 지나면서 지형이 가지는 초기조건들이 감소하게 되고, 내부에서 자체적으로 특징적인 형태를 만들어 나가게 된다.

어지는 대표적인 지형현상이 하계망과 유역의 발달, 사면의 발달, 그리고 이것과 연계되어 있는 토양과 지형 간의 관계(soil-landscape) 등이다(Phillips, 2003). 유역을 만들어가는 현상은 지표면에서의 대표적 소실현상으로, 그 결과로 나타나는 유역내 하천의 수, 하계밀도, 하천의 길이 등은 프랙탈(fractal)[06] 특징을 가진다(Rodrigez-Itube and Rinaldo, 1997; Phillips, 2003).

유역(drainage basin)은 한 개의 하천 혹은 하천 시스템에 의해 물이 흘러나가는 지역을 총칭하는 개념이다. 한 유역에서 다른 유역으로는 물질의 전이가 거의 이루어지지 않으며, 유역 내에서는 물의 흐름을 따라 각종 물질이 함께 흘러가기 때문에 유역은 수문학뿐만 아니라 인간의 토지이용에서도 가장 중요한 지표의 기본단위가 된다. 특히 풍수이론에서 유역 중심의 사고가 전체 논리구조에서 핵심적인 역할을 하고 있어 주목된다.[07]

지형시스템과 복잡계 과학 특히 결정론적 카오스(Deterministic Chaos)이론과 접목은 지형을 바라보는 이전의 관점에 큰 변화를 주었다. 토양경관분석법에서 살펴본 바와 같이 지표면을 구성하는 요인들을 세분하고 각각의 상관관계와 인과관계를 통해 지형의 변화과정을 이해하고자 했던 논리실증주의 혹은 환원주의적인 접근법이 지형발달과정을 해석하지 못한다는 인식이 보편화되었다. 지형을 구성하는 개별 요인들에는 시스템 내외에서의 상호작용을 통해 전혀 새로운 형태의 전체성을 보이는 창발현상(emergence)이 나타나게 된다. 개별적인 요인들의 정밀한 수치화와 분석만으로는 지형이 가지는 전체성을 이해할 수 없다. 따라서 지형이 가지는 복잡계적 특징을 이해하기 위해, 실험실과 수치모델링에서 주로 사용되는 수학, 통계학, 물리학 기반의 분석모델보다 지형의 고유한 특성을 중심으로 사고를 전환해야 한다는 주장이 본격적으로 제기되기 시작하였다

---

06 프렉탈 특징을 자기조직화 현상의 결과로 해석하면, 공간스케일에 따른 의존성이 나타나지 않는 특징을 나타낸다. 즉, 어떤 공간적 혹은 시간적 스케일에서 관찰하더라도 형태적 특성, 그 형태를 만드는 내부의 상호작용은 동일하다는 것을 의미한다.

07 이 글의 'Ⅳ. 복잡계 지형학과 풍수의 지형해석'에 자세한 내용이 있다.

(Phillips, 2003; Huggett, 2007).[08]

자연환경을 이용하는 인간의 토지이용 행태와 그 결과 역시 복잡계적 특성을 보인다는 인식이 보편화되기 시작하였다(Lie et al., 2007; Reynolds et al., 2007). 과거 인문사회과학과 자연과학으로 나누어 연구된 토지에 대한 이론들에서 동일한 한계점들이 발견되었고, 이를 해결하기 위해서는 이전과 전혀 다른 이론적 틀의 필요성이 강조되고 있다. '연결된 인간과 자연환경시스템(coupled human-natural system)' 혹은 '사회생태시스템(socio-ecological system)' 등으로 통칭되는 이 접근법은 분야별로 특화된 연구대상 혹은 방법론을 지양하고, 전체성을 강조하는 새로운 연구방법론의 필요성을 강조한다(Werner and McNamara, 2007).

이들이 제시하는 복잡계 지형학이 가지는 핵심을 정리하면 다음과 같다. (1) 전체 지형을 구성하는 개별적인 지형요소들은 복잡한 요인들의 창발과정을 통해 형성되었으며, 전체가 하나의 단위로서 역할을 수행한다. (2) 자기조직화되는 과정을 전체적(holistic)으로 파악하여야 하며, 개별요소를 나누는 작업은 의미가 없다. (3) 개별지형요소들이 가지고 있는 전체성에 반하는 토지이용은 동적 시스템의 불안정성(instability)을 증가시켜 새로운 발전경로를 야기한다. (4) 지속가능한 지형관리를 위해서 자기조직화과정을 이해하고 그 결과 형성될 수 있는 지형의 형태를 보완하려는 노력이 필요하다(Lie et al., 2007; Reynolds et al., 2007; Werner and McNamara, 2007; Poulsen, 2013).

IV. 복잡계 지형학과 풍수의 지형해석

복잡계에서 지형시스템의 전체성과 창발, 비선형적인 발달과정에 대한 논의는

---

08 "Problematizing nonlinear dynamics from within a geomorpholoigical context rather than applying analytical techniques drived from mathematics, statistics, physics, and other disciplines that use experimental laboratory techniques and numerical models (Phillips, 2006)."

아직 시작단계에 있다. 이러한 새로운 지형인식 혹은 패러다임은 오랜 역사를 가진 지형학이 해결하지 못한 문제와 패러다임들 간의 통합을 주도할 수 있는 도구로 인식되고 있다(Huggett, 1988; Phillips, 2003; Keiler, 2011). 특히 자연을 활용하는 인간의 역할을 규정하고 장기적인 지표면의 지속가능성을 높일 수 있는 핵심적인 도구로 복잡계 지형학의 역할이 강조되고 있다(Huggett, 2007). 이 과정에서 동일한 수학 및 물리적인 법칙이 모든 지역에 적용되기 어렵다는 사실이 증명되면서 시공간적 이질성(spatio-temporal heterogeneity)을 효과적으로 다룰 수 있는 전통지식에 대한 중요성이 더욱 강조되고 있다(Reynolds, 2007; Poulsen, 2013). 즉, 오랜 기간 경험을 통해 축적된 전통지식 속에는 지형이 가지는 장기간 변화에 대한 암묵적인 지식들이 제한된 현대지식을 보완할 수 있을 것이라는 기대가 크다.

이러한 시각에서 풍수의 지형해석 방법을 면밀하게 검토하면, 풍수가 추구하는 땅에 대한 인식방법과 현대 지형학에서 다루려는 문제를 매우 적극적으로 고려하고 있으며, 많은 경우 새로운 대안들을 제시하고 있다는 것이 명확해진다. 이

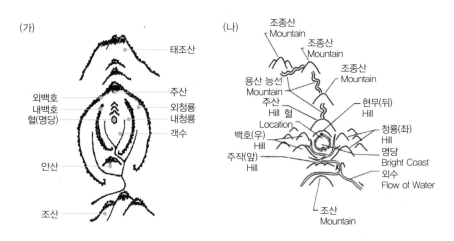

그림5 (가) 한국에서 일반적으로 통용되는 사신사
(나) 외국 문헌에 실린 사신사의 3차원적 형태
출처: 박수진 외, 2014

장에서는 풍수이론에서 명당을 찾는 대표적인 이론인 사신사[09]를 통해 풍수에서 지형을 어떻게 인식하는지에 대해 살펴본다.

1. 사신사의 의미와 형성과정

풍수에서 찾는 좋은 땅은 주로 배산임수의 지형적 조건을 가져 뒤로 산이 있어 찬 바람을 막아주고 앞으로 물을 가까이 하는 곳이다(윤홍기, 2001). 이러한 조건을 충족시키는 곳은 전면이 남쪽 방향으로 트이고 나머지 세 방향이 산이나 언덕으로 에워싸인 곳을 의미한다. 풍수이론에서 혈을 중심으로 전후좌우에 있는 산을 사신사라 칭하며, 혈의 후면과 전면에 있는 산을 각각 현무(玄武)와 주작(朱雀), 그리고 좌우측에 있는 산을 각각 청룡(靑龍)과 백호(白虎)로 칭한다(그림5). 만약 청룡과 백호가 중첩되어 나타나면 혈에 가까운 산줄기를 내청룡 혹은 내백호, 그 바깥쪽에 위치한 산줄기를 외청룡 혹은 외백호로 명명한다. 이렇게 산으로 둘러싸인 사신사 내부에는 자연스럽게 물이 모여 흐르는 명당수가 놓인다. 사신사 지형이 마주하는 반대편에는 하천을 넘어 안산(案山)이 위치하고 그 안산은 다시 그 뒤의 조산(朝山)을 등지게 된다.

풍수에서 다루는 사신사의 지형형태는 지형학적으로 전형적인 유역(drainage basin)을 의미한다. 유역은 물과 물질의 흐름이 나타나는 곳 어디서나 나타나는 땅을 구성하는 기본단위로, 에너지의 소실과정에서 유역의 형태와 특성은 자기조직화를 통해 프랙탈 공간구조를 보이게 된다(그림6). 풍수의 사신사와 현대지형학에서 유역 간의 큰 차이는 사신사에서는 산 혹은 산줄기의 연결성과 흐름을

---

09 풍수에서 사신사 개념이 처음 논의되는 시기는 중국의 진대에 곽박(273~324년)으로 거슬러 올라간다. 그의 저서로 알려진『장서(葬書)』는 청룡, 백호, 주작, 현무의 풍수적 사신사 개념을 분명하게 밝히고 있다. 청룡, 백호, 주작, 현무라는 용어는 중국의 천문사상에서 유래된 것으로, 이것이 풍수에서 혈 전후좌우 지형의 일반명칭으로 활용됨과 아울러 상징적 이미지가 강화되었다. 곽박의『장서』에서 언급된 사신사의 원리적인 설명은 이후 당대와 송대를 거치면서 혈 전후좌우의 지형을 판단하는 표준적 개념으로 인용되었고 보다 구체적으로 발전되었으며, 용(龍), 혈(穴), 사(砂), 수(水)의 논리적 이론체계 중 사론(砂論)에서 자세히 전개되었다. 근래 한국에서 사신사 개념은 무라야마 지준(村山智順, 1931)과 최창조(1984)에 의해 장풍법(藏風法)의 기본 요소로 다루어졌다. 많은 풍수서에서는 사신사를 통해 명당의 위치(혈처)를 파악하는 내용이 자세하게 설명되고 있으며, 사신사 지형이 가지는 장점들을 다양하게 기술하고 있다(최창조, 1984; 윤홍기, 1994).

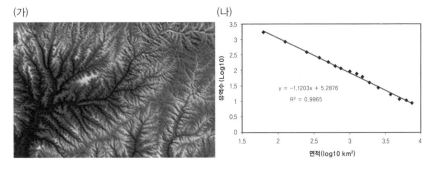

(가)　　　　　　　　　　　　　　　(나)

그림6 (가) 하천 및 유역이 가지고 있는 프랙탈 특징
(나) 한반도의 유역수와 유역면적의 관계
유역면적과 유역수를 log10으로 변형하여 표시하면 뚜렷한 멱함수(power law)를 보이게 되며,
이것은 유역이 자기조직화에 의한 프랙탈 특징을 보인다는 것을 의미한다.
출처: 박수진과 손일, 2005

강조하여 땅의 모양을 바라보는 반면, 유역이란 개념에서는 하천의 흐름을 통해 땅의 모양을 바라본다.

유역이라는 동일한 대상을 기술하면서 사신사라는 산의 흐름과 연결성을 강조하는 것은 독특한 한국식 접근법이다(박수진, 손일, 2005). 백두대간으로 잘 알려진 「산경표」에서는 산의 분포를 족보식으로 기술하며 산줄기의 연결성을 통해 특정 도시 혹은 주거지, 무덤 등의 공간적인 입지와 위상관계를 파악한다. 왜 한국인들이 산줄기 중심으로 유역을 기술하는지에 대해 보다 체계적인 문화역사적인 관점의 연구가 필요하다. 하지만 지형학적으로는 한국이 가지는 지형발달의 특수성에 비추어 비교적 명확하게 그 원인을 파악할 수 있다.

한반도 지형의 가장 중요한 특징은 크게 3가지로 요약된다(박수진, 2014). 먼저 산지들이 봉고동일성(峰高同一性)을 보인다. 산줄기와 구릉지의 정상부가 유사한 고도를 보이는 특성을 봉고동일성이라고 지칭하며, 한반도의 서부지역과 평야지대에서는 보통 2~3개, 그리고 동부의 산지지역에서는 5~6개의 봉고동일선이 관찰된다(김상호, 1980; 박수진, 2007). 두번째는 급사면의 배후산지와 하천의 범람원사이에 비교적 넓은 산록완사면이 존재한다. 그리고 산록완사면은 많은 경우 하천에 의해 개석되면서 남아 산에서 연결되는 좌청룡 혹은 우백호를 형성한다. 세번째는 한반도 전체에 화강암 침식분지가 많이 분포하며, 이 침식분지들은 원호형으로 그 내부에 봉고동일성과 산록완사면의 발달이 모식적으로 나타난다(장재훈, 2002).

이러한 지형적 특수성은 한반도가 경험한 지속적인 융기와 제4기 동안 진행되어 온 해수면 변동에 의한 침식기준면 변화의 결과로 해석된다(그림7). 한반도에서는 신생대 제3기 이후 지속적인 융기가 발생하고 있으며, 그 속도는 대체로 1,000년에 10cm 정도다(오건환과 최성길, 2001). 지각 융기와 해수면 하강은 침식기준면을 저하시키고 하천의 삭박작용을 시작하여(하천회춘, river rejuvenation) 궁극적으로는 계단상 지형을 만든다.

계단상 지형의 형성과정을 2차원적으로 표현한 것이 그림7이다. 처음 융기 혹은 해수면 저하가 발생하면 침식기준면에서 융기축의 방향으로 삭박작용이 진행된다. 이때 삭박이 활발하게 진행되는 지점에서는 단애면이 형성되고, 단애면의 양쪽으로는 평탄한 산록완사면 지형이 발달한다(그림7의 단계 1). 삭박된 면이 융기축에 도달하기 전에 다시 융기가 일어날 경우(그림7의 단계 2, 단계 3), 융기축을 중심으로 그 주변에는 복수의 계단상 지형이 형성된다. 침식기준면 하강으로 인해 발생할 수 있는 지형발달을 3차원적으로 살펴보면 사신사 지형의 형성과정이 비교적 명확해진다. 지반의 융기 혹은 해수면의 하강으로 침식기준면이 낮아지면 하천을 따라서 개석작용이 시작되고 그 측면에 소규모 유역이 형성된다. 사면상부로 개석해 들어가는 과정에서 하천 주변에서 활발한 침식작용이 나타나는 반면, 하천을 둘러싸는 산록완사면은 개석되지 않고 남아 좌청룡과 우백호를 형성하는 산줄기를 만들게 된다.

이때 만들어지는 유역 혹은 사신사의 형태는 침식기준면의 하강속도와 하구의 특성에 따라 달라진다. 침식기준면의 하강속도가 빠른 경우 하천의 하각작용이 급격하게 이루어져 깊은 요철지형과 더불어 직선형의 유역이 형성된다. 침식기준면의 하강속도가 느린 경우 하천이 주변 사면을 삭박할 충분한 시간적 여유를 가질 수 있기 때문에 사면의 후퇴 혹은 사면각도의 저하에 의한 평탄지, 즉 하

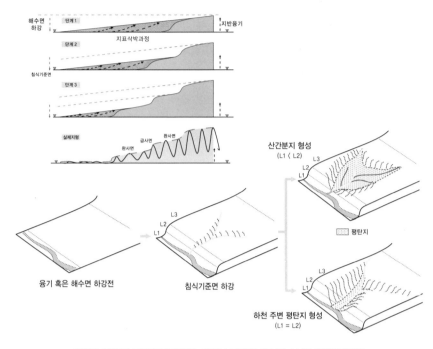

그림7 한반도 지반운동에 따른 계단상 지형의 형성과 사신사의 발달과정
출처: 박수진 외, 2014

천 주변 평탄지가 하천 주변에 형성된다.

하천의 하각 및 삭박작용의 속도를 늦출 수 있는 좁은 하곡(수구)의 존재 여부도 사신사와 명당의 형성에 중요한 역할을 한다. 하곡이 넓은 경우에는 하천의 흐름을 제한하는 요인이 적어 침식기준면에 도달하기 위한 활발한 하각작용이 진행된다. 하곡이 좁은 경우에는 좁아진 하곡이 하천의 흐름을 늦춰 국지적으로 침식기준면이 높아지는 효과가 나타난다. 이 경우 상류지역에서는 삭박작용이 지속적으로 진행되지만, 그곳에서 공급된 퇴적물들이 좁은 하곡 상류부분에 퇴적되어 유역 내 평탄화 작용이 일어날 수 있다(박수진, 2009). 결국 이렇게 만들어진 지형형태는 그림5에서 표현된 내청룡과 내백호가 명당을 감싸 안고 있는 지형형태가 된다.

2. 사신사 지형이 가지고 있는 환경적 장점

풍수이론에서 정의되는 사신사 지형의 형태 및 규모 혹은 비례관계는 혈에서 필수적으로 요구되는 장풍, 득수, 일조 조건과 긴밀한 상관관계가 있다(박수진 외, 2014). 사신사 지형이 가지는 토지이용상의 장점들을 간략하게 정리하면 그림8과 같다. 먼저 기후적으로 사신사 지형은 겨울의 찬 북서계절풍을 막아주고, 유역 내로 물을 공급하며, 유역 내부의 온도와 습도를 일정하게 유지해줄 뿐만 아니라 겨울철 유역에 보온효과를 가져다준다. 이러한 환경적 특성은 생물의 생활환경에 최적조건을 제공하는 주요한 요소가 될 것이다. 배후의 주산과 마찬가지로 명당을 둘러싸고 있는 좌청룡과 우백호 역시 옆에서 불어오는 바람을 막아주는 역할을 해줄 수 있다. 그 결과 남쪽 혹은 남동쪽을 향하는 혈과 명당은 배후산지와 양쪽 방향에 발달한 좌청룡·우백호로 인해 풍속이 감소하고 일조량을 많이 받는 지점에 위치하게 된다.

수문학적인 측면에서 사신사가 표현하는 원호형의 유역분지와 그것을 둘러싸는 좌청룡·우백호는 유역면적의 증가를 가져와 안정적인 용수공급이 가능하도록 하는 조건이 된다. 특히 청룡과 백호가 합쳐지면서 하천의 유로를 좁히는 역할을 하기 때문에 하천에 의해 이동된 토사들을 그 내부에 퇴적시킬 조건을 갖추게 된다. 이렇게 퇴적된 토사들은 지형발달과 토지이용의 측면에서 중요한 역할을 한다. 가장 중요한 것은 경사도가 낮은 농경지를 확보할 수 있다는 사실이다. 상류에서 운반된 물질들이 유역 내부에 축적됨으로써 영양분의 공급이 용이한 장점도 있다. 마찬가지로 하천의 유속이 감소할 뿐만 아니라 지하수위를 일정하게 유지할 수 있는 조건이 만들어져 갈수기에도 토지이용이 가능하다.

인간의 환경인식적 측면에서도 사신사 내에 입지하는 마을은 지나가는 사람들에게 보이기 어려워 심리적인 안정감을 얻을 수 있다. 유역의 내부에서는 바깥을 쉽게 볼 수 있지만 그 앞을 지나는 사람들은 청룡과 백호로 둘러싸인 내부를 보기가 쉽지 않아 장소적 안정감이 확보될 수 있었을 것이다. 특히 사신사 지형의 형태적, 기능적 특징은 우리나라 전통마을을 구성하는 중요한 경관요소들의 공간

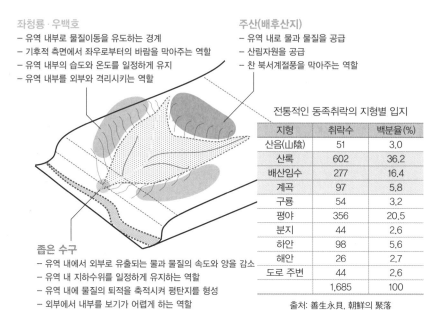

좌청룡 · 우백호
– 유역 내부로 물질이동을 유도하는 경계
– 기후적 측면에서 좌우로부터의 바람을 막아주는 역할
– 유역 내부의 습도와 온도를 일정하게 유지
– 유역 내부를 외부와 격리시키는 역할

주산(배후산지)
– 유역 내로 물과 물질을 공급
– 산림자원을 공급
– 찬 북서계절풍을 막아주는 역할

좁은 수구
– 유역 내에서 외부로 유출되는 물과 물질의 속도와 양을 감소
– 유역 내 지하수위를 일정하게 유지하는 역할
– 유역 내에 물질의 퇴적을 축적시켜 평탄지를 형성
– 외부에서 내부를 보기가 어렵게 하는 역할

전통적인 동족취락의 지형별 입지

지형	취락수	백분율(%)
산음(山陰)	51	3.0
산록	602	36.2
배산임수	277	16.4
계곡	97	5.8
구릉	54	3.2
평야	356	20.5
분지	44	2.6
하안	98	5.6
해안	26	2.7
도로 주변	44	2.6
	1,685	100

출처: 善生永貝, 朝鮮의 聚落

그림8 사신사 지형이 가지는 토지이용상 장점들
출처: 박수진 외, 2014

적인 분포를 결정한다. 수구막이를 통해 지하수와 관개가 용이한 명당은 주로 논으로, 명당을 둘러싸고 있는 산줄기의 하부는 밭으로 이용되는 경우가 많다. 사신사내의 대표적인 혈에는 대체로 그 마을의 상징적인 건물(재실 혹은 종가)이 위치하는 경우가 많으며, 청룡과 백호 부분에 형성된 작은 요지를 따라서는 무덤들이 조성된다. 각 지형요소들과 이들의 공간적인 배치가 마을의 중요한 기능들과 합치되어 나타나는 것이다.[10]

3. 사신사와 비보

암석의 경연차이, 단층과 같은 지질현상의 유무, 지형형성작용의 공간적인 차이

---

10 예를 들어, 정성태와 정기호(2000)의 연구가 있다.

로 그림5와 그림8에서 제시한 것과 같은 모식적인 사신사를 찾기는 어렵다. 특히 융기속도가 빠르거나 좁은 수구가 확보되지 않으면 많은 경우 명당이 형성되지 않고 하천에 의한 개석곡이 발달하게 된다. 여기서 주목해야 되는 한국풍수의 중요한 특징은 사신사 지형의 형태를 찾는 데 머물지 않고, 국면이 완벽하지 않는 경우 나무를 인위적으로 심어 숲을 조성하거나 건물 또는 탑 등을 지어 형태적 완결성을 만들기 위해 적극적으로 노력하였다는 사실이다(최원석, 2004). 비보(裨補)라고 알려진 이 행위는 한국풍수의 중요한 특징 중 하나이다.

예를 들면 좌청룡이 우백호에 비해 전체적인 산세가 약하고 밖으로 트여 있어 명당이 노출되는 형태를 보이면, 이러한 형태적 불완전성을 보완하기 위해 좌청룡에 나무를 심고 마을숲을 가꾸어 가시적으로 좌청룡과 우백호가 조화를 이루게 만든다(박수진 외, 2014). 만약 수구가 열려 있는 경우에는 그 주변에 숲을 조성하여 수구를 좁히는 역할과 더불어 기후완화 효과를 얻었다. 흔히 수구막이라 불리는 이러한 숲은 풍속을 낮추고 그로 인해 증발이 감소하여 토양수분을 유지하는 효과가 있다는 것을 실증적으로 입증할 수 있었다(Koh et al., 2010).

수구를 좁히는 비보행위의 대표적인 예는 수구 주변에 저수지 혹은 작은 연못을 두는 것이다. 인위적으로 조성된 저수지와 연못은 갈수기와 홍수기에 물의 배수를 달리하는 수리시설의 역할을 하며, 또한 다양한 부가적인 효과를 얻을 수 있다. 하천을 통해 급격히 제거되는 토양과 영양분의 손실을 늦추는 효과를 가져와 사신사 내의 환경적 용량을 높인다. 그리고 명당 내 지하수위를 높여 안정적인 토양수분을 유지할 수 있다.

4. 사신사와 비보의 복잡계 지형학적 해석

사신사 지형의 발달과정과 환경적 의미, 비보행위를 복잡계 지형학의 중요한 원리와 대비시켜 보면 풍수의 지형인식이 복잡계적 지형인식 방법이라는 것을 알 수 있다. 전술한 지형관리의 원칙을 따라 사신사를 통한 명당의 파악이 어떤 지형학적 의미를 가지는지를 살펴보면 다음과 같다.

(1) 전체 지형을 구성하는 개별적인 지형요소들은 복잡한 요인들의 창발과정을 통해 형성되었으며 전체가 하나의 단위로서 역할을 수행한다. 풍수가 사신사(유역)를 전체적인 지형의 형태파악과 명당선정의 근간으로 삼는다는 것에서 복잡계 지형학적 접근법이 극명히 나타난다. 여기서 염두에 둘 중요한 사실은 사신사적 지형인식방법은 무덤의 입지를 선정하는 것뿐만 아니라 거주지, 마을, 도시를 선정하는 공통적 원칙으로 활용된다는 점이다. 유역이 가지는 프랙탈 특징들이 그대로 활용되며, 규모를 달리해도 동일한 원칙이 나타난다는 스케일불변성(scale-invariance)의 원칙이 지켜지고 있다.

(2) 자기조직화되는 과정을 전체적(holistic)으로 파악하여야 하며 개별요소를 나누는 작업은 의미가 없다. 특정한 사신사가 가지는 공간적인 위상관계를 파악하는 간룡법(看龍法)에서 보다 명확해진다. 간룡법이란 풍수의 중요한 원칙이며 용(산)을 따른 기의 흐름을 파악하는 것으로 그 시작을 백두산에 둔다. 즉, 백두산으로부터 현재 위치한 사신사까지 이어지는 산의 흐름과 그에 따른 공간적 위상관계를 면밀히 파악한 뒤 양택 혹은 음택의 입지를 선정한다. 그 과정에서 그 지역이 가지고 있는 지형 및 기타 환경요인들의 장단점을 종합적으로 파악할 수 있다는 것은 의심의 여지가 없다.

(3) 개별 지형요소들이 가지는 전체성에 반하는 토지이용은 지표가 가지는 동적 시스템의 불안정성을 증가시켜 새로운 발전경로를 야기한다. 한국풍수의 가장 중요한 특징은 지형(사신사)이 가지는 특징을 있는 그대로 받아들이고 그것을 최대한 활용하는 방식으로 토지이용이 이루어진다. 수구막이를 통해 지하수와 관개가 용이한 명당은 논으로, 명당을 둘러싸고 있는 산줄기의 하부는 밭으로 이용되는 경우가 많다. 사신사 내의 대표적인 혈에는 대체로 그 마을의 상징적인 건물(재실 혹은 종가)이 위치하는 경우가 많으며, 청룡과 백호 부분에 형성된 작은 요지를 따라서는 무덤들이 조성된다. 각 지형요소들과 이들의 공간적 배치가 마을

의 중요한 기능들과 합치되어 나타난 것이다. 건물의 배치와 위치 역시 지형을 훼손하지 않은 상태에서 그 목적이 가장 잘 나타나도록 정하였다. 예로 우리 전통서원에서는 모시는 성현의 사당을 가장 높은 곳에 위치시키는 전저후고(前低後高)의 원칙을 통해 서원의 위험과 상징성을 높이려고 하였다.

(4) 지속가능한 지형관리를 위해서는 자기조직화과정을 이해하고 그 결과 형성될 수 있는 지형의 형태를 보완하려는 노력이 필요하다. 풍수의 비보가 이 원칙을 가장 잘 반영한 행위로 볼 수 있다. 명당을 구성하는 중요한 조건으로 사신사를 파악하고 부족한 부분을 보완 혹은 필요에 따라서는 누른다는 비보의 원칙은 지형이 만들어지는 과정과 그 결과에 대해 깊이 있는 지식이 없다면 얻기 힘든 내용이다. 이것이 가능했던 이유는 오랜 경험에 있는 것으로 보인다. 감싸고 있는 산줄기가 부족한 경우 생기는 여러 가지 환경적 문제들을 경험한 뒤 그것을 보완하고 그 결과를 평가하는 과정을 반복하면서 최적의 공간이용원칙들이 만들어진 것으로 보인다. 그 과정이 결국은 정리되면서 암묵적 전통지식(tacit knowledge)으로 발전하였다는 것이 저자의 추정이다. 이러한 지식은 전혀 다른 환경 하에서 발달하여 교과서에 기록된 현대지식으로는 파악하기 힘든 내용이다.

V. 결론: '인류보편적 가치'로서의 풍수

전통지식에 대한 평가는 서구의 현대지식에 못 미치는 원시적이며 비합리적이고 정성적이고 추상적이며 목적과 수단을 구분하지 못한다는 시각이 우세하다(Poulsen, 2013). 그나마 전통지식에 대한 가장 긍정적인 평가가 '지역의 특수성을 반영한 경험지식'이라는 정도에 불과하다. 하지만 '좋은 땅을 찾는 방법'이라고 하는 풍수와 동일한 목적을 가진 현대지식, 즉 토양경관분석법과 풍수를 비교하면 현대과학에서 미처 파악하거나 해결하지 못하고 있는 문제에 대해 풍수는 다양한 측면에서 새로운 대안을 제시하고 있다.

현대 토양경관분석법에서 고민하는 환경요인의 다계층성과 비선형성, 창발, 복잡한 인간-자연 간의 상호작용에 대해 풍수는 독립된 이론체계를 가진다. 이러한 공간인식 및 지형해석은 지형학에서 오랜 기간 발달해 온 전혀 다른 패러다임을 통합할 것으로 기대되는 복잡계 지형학의 핵심적인 내용들과 일맥상통한다. 특히 주목해야 할 것은 그것이 단순한 가능성이 아니라 다양한 문헌과 도표로 분석되고 표현되어 있다는 사실이다. 예를 들면 산도(山圖)는 가장 이상적이라고 생각하고 관찰한 지형을 풍수지리적 공간모형에 빗대어 표현한 지도로 풍수지리의 혈(穴)과 명당을 표현한다(이형윤과 성동환, 2010). 암묵적 지식으로 구전된 경험지식이 아닌 실제 분석에 사용되고 다양한 형태로 표현된 명백한 지식체계임을 확인할 수 있다.

풍수가 현대지식을 넘어서거나 우월하다는 주장은 아니다. 풍수지리학을 현대적 과학방법론, 특히 현대지형학적 시각에서 접근할 경우 그 대상과 논리체계에서 불분명한 점이 다수 발견된다. 가장 먼저 지적할 것은 명당을 찾는 풍수학자들 간의 논리전개과정이 명시적으로 정리되지 못한다는 점이다. 어디가 좋은 땅인지, 어떻게 좋은 땅을 찾아야 하는지의 질문들에 대해 명확한 기준과 방법론을 제시하지 못한다는 사실은 풍수가 현대적 학문체계로 편입하는 데 있어 중요한 걸림돌이 되고 있다. 또한 풍수적인 내용을 과학 및 일반 언어로 표현하려는 노력이 절대적으로 부족했다. 애매모호한 표현과 신비주의로 사익을 취하는 행위는 풍수의 발전을 가로막는 중요한 장애물이다. 이러한 문제점을 극복하기 위해서는 다양한 풍수유파 혹은 학자들 간에 이론체계들을 비교·평가하는 작업이 시간을 다투어 이루어져 할 것으로 보인다.

풍수가 문화 혹은 인문학적 관심대상으로 의미가 축소되는 것 역시 경계되어야 한다. 풍수는 우리 역사와 함께 수천 년을 발전해 왔으며 그 과정에서 역사가 축적되어 있는 경험지식체계이다. 최근 국토 및 도시계획, 조경 및 건축분야, 환경관리 분야에서 전통적인 공간 및 경관인식방법으로 풍수지리학의 가치와 적용

가능성이 높이 평가되고 있다. 이것은 우리와 전혀 다른 환경에서 개발되어 전파된 현대적 지식체계와는 분명한 차이가 있기 때문이다. 특히 현대학문이 완성된 이론체계라는 인식에서 벗어나야 한다. 현대학문은 자신이 가지는 한계점을 분명하게 인식하고 있으며, 새로운 패러다임을 찾아 끊임없이 확장하고 있다. 시간이 지나면서 풍수는 분명 현대과학에 의해 새롭게 평가되고 흡수·통합될 가능성이 높다.

현대지식과 전통지식이 적절히 조합되면 인류가 오랜 기간 고민해 온 '좋은 땅을 찾는 방법'이라는 목적이 달성될 수 있다고 본다. 현대지리학의 이론과 풍수이론을 비교·검토하여 한국적 지리이론을 만드는 작업의 필요성은 재론의 여지가 없다. 이러한 측면에서 저자는 풍수가 분명 '인류보편적 가치'를 가지고 있다고 주장한다. 그리고 풍수를 과학적으로 접근하는 것에 한국의 지식인과 과학자들이 보다 적극적이고 개방된 자세를 취할 필요가 있다. '20년 후 우리 아이들이 영어로 된 풍수서로 풍수를 공부하는 실수[11]'는 저지르지 말아야 할 것이다.

---

11 뉴질랜드 오클랜드 대학의 윤홍기 교수가 풍수에 대한 적극적인 연구의 필요성을 강조하면서 사석에서 하신 말씀을 여기에 옮긴다.

김상호. 1980. 한반도의 지형형성과 지형발달서설. 지리학연구 5. 1-15.
무라야마 지준. 최길성 옮김. 1990. 조선의 풍수. 민음사.
박수진. 2007. 한반도의 지반운동(I): DEM 분석을 통한 지반운동의 공간적 분포 규명. 대한지리학회지 42(3). 368-387.
박수진. 2009. 한반도 평탄지의 유형분류와 형성과정. 대한지리학지 44(1). 31-55.
박수진. 2014. 한반도 지형의 일반성과 특수성, 그리고 지속가능성. 대한지리학회지 49(5). 656-674.
박수진, 손일. 2005. 한국 산맥론(II) : 산줄기지도의 제안. 대한지리학회지 40(3). 253-273.
박수진, 최원석, 이도원. 2014. 풍수 사신사의 지형발달사적 해석. 문화역사지리 26(3). 1-18.
오건환, 최성길. 2001. 한국의 해안단구. 박용안, 공우석 편. 한국의 제4기 환경. 서울대학교출판부. 159-191.
윤홍기. 1994. 풍수지리설의 본질과 기원 및 그 자연관. 한국사 시민강좌 14. 187-204.
윤홍기. 2001. 한국풍수지리 연구의 회고와 전망. 한국사상사학 17. 11-61.
이도원, 박수진, 윤홍기, 최원석. 2012. 전통생태와 풍수지리. 지오북.
이형윤, 성동환. 2010. 풍수서(風水書)『지리인자수지(地理人子須知)』산도(山圖)의 지형표현 연구. 한국지역지리학회지 16(1). 1-15.
정성태, 정기호. 2000. 학술연구에 나타나는 풍수의 시계열적 연구 경향. 한국정원학회지 18. 22-29.
조인철. 2008. 우리시대의 풍수. 민속원.
최원석. 2004. 한국의 풍수와 비보. 민속원.
최창조. 1984. 한국의 풍수 사상. 민음사.
최창조. 2006. 도시풍수. 판미동.
최창조. 2014. 한국풍수인물사. 민음사.

Davis. W.M.. 1909. Geographical Essays. Boston.
Huggett. R.J.. 1988. Dissipative system: implications for geomorphology. Earth Surface Processes and Landforms 13. 45-49.
Huggett. R.. 2007. A History of the Systems Approach in Geomorphology. Géomorphologie relief processus environnement. 2/2007.
Huggett. R.J.. 2013. Fundamentals of Geomorphology(3rd edition). Routledge.
Hwangbo. A.B.. 1999. A new millennium and Feng Shui. The Journal of Architecture 4(2). 191-198.
Keiler. M.. 2011. Geomorphology and Complexity-inseparably connected?. Zeitschrift fuer Geomorphologie 55(3). 233-257.
Kennedy. B.A.. 1976. Valley-side slopes and climate. in E. Derbyshire(ed.) Geomorphology and Climate 171·201. Chichester. Wiley.
Kirkby M.J.. 1971. Hillslope process·response models based on the continuity equation. In Brunsden D. (ed.) Slope: Form and Process. Institute of British Geographer Special Publication No. 3. 15-30.
Koh. I,. Kim. S., and Lee. D.. 2010. Effects of bibosoop plantation on wind speed. humidity and evaporation in a traditional agricultural landscape of Korea: Field measurements and modeling. Agriculture. Ecosystems and Environment 135(4). 294-303.
Lane. S.N., and K.S. Richards. 1997. Linking river channel form and processes: time. space and

causality revisited. Earth Surface Processes and Landforms 22. 249-260.

Liu J, Taylor. WW, Dietz T, Carpenter SR, Alberti M, Folke C, Moran E, Pell AN, Deadman P, Kratz T, Lubchenco J, Ostrom E, Ouyang Z, Provencher W, Redman CL, Schneider SH. 2007. Complexity of coupled human and natural systems. Science. 317. 1513-1516.

Mak. M.Y., and Ng. S.T.. 2005. The art and science of Feng Shui - A study on architects' perception. Building and Environment 40. 427-34.

Malanson. G.P., D.R. Butler., and K.S.Walsh. 1990. Chaos theory in physical geography. Physical Geography 11. 293-304

Malanson. G.P., D.R.Butler., and K. Georgakakos. 1992. Nonequilibrium geomorphic processes and deterministic chaos. Geomorphology. 5. 311-322

McBratney. A.B., M.L. Mendonça Santos., and B. Minasny. 2003. On digital soil mapping. Geoderma 117(1 · 2). 3-52.

Needham. J.. 1962. Science and Civilization in China. Vol.4. Physics. Cambridge University Press.

Park. S.J., and P.L.G. Vlek. 2002. Environmental correlation of three-dimensional spatial soil variability: A comparison of three adaptive techniques. Geoderma 109: 117-140.

Park. S.J., G.R. Ruecker, W.A. Agyare, A. Akramhanov, D. Kim, and P.L.G. Vlek. 2009. Influence of grid cell size and flow routing algorithm on soil-landform modeling. Journal of the Korean Geographical Society 44(2). 125-145.

Phillips. J.D.. 2007. The perfect landscape. Geomorphology 84. 159-169.

Phillips. J.D.. 2006. Deterministic chaos and historical geomorphology: a review and look forward. Geomorphology 76. 109-121.

Poulsen. Lene. 2013. Costs and Benefits of Policies and Practices Addressing Land Degradation and Drought in the Drylands. White Paper II. UNCCD 2nd Scientific Conference. UNCCD Secretariat. Bonn. Available at http://2sc.unccd.int

Reynolds JF., Stafford-Smith DM, Walker B, Lambin EF, Turner BL II, Mortimore M, Batterbury SPJ, Downing TE, Dowlatabadi H, Fernandez RJ, Herrick JE, Huber-Sannwald E, Jiang H, Leemans R, Lynam T, Maestre FT, Ayarza M. 2007. Global desertification: Building a science for dryland development. Science 316: 847-851.

Rodriguez-Iturbe. I., and A. Rinaldo. 1997. Fractal River Networks: Chance and Self-Organization. Cambridge University Press. New York.

Schumm S.A.. 1973. Geomorphic thresholds and complex response of drainage systems. In Morisawa M. (ed.) Fluvial Geomorphology. State University of New York. Binghamton. Publications in Geomorphology. 299-310.

Werner. B.T., and D.E. McNamara. 2007. Dynamics of coupled huamn-landscape systems. Geomorphology 91. 393-407.

Yoon. H.K.. 2006. The Culture of Fengshui in Korea: Exploration of East Asian Geomancy. Lanham MD. Lexington Books.

Pungsu as a sustainable geomorphological land management approach

Park, Soo Jin

Department of Geography, Seoul National University,

catena@snu.ac.kr

Keywords: geomorphological evolution, paradigm, complexity, self-organization, sustainable land management

Pungsu is an oriental system of geomancy that was widely practiced in ancient agricultural communities in East Asia. Contemporary interpretations of Pungsu are mixed, ranging from a superstitious belief system to a plausible landscape design principle. Despite recent growing interests from cultural studies, architects, and landscape ecology, relatively little attention has been paid to its implication on sustainable land management. This study aims to identify land management components in Korean Pungsu from the perspective of a nonlinear dynamic system theory of landform evolution, and to derive any applicable rules for modern land management practices.

Pungsu is a comprehensive set of models consisting of ten components. Even though there are strong elements of mystical and superstitious geomantic systems, it has a unique set of multi-scale approaches to classify the hierarchical nature of environmental processes related to landscape characteristics. The most important aspect of Pungsu, however, is to capture three-dimensional forms of landscapes to characterize unique combinations of landform forming processes (HyungKuk). This procedure shows a close resemblance to the identification of scale-free, self-organized landforms in current geomorphological studies. When such self-organised scale-free landforms are identified, human interventions are mostly limited to enhance evolutionary pathways of self-organization. Such activities are called Bibo (making up for the weak points) that include digging a small reservoir, planting trees, filling up ground etc.

Even though further research is required to interpret Pungsu for sustainable land management principles, a few implications can be inferred from HyungKuk and Bibo practices. Firstly, its landscape-based perspective on land management should be adopted and encouraged by policymakers for developing sustainable land management strategies. Since water and material flows over the landscape are connected with each other, single patches of land should not be considered independently. The hierarchical consideration of landscape elements is certainly the first step to achieve such a goal. Secondly, the targeted landscape should be considered as an entity that has emergent properties from combined environmental components. This approach shows a close connection with the importance of self-organization processes in modern nonlinear dynamic system theories. Such self-organization provides a holistic conceptual framework to bridge long-term landform evolution and short-term landscape processes. Thirdly, any human intervention should be focused to enhance existing and ongoing landscape processes. Blind adoption of even a successful technique developed from different environmental settings may have a risk of bringing in disastrous impacts as it may intervene with the self-organization. Since any minor modifications of ongoing processes may result in an unexpected output, detailed investigation on the direction of self-organizing processes should be preceded for targeting sustainable land management. Finally, more efforts and funds should be allocated to discover and enhance local knowledge for sustainable land management. Local knowledge is associated with long-term experience, but is often considered inferior and superstitious by the view of the prevailing science. An entirely new institution and framework is necessary to encourage local knowledge for sustainable land management.

Based on these analyses, We safely conclude that Pungsu offers a unique conceptual framework to classify landscapes, to characterize three-dimensional landform processes, and to manage landscapes in a holistic manner. This principle can easily be transferable to other environmental conditions with minor modifications.

송대 풍수문헌이
조선풍수에 미친 영향

A Study on the books on Pungsu in the Song Dynasty and affects
on Pungsu during the Joseon Dynasty Period

김혜정
대전대학교 국제언어학과 전임교원

I. 서론

풍수지리는 현재 다양한 학술연구 결과의 집적과 함께[01] 동아시아 문화를 넘어 세계문화유산으로 주목받고 있다. 풍수지리를 바탕으로 조성된 조선의 왕릉과 수원의 화성 등은 세계문화유산으로 등록되었고, 2012년 중국 랑중(閬中)시에서는 유네스코(UNESCO)에 풍수지리를 비물질 세계문화유산으로, 낭중시를 세계문화유산으로 등재시키기 위한 신청을 하고 현재 사태의 추이를 지켜보고 있다.[02] 또 중국 장시성 간저우(贛州)시에서는 풍수지리의 중시조, 형세법과 관련하여 풍수문화에 대한 학술적 연구가 매우 활발하다.[03]

동아시아, 특히 한국과 중국의 풍수지리는 다양한 학자들의 끊임없는 관심과 연구를 바탕으로 형성되어 과거는 물론 현재에도 생활의 도처에 살아 있는 광범

---

01 중국의 천진대학에서는 왕기형(王其亨)의 주편으로 2001년부터 매년 『풍수이론연구』를 발간하여 각론차원의 다양한 연구결과를 담고 있다. 이외에 왕옥덕(王玉德)의 『신비적풍수(神秘的風水)』(남녕, 광서인민출판사, 2003년)와 『심룡점혈(尋龍點穴)』(베이징, 중국전영출판사, 2006년), 우희현(于希賢)의 『법천상지(法天象地)』(북경, 중국전영출판사, 2006년), 여건(餘健)의 『감여고원(堪輿考原)』(베이징, 중국건축공업출판사, 2005년), 이정신(李定信)의 『중국나반49층상해(中國羅盤49層詳解)』(홍콩, 취현관문화유한공사, 1997년), 고우겸(高友謙)의 『이기풍수(理氣風水)』(베이징, 단결출판사, 2006년) 등의 다양한 연구결과가 집적되어 있다.

02 랑중시에서는 진작부터 풍수지리의 이론 형성과정에서, 천문 역법과 관련하여 중요한 공헌이 있는 이순풍과 원천강의 분묘, 그리고 랑중시의 지형지세와 고성(古城)을 대표적인 관광유산으로 조성하였다. 또 시청건물을 지형에 따라 산을 등지고 반원형의 작은 호수를 청사 앞에 마련하는 등 풍수적 환경에 맞추어 건축했고, 풍수박물관을 설립하여 풍수의 이론과 역사, 매우 실제적인 내용 등을 액자로 만들어서 일반인들도 쉽게 이해하고 접할 수 있도록 해놓았다. 그리고 풍수와 관련된 유물들도 전시하여 그 역사를 더욱 일목요연하게 이해할 수 있도록 한 배려도 눈에 띈다.

03 장시성의 간저우시에서는 풍수지리의 중시조로 인정받는 양균송의 일대기 및 그의 활동과 업적, 나반의 발명 등을 주제로 한 양균송 박물관, 양균송 사당, 양균송 이후 활약상이 두드러진 풍수사들의 사당 등을 설립하여 전 세계 풍수학인들로 하여금 방문하게 하고 있다. 장시성 간저우에서 풍수지리가 활발하게 연구되고 있는 면모는 랑중시와 마찬가지이다.

위한 문화적 현상으로 남아 있다. 풍수지리가 연구되고 삶의 중요한 방편으로 활용된 역사는 중국과 한국의 거의 모든 시대에 걸쳐 있다고 해도 과언이 아닌데, 조선시대는 풍수지리가 주요 문화 내용이었고 조정에서의 빈번한 풍수논의는 중국의 풍수 문헌들을 바탕으로 전개되었다.

사회적인 문화 현상이 하나의 학문으로 계통화, 체계화되기 위해서는 오랜 연구와 경험의 결과가 집적된 문헌이 필요하다. 풍수지리도 그와 같은 과정을 통해 형성된 문헌을 바탕으로 국가 간의 문물교류와 문화적 발전, 그리고 새로운 제도 성립의 토대로 기능하여 왔다. 예를 들면 기존의 연구를 바탕으로 형성된 송대(宋代)의 풍수문헌이 조선시대 풍수에 미친 영향이 그 좋은 사례이다.

조선시대는 매우 다양한 풍수문헌이 활용되었는데 그 가운데 저자가 비교적 쉽게 확인되는 것은 송대의 풍수문헌이다. 송대의 학자들은 풍수문헌을 직접 저술하거나 편집했고 이론과 실제의 현장을 접목시켜 과거와 현재, 그리고 미래에의 결과 예측에 참여하기도 할 정도로 풍수지리 연구에 매우 적극적이었다. 그 영향으로 원대에는 풍수관료 선발제도가 시행되었고 나아가 명청 시기에는 풍수지리이론을 적용하여 왕릉과 궁궐을 조성하였다.

중국의 송대는 대학자인 주자(朱子)가 살던 시기이며, 주자는 성리학을 바탕으로 조선의 유학 성립에 가장 크게 공헌하였고 공자와 함께 문묘에 배향되었다. 주자는 조선시대 풍수지리에도 영향이 컸는데 주자의 『산릉의장(山陵議狀)』과 동시대 학자인 채성우와 채원정의 풍수문헌도 조선의 조정에서 모범적 문헌으로 빈번히 논의되었다. 이와 함께 호순신의 저술이 조선시대 내내 취재지리서였고 치열한 논쟁의 한가운데에 있었던 점은 송대의 풍수문헌이 조선의 풍수지리에 미친 영향을 살피는 중요한 배경이 된다.

이 글에서는 『산릉의장』과 『발미론(發微論)』, 그리고 『호순신(胡舜申)』을 중심으로 송대의 풍수문헌이 조선 조정의 풍수논의에서 어떻게 기능하였는지를 『조선왕조실록』[04]

---

04 이 글에서 이하 『왕조실록』으로 약칭.

의 기록을 통해 살피고자 한다. 송대의 풍수문헌과 조선시대 풍수지리와의 관련성을 살피는 작업은 풍수지리 자체는 물론 국가 간의 문화 전래와 확산을 이해하는 또 하나의 방편이 될 수 있다. 또 세계문화유산으로서의 풍수지리를 이해하는 데도 하나의 길잡이가 될 수 있을 것이다.

II. 송대의 풍수문헌

송조(宋朝, 960~1279년)는 후주(後周)의 대장이던 조광윤이 세운 나라로, 중국 역사에서 오대십국을 이어 원(元)나라가 개국하기 전까지 320년 간 존속했던 왕조이다. 송나라 시기 중국은 경제와 문화, 교육과 학술 방면에서 고도로 번영했었고, 송 명리학과 유가가 부흥했던 시기였으며 과학기술과[05] 농업 면에서도 비약적인 발전을 거듭했다.[06]

송대에는 학술방면에서도 다양한 성과를 거둔 시기로, 풍수지리 연구결과는 문헌 저술로 이어졌다. 송대에는 학자들의 풍수연구 외에 정부 주도 하에 풍수문헌에 대한 정리 작업도 이루어졌다. 그것은 『송사(宋史)』에서 확인된다. 왕옥덕은 상택상묘(相宅相墓) 문헌을 상지술서(相地術書)라고 하여 『송사』「예문지」에 기록된 문헌의 명칭들을 밝혀놓았다. 그것은 『지리관풍수가(地理觀風水歌)』2권, 『음양상산요결(陰陽相山要略)』2권, 『이택부(二宅賦)』1권, 『행년기조구성도(行年起造九星圖)』1권, 『택심감식(宅心鑑式)』1권, 『상택경(相宅經)』1권, 『택체(宅體)』1권, 『구성수조길흉가(九星修造吉凶歌)』1권, 『음양이택가(陰陽二宅歌)』1권, 『음양장경(陰陽葬經)』3권, 『장소(葬疏)』3권, 『감여경(堪輿經)』1권, 『태평감여(太史堪輿)』1권, 『태

---

05 송대에는 인쇄술, 선진적인 토목공사, 항해술과 야금학(冶金學) 방면에서의 발명이 이루어졌고, 침괄(沈括)과 소송(蘇頌) 같은 과학자가 활약했다. 침괄은 자오권(子午圈)은 정밀하게 측량하여 자편각(磁偏角)의 존재를 밝혔고, 수 세기 동안의 북극성의 운행 위치를 확정해내기도 하였다. 소송은 1070년에 식물학, 동물학, 야금학과 광물학을 포괄한 내용의 『본초도경(本草圖經)』을 저술하였다.

06 송대에는 모내기 기계인 앙마(秧馬)를 발명하여 사용하기도 했다(韓鑒堂 編著, 中國文化, 北京, 北京語言大學出版社, 1999年, 48).

사감여력(太史堪輿歷)』1권,『황제사서감여경(黃帝四序堪輿經)』1권,『오음삼원택경(五音三元宅經)』3권,『음양상택도(陰陽宅經圖)』1권,『이택심감(二宅心鑑)』3권,『음양이택도경(陰陽二宅圖經)』1권,『황제팔택경(黃帝八宅經)』1권,『회남왕견기팔택경(淮南王見機八宅經)』1권,『장범(葬範)』1권,『지리육임육갑팔산경(地理六壬六甲八山經)』8권,『곽박장서(郭璞葬書)』1권,『음양이택집요(陰陽二宅集要)』,『황석공팔택(黃石公八宅)』2권, 이순풍(李淳風)의『일행선사장율비밀경(一行禪師葬律秘密經)』10권, 여재(呂才)의『청오자개분고골경(青烏子改墳枯骨經)』1권, 증양일(曾楊一)의『청낭경가(青囊經歌)』2권, 양구빈(楊救貧)의『옥룡자경(正龍子經)』1권, 손빈(孫臏)의『장백골력(葬白骨歷)』, 사마반(司馬班)과 범월봉(範越鳳)의『심룡입식가(尋龍入式歌)』1권, 유차장(劉次莊)의『청낭본지론(青囊本旨論)』28편,『청낭경(青囊經)』,『현녀묘룡총산년월(玄女妙龍塚山年月)』1권,『팔산이십사룡경(八山二十四龍經)』1권,『황천패수길흉법(黃泉敗水吉凶法)』3권,『분룡진살오음길흉진퇴법(分龍眞殺五音吉凶進退法)』1권,『지리수파혈결(地理搜破穴訣)』1권,『임산보경단풍결(臨山寶鏡斷風訣)』1권,『금낭경(錦囊經)』1권,『옥낭경(玉囊經)』1권,『수조길흉법(修造吉凶法)』1권,『주역팔룡산수론지리(周易八龍山水論地理)』1권,『노자지감결비술(老子地鑑訣秘術)』1권,『오성합제가풍수지리(五姓合諸家風水地理)』1권,『당산정음양장경(唐刪定陰陽葬經)』2권,『청오자가결(青烏子歌訣)』2권 등이다.[07]

『송사』는 원대의 탁극탁(托克托)이 황제의 명에 따라 오대(五代)의 주(周)나라에서부터 317년 간의 사실을 기전체로 기록한 뒤 원나라(1271~1368년) 시기에 저술된 역사책으로, 본기·지·표·열전의 총 496권으로 구성되었고, 원나라의 지정 5년(1345년)에 간행되었다. 그러므로『송사』「예문지」에 실린 술수류, 상택상묘 문헌은 원나라 시대까지도 세간에 전해졌고 당시에 유행했거나 아니면 문헌의 명칭이라도 전해지고 있었음을 알 수 있다.

『송사』「예문지」의 풍수문헌 명칭을 통해 다음의 몇 가지 특징이 파악된다. (1)

07　王玉德,『神秘的風水』, 南寧, 廣西人民出版社, 2003年, 73-74.

송대의 풍수문헌은 가사와 경전, 그림 등 다양한 형태로 저술되었다. (2) 이순풍, 양구빈, 범월봉, 여재, 일행선사 등 당대 혹은 그 이전에 풍수지리를 연구했던 인물들의 명칭을 저자 혹은 문헌의 명칭으로 삼는다. (3) 풍수지리는 감여, 상택, 음택과 양택 등의 명칭으로도 불리었다. (4) 산수를 모두 중시했다. (5) 황천살이나 수류의 길흉판단법도 중요한 내용으로 다루었다. (6) 음택과 양택 문헌이 각각 따로 저술되었다. (7) 주역, 오행과 24방위개념도 포함되었다. (8)『곽박장서』와『금낭경』이 서로 다른 문헌으로 불린다.

자세히 살펴보면 송대 풍수문헌은 그 서술양식이 다양했고 이전의 내용을 계승하였으며 역사상 유명인물들이 저술하였거나 그 이름이 가탁되었으며 산법과 수법을 모두 중시했다는 점들이 드러난다. 산수를 모두 중시하는 것은 지금도 마찬가지인데 특히 황천살은 현재에도 절대로 범해서는 안 되는 대표적인 풍수지리 금기 수법이다. 수류 또한 그 기능이 매우 막중하다고 보아 조선시대 초기에 도읍지를 결정할 만큼 중요한 요소로 간주된 바 있고[08] 청대에는 지리오과 중의 하나로 여겨지기도 했다.[09]

수법은 좌향론 성립에 결정적 역할을 하며 이기론의 중요한 내용으로 전해오는데 위 문헌들의 명칭에서 송대 풍수지리가 전통 풍수지리의 내용을 계승했음을 보여준다. 진대(秦代)의 죽간문헌인『택거』는 "(집의) 서남쪽에 연못이 있으면 부유하다. 정북 쪽으로 연못이 있으면 모친에게 불리하다. 물이 서쪽으로 흐르면 가난하고 여자가 구설수에 오른다. 물이 북쪽으로 흐르면 재물이 모이지 않는다. 물이 남쪽으로 흐르면 집안에 유리하다."[10]라고 하였다.

---

08   조선이 개국되고 도읍지를 정할 때 우선 계룡산 근처가 지목되었으나 여말선초의 정치가이자 학자였던 하륜이 중국의 풍수문헌인『호순신』의 내용에 비추어 볼 때 수류의 방위가 길하지 않다는 건의를 하자 조선은 계룡산의 도읍지 터를 닦던 공사를 중시시키고 새로운 곳을 물색하도록 한다.

09   풍수지리에서는 원래 지리사과라 하여 용, 혈, 사, 수를 중시해 왔다. 용은 산 또는 산맥을 의미하고 혈은 핵심요체를, 사는 형국의 제반 구성요소를, 수는 물 또는 수류를 의미한다. 이후 청대의『지리오결』에서는 지리사과에 향을 추가하여 지리오과로 하였다.

10   睡虎地秦墓竹簡整理小組編,『睡虎地秦墓竹簡』, 北京, 文物出版社. 1990年, 329-330.: "爲池西南, 富. 爲池正北, 不利其母. 水瀆西出, 貧, 有女子言. 水瀆北出, 毋臧貨. 水瀆南出, 利家."

동진의 도간의 저술로 전해 오는『착맥부』도 물을 중요한 내용으로 다루고,[11] 당대에 기본적인 내용이 완성된『금낭경』에서도 산보다 오히려 물이 더 중요하다 하여 "득수위상, 장풍차지"라 했다.[12] 곽박과『금낭경』은 송대 호순신의『지리신법』에 기록된 수법의 근간으로 기능하였고,[13] 호순신의『지리신법』내용은『호순신』이라는 서명으로 조선시대 풍수이기론 저서로 활용되었다. 이와 같이 풍수지리에서 수법을 중시한 것은 유구한 세월을 거쳐 오면서도 원형의 손상 없이 여전히 전승관계에 있으며 송대 문헌에서도 그 점이 엿보인다.

전통적인 풍수지리 내용의 전승은 다른 면에서도 확인된다.『송사』「예문지」의 풍수문헌 가운데『곽박장서』와『금낭경』이 구분되어 있다. 그런데「예문지」의 기록과는 달리 현재 곽박의『장서』는『금낭경』과 동일한 문헌으로 간주된다.[14] 또 한국 규장각에 소장된『금낭경』과『사고전서』의『장서』는 내용상 대동소이하고,『왕조실록』에서는 곽박의『장서』라 한 것을 보면, 두 문헌은 동일한 것으로 보는 것이 합리적이다.『금낭경』은 송대와 조선시대 풍수학자들에게는 교과서와 같은 문헌이었다.

송대의 풍수문헌은 이후 관방풍수서의 전형이 되기도 하였다. 송대의『영원총록』은 양유덕[15]이 편찬하여 바친 풍수문헌인데[16] 음택 풍수지리의 종합서 성격의 문헌이다.[17]『영원총록』은 이후 원대에 음양학 과시과목이 되었으며 당시

11　『착맥부』는『심룡착맥부(尋龍捉脈賦)』라고도 하여 동진(東晉)의 도간(陶侃)(도연명의 증조부, 259~334년)의 저서로 전해 온다. 乾隆12年(1747) 華亭張氏刊本,『歷代地理正義秘書二十四種』. "尋龍捉脈賦正義一卷 (晉) 陶侃撰."; [明] 黃愼 輯,『新編秘傳堪輿類纂人天共寶』,『四庫全書存目叢書』, 子部, 第64冊, 濟南, 齊魯書社, 1995年.

12　趙金聲 白話釋意,『四庫全書陰陽宅風水大全』, 鄭州, 中州古籍出版社, 2007年, 32.

13　[宋] 胡舜申,『類集陰陽諸家地理必用選擇大成』,「水論」, 서울 奎章閣(청구기호 圭中2221), 18.: "原所以此法, 本於景純之說, 葬書曰, 水源於生氣, 派於已盛, 而朝於大旺, 澤於將衰, 流於囚謝, 以返不絕. 此數語則立此法之張本也."

14　한국에서『금낭경』에 대한 연구논문은 일일이 열거할 수 없을 정도로 많고, 번역서로는『청오경, 금낭경』(최창조 옮김. 1993. 민음사),『청오경, 금낭경』(김관석 옮김. 1994. 산업도서출판공사),『장서역주』(허찬구 역주. 2005. 비봉출판사) 등이 있으며, 역사적 문헌 기록에 따라 비교적 자세한 해제를 한 것으로는『완역 풍수경전』(장성규, 김혜정 역주. 문예원. 2010년)이 있다. 위의 연구들에서『장서』는『금낭경』과 동일한 문헌으로 인식되었다.

15　송초의 천문학가로 점성술에 능했으며『태일복응집요』,『칠요신기경』,『건상신서』등과 같은 술수 관련 저술들을 지었다. 吳德慧 編,『中國古代醜史·巫術醜史·第4卷』, 吉林, 攝影出版社, 2002年, 179-180.

16　王重民,『中國善本書提要』, 上海, 上海古籍出版社, 1983年, 290.

17　앞의 책,『中國古代醜史·巫術醜史·第4卷』, 181-182.

과시과목인『영원총론』이『영원총록』으로 여겨진다.[18] 아울러 세종 시기『왕조실록』에 '묘지에는 도로가 있어서는 안 된다'는『영원총록』의 내용이 인용된 점도[19] 송대 풍수문헌의 전승과 연구는 시대와 국가를 초월해서 지속되었음을 말해준다.

명대의 문헌기록과 조선시대의 취재지리서를 보면 송대의 풍수지리는 전통을 계승한 외에 이후의 풍수지리 연구와 발전에도 공헌하였음이 나타난다. 명대의 서선계와 서선술 형제가 지은『지리인자수지』에서는 오대(907~979년) 시기 범월봉의 저서로『동림비결』과『심룡입식가』를 기록했다.[20] 『흠정고금도서집성』에는 "『지리정종』에 따르면 범월봉의 자는 가의이고 호는 동미산인이다. 절강성 진운 사람이며 양균송의 고제이다.『심룡입식가』를 지었다."[21]라는 기록이 있고, 송대, 원대의『군재독서지』·『직재서록해제』·『문헌통고』 등의 문헌에서도 범월봉을 거론했다.[22] 이후 범월봉은 조선시대 풍수지리에서도 중요한데 그의『동림조담』(『지리전서동림조담』이라고도 한다.)은 조선시대 취재지리서 가운데 하나였으며 지금까지 그 내용이 전해진다.[23]

송대 풍수문헌은 명대에도 중시되었다. 명대의『지리인자수지』에는 송대의 풍수문헌으로『옥수진경』,『용격통현가』,『오씨비결』,『음계양부』,『사문심법』,『금정구결』,『회옥경』,『적인도』,『최관편』,『여우집』,『발미론』 등을 소개했다. 이에 따르면『옥수진경』은 송 국사였던 장자미(호, 장동현)의 저술인데 그는 장도릉의 33대 손이다. 송대의 유명한 성리학자인 채서산(호, 채원정)이『옥수진경』에 대해 발휘

18　葉新民,「元代陰陽學初探」『元代文化研究』(第1集), 國際元代文化學術研討會專輯, 北京, 北京師範大學出版社, 2001年.

19　『왕조실록』세종61권, 15년(1433년) 7월 22일, 6번째 기사:『瑩原錄』曰, "塚墓內不可有道, 宜相去六十步外無妨."

20　鍾義明,『中國堪輿名人小傳記』(上), 台北, 武陵出版有限公社, 1996年, 98.

21　『欽定古今圖書集成』, 博物彙編, 藝術典, 第六百七十九卷, 堪輿部名流列傳, "安地理正宗, 範越鳳字可儀, 號洞微山人, 浙江紹雲人, 楊公高弟, 作尋龍入式歌, 旁傳.", [淸] 陳夢雷 等撰,『欽定古今圖書集成』第四七六冊, 北京: 中華書局, 1934, 57.

22　張成圭. 2010.『朝鮮王朝實錄』의 風水地理文獻 研究『靑烏經』·『錦囊經』·『狐首經』을 中心으로, 공주대학교 박사학위논문. 181-182.

23　『洞林照膽』(국립중앙도서관 소장본, 청구기호: 의산古7370-5) 참조.

하였다. 그리고 송의 유윤중이 주석하였다. 송 국사 오경란은『용격통현가』와『오씨비결』을, 송의 요우(호, 악평인)는『설천기』를 저술했다. 우도인 요우는『음계양부』,『사문심법』,『금정구결』,『회옥경』,『적인도』등을 저술했다(『영도인물지』권2에 우도인 요우의 저서로『회옥경』,『발사경』,『입식가』,『금정오극』,『지리설천기』,『장법신인』 등을 기록). 송의 뇌문준(호, 포의자)은『최관편』과『여우집』등을 지었다. 송의 채목당은『발미론』을 지었는데[24] 명대에는 이에 대한 10여 편의 주석서가 있었고 그 가운데 파양인 여우의 주석이 가장 뛰어나다고 하였다.[25]

　『지리인자수지』에서는 원대의 저술로,『감여미의』,『부찰원기』,『상신서』,『부찰요람대전』,『평사옥척경』등을 언급하는데,[26]『평사옥척경』의 저자인 유병충의 생몰연대가 1216~1274년이므로『평사옥척경』은 송대의 풍수문헌으로 볼 수 있다. 그는 원나라의 대도(大都) 조성에도 일익을 담당했다.

Ⅲ.『산릉의장』,『발미론』,『호순신』의 주요 내용

송대의 다양한 풍수문헌 가운데, 조선시대와 관련이 깊은 것은『발미론』과『호순신』, 그리고『산릉의장』등이 있다.『산릉의장』은 성리학의 집대성자인 주자의 풍수지리관을 엿볼 수 있는 문장으로서, 풍수지리의 기능과 이치, 목적 등을 설명하여, 풍수지리에 대한 폭넓은 이해를 돕는다.『발미론』은『사고전서』에도 수록되어 있는데, 풍수지리의 핵심인 형세와 좌향, 길일을 중심으로 총 16편이 구성되어 있다. 풍수지리를 학습하는 최종 목표를 덕목의 실천으로 강조한 면에서 보더라도 풍수연구에 중요한 문헌이다.『호순신』은 조선시대 동안 취재지리서였던 점도 주목할 만하지만, 대부분의 취재지리서와는 달리 좌향을 중시한 면이 특징이다. 위

24　鍾義明,『中國堪輿名人小傳記』(上), 台北, 武陵出版有限公司, 1996年, 98.

25　[明] 徐善繼·徐善述 著, 金志文 譯注,『地理人子須知』(上), 北京, 世界知識出版社, 2011年, 27.

26　위의 책,『地理人子須知』(上), 27-28.

세 문헌이 조선시대 주요 풍수논의에서 인용되고 중시되었다는 점에서 이들의 성격과 주요 내용을 살피는 일을 통해 송대 문헌이 조선시대 풍수지리에 미친 영향을 보다 구체적으로 파악할 수 있다.

1. 『산릉의장』, 풍수지리의 대강

송대 풍수지리는 성리학자들에 의해 매우 적극적으로 연구되었다. 성리학자 가운데 가장 독보적 존재라 할 수 있는 주자는 성리학의 집대성 외에도 풍수지리를 연구하고 그 목적을 일깨워준 학자이다. 주자는 중국 전체의 지세를 풍수지리 사신사에 따라 설명했을 정도로 풍수지리에 해박했다.[27] 또 그는 송나라 효종의 능묘선정에 대한 논의가 일던 시기에 『산릉의장』을 통해 자신의 의견을 명백히 밝혔다. 『산릉의장』에서는 풍수지리의 기능과 중요성, 장지와 가문의 전도, 지기와 유체 및 후손과의 연관성 등을 다음과 같이 논의하였다.

> 장이라는 것은 조상의 유체를 갈무리하는 것인데 자손이 그 조상의 유체를 갈무리할 때 반드시 신중하고 공경하는 마음으로 해야만 미래의 오랜 대비책이 될 수 있다. 조상의 유체를 보전하면 조상의 신령이 편안해지고, 이에 따라 자손들이 번성하게 되어 제사가 끊이지 않게 되는 것은 자연스러운 이치이다.[28]

주자는 장지를 결정하는 과정에 대해서도 먼저 마땅한 자리를 고르고 점복으로 그 길흉을 다시 따져보는데 만약 마땅하지 않으면 그 과정을 다시 반복해야 한다고 하였다. 이때 능력이 있는 술사와 명산을 두루 알아보는 것이 필수 과정이라

---

27 [宋] 朱熹, 『朱子全書』, 「朱子語類 · 天地」, 上海, 上海古籍出版社, 安徽教育出版社, 2002年, 148: "冀都是正天地中間, 好箇風水, 山脈從雲中發來, 雲中正高脊處, 自脊以西之水 則西流入於龍門西河, 自脊以東之水, 則東流入於海. 前面一條黃河環繞, 右畔是華山聳立, 爲虎. 自華來至中, 爲嵩山, 是爲前案. 遙過去爲泰山, 聳於左, 是爲龍. 淮南諸山是第二重案. 江南諸山及五嶺, 又爲第三四重案."

28 [宋] 朱熹, 『朱文公文集』, 卷第十五, 「山陵議狀」: "蓋臣聞之, 藏之爲言藏也, 所以藏其祖考之遺體也, 以子孫而藏其祖考之遺體, 則必致其謹重誠敬之心, 以爲安固久遠之計, 使其形體全, 而神靈得安, 則其子孫盛, 而祭祀不絕, 此自然之理也."

고 지적하였다.

옛 사람들이 장례를 치를 때면 반드시 마땅한 자리를 고르고 그 다음에 점복과 서점으로 결정하는데 길하지 않으면 다시 땅을 고르고 점을 쳤다. 근세 이래로 복서법은 비록 없어졌다지만 택지의 설법은 여전한데, 사대부나 서민 가운데 조금이라도 능력이 있는 집안이라면 장례를 치르기 전에 우선 술사들을 널리 알아보고 명산을 찾아다니며 서로 비교해 본 뒤에 가장 좋은 곳을 가려서 사용했다.[29]

주자는 장지(葬地)를 신중하게 골라야 하는 이유로 "땅을 고를 때 정확하지 않아서 땅이 길하지 않으면 반드시 물이나 개미, 바람 같은 것이 있어 조상의 유체와 혼신을 불안하게 하고, 이에 따라 자손도 사망하거나 절멸하는 우환이 있게 되는 것은 참으로 두려운 일"[30]이라는 구체적 설명도 하였다. 그는 장지가 좋은지 그렇지 않은지의 판단 기준을, 형세가 강한지 약한지, 바람으로 인해 생기가 흩어지는 곳인지 아닌지, 물길이 깊은지 얕은지, 혈도가 바른지 치우쳤는지, 역량이 온전한지 아닌지 등[31] 5가지로 구분했다.

아울러 그는 장법(葬法)에 대해서도 언급하였는데 사람들이 길한 장소를 골랐다고 해도 광중을 팔 때의 깊이가 너무 얕거나 혹은 너무 깊게 되면 나중에 분묘가 파헤쳐지거나 조상의 유체가 노출되는 커다란 변고가 생길 것도 경계하였다.[32] 풍수지리에서는 망인의 유해의 머리를 어느 쪽으로 둘 것인지도 매우 중시한다. 이에 대한 논의를 흔히 좌향법 또는 이기론이라고도 하는데 『산릉의장』에

---

29 위의 책,「山陵議狀」: "是以古人之葬, 必擇其地, 而蔔筮以決之, 不吉, 則更擇而再卜 焉. 近世以來, 卜筮之法雖廢, 而擇地之說猶存, 士庶稍有事力之家, 欲葬其先者, 無不廣招術士, 搏訪名山, 參互比較, 擇其善 之尤者, 然後用之."

30 위의 책,「山陵議狀」: "其或擇之不精, 地之不吉, 則必有水泉螻蟻地風之屬, 以賊其內, 使其形神不安, 而子孫亦有死亡絕滅之憂, 甚可畏也."

31 위의 책,「山陵議狀」: "其或擇之不精, 地之不吉, 則必有水泉螻蟻地風之屬, 以賊其內, 使其形神不安, 而子孫亦有死亡絕滅之憂, 甚可畏也."

32 위의 책,「山陵議狀」: "則凡擇地者, 必先論其主勢強弱, 風氣之聚散, 水土之深淺, 穴道之偏正, 力量之全否, 然後可以較其地之美惡."

서는 좌향을 남북과 음양의 관점에서 아래와 같이 논하였다.

예로서 말하자면 죽은 사람은 북쪽으로 머리를 두고 산 사람은 남쪽을 향해 서는 것은 모두 그 처음을 따른다는 기록이 있다. 또 이르기를 북쪽에 매장하고 북쪽으로 머리를 두게 하는 것은 삼대에 지속된 예이다. 그러므로 옛 사람들은 매장할 때 북쪽으로 시신의 머리를 앉히고 남쪽으로 발이 향하도록 한 것은 모두 남쪽이 양이고 북쪽이 음이기 때문이다. 효자의 마음은 어버이의 죽음을 견딜 수 없는 것인데, 비록 분묘에 묻어 드리면서도 음을 등지고 양을 바라보게 뉘어 드리는 것이니, 머리를 남쪽으로 두도록 하고 발을 북쪽으로 향하게 하는 것은 도리어 양을 등지고 음을 향하도록 하는 것이 아니겠는가?[33]

위에서 살핀바 송대의 사대부 가운데 주자의 풍수지리에 대한 견해만 보더라도 이미 풍수지리는 집안의 전도를 좌우하는 기능이 있을 만큼 중요한 것으로 인식되었음이 나타난다. 그것은 풍수지리가 중시될 수밖에 없는 이유이기도 한데 그 중요성에 따라 장지와 가문의 전도, 지기와 유체 및 후손과의 연관성 등이 구체적으로 제시된다. 장지를 고를 때의 기준은 물론 좌향 또한 풍수지리를 응용하기 위해서는 신중하게 고려해야 할 조건으로 인식되고 있다.

2. 『발미론』, 상응과 적덕

『발미론』은 『사고전서』에 채원정의 저술로 기록되어 있는데 채원정은 주자에게 수학한 이력이 있고 유학자로도 이름이 높다. 그런데 『발미론』은 채원정이 아닌 그의 아버지 즉 채성우(蔡成禹)가 지었다는 의견이 있다. 『왕조실록』에는 채목당(蔡牧堂) 즉 채성우가 한 말이라는 설명과 함께 『발미론』의 「향배」편의 내용을 언

---

33 위의 책, 「山陵議狀」; "以禮而言, 則記有之曰 : 死者北首, 生者南向, 皆從其朔. 又曰 : 葬於北方, 北首, 三代之達禮也, 即 是古之葬者, 必坐北而向南, 蓋南陽北陰, 孝子之心, 不忍死其親, 故雖葬之於墓, 猶欲其負陰而抱陽也, 豈有坐南向北, 反背陽而向陰之理乎?"

급하였다.[34] 명대의『지리인자수지』에서도 "송의 채목당은『발미론』을 지었는데 명대에는 이에 대한 10여 편의 주석서가 있었고, 그 가운데 파양인 여우의 주석이 가장 뛰어나다."고 하였다.[35]『사고전서』가 편찬된 청대에는『발미론』의 저자를 채원정으로 보지만 그보다 이른 조선시대 초기와 명대에는『발미론』의 저자를 채목당으로 설명한다.

『형가이십종』에서도『발미론』을 채발(蔡發)이 찬한 것으로 기록하였고,[36] 현대 연구결과도 동일한 점에서 볼 때[37]『발미론』의 저자는 채발로 보는 것이 합리적이다. 채원정이 지은 것이라는『사고전서』의 기록은 아마도 채원정이 유학은 물론 주역에도 해박한 대학자로서 주역에 대한 주석서를 저술하였기 때문에 그가 저자로 기록된 것이 아닌가 한다. 목당은 채성우가 목당에 거주해서 지어진 이름인데 채성우는 채발, 목당거사, 북암노인으로도 불린다. 채성우는 조선시대에 유행했던『명산론』이라는 풍수문헌을 저술한 것으로도 유명하다.[38]

『발미론』은 강유편, 동정편, 취산편, 향배편, 자웅편, 강약편, 순역편, 생사편, 미저편, 분합편, 부침편, 천심편, 요감편, 추피편, 재성편, 감응편 등 총 16편으로 구분된다. 각 편의 명칭은 서로 상응하는 의미의 두 글자로 되어 있는데 각 편의 내용도 상호보완, 상응, 대응하는 두 요소의 대비를 통해 풍수지리의 이치를 일목요연하게 설명하고 있다.

제일 먼저 강유편에서는 "풍수지리에서는 우선 강유를 따지는 것이 중요한데

---

34 앞의 책,『王朝實錄』, 世宗 61卷, 15年(1433年), 癸醜, 3번째 記事: "前判淸州牧事李蓁上書曰: … 有宋牧堂居士 蔡成禹以爲: "地理之法, 不過山水向背四字而已." 그런데『發微論』의「向背」에는 "故嘗謂地理之要, 不過山水向背而已矣."로 되어 있다.

35 [明] 徐善繼・徐善述 著, 金志文 譯注,『地理人子須知(上), 北京, 世界知識出版社, 2011年, 27.

36 『形家二十種』(陽海淸 編撰,『中國叢書廣錄』(上册), 武漢, 湖北人民出版社, 1996, 723)의 목록: 靑鳥經 題漢靑鳥子撰, 狐首經 題漢白鶴仙撰, 靑囊經 題漢赤松子撰, 管氏指蒙 魏管輅撰, 捉脈賦 晉陶侃撰, 葬書 題晉郭璞撰, 雪心賦 唐蔔則巍撰, 撼龍經 唐楊益撰, 疑龍經 唐楊益撰, 一粒粟 唐楊益撰, 黑囊經 五代範越鳳撰, 靈城精義 五代何溥撰, 發微論 宋蔡發撰, 穴情賦 宋蔡發撰, 玉髓經 宋張洞玄 撰, 囊金 宋劉謙撰, 望龍經 宋吳景鸞撰, 披肝露膽 宋賴文俊撰, 玉彈子 元郡律楚材撰, 析髓經 明劉基撰, 附聊攝成氏雜撰(卽古造葬書佚文佚目).

37 鍾義明,『中國堪輿名人小傳記』(上), 台北, 武陵出版有限公社, 1996年, 98.

38 [宋] 蔡成禹撰,『明山論』, 서울, 규장각 청구기호: 奎 11594(憲宗實錄字交木字, 刊年未詳)

322 아시아적 공동가치로서의 풍수

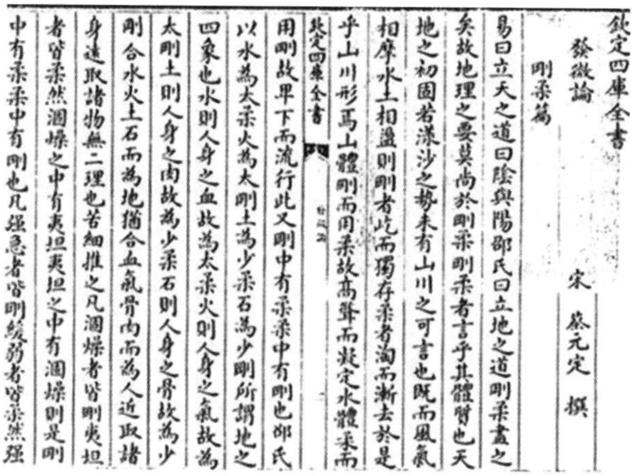
欽定四庫全書
發微論
宋 蔡元定 撰
剛柔篇
易曰立天之道曰陰與陽邵氏曰立地之道剛柔盡之
矣故地理之要莫尚於剛柔剛柔者言乎其體質也天
地之初固若漾沙之勢未有山川之可言也既而風氣
相摩水土相盪則剛者屹而獨存柔者洶而漸去於是
乎山川形焉山體剛而用柔故高聳而凝定水體柔而
欽定四庫全書 發微論
用剛故卑下而流行此又剛中有柔柔中有剛也邵氏
以水為太柔火為太剛土為少柔石為少剛所謂地之
四象也水則人身之血故為太柔火則人身之氣故為
太剛土則人身之肉故為少柔石則人身之骨故為少
剛合水火土石而為地猶合血氣骨肉而為人近取諸
身遠取諸物無二理也若細推之凡涸燥者皆剛夷坦
者皆柔然涸燥之中有夷坦夷坦之中有涸燥則是剛
中有柔柔中有剛也凡强急者皆剛緩弱者皆柔然强

그림1 『사고전서』의 『발미론』

출처: 『景印文淵閣四庫全書』, 第808冊, 台北: 臺灣商務印書館, 1986年, 189.

산천의 강유는 음양의 이치와 같고, 강유는 산천의 체질을 나타내기 때문이다." 라고 하였다. 그리고 "산이 우뚝 솟아 홀로 존재하기 때문에 강(剛)이고, 물은 꿈틀대며 흘러가기 때문에 유(柔)라 하며, 그와 같은 이치에 따라 산천의 형상이 있다."고 설명하였다. 또 "지리의 사상을 태유, 태강, 소유, 소강으로 구분하고 거기에 토수화금(석)을 더해 사람의 육신과 같은 토, 피와 같은 수, 인체의 기와 같은 화, 뼈와 같은 금으로 구분하고, 사상이 합쳐져서 산천이 되는 것은 마치 혈, 기, 골, 육이 합쳐져서 사람이 되는 것과 같은 이치"로 보았다.[39]

동정편에서는 산수의 외형과 내면에 담긴 본래의 속성을 논하였다. 그래서 "동정이라는 것은 서로 통해 있는 것으로, 물이 겉으로 보기에는 움직이지만 원래 그 속성은 정적이고, 산은 겉으로 보기에 고요하지만 그 속성은 정적이라 하였다. 그런데 산은 늘 가만히 있기 때문에 산의 형상을 이루는 것이고, 물은 늘 움직이기

39 『景印文淵閣四庫全書』, 第808冊, 『發微論』, 蔡元定 撰, 台北, 臺灣商務印書館, 1986年, 「剛柔」, 190.: "故地理之要, 莫尚於剛柔。剛柔者, 言乎其體質也 … 則剛者屹而獨存, 柔者洶而漸去. 於是乎山川形焉 … 邵氏以水爲太柔, 火爲太剛, 土爲少柔, 石爲少剛, 所謂地之四象也. 水則人身之血, 故爲太柔. 火則人身之氣, 故爲太剛. 土則人身之肉, 故爲少柔. 石則人身之骨, 故爲少剛. 合水火土石而爲地. 尤合血氣骨肉而爲人. 近取諸身, 遠取諸物, 無二理也."

때문에 자리를 맺을 수 있는 것이다."고 보았다.[40]

　『금낭경』에서는 산수의 형세를 논할 때 생기가 땅속을 흘러 다닐 때 지세를 따라 흐르고, 지세가 멈춘 곳에 생기가 응취하는 것이라고 하였다.[41] 그런데『발미론』의 취산편에서도『금낭경』과 마찬가지로 세를 따로 강조하여 혈처의 성립에 매우 중요한 것으로 설명하였다. 취산편에서는 "취산이라는 것은 대세를 말하는 것인데 취산을 말하는 이유는 산수가 모이는 곳은 풍기가 잘 갈무리된 곳이기 때문이다."라는 설명이다. 또 산수가 가버리는 곳은 풍기가 흩날리는 곳이니 지리를 논할 때 지형의 교졸만 보지 말고 대세를 이룬 곳은 기형괴혈이라도 진정한 자리라고 하였다. 대세가 아닌 곳은 천연의 교혈이라 해도 헛된 자리일 뿐이라 하였다.[42]

　향배편에서는 풍수지리에서 중요한 것 가운데 하나가 향배, 즉 산수의 성정을 파악하는 것인데 그것은 사람의 성정이 하나가 아닌 것과 같은 이치라고 보았다. 그래서 서로 두루 돌아보아서 함께하자는 뜻이 있는 장소를 중시했다. 물론 반배의 형국이라면 버리고 돌아보는 형상이라 길지가 아니므로 향배의 이치가 명확한 것을 길흉화복의 기미로 판단하였다.[43]

　자웅편에서는 자웅을 논하면서 지리의 사과, 즉 룡, 혈, 사, 수를 언급하였다. "산수가 배합된 것이 자웅인데 산수는 또 각각 자웅이 있으므로 양룡은 음혈을 취하고 음룡이면 양혈을 취해야 자웅, 상대가 되는 것"이라 보았다. 그러므로 "융결된 자리는 자웅이 합해야 하므로 용혈사수, 좌우의 주와 객은 반드시 대등해야

40　위의 책,『發微論』,「動靜」, 191.: "動靜若言乎其雙通也. 是以古雲：水本動, 欲其靜. 山本靜, 欲其動 … 夫山以靜爲常, 是惟無動則成龍矣. 水以動爲常, 是惟無靜則結地矣."

41　趙金聲 白話釋意,『四庫全書陰陽宅風水大全』, 鄭州, 中州古籍出版社, 2007年, 34.: "夫氣行乎地中, 其行也因地之勢, 其聚也因勢之止."

42　앞의 책,『發微論』,「聚散」, 191.: "其大莫若觀聚散. 聚散者言乎其大勢也 … 何謂聚散, 山之所交, 水之所會, 風氣之限藏也. 何謂散散, 山之所去, 水之所離, 風氣之澆染也. 今之言地理, 往往多論地形之巧拙, 而不明聚散. 大勢若聚則奇形怪穴而愈真正. 大勢若散, 則巧穴天然而反虛假."

43　위의 책,『發微論』,「向背」, 191.: "其大莫若審向背. 向背者言於其性情也. 夫地理之與人事不遠, 人之性情不一, 而向背之道可觀. 其向我者, 必有周旋相與之意. 其背我者, 必有厭棄不顧之狀 … 向背之理明而吉凶禍福之機灼然."

한다."고 설명하였다.[44]

강약편에서는 "지리를 논할 때 강약은 품기를 의미하는데 유한 품기의 용은 느리므로 급처가 혈이 되고, 강한 품기의 용은 급하므로 완처에 자리가 있다."[45]고 보았다. 또 생사편에서는 "생기의 유무에 따라 생사를 구분하면서 맥이 활동적인 것은 산 것이고 조악한 것은 죽은 것"이라 하였고,[46] 미저편에서는 "기와 맥의 관계를 논하면서 상호 보완관계에 있는데 맥은 있지만 기가 없는 것은 있어도 기가 있는데 맥이 없는 것은 없다."고 하였다.[47] 즉, 생기의 중요성을 단적으로 언급한 내용이다.

분합편에서는 기맥의 원류를 출몰과 분합으로 설명하고 있다. 기맥은 자연스럽게 흘러오는 것이지만 물길이 나뉨에 따라 기맥도 나뉘고, 기맥이 안 보이는 것은 멈추었기 때문인데 그것은 바로 합수로 인한 경계현상이라고 하였다. 아울러 진의 곽박의 말이라고 하여 『금낭경』의 "땅의 길기는 흙을 따라 일어나고, 지맥의 멈춘 기는 물을 따라 그렇게 되는 것"이라는 설명은 기맥의 원류에 대한 것이라고 하였다.[48]

부침편에서는 "부침은 표과를 의미하는데 맥은 음양이 있고 양맥은 표면에 있기 때문에 부라 하고 음맥은 속에 있기 때문에 침이라고 하는 것이니, 지리가들이 맥을 보는 것은 의사들이 맥을 관찰하는 것과 같으므로 맥의 부침을 잘 살펴서 혈을 정하는 것은 의술과 같은 이치"라고 하였다.[49] 즉, 풍수지리의 술법을 활용하

---

44 위의 책,『發微論』,「雌雄」, 191-192.: "此山水配對之雌雄也. 然山之與水又各有雌雄. 陽龍取陰穴, 此陰穴相對雌雄. 陽山取陰爲對, 此主客相對有雌雄. 其地融結則雌雄必合, 龍穴砂水, 左右主客, 必相登對."

45 위의 책,『發微論』,「強弱」, 192.: "其大雙當辨強弱. 強弱者言乎其稟氣也 … 論地理者必須論其稟氣. 稟偏於柔, 故其性緩. 稟偏於剛, 故其性急, 稟剛則性急, 此宜穴於緩處."

46 위의 책,『發微論』,「生死」, 192.: "大概有氣者爲生, 無氣者爲死, 脈活動者爲生, 粗硬者爲死."

47 위의 책,『發微論』,「微著」, 193.: "其大又當察微著. 微著者言乎其氣脈也. 夫氣, 無形者也 … 故氣微而脈著. 然氣不自止, 必依脈而立. 脈不自爲, 必因氣而成. 蓋有脈而無氣者有矣."

48 위의 책,『發微論』,「分合」, 193.: "其大又當究分合. 分合者言乎其出沒也 … 郭氏雲 : 地有吉氣, 土隨而起. 支有止氣, 水隨而比 … 此古人論氣脈之源流也."

49 위의 책,『發微論』,「浮沉」, 194.: "其次又當別浮沉. 浮沉者言乎其表裏也. 夫脈有陰陽, 故有浮沉. 陽脈常見於表, 所以浮也. 陰脈常收於裏, 所以沉也. 大抵地理家察脈與醫家察脈無異. 善地理者察脈之浮沉而定穴, 其理一也."

는 것은 사람을 치료하는 의술과 같이 막중한 일이기 때문에 더욱 자세히 관찰해야 한다는 애민의식이 엿보인다.

감응편에서는 풍수지리의 핵심 요체를 적덕이라고 강조하였다. 감응이라는 것은 천도인데 천도는 말없이 화복으로 응하는 것이다. 세상에서 말하듯이 자리가 좋은 것은 마음가짐이 좋은 것만 못하다고 하는데 그것은 감응의 이치를 말한 것이다. 그러므로 자리를 구하는 자는 반드시 적덕을 근간으로 삼아야 하는데 후덕한 사람에게는 하늘이 반드시 길지로 보답해 주는 것이니 마음은 기의 주체이고 기는 덕에 부합하는 것이라고 하였다.[50] 아울러 저자가 이 책을 쓴 이유는 그것을 밝히기 위해서였고, 천도는 거짓이 없으니 사람은 마땅히 마음가짐을 신중하게 해야 하고 이 책을 보는 사람이라면 신중함을 알아야 한다고 하였다.[51]

3. 『호순신』, 구성의 산수론

『발미론』에서 풍수지리에서 가장 중요한 것은 적덕이라 하였는데 『호순신』에서는 풍수지리 이론은 왜 엄격한 규칙 하에 정확하게 응용되어야 하는지 그 이유를 분명히 밝히고 있다. 호순신(1131~1162년)[52]은 송대에 풍수지리를 연구한 대표적인 학자 가운데 하나이며 조선시대에는 지은 책 『지리신법』 또는 『호순신』[53]으로 널리 알려져 있다.

서문에서 호순신이 이 책을 『지리신법』이라고 한 것은 기존의 지리 이론을 근거 삼아 새로이 했다는 의미로 지어진 것이라 하였다. 또 "무릇 지리가 사람에게 쓰임에 길흉화복은 매우 크다. 대개 의약의 적중 여부와 이해는 한 사람에게 관계

---

50 위의 책, 『發微論』, 「感應」, 195-196.: "其次又當原感應. 感應者言乎其天道也. 夫天道不言, 而應福善禍淫, 皆物也. 是物也, 諺云: 陰地好不如心地好. 此善言感應之理也. 是故求地者必以積德爲本, 若其德果厚, 天必以吉地應之 …心者氣之主, 氣者德之符."

51 위의 책, 『發微論』, 「感應」, 196.: "吾旣發明之. 故述此於篇終, 以明天道之不可誣, 人心之所當謹. 噫觀書者知所慎哉. 右發微論止此."

52 鍾義明, 『中國堪輿名人小傳記』(上), 台北, 武陵出版有限公社, 1996年, 101.

53 『오군지』에서는 "강서성의 지리신법이 호순신에게서 나왔다."고 하였다.[宋] 範成大 撰, 陸振嶽 點校, 『吳郡志』, 南京, 江蘇古籍出版社, 1999年, 24-27.: "世所傳江西地理新法, 出於舜申."

되고, 거북점과 산대점의 적중 여부와 이해는 한 가지 일에 관계되고, 관상과 추명이 맞고 안 맞고는 모두 놀이이다. 지리가 작용하는 바는 옳고 마땅하면 길복이 충분히 집안을 번영시키지만 잘못되면 흉화가 멸족에 이르게 한다. 이것이 어찌 하찮은 일이며 좋은 술법이 없어도 되겠는가!"[54]라고 하여 인사에 미치는 지리의 막중한 영향력 때문에 책을 쓰게 되었음을 밝히고 있다.

『호순신』은 서문 및 상·하 2권으로 나눠 「오산도식」, 「오행론」, 「산론」, 「수론」, 「탐랑론」, 「문곡론」, 「무곡론」, 「우필거문좌보론」, 「염정론」, 「파군론」, 「녹존론」, 「형세론」, 「택지론」, 「정삼십육룡통설론」, 「주산론」, 「용호론」, 「기혈론」, 「좌향론」, 「방수론」, 「년월론」, 「조작론」, 「상지론」, 「변속론」등 총 23편으로 구성된다. 제1편부터 제13편까지는 상권이며, 제14편부터 제23편까지는 하권이다. 상권는 구성론을 바탕으로 하는 이론을 전개하는데 제4편 「수론」에서 제11편 「녹존론」까지 구성에 대해 각론적으로 자세히 다룬다. 『호순신』의 본문 첫머리에 있는 「오산도식」은 사국과 구성, 24방위와 포태법의 단계를 일목요연하게 보여준다.

『호순신』의 구성론 요지는 사국의 산 주위를 12포태법을 적용해 구분하고 그것을 다시 구성의 단계로 나누어 길흉을 판단하는 것이다. 구성의 길흉 구분은 득수와 파구의 방위는 길흉이 정해져 있으므로 들어올 곳으로 물이 나간다거나 아니면 반대의 경우는 불가하다는 인식에 따른 것이다. 그래서 포와 태는 녹존으로 흉, 양과 장생은 탐랑으로 길, 목욕과 관대는 문곡으로 흉, 임관과 제왕은 무곡으로 길, 쇠는 좌보, 우필, 거문으로 길, 병과 사는 염정으로 흉, 묘(장)는 파군으로 흉한 방위로 본다. 좀 더 구체적으로 탐랑과 무곡 방위의 물은 흘러들어 오는 것은 좋지만 나가서는 안 되며, 문곡, 염정, 녹존 방위의 물은 나가는 것은 좋지만 들어와서는 안 된다. 또 좌보, 우필, 거문 방위의 물은 들어오거나 나가거나 모두 좋다고 본다. 그리고 24방위의 산을 사국으로 구분할 때 금국에는 정·유·건·해를, 목국에는

---

54 [宋] 胡舜申,『類集陰陽諸家地理必用選擇大成』,「序」, 서울 奎章閣(청구기호 圭中2221), 光海君年間(1608~1623年), 4.:"夫地理之用於人, 吉凶禍福最大. 蓋醫藥中否, 其利害, 繫於一人. 葡筮中否, 其利害, 繫於一事, 相命中不中, 皆等戲事, 至地理所作, 是當則吉福足以榮家, 差妄則凶禍至於滅族. 此豈細事而可無良術哉!"

표1 좌선국의 12포태와 구성의 길흉

구성	녹존		탐랑		문곡		무곡		우필	거문	좌보	염정		파군
포태	포	태	양	장생	목욕	관대	임관	제왕	쇠			병	사	묘
금산	인갑	묘을	진손	사병	오정	미곤	신경	유	신	술	건	해임	자계	추간
수토산	사병	오정	미곤	신경	유신	술건	해임	자	계	추	간	인갑	묘을	진손
목산	신경	유신	술건	해임	자계	추간	인갑	묘	을	진	손	사병	오정	미곤
화산	해임	자계	추간	인갑	묘을	진손	사병	오	정	미	곤	신경	유신	술건
길흉	흉	흉	길	길	흉	흉	길	길	길	길	길	흉	흉	흉

표2 우선국의 12포태와 구성의 길흉

구성	녹존		탐랑		문곡		무곡		우필	거문	좌보	염정		파군
포태	포	태	양	장생	목욕	관대	임관	제왕	쇠			병	사	묘
금산	을묘	갑인	간추	계자	임해	건술	신유	경	신	곤	미	정오	병사	손진
수토산	정오	병사	손진	을묘	갑인	간추	계자	임	해	건	술	신유	경신	곤미
목산	신유	경신	곤미	정오	병사	손진	을묘	갑	인	간	추	계자	임해	건술
화산	계자	임해	건술	인갑	묘을	진손	사병	오	정	미	곤	신경	유신	술건
길흉	흉	흉	길	길	흉	흉	길	길	길	길	길	흉	흉	흉

간·사·묘를, 화국에는 을·병·오·임을, 수국에는 신·신·술·자·인·갑·
손·진을, 토국에는 미·곤·경·계·축을 각각 배당하였다. 그리고 그것을 다시
좌선국과 우선국의 산으로 구분하였다. 다음은 그 내용을 도표화한 것이다.

『호순신』에서는 24방위의 산을 또 음양으로 구분하고 팔괘의 방위에 해당하는
것은 양으로, 그 나머지는 음으로 배당했다.[55] 구성을 풍수지리 이론에 응용한 것
은『호순신』이 처음은 아니다. 이미『감룡경』에서 산의 제반 형상을 구성으로 구
분하고 있기 때문이다.『감룡경』에서 구성을 산법(山法)에 적용시킨 반면,『호순
신』에서는 산법 외 수법(水法)에도 확대 적용시키고 있다.『호순신』의 산법과 수법

---

55 위의 책,『類集陰陽諸家地理必用選擇大成』,「山論」, 16.:“然諸山須分陰陽, 當八卦者爲陽, 其餘則附屬於八卦者,
皆爲陰.”

에 적용된 12포태법과 오행의 전변에 따른 인식은 소길(蕭吉)의『오행대의』에서 자세히 논의되는 것으로 보아[56]『호순신』은 책이 저술되기 이전의 논리와 인식을 계승 발전시킨 것으로 파악된다.

그것은『호순신』의 수법이 저자인 호순신이 밝힌 바와 같이 곽박의『장서』를 바탕으로 하는 점에서도 엿볼 수 있다.『호순신』에서는 "이 법(호순신의 수법)은 본래 경순의 설명을 근본으로 한다.『장서』에서 이르기를 "물은 생기를 근원으로 성한 곳에서 갈라져 흐르고 크게 왕성한 곳으로 모여 들며, 쇠하려는 곳에서 못을 이루고 막힌 듯한 곳으로 흘러 나가니 끊임없이 반복된다. 이 몇 마디 말이 바로 내가 수법을 설명한 의의이다."[57]라고 하였다.

수법, 물의 오고감을 살필 때 왼쪽인지 오른쪽인지, 앞쪽인지 뒤쪽인지, 산의 고저와 유무, 동서남북 어디에 있는지에 구애받을 것이 아니라 국과 법이 어떠한가를 우선하였다.[58] 다시 말하면 형세의 일부만 가지고 판단할 것이 아니라 물길의 방위가 어디냐에 따라 국을 구분하고 그것을 통한 바른 법칙의 적용을 중시하고 있다. 그런데 수법의 적용과 함께 물길의 모습 혹은 외관, 즉 물이 흘러가는 땅의 형세도 역시 중시하여 물의 오고감을 논의함에 "땅은 물이 흘러옴에 근원을 알 수 없고, 물이 흘러감에 빠져나감이 보이지 않아야 한다."[59]고 하였다.

수법도 중요하고 그 형세도 중요하다는 것에서 좀 더 나아가『호순신』에서는 수법도 중요하지만 그것은 생기를 모이게 하는 형세를 갖추었을 때 비로소 의미가 있는 것이고, 형세가 갖추어지지 않은 곳은 때때로 그 효험이 나타나지 않는다고 하였다.[60] 즉, 수법은 형세가 갖추어진 것을 전제로 전개되어야 한다는 견해이

---

56 隋의 蕭吉이 撰한『五行大義』는 1998년, 서울 대유학당에서 김수길과 윤상철의 공역으로 번역된 바 있다.

57 앞의 책,『類集陰陽諸家地理必用選擇大成』,「水論」, 18.: "原所以此法, 本於景純之說, 葬書曰, 水源於生氣, 派於已盛, 而朝於大旺, 澤於將衰, 流於囚謝. 以返不絶. 此數語則立此法之張本也."

58 위의 책,『類集陰陽諸家地理必用選擇大成』,「水論」, 19.: "故按是法, 則水之來去, 或左或右, 或前或後, 山之高低有無, 在東在西, 在南在北, 皆無固必一視, 局法如何耳."

59 위의 책,『類集陰陽諸家地理必用選擇大成』,「水論」, 19.: "然論水來去之, 地欲其來無源, 其去無流."

60 위의 책,『類集陰陽諸家地理必用選擇大成』,「形勢論」, 33-34.: "或曰, 此法信奇矣, 是處皆可用乎, 曰不然, 地以形勢爲本, 有形勢然後此法可施, 無形勢而用之, 往往其效不應, 夫何故, 五氣行於地中, 人所建立, 皆以乘生氣, 無形勢則生氣不聚故也."

다. 다시 말해서 수법의 이기론과 형기론이 모두 적합하게 운용되어야 풍수지리가 가능하다는 태도를 견지하고 있다.

『호순신』에서는 형세가 중요한 것을 『장서』의 내용을 인용하여 "외기와 내기의 관계 때문으로 설명하고 있다. 즉, 외기라는 것은 산의 기로서 응접하고 회포한 형세를 갖춘 연후에야 본산의 기운을 모이게 할 수 있다는 것이다. 그래서 언덕이 첩첩이 겹쳐 있다 해도 좌우가 공결되었거나 앞뒤가 횡하고 잘렸다면 생기는 불어오는 바람에 흩어져 버리니 이것이야말로 형세가 없는 것이다."[61]라고 하였다.

이와 같이 『호순신』은 형세를 바탕으로 수법을 중시하였는데 그것은 형기론과 이기론 모두를 중시하였음을 의미한다. 나아가 『호순신』에서는 선택론도 중시하여 풍수지리의 3대 이론을 모두 포괄하고 있다. 『호순신』의 「연월론」에서는 "산에 장사 지낼 때 연월일시의 법은 자고이래로 여러 법이 있었고, 그 법에는 옳은 법, 옳지 않은 법이 있었다. 이른바 바른 법이란 반드시 뜻과 이치를 바탕으로 말이 바르고 뜻이 분명하니 그것을 쓴다면 흉화를 피해 길하게 될 수 있다."[62]고 하여 바른 선택론을 강조하였다. 비단 장일(葬日)뿐만 아니라 풀을 베거나 흙을 파거나 제사와 상을 행할 때 모두 마땅한 날을 선택해야 한다고 보았다.[63]

『호순신』은 위와 같이 형기론, 이기론, 선택론을 모두 중시하고 있으며 「변속론」에서는 세간의 풍수지리 관련 폐단도 지적하였다. 이것은 송대 풍수지리에는 삼가의 이론이 모두 수용되었고, 사회적 유행과 만연에 따른 폐단까지 있었음을 알 수 있다. 또 호순신이 지은 『오문충고(吳門忠告)』[64]가 풍수지리 이론을 현장에 적용하여 미래에 대비하고자 했던 실제 사례[65]인 점에서 볼 때 송대 풍수학자들은

---

61 위의 책, 『類集陰陽諸家地理必用選擇大成』, 「形勢論」, 34. : "葬書曰, 外氣所以聚內氣, 蓋言外氣者, 諸山之氣, 應接回抱, 然後能聚本山之氣, 此之謂也. 又曰, 疊疊重阜, 左空右缺, 前曠後折, 生氣散於飄風, 此無形勢故也."

62 위의 책, 『類集陰陽諸家地理必用選擇大成』, 「年月論」, 68. : "作葬山年月日時, 自古以來, 種種有法, 法亦種種有正不正, 所謂正法, 必根原義理辭正旨明, 故用之, 則可以就吉而避凶."

63 위의 책, 『類集陰陽諸家地理必用選擇大成』, 「年月論」, 68-69. : "作葬之日定, 則如斬草破土起靈喪行之類, 宜衣附彼日以選之, 此須許其隨宜."

64 鍾義明, 『中國堪輿名人小傳記』(上), 台北, 武陵出版有限公社, 1996年, 102.

65 호순신이 『오문충고(吳門忠告)』를 지은 것은 당시 소주(蘇州)의 팔문(八門) 가운데 사문(巳門)을 막아서 오(吳) 지역이 쇠퇴일로를 걷고 있으니 나머지 사문을 모두 열어서 번영의 길로 나아가야 된다는 충심이 동기였다.

기존의 풍수이론을 계승, 발전시켰고, 풍수이론을 단순히 연구대상으로 삼았던 것이 아니라 실생활에 직접 접목시키고 그 준거로 활용했음을 알 수 있다.

Ⅳ. 『산릉의장』, 『발미론』, 『호순신』에 대한 『조선왕조실록』의 기록

『조선왕조실록』은 간단하게는 『왕조실록』이라고도 하며 조선시대 왕조를 건립한 태조부터 철종까지의 25대 472년(1392~1863년) 간의 역사사실을 편년체로 기록한 문헌이다. 『왕조실록』에는 조정의 풍수논의와 관련하여 다양한 풍수문헌들이 거론되었는데 대부분이 중국의 문헌들이었다. 문헌들 가운데 특히 송대의 풍수문헌은 일종의 전범으로 간주되어 그 내용과 의미가 조정에서 궁실축조, 왕릉의 조성과 이장, 풍수쟁론 등에서 자주 논의되었다. 주자는 『산릉의장』과 연관되어 수차례 인용되었고, 채성우는 『발미론』, 『지리문정』, 『명산론』 등과 관련되어 인용되었다. 또 『호순신』은 지리신법과 연관되어 인용되었다.

1. 『산릉의장』, 왕릉 조성의 길잡이

『산릉의장』은 조선의 왕릉 조성에 길잡이로 여겨졌는데 그것은 조선의 제21대 왕인 영조(1694~1776년) 시기에 판부사 민진원이 올린 상소에 드러나 있다. 민진원은 1731년에 조선의 제2대 왕인 정종(1357~1419년)과 그의 비, 정안왕후 능의 입지를 판별하는 가운데 풍수지리의 술법에 능통하지 않은 자의 의견은 단호히 척결해야 한다는 의견을 개진하였다. 이때 그는 그 전거로 『산릉의장』에서 주자가 "대사 형대성을 척거하여 법을 다스리라."고 하였다는 점을 인용하였다.[66] 즉, 왕릉은 확실한 술법에 의거해야 하는데 그것은 주자의 전례가 있으니 그것에 따라야 한다는 내용이다.

---

66 앞의 책, 『王朝實錄』, 英祖 29卷, 7年(1731年) 5月 18日(庚辰) 4번째 記事: "昔朱子山陵議狀, 請斥去臺史荊大聲 置之於法."

또 당시 시독관 조명겸은 주자의『산릉의장』을 풍수지리의 이치를 중심으로 구체적인 지형을 거론한 것으로서 일반적인 술수가들의 수준과는 전혀 다른 정통으로 인식하였다. 그래서 "주자는『산릉의장』에서 풍수에 대해 설명하였는데 '그 지형(地形)이 껴안은 듯이 둘러싸여 허하고 이지러진 데가 없는 것이 좋다.'고 한 것은 이치로써 말한 것이니 이는 후세 술수가들의 산수에 대한 설(說)과는 다릅니다."[67]라고 하였다.

당시의 시독관 금약로는 주자의 상례법에 대한 견해도 본받아야 할 점이라는 것을 진언하였다. 이에 대한 내용은 "송 효종은 고종의 상을 입었을 때 이미 장사를 치르고도 백포의관으로 조정에 나아가 정사를 보았는데 주자가 '성대한 덕을 행하는 일이라.'고 말하였으니 당시에 상기를 줄였음을 여기에서 알 수 있습니다. '이와 같이 하면 옛 법을 회복하게 될 것이다.'라고 생각해서 주자가 이를 제도로 정한 것입니다."[68]이다.

조선의 제22대 왕인 정조는 풍수지리를 매우 심도 깊게 연구했다. 정조가 아버지 사도세자의 능묘를 직접 점지하였고 화성의 건립에도 풍수지리를 접목시켰음은 널리 알려진 사실이다. 정조는 풍수문헌을 두루 섭렵하였는데 특히 주자의『산릉의장』은 풍수지리를 연구하는 사람이라면 마땅히 연구해야 하는 문헌으로 중시하였다. 또 정조는 장지를 고를 때 술사들로 하여금 명산을 찾게 하는 것은 이미 정자와 주자 같은 성인들이 논의한 것이니 마땅히 풍수지리를 바르게 써야 할 것도 강조하였다. 아래는 이에 대한 기록이다.

처음 산릉을 홍릉에 정했다가 의논이 한결같지 않기 때문에 대신과 예조의 당상에게 명하여 두루 길지를 살펴보도록 했었다. … 이에 하교하기를 "추요도 모두 말을 하게 함은 아름다운 일이 아닐 수 없다마는, 더없이 중요한 일에 있어서는 진실로 마땅히 신중하

67　위의 책,『王朝實錄』, 英祖 34卷, 9年(1733年) 6月 2日(辛亥) 2번째 記事: "侍讀官趙明謙因文義奏: "風水之說, 朱子山陵議狀言之, 而拱抱無空闕處爲好雲者, 以理推言也_此與後世術數家, 某山某水之說異矣.""

68　위의 책,『王朝實錄』, 英祖 34卷, 9年(1733年) 6月 2日(辛亥) 2번째 記事: "侍讀官金若魯曰: "宋孝宗服高宗之喪, 旣葬以白布衣冠視朝, 朱子以爲盛德事也_當時之短喪, 於此可知,蓋謂如是則可爲復古禮之漸, 故朱子以是爲定制也.""

게 살펴서 해야 한다. 장릉의 동구 자리도 또한 먼저 정해 놓은 곳이었으니 선대왕께서 분부를 남겨 놓은 데가 아니겠느냐? 술사들을 불러 명산(名山)을 두루 찾는 것은 이미 정자와 주자께서 정한 논의가 있으니 어찌 성인들이 말하지 않은 일이겠느냐? 지난번에 상지관을 책망하여 물리친 것은 곧 (송나라 때) 형대성을 죄준 것과 같은 뜻이었다. 마땅히 준엄하게 조처해야 할 일이다마는 독서를 해보지 않은 사람인 듯하니 그의 상소를 돌려주어 돌아가서 주자의 『산릉의장』을 공부하게 하라." 하고 태거하도록 명하였다.[69]

2. 『발미론』, 궁실 축조의 전거

조선시대 제4대 임금인 세종 시기에는 궁실 축조와 관련해서 『발미론』의 내용이 인용되고, 그 저자를 목당거사 채성우라 하였다. 당시에 전판청주목사 이진은 궁실 축조 사안에 대해 아래와 같은 상서를 올렸다.

신이 가만히 생각하니, 산을 살피는 요령은 기운이 뭉친 데를 찾는 것이니 비록 땅의 넓거나 좁고, 크고 작음의 차이는 있을지라도 기운이 많이 뭉쳤으면 좋은 땅이고, 산수가 조금이라도 등져 있으면 좋은 땅이 아님이 분명하니, 옛 사람의 술법 전하는 묘방이 이에 지나지 않습니다. 신은 어리석고 고루하여 소견이 천박하여 진실로 풍수학의 깊은 묘리를 잘 알지 못하오나 마음으로 동일하게 여기는 것은 예나 지금이나 다르지 않을 것이니 진실로 같이 생각하는 것이 있으면 아마 눈으로 보는 것도 다르지 않을 것입니다. 대체로 궁실을 영건하는 데에는 먼저 네 방위의 사신이 단정한지 아닌지를 보아야 하는데, 백악산의 현무를 보면 형세는 웅장하고 빼어난 것 같으나 자세히 보면 머리를 들이밀어 환포한 형상이 없고, 주작을 논하자면 낮고 평평하여 약하며, 청룡을 보면 등을 둘러대어 기운이 없으며, 백호를 보면 높고 뻣뻣하여 험한지라 네 방위의 산 기운이 단정하지 못하옵니다. 송나라의 목당거사 채성우가 "지리의 법은 산수향배 네 글자에 지나지 않을 뿐이라."고 하였는데 이 말은 간략하지

69 위의 책, 『王朝實錄』, 正祖 1卷, 卽位年(1776年) 3月 22日(癸巳) 1번째 記事: "初山陵定於弘陵, 因議不一, 命大臣禮堂, 遍審吉地. … 敎曰: "募蕘畢陳, 不害爲美事, 而事係莫重, 固當審愼。 長陵洞口, 亦是先定處, 則獨非先大王遺敎乎? 廣招術士, 博訪名山, 已有程′朱定論, 則豈可曰聖人所不道乎? 頃日之責退相地官, 卽罪荊大聲之意也,事當嚴處, 而似坐於不讀書, 給其疏, 令歸究朱子山陵議狀." 仍命汰其職."

만 뜻은 다하여서 대강의 의미를 총괄한 것이니 깊고 요령이 있는 말입니다.[70]

위의 상소문에서 이진은 산을 살피는 요령은 생기가 있는 장소이고, 그 장소는 크기와는 무관하고 생기의 존재 여부가 중요함을 말하고 있다. 이것은 생기가 뭉친 장소를 찾는 것이 풍수지리 응용의 최종목표라는 점에서 볼 때, 동일한 내용을 언급한 것이다. 이진은 생기가 뭉친 장소를 찾아 활용하는 것은 양택에서도 마찬가지임을 논하고 있으며, 그러한 입지를 선택할 때 목당거사 채성우의 말을 중시했고, 양택 입지 선택의 준거가 될 만한 구체적인 내용을 『발미론』의 향배편에서 인용하였다.

이와 같이 조선시대 초기 양택 선정에서 『발미론』의 내용이 중시되었는데 이 책은 원래 음택지리서이지만 그 내용은 양택에도 적용될 수 있다는 인식이 드러나고 있다. 『왕조실록』에서 『발미론』에 대한 언급은 더 이상 보이지 않지만 채성우는 그의 다른 저서와 함께 조선시대에 중요한 풍수학인으로 인정받고 있었다.

채성우는 『지리문정』의 저자이기도 한데 조선 중종 시기에는 이와 관련된 기록이 있다. 당시 왕릉 이장을 논의하는 과정에서 『지리문정』이 준거로 인용되었는데 『지리문정』의 인용은 영의정, 좌의정, 우의정은 물론 육조 판서까지 모두 배석한 자리에서였다.[71] 왕릉, 즉 음택을 논의하는 조선시대 조정에서 채성우의 『지리문정』의 내용을 바탕으로 이장이 논의되었다는 것은 채성우의 풍수지리에 대한 안목이 조선시대 음택조성에 일종의 기준으로 인정받고 있었음을 의미한다.

---

70 위의 책, 『王朝實錄』, 世宗 61卷, 15年(1433年) 7月 19日 3번째 記事: "前判淸州牧事李蓁上書曰: "臣竊惟尋龍大要, 求其氣(褧)〔聚〕而已. 縱地有寬陿大小之異, 但聚氣多則爲吉, 山水稍有反背, 則非吉審矣. 古人傳術之妙, 不越乎此. 臣愚陋淺見, 誠不足以識風水之奧妙, 然心之所同然, 無間古今, 苟得其所同然, 亦庶乎目力之不忒矣. 大抵營建宮室, 先相四神端不端, 今觀夫白嶽之爲玄武, 勢若雄秀, 而求其情, 則無入首懷抱之形, 論其朱雀, 則低平而弱, 顧其靑龍, 則反背而洩, 瞻其白虎, 則高亢而險, 四神之不端若此. 有宋牧堂居士蔡成禹以爲: "地理之法, 不過山水向背四字而已."辭約意盡, 摠括大全之指, 淵乎旨哉!"

71 앞의 책, 『王朝實錄』, 中宗 84卷, 32年(1537年) 4月 25日 2번째 記事: ""傳曰, "遷陵事, 不可不分明處置, 而使後世, 再有邪說也, 此言是矣. 其遷葬與否, 卽招政府六卿判尹議定." 領議政金謹思, 左議政金安老, 右議政尹殷輔, 右贊成沈彦慶, 工曹判書曹潤孫, 戶曹判書蘇世讓, 兵曹判書尹任, 禮曹判書尹仁鏡, 刑曹判書金麟孫, 吏曹判書沈彦光, 判尹吳潔議曰 … 蔡成禹「地理門庭」曰, 穴中有黑石凶.""

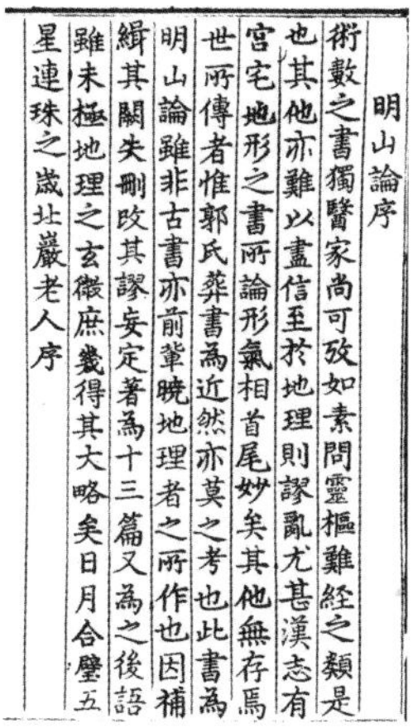

明山論序
術數之書獨醫家尚可攷如素問靈樞難經之類是也其他亦雜以畫信至於地理則謬亂尤甚漢志有宮宅地形之書所論形氣相首尾妙矣其他無存焉世所傳者惟郭氏葬書爲近然亦莫之考也此書爲明山論雖非古書亦前輩曉地理者之所作也因補緝其闕失刪攺其謬妄定著爲十三篇又爲之後語雖未極地理之玄微庶幾得其大略矣日月合璧五星連珠之歲壯巖老人序

그림2 『명산론』의 서문
출처: [宋] 蔡成禹 撰, 『明山論』, 서울: 규장각, 청구기호: 奎중(中) 1983

『지리문정』은 조선시대 대표적인 풍수쟁론이었던 헌릉의 단맥 논의에서도 중요한 근거로 인용되었다. 헌릉의 단맥 논의는 세종의 아버지, 즉 태종의 능묘(헌릉)의 뒤쪽 현무봉을 보호하기 위해 사람들의 왕래를 막을 것인지의 여부에 대한 논의였다. 주지하다시피 풍수지리에서는 음택의 뒷맥의 근원인 현무봉은 절대 훼손해서는 안 되며, 만약 그것을 어기면 상응한 폐해가 뒤따르는 것으로 인식된다.

헌릉의 단맥 논의에서 행부사직 고중안은 『지리문정』의 내용을 바탕으로 헌릉의 뒤쪽 길을 막지 않는 것이 옳다는 의견을 냈다.[72] 일반적으로 현무봉은 행인들의 왕래를 통제하면서까지 막아야 한다는 의견과는 달리 『지리문정』을 근거로 왕래를 막지 않아도 된다는 의견이 피력된 것은, 그만큼 채성우의 풍수적 안목이 조선시대에 중시되었고 풍수쟁론의 한 가운데에서 논란에 영향을 끼쳤음을 알 수 있다.

72 위의 책, 『王朝實錄』, 世宗 49卷, 12年(1430年) 7月 7日 3번째 記事: "行副司直高仲安上書曰 …『地理門庭』曰, "主山路斷, 是陰節目, 前應橋梁, 是陽節目也. 以人跡往來多小, 以蔔興廢大小." 又曰: "其地人跡多者爲盛, 小者爲衰."

채성우의 저술로는 『발미론』 외에 『명산론』이 유명한데 『명산론』의 서문에는 채성우의 호인 북암노인이 서문의 저자로 되어 있다.[73] 『발미론』과 『명산론』은 조선시대 『왕조실록』에 수차례 인용되며 현재에도 그 내용이 중시되는 문헌이다. 송대의 풍수문헌은 조선시대 초기에 일종의 준거로 자리하였고 음양택에 골고루 적용되었음이 나타난다.

3. 『호순신』, 국도논의와 멸만경

풍수지리서로서 『호순신』이 조정에서 공식적으로 언급되는 것은 익히 알려진 바와 같이 고려후기~조선전기의 문신인 하륜(河崙, 1347~1416년)에 의해서이다. 하륜은 조선 태조 2년(1393년)에 조선의 국도와 관련하여 『호순신』을 거론하였다.[74] 하륜은 좌의정으로서 조선 태종 6년(1406년)에 풍수지리를 나라에서 주력할 10대 학문에 포함시켰다. 그래서 풍수지리는 유학, 무학(武學), 이학(吏學), 역학, 음양풍수학(陰陽風水學), 의학, 자학(字學), 율학(律學), 산학(算學), 악학(樂學) 등의 십학(十學) 가운데 다섯째 학문으로 공인된다.[75] 하륜이 당시 세력이 컸고 『호순신』을 신봉해서 이후 『호순신』은 주목받는 풍수문헌이 된다.

『호순신』은 세종시대 기록에 장일 관련[76] 및 그 내용에 대해서 인용되어 있다.[77] 성종 16년(1485년)에 완성된 『경국대전』[78]에는 음양학 과시서로 기록되었다. 조

---

73 앞의 책, 『明山論』, 서울, 규장각. 청구기호: 奎 11594.

74 『태조실록』 2年(1393年) 12月 11日 1번째 記事: "都邑宜在國中. 雞龍山地偏於南, 與東西北面相阻. 且臣嘗葬臣父, 粗聞風水諸書. 今聞雞龍之地, 山自乾來, 水流巽去, 是宋朝胡舜臣所謂水破長生衰敗立至之地, 不宜建都."

75 『태종실록』 6年(1406年) 11月 15日 記事: "置十學. 從左政丞河崙之啓也. 一曰儒, 二曰武, 三曰吏, 四曰譯, 五曰陰陽風水, 六曰醫, 七曰字, 八曰律, 九曰算, 十曰樂, 各置提調官(十學을 설치하였으니, 좌정승 하륜의 건의를 따른 것이었다. 첫째는 유학, 둘째는 무학, 셋째는 이학, 넷째는 역학, 다섯째는 음양풍수학, 여섯째는 의학, 일곱째는 자학, 여덟째는 율학, 아홉째는 산학, 열째는 악학인데 각기 제조관을 두었다.)"

76 『세종실록』, 세종 1년(1419년), 3월 9일 기사

77 『세종실록』, 세종 15년(1433년), 7월 29일 기사.; 『세종실록』, 세종 27년(1445년), 4월 4일 기사.

78 『경국대전』은 조선시대 통치체제의 대강을 규정한 기본법전이다. 최항(崔恒) · 노사신(盧思愼) · 서거정(徐居正) 등이 왕명을 받들어 세조 때 편찬에 착수해서 몇 차례의 수정과 증보를 거쳐 성종 16년(1485년)에 완성하여 반포하였다.

선시대에는 학자들이 풍수지리를 겸비하는 것을 오히려 바람직한 현상으로 보는 시각이 있었다. 그것은 조선시대 초기 하륜의『호순신』인용에서 확인되고[79] 성종 때 최호원의 상소에도 나타난다.

역대의 훌륭한 시대에도 모두 술수의 선비가 있었습니다. 여재는『삼원총록』을 편찬하였고 호순신은『지리별집』을 지었는데, 모두 유신으로서 술업을 겸하였으나 당시에 잘못이라 아니하였고 후세에 높여서 스승으로 삼았습니다. 만약 술수를 쓰지 아니한다면 그만이지만 만약 멈출 수 없는 것이라면 홍문관의 논박은 마땅히 어떻게 받아들여야 하겠습니까? 국초에 정승 하륜은 사문의 종장으로서 나라의 원훈이 되었으며, 겸하여 술수학에 능통하여 여러 학의 임무를 맡아서 산천의 높고 낮은 데를 오르내리며 답사하여 드디어 한양에 도읍을 정하였습니다.[80]

조선시대 초기에는『호순신』의 내용이 주목받다가 중기에 와서는 그 내용이 의심받게 된다. 선조 26년(1593년)은 임진왜란으로 인해 풍수문헌이 불타고 풍수지리에 정통한 사람이 드물게 되자 조정에서는 종묘와 사직의 위치 문제를 중국에 의논하자는 논의가 일어난다. 아래는 그 내용이다.

신들이 비추어 보건대 상고 시기 국도건설은 방향과 위치의 옳고 그른 것을 따지고 바로잡는 것에 불과했는데 궁궐터를 보고 읍을 정하는 것까지 모두 길흉과 관계되면서 후세에 전문화하여 드디어 풍수라 일컫게 되었습니다. 땅을 살피는 데 이 방술이 없을 수 없는 것이 마치 성력가가 천문을 보고 오행가가 명리를 보는 것과 같습니다. 본국의 개성과 한성을 창설한 것도 땅을 잘 본다고 소문난 사람이 정한 것이지만 그 방술이 전

---

79 태조 때 계룡산을 도읍으로 정하였지만 하륜이 호순신의 수법에 비춰볼 때 계룡산 자락은 길지가 아니라 하였고, 이에 계룡산 자락에 터를 닦던 공사가 중지되고 조선의 수도는 개성과 한양을 두고 선택을 해야 하는 상황이 벌어진다.

80 『성종실록』16年(1485年) 1月 8日 記事: "歷代盛時, 皆有術數之儒. 呂才撰三元摠錄, 胡舜臣述地理別集, 皆以儒臣, 兼任術業, 當時不以爲非, 而後世宗而師之. 若不用術數則已, 如不得已, 則弘文之論駁, 當如何耶? 國初政丞河崙, 以斯文宗匠, 爲國元勳, 兼通術數之學, 掌諸學之任, 陟降山川之高下, 遂定都漢陽."

해지지 않았고 또 지금 그 방서들이 병화에 모두 없어졌습니다. 국가가 황상의 위령과 융사를 담당하는 대신들의 힘으로 조종의 강토를 수복하게 되어 다시 묘사를 정하고자 합니다. 그러나 방위와 위치를 이전대로 하느냐 바꾸느냐를 자문해야 하는데 마땅한 사람을 얻을 수 없으므로 신들은 어찌하면 좋을지 모르겠습니다. 생각하건대 중국에는 없는 것이 없어 이런 술가에도 묘학의 전문가가 많을 텐데 초치할 방법이 없으니, 자문으로 경략 병부에 청하여 황상의 윤허를 받아 지리에 밝은 사람 한두 명을 얻어서 신들과 함께 옛 그대로 하느냐 개혁하느냐를 살펴 정하는 것이 합당할 듯해서 갖추어 아룁니다. … 이에 택조의 길함을 물어 천록을 영원히 하기를 바랐으나 감히 말하지 못하고 있었는데 신료들의 말이 근거가 있는 것 같고 사태를 헤아려 보아도 일시적으로 대강 처리할 수 있는 성질이 아닙니다. 번거롭지만 신들이 의계한 내용을 조사하여 대조하시어 부디 극진한 관심을 가지고 아낌없이 보살피시어 갖추어 개록하여 황상께 주청하여 윤허를 받게 되거든 특별히 방술에 정통한 사람을 보내 주시어 명백하게 지리를 살피게 하여 주신다면 매우 다행이겠습니다.[81]

기록의 요지는 임진왜란으로 훼손된 종묘와 사직을 재건해야 하는데 그 위치와 방위를 결정할 수 없으니 중국의 풍수지리가와 의논하여 결정하겠다는 것이다. 주지하는 바와 같이 조선은 초기부터 풍수지리 이론에 따라 수도와 궁궐을 세웠지만 그러한 노력에도 불구하고 임진왜란이라는 국란을 겪게 되었다. 선조는 조선초기에 적용된 풍수지리 이론에 대한 의구심을 표명함과 동시에 바른 내용을 도입하고자 하였다. 아래는 선조와 중국의 풍수지리가인 섭정국과 관련된『왕조실록』선조 27년(1594년)의 기사이다.

---

81 『선조실록』26年(1593年) 8月 8日 記事: "臣等竊照, 上古建國設都, 不越卞方正位, 而胥宇葡邑, 益涉吉凶, 末流專門, 遂稱風水. 蓋察地而不能無是術, 猶星曆家於天, 五行家於人也. 本國開場, 漢城之創設, 亦名能相地者所定, 而其術殊不傳, 今又方書, 竝亡於兵火矣. 國家蒙皇上威靈與莅戎大臣之力, 得復祖宗彊土, 方將再奠廟社. 其方位占地, 宜因宜革, 必有諏焉, 而不得其人, 臣等計不知所出. 仍念, 以中國之無所不有, 如此等術家, 必多老師妙學, 而無由屈致, 擬合咨請經略兵部, 轉行題準, 要得一二透解地理人員, 與同臣等, 審定因革相應等因具啓." … 乃欲諏吉於宅兆, 斬永於天祿, 非所敢出諸口, 而但僚之言, 若有考據, 揆以事體, 亦非一時所得苟簡. 煩爲查照, 陪臣等議啓內事, 庶幾無所不用其極之盛眷, 備開題請, 倘蒙準許, 另發通方人員, 相驗明白, 不勝幸甚."

해평부원군 윤근수가 아뢰기를 "전일 신이 송경략을 접대할 때에 자주 지시를 받들었는데 신들로 하여금 송경략에게서 풍수인를 구해오라 하셨으나 찾지 못했습니다. 듣건대 책사 섭정국이 이런 술수에 능통하다고 하였는데, 어제 비로소 남방에서 들어왔다고 합니다. 감히 아룁니다." 하니 전교하기를 "섭정국이 지리에 신묘하게 달통했다면 이는 내가 만나보기를 원하던 자이다. 경은 비밀히 국도의 형세와 기타 술수에 관한 일들을 물어서 밀봉하여 들이라." 하였다.[82]

(선조가) 답하기를 "이것을 보니 섭정국은 천박한 보통 사람이 아닌 듯하다. 이제 다행히 서로 만났으니 국도의 형세를 자세히 물어서 미진한 뜻이 없게 하도록 하라. 그리고 그가 다녀본 우리나라 산천의 형세에 대해 의견이 있는지도 아울러 물어 보라. 또 평양의 형세에 대해서도 자세히 물어 보고, 안주의 인물들은 요절하는 자가 많은데 이런 내용에 대해서도 물어 보도록 하라. … 중국에서 준용하는 지리서는 무엇이고 『호순신』이라는 책도 사용하는가를 물어 보라. 수파도 가리는가 아니면 취하지 않는가도 물어 보라. 만약 수파를 사용한다고 하거든 장생을 꺼리는가의 여부도 물어 보라."[83]

위에서 선조는 조선의 풍수가가 아닌 중국 풍수가에게 자문을 구하고자 하였고 이기론의 과 『호순신』의 내용에 대해서 의구심을 표명하고 있다. 6년이 흐른 뒤 전조에서 따지지 않고 쓰던 수파를 『호순신』으로 인해 쓰게 된 후 오히려 그 폐단이 만연하다고 지적하였다.

중국의 제도는 알 수 없으나, 전조의 만수산은 고려 태조로부터 모두 이곳에 장례하였는데, 그 후 노국 대장공주를 위해 특별히 대릉을 세우느라고 다른 곳으로 옮겼습니다.

---

82 『선조실록』27年(1594年) 5月 12日 記事: "海平府院君 尹根壽啓曰, "前日臣接待宋經略時, 屢承下諭, 令臣等得風水人於經略, 而不之得. 曾聞策士葉靖國, 能通此術, 昨日始自南方入來. 故敢啓." 傳曰, "靖國若妙達地理, 則此予所願得者. 卿宜秘問國都形勢及其他術數之事, 密封以入."

83 『선조실록』27年(1594年) 5月 23日 記事: "觀此則, 葉靖國似非泛泛尋常之人. 今幸相遇, 國都形勢, 詳細扣問, 俾無未盡之意. 爲當, 且棄所經我國山川形勢, 如有所見, 並可問之. 且平壤形勢, 亦可詳問, 且安州, 人物多夭, 此意亦可問. … 且問中國遵用地理何書, 胡舜申之書, 亦用之乎? 水破亦擇之乎? 抑不取乎? 若曰用水破雲, 則可問忌長生與否."

『호순신』의 법이 전조에 시행되지 않았기 때문에 수파를 따지지 않고 썼는데, 그 법이 이미 우리나라에 행해짐으로써 풍수지리에 구애되어 폐단이 만연되니 식자들이 걱정하고 있습니다. 그 술법이 비록 애매하나 화복을 말해 놓았으니 신하된 심정으로 차마 쓸 수가 없습니다.[84]

술관들은 "『호순신』의 법에서는 간혹 채용하지 않던 것을 오늘날에 와서는 쓰는 경우가 있으니 임좌에 진방으로 수파가 들었을 경우 으레 꺼리지 않는다." 하였고, 의신은 "단지 그 산세의 향배만 따질 뿐 『호순신』의 수파에 대한 설에 구애될 필요는 없다."고 했습니다.[85]

한편『호순신』의 수파 내용은 구애받을 필요가 없으며 멸만경까지 언급하는 곱지 않은 시각도 있었다.

이것은 모두 올바르지 않은 책에서 나온 것으로 세상을 속이는 것에 지나지 않는바 실로 산가들이 취하는 바가 아닙니다. 그러므로『호순신』이나 오행서 등을 일러 '멸만경'이라고 하니 이로 인해서 만이족에게 멸망의 화가 있었다고 해서 이르는 말입니다. … 또 산경들 중에서 『호순신』은 멸만경으로 믿을 만한 것이 못 된다는 말과 수파로는 성패를 증험할 수 없다는 실상을 모두 뽑아서 자세히 기록해 아뢰게 하소서.[86]

선조의 회의와『호순신』에 대한 부정적 시각을 반영이라도 하듯『왕조실록』에

---

84 『선조실록』33年(1600年) 7月 26日 記事: "中朝之制, 未可知, 前朝萬壽山, 自高麗太祖, 皆用之. 其後魯國大長公主, 別起大陵, 故용用於他處矣. 胡舜申之法, 不行於前朝, 故不計水破而用之. 其法旣行於 我國, 則拘忌風水, 其弊滋蔓, 識者憂之, 而其術雖曰茫昧, 旣言禍福, 則臣子之情不忍用之."

85 『선조실록』33年(1600年) 9月 1日 記事: "術官等以爲, '胡舜申之法, 或有不用處, 今世行用. 如壬山辰水破之類, 例不拘忌.' 鎣信以爲, '但當論其山形向背而已, 不必拘忌於舜申水破之說云.'"

86 『선조실록』33年(1600年) 9月 4日 4번째 記事: "皆出於不經之書, 而爲誑惑世道之資, 實非山家之所與, 故與胡舜申五行書之類, 謂之減蠻徑(減蠻經)言. 緣此而有蠻夷減亡之禍也. … 且令於山經中, 胡舜申減蠻經, 不足所信之論, 與水破已然, 成敗不驗之實, 一一摘出, 詳錄以啓."

서『호순신』은 1600년 선조의 명을 끝으로 다시는 논의되지 않는다.

『호순신』의 설은 명나라에서 이미 혁파하였다 하고 나도 이미 거론하지 말라고 영을 내렸으니 다시는 논하지 말라.[87]

그런데 위와 같은 선조의 명에도 불구하고『호순신』은 조선 영조 때의 문신 금재로 등이 왕명을 받아 1746년(영조 22년)에 편찬한『속대전』에도 여전히 지리학과시서로 남아 있다.[88] 또『호순신』은『왕조실록』정조 15년(1791년)에도 "12월에 지리학은『청오경』과『호순신』으로 선발한다."고 기록되어 있다. 즉,『호순신』은 그 내용에 대한 부정적 견해에도 불구하고 조선초부터 말기까지 조선시대 내내 풍수지리 방위론과 관련하여 그 영향력을 발휘했다.

V. 결론

과학기술과 농업, 그리고 여타 학문 등의 분야에서 비약적인 발전을 보인 송대는 풍수지리 방면에서도 훌륭한 성과가 있었다. 송대 학자들은 풍수지리를 주요 연구 대상으로 삼았고, 그들의 풍수문헌은 풍수지리의 이론, 구체적인 목적, 근본적인 원리 등을 서술하는 가운데 형세와 수법, 그리고 길일 선택을 모두 중시하였다.

송대에는 전대의 풍수지리 내용을 계승하고 그것을 더욱 발전시켰는데 핵심 내용은 원형의 손상 없이 전승되었고 시대와 국가를 넘어 지속적인 연구가 진행되었다. 풍수지리 3대 방법론, 즉 형세와 수법 그리고 택일을 모두 중시한 풍수지리 대표 경전은『금낭경』인데 늦어도 당대 말기에 형성된 것으로 보는『금낭경』은

---

87 『선조실록』33年(1600年) 11月 9日 記事: "胡舜申之說, 天朝旣以革罷雲. 予已令勿爲擧論, 更勿論之."

88 『續大典』, 卷之三, 禮典, 取才, 26-A: "地理學, 靑烏經錦囊經背誦, 明山論, 胡舜申, 洞林照膽, 臨文並見大典, 其餘諸書, 今廢."

송대, 명청대, 그리고 조선의 풍수학인들이 모두 주요 연구대상으로 삼았다.[89] 현재까지도『금낭경』은 주요 연구대상이다.[90]

그리고 송대 성리학의 집대성자인 주자의「산릉의장」은 풍수지리 활용의 이유와 목적, 구체적인 방법론을 서술한 대표적인 문헌으로 조선시대에 일종의 모범으로 간주되었다. 그리고 채목당과 채원정, 호순신 등의 풍수문헌은 조선시대 도읍의 입지 선정과 궁실 축조, 왕릉의 조성과 이장, 그리고 종묘와 사직의 위치와 방위 선정에도 중요한 지침서가 되었다. 특히『발미론』은 명대에 다양한 주석서가 있을 정도로 활발히 연구되었고, 조선에도 전래되어 당시 조정의 풍수논의에서도 중시되었다. 이것은 풍수지리가 시대 간의 그리고 국가 간의 문화 확산과 발전에 기여했던 중요한 사례가 된다.

송대 유학자들은 풍수지리도 연구하였는데 두 학문의 겸비를 바람직한 것으로 보는 시각이 조선시대에 있었다. 나아가 송대의 풍수문헌 가운데『영원총록』은 원대에 과시과목으로 활용되었고, 이후 조선시대 취재지리서였던『호순신』은『영원총록』의 내용에 바탕을 둔다. 송대의 풍수문헌은 조선시대 풍수지리에서 모범이 되었거나 취재지리서로 활용되었지만 부정적인 의혹의 대상이기도 했다. 그 중심에『호순신』이 있었고『호순신』의 진위여부는 명대에는 폐기할 문헌으로, 조선 선조도 일축했던 문헌이지만 조선후기까지『호순신』은 취재지리서로 활용되었다. 그런데『호순신』의 진위 여부를 떠나서 "풍수지리는 집안의 전도를 좌우하는 막중한 기능이 있다."는 저자의 당부는 지금도 의미가 깊다. 이와 함께 풍수지리는 효심의 발로라는『산릉의장』의 설명과, 풍수지리의 출발은 적덕이며, 풍수학인들은 신중해야 한다는『발미론』의 요지는 술학의 전파를 넘어 애민의식의 발로라고 할 수 있다.

---

89 송대의『장서』주석은 당대 승상이었던 장열에 의해 이루어졌고, 이에 대한 부주는 목당거사 채성우에 의해 이루어졌다.:『금낭경』, 권1, 대만국립도서관 소장본: "唐 丞相燕公 張說 註鮮, 宋牧堂居蔡成禹附註."『장서』의 판본 가운데 8편본은 채원정이 20편 본에서 12편을 없애버리고, 8편만을 남겨 놓은 것이다. 8편본은『금낭경』으로 흔히 불리는데 한국의 규장각에 남아 있다.

90 장성규. 2009.『葬書』의 文獻的 硏究. 한국중국문화학회, 중국학논총 제27집.

송대의 풍수문헌은 조선시대 풍수논의에서 빈번히 인용된 외에도, 태조, 태종, 세종, 정조, 광해군 등의 왕들과 유학자들의 연구대상이었다. 풍수지리는 조선이 개국한 뒤 유학과 더불어 관학으로 출발했고, 건국 초기부터 송대의 풍수문헌은 도읍과 궁궐 입지선정이라는 대사에 영향을 끼칠 만큼 중요한 근거로 활용되었다. 이와 같이 송대와 조선시대는 수백 년의 시간을 넘어 풍수지리 연구와 활용이라는 공통문화로 이어져 있다. 풍수지리의 최종 목적을 적덕을 통한 인성의 완성이라고 할 때 그것은 송대와 조선시대 풍수지리의 공통 목적이자 풍수지리가 지속적으로 연구되고 발전할 수 있었던 가장 큰 자양분이라 할 수 있다.

朝鮮王朝實錄.

續大典.

洞林照膽.

[宋] 胡舜申, 類集陰陽諸家地理必用選擇大成.

[宋] 朱熹, 朱子全書.

[宋] 朱熹, 朱文公文集.

[宋] 範成大 撰, 陸振嶽 點校, 吳郡志.

[宋] 蔡成禹撰, 明山論.

[明] 黃愼 輯, 新編秘傳堪輿類纂人天共寶, 四庫全書存目叢書.

[明] 徐善繼, 徐善述, 金志文 譯注, 地理人子須知.

[淸] 乾隆12年(1747年) 華亭張氏刊本, 歷代地理正義秘書二十四種.

[淸] 陳夢雷 等撰, 欽定古今圖書集成.

[淸] 景印文淵閣四庫全書.

[隋] 蕭吉, 五行大義.

許燦九 譯註. 2005. 葬書譯註. 比峰出版社.

張成圭, 金惠貞 譯註. 2010. 完譯 風水經傳. 文藝園.

陽海淸 編撰. 1996. 中國叢書廣錄. 形家二十種. 湖北人民出版社.

王重民. 1983. 中國善本書提要. 上海古籍出版社.

葉新民. 元代文化硏究 (第1集). 元代陰陽學初探. 國際元代文化學術硏討會專輯. 北京師範大學出版社.

吳德慧 編. 2002. 中國古代醜史・巫術醜史・第4卷. 攝影出版社.

鍾義明. 1996. 中國堪輿名人小傳記. 武陵出版有限公社.

趙金聲 白話釋意. 2007. 四庫全書陰宅風水大全. 中州古籍出版社.

韓沽劢 외. 1985. 譯註經國大典. 韓國精神文化硏究院.

王其亨 主編. 2001. 風水理論硏究. 天津大學出版社.

王玉德. 2003. 神秘的風水. 廣西人民出版社.

王玉德. 2006. 尋龍點穴. 中國電影出版社.

於希賢. 2006. 法天象地. 中國電影出版社.

餘健. 2005. 堪輿考原. 中國建築工業出版社.

李定信. 1997. 中國羅盤49層詳解. 聚賢館文化有限公司.

高友謙. 2006. 理氣風水. 團結出版社.

韓鑒堂 編著. 1999. 中國文化. 北京語言大學出版社.

睡虎地秦墓竹簡整理小組編. 1990. 睡虎地秦墓竹簡. 文物出版社.

趙金聲 白話釋意. 2007. 四庫全書陰宅風水大全. 中州古籍出版社.

張成圭. 2009. 『葬書』의 文獻的 硏究. 중국학논총 제27집. 한국중국문화학회.

張成圭. 2010. 『朝鮮王朝實錄』의 風水地理文獻硏究 -『靑烏經』・『錦囊經』・『狐首經』을 中心으로. 공주대학교 박사학위논문.

최창조 역주. 1993. 청오경・금낭경.

김관석 역주. 1994. 청오경・금낭경. 산업도서출판공사.

A Study on the books on Pungsu in the Song Dynasty and affects on Pungsu during the Joseon Dynasty Period

Kim, Hyejung

A full-time lecturing staff, Department of Chinese language and
Culture of Daejeon University, sutra22@naver.com

Keywords: Pungsu books, Shanlingyizhuang, Faweilun, Hushunshen, The True Record
of the Joseon Dynasty, affect

Among the distinguished scholars who had lived in the Song dynasty of China, Zhuxi, Caimutang, Hushunshen studied Pungsu very deeply and they wrote until now very famous Pungsu books like Shanlingyizhuang, Faweilun, Hushunshen. They inherited and developed the Pungsu theories and the cultural traditions of Pungsu which were presented before the Song dynasty. The three excellent Pungsu books had strongly affected on the Joseon Pungsu and the Pungsu discussions which happened very often at the Court of the Joseon Dynasty, especially to the discussions about the construction of the royal palace, royal tomb and the capital locations of the Joseon dynasty. In the Joseon dynast Period, so many Pungsu books had been studied by scholars. And one of the most popular cultures In the Joseon Period was the applications of Pungsu theories. Among those Pungsu books which had been written in the Song dynasty, Shanlingyizhuang were defined as the model of Pungsu books, Faweilun were defined as the model theory of the construction of the royal palace, and Hushunshen were used as the Pungsu bearing theory during the Joseon dynasty. And the distinguished Pungsu scholars who had lived in the Joseon Period were more concerned with the Goodness of Pungsu than the Pungsu theories, just like as the Pungsu scholars of the Song dynasty of China.

한국풍수의 비보와
일본풍수의 귀문회피*

Bibo in Korea Pungsu
and Kimon Evasion in Japan Pungsu

천인호

동방문화대학원대학교 풍수지리학전공 교수

I. 서론

완전한 땅은 없다(風水無全美).[01] 그래서 풍수에서는 불완전한 땅을 바꾸어 완전함을 추구하기 위한 여러 기법이 있는데 이를 한국에서는 비보(裨補)라고 한다. 자연에 대한 태도 및 관계에 있어서 풍수적 성향은 자연에 의타적이고 결정론적인 경향을 띠는 반면, 비보는 자연에 대해 사람의 능동적이고 가능론적인 전망을 제시한다. 따라서 비보는 풍수상 흉지도 적정한 수단과 방책을 통해 길지로 바꿀 수 있다는 논리다.[02]

한국에서 비보풍수의 전개는 나말여초 도선국사에 의한 것으로 알려져 있는데 고려시대에는 국가적 사업으로 비보가 시행되기도 하였고, 조선시대에는 도읍, 읍치 등의 건설에 있어서 비보적 기법이 동원되기도 하였다. 최원석은 비보의 형태를 사탑(절, 불상, 탑 등), 조형물(장생표, 선돌, 솟대, 장승, 남근석, 돌거북 등), 조산(흙무지형, 돌무지형, 고분 및 유적 등), 숲(조산숲, 비보숲 등), 못, 지명 및 놀이(쇠머리대기, 줄다리기 등)로 분류하였으며, 김의숙은 지명변경형, 지형변경형, 수계변경형, 보완장치형, 행위형, 사찰건립형, 안산설정형 등으로 분류[03]하였는데 그만큼

＊ 이 글은 필자의 「일본풍수에서의 귀문회피에 관한 연구」(2014, 동아시아문화연구. 56, 한양대 동아시아연구소). 및 「풍수지리학연구」(2012, 한국학술정보) 일부 내용을 수정·보완한 것이다.

01 「人子須知」, 「參考論」.

02 최원석. 2002. 「한국의 비보풍수에 관한 시론」. 탐라문화. 22. 제주대 탐라문화연구소. 213. 한국에서는 주로 비보(裨補)나 압승(壓勝) 등으로 표현하지만, 일본 오키나와 지역에서는 포호(抱護)라 표현하기도 한다.

03 김의숙. 2003. 비보풍수 연구. 강원민속학. 17. 강원도 민속학회. 103-144. 한국에서는 이뿐만 아니라 보다 더 다양한 비보양식이 등장하고 있다.

비보의 유형이 다양하게 나타났다는 것이다.

일본에서도 한국의 비보와 유사하게 불완전한 땅의 결함을 진압하고 해당 입지를 보호하기 위한 방책이 있어 왔다. 일본에서는 주로 불길한 방위에서 들어오는 나쁜 기운을 막기 위한 것이 대부분으로 한국의 비보와는 다른 양상을 보인다. 물론 한국에서도 방위비보가 있었고 일본에서도 지세비보가 있었다. 그러나 풍수의 결함을 보완하고자 하는 주된 기법이 일본은 동북 방위를 의미하는 귀문(鬼門)에 대한 회피, 즉 방위비보가 대부분이며 한국은 대체로 지세의 허결함을 보완하려는 지세비보의 형태로 나타나고 있다.

귀문이란 귀신이 출입하는 불길한 방향으로 간(艮: 북동)의 방향 또는 그 방향에 해당하는 장소[04]를 의미한다. 풍수에서 귀문의 문헌적 근거는 『황제택경』으로 볼 수 있는데, 한국풍수는 귀문에 대해 큰 의미를 부여하지 않았지만 일본풍수에서는 대단히 중요한 개념으로 사용되고 있어 다양한 방책이 전해지고 있다. 이에 따라 한국에서는 귀문에 대한 연구가 거의 진행되지 않았지만 일본에서는 방위론과 결부하여 귀문에 대한 연구가 일부 진전되었다.

이 글은 풍수의 결함을 보완하기 위한 기법으로서 한국의 비보풍수와 일본의 귀문풍수에 대한 개념의 정립, 다양한 비보 기법과 귀문회피 기법을 비교하여 일본의 귀문회피와 한국의 풍수비보와의 차이점을 분석한다. 이를 통해 중국에서 발생한 풍수가 시대와 민족에 따라 서로 다르게 선택되고 전개되었음을 밝히고자 한다.

II. 한국풍수의 비보

풍수의 목적은 승생기(乘生氣), 즉 생기를 타는 것이며 생기 가득한 장소를 구하는

---

04 三省堂, 「国語辞書—エキサイト辞書」, 「鬼門」.

것이다. 그러나 생기는 눈에 보이지 않기 때문에 차선책으로 생기가 가득 찰 수 있는 최적의 조건인 장풍득수(藏風得水)의 땅을 구하는 것이다. 이러한 최적의 조건을 갖춘 땅을 구하는 것은 쉽지 않다. 따라서 최적의 땅으로 바꾸어 주는 기법이 필요한데 이를 풍수에서 비보라고 한다.[05]

풍수비보는 자연환경의 구성에 부족함이 있을 때 인위적 환경을 구축하여 자연환경과 조화를 이루는 것으로 풍수적 조화(the geomantic harmony)를 이루기 위해 자연을 변형할 수 있으며, 구체적으로 지형을 보수하고 풍수를 개량하는 형태로 나타난다.[06]

비보의 법식은 협의의 비보법과 압승법(壓勝法)으로 구성된다. 비보는 보(補), 보허(補虛), 배보(培補)라고도 하며 압승은 염승(厭勝)이라고도 한다. 여기서 비보는 지리환경의 부족한 조건을 더하는 원리이고 압승은 지리환경의 과(過)한 여건을 빼고 누르는 원리이다.[07] 비보가 약한 곳을 북돋우는 개념이라면 압승은 강한 것을 부드럽게 하는 개념이다.

풍수경전에서 비보와 관련한 내용을 찾아보면, 먼저 풍수 최고(最古)의 고전으로 평가받고 있는 『청오경(靑烏經)』에 "나무와 풀이 울창 무성하고 길한 기운이 서로 따르는데 이러한 내외와 표리는 혹 자연적인 것일 수도 있고 인위적인 것일 수도 있다"[08]고 하였다. 이는 좌우산과 안산, 조대산은 자연적으로 이루어진 것일 수도 있고 인위적으로 이루어진 것일 수도 있다는 것으로, 자연적인 산수와 아울러 인위적인 산수도 인정함으로써 비보의 길을 열었다. 그리고 『금낭경』에서는 "눈으로 잘 살피고 인공(人工)의 방법으로 터를 잘 구비하여 완전함을 쫓고 결함됨을 피하라. 높은 곳은 부드럽게 하고 낮은 곳은 돋우는 것이 삼길(三吉)이다."[09]

---

05 이재영, 천인호. 2009. 풍수비보의 적용사례 연구: 경상북도 의성군 구천면을 중심으로. 민족문화논총. 41. 영남대 민족문화연구소. 192.

06 위의 논문, 214.

07 최원석. 2002. 한국의 비보풍수론. 대한지리학회지. 37(2). 대한지리학회. 162.

08 「靑烏經」, "草木鬱茂 吉氣相隨 內外表裏 或然或爲"

09 「錦囊經」,「貴穴」, "目力之巧 工力之具 趨全避闕 增高益下 三吉也"

라고 하였다. 다시 말해 명당혈은 추길피흉과 음양중화된 기운과 오토가 잘 구비된 지역을 찾는 것이 중요한데 그것이 곤란하다면 비보의 개념으로도 명당을 만들 수 있다는 것이다.

『설심부』에서도 인위적인 비보 역시 흉함을 피해갈 수 있다는 점을 강조한다. "흙에 남는 것이 있어 마땅히 파내야 하면 파내고, 산이 부족함이 있어 마땅히 보충해야 하면 보충한다"[10]고 하였는데 이는 강하거나 넘치는 부분은 적절하게 제어하고 부족한 부분은 보완하는 것으로 『청오경』과 『금낭경』의 비보개념을 구체화시킨 것이다.

『발미론(發微論)』에서는 다음과 같이 설명한다.

재성(裁成)이라는 것은 인사(人事)를 말한다. 무릇 사람은 하늘에 인하지 않으면 안 되니 하늘이 아니라면 사람을 이루지 못한다. … 반드시 하늘이 자연을 만든 이후에야 정하는 것이니 천지의 조화 역시 한계가 있다. 따라서 산천이 융결하는 것은 하늘에 있고 산천을 재성하는 것은 사람에 있다. 혹 지나치면 그 지나친 것을 마름질하고 혹 미치지 못하여 부족하면 그 미치지 못한 것을 더해주어 가운데(中)로 맞추고 긴 것은 마름질하고 짧은 것은 보완하고 높은 곳은 덜어내고 낮은 곳은 더해주면 당연한 이치가 된다. 처음은 눈으로 잘 살피고 인공(人工)의 방법으로 터를 잘 구비하는 것이나 그 끝은 신(神)이 뜻하는 바를 빼앗아 천명을 바꾸는 것이니 이에 사람과 하늘 사이의 간극은 없다.[11]

『발미론』에서는 비보를 재성(裁成)이라는 개념으로 사용하는데 기존의 터에 문제가 있다면 이를 마름질하거나 보완하여 적절하게 맞추어 나가는 것으로 이를 설명한다. 특히 '탈신공개천명(奪神功改天命)'은 『장서』에 나오는 것으로 결국 부족한 것은 더해주고 넘치는 것은 덜어내어 준다면 이것이 천명을 바꿀 수도 있다

---

10 「雪心賦」, "土有餘當闢則闢 山不足當培則培"

11 「發微論」,「裁成」, "裁成者 言乎其人事也 夫人不天不因 天不人不成 必天生自然而后定 則天地之造化亦有限矣 是故山川之融結在天 而山水之裁成在人 或過焉 吾則裁其過 或不及焉 吾則益其不及 使適於中 裁長補短 損高益下 莫不有當然之理 其始也 不過目力之巧 工力之具 其終也 奪神功改天命 而人與天無間矣"

고 하여 비보에 대해 더욱 적극적인 표현을 보여준다.

한국에서 비보는 불교와 깊은 관련이 있다. 한국 비보풍수의 연원이 도선국사이기 때문이기도 하지만 불교의 원리에서 비보적 개념이 도출될 수 있기 때문이기도 하다. 윤홍기는 풍수와 불교와의 전반적인 관계가 정립된 후에야 비로소 풍수비보를 위한 사탑의 연구가 보다 의미 있게 해석될 수 있다고 하였다. 특히 풍수와 불교의 상호영향을 승려와 지관이라는 전문직에 미친 영향, 한국 경관에 미친 영향, 한국인의 의식구조에 미친 영향으로 나누었는데 이 중에서 한국 경관에 미친 영향은 사찰의 위치와 자연환경, 불교사탑을 이용한 풍수비보를 대상으로 들었다.[12]

밀교는 국토의 산천과 대단히 중요하면서 밀접한 관련성을 맺고 있다. 8세기 중국에서 발생한 순수밀교, 즉 순밀(純密)의 경전 중에는 대표적인 택지법으로 범천택지법(梵天擇地法)과 건립만다라급간택지법(建立曼多羅及揀擇地法)이 있다. 이 경전은 신수대장경(新修大藏經) 밀교부의 권18, 19에 나란히 기술되어 있는데 범천택지법은 형기풍수적 요소가 매우 강한 택지법이다. 길지에 대한 내용을 정리하면 비어 있는 천연의 수행명당, 오색토와 오색바위, 산정상의 평평한 바위, 흙이 있는 동굴, 분지형태의 화심혈(花心穴), 용의 형상을 가진 바위나 흙, 황소와 흰소가 누워있는 듯 평평한 장소, 좌후가 부드럽게 누워 있어 혈을 보호하는 곳 등 주로 『금낭경』에 나타난 것과 거의 동일하다.

건립만다라급간택지법은 관지상법(觀地相法), 관지질법(觀地質法) 및 치지법(治地法)에 대한 내용이 주를 이룬다. 관지상법이란 지형이 갖추고 있는 외적인 조건으로 산천국토의 지세, 유형(流形), 수목(樹木), 유수(流水) 등 땅의 모습(地相)을 관찰하여 길지와 흉지를 판별하는 방법이다. 관지질법이란 땅속의 성질을 감별하여 길지와 흉지를 식별하는 방법으로 흙의 양(量), 흙의 냄새와 맛, 흙의 색을 보고 구별한다. 치지법이란 정지법(淨地法)이라고도 할 수 있는데 관지상법이나 관지질법에 의해 길지를 선택할 시간적인 여유가 없어 급속하게 작법(作法)해야 할 경

---

12 윤홍기. 2001. 한국풍수지리설과 불교신앙과의 관계. 역사민속학. 13(1). 한국역사민속학회. 128-132.

우나 길지가 아닌 흉지를 다스려 길지로 변화시키는 방법을 말한다.[13] 여기서 치지법이 풍수에서의 비보에 해당한다.

건립만다라급간택지법은 구체적으로 5가지의 내용을 포함한다. 첫째, 상품실지(上品悉地)를 구하는 택지법으로 연못, 극락을 상징하는 나무 혹은 꽃이 있는 조용하고 사람들이 쉽게 드나들지 않는 곳이다. 둘째, 중품실지(中品悉地)로 혹서, 혹한, 맹수를 피할 수 있고 조용히 식재, 증익, 경애 등의 호마법을 실시할 수 있는 택지이다. 셋째, 상대방을 제압하는 조복법(調伏法)을 실시하기 좋은 장소로 묘와 굴과 같은 음기가 강한 장소이다. 넷째, 정지(淨地), 치지(治地), 수지지법(受持地法)으로 만다라를 작(作)할 수 있는 곳과 땅을 청정하게 하는 법, 정지할 수 있는 법이다. 다섯째, 관지질법으로 오감을 동원하여 땅의 성질을 감별하는 법으로 흙의 맛과 색깔로 좋은 속을 판별하는 것이다.[14]

밀교에 있어서 산천국토는 현실생활면에서 실용가치보다는 신앙적인 차원에서 그 중요성을 강조하고 있다. 밀교의 택지법에는 풍수비보와 유사한 내용들이 많이 있어 택지법이 풍수비보에 상당한 영향을 미쳤다는 점을 유추할 수 있다.

Ⅲ. 일본풍수의 귀문

귀문이라는 의미가 최초로 등장하는 것은 『산해경』이지만 귀문이라는 용어나 개념은 나타나지 않는다. 다만 여러 문헌에서 귀문의 출처를 『산해경』이라 한다. 아래의 『논형』을 보면 『산해경』에 이러한 개념이 나온다고 되어 있다. 즉, 귀문이란 동북쪽을 의미하며 이 방위로 귀신들이 출입하기 때문에 흉한 방위가 된다는 것이다.

---

13 서윤길. 1976. 도선 비보사상의 연원. 불교학보. 13(1). 불교문화연구원. 176-183.: 이렇게 본다면 사실상 길지 아닌 곳이 없게 된다. 따라서 밀교경전에서는 길지 중에서도 수행성취의 완속과 정도에 따라 3등급으로 차별을 두게 되며, 3등급의 차별을 각 등급별로 다시 3분하여 9등급으로도 나누고 있다.

14 김상태. 2011. 9세기 한·중의 풍수사상과 밀교경전에 의한 도선국사의 비보가람 입지연구. 동북아문화연구. 28. 동북아시아문화학회. 159-160.

「산해경」에 말하기를 창해 가운데 있는 도삭산 위에는 큰 복숭아나무가 있는데 그 가지가 3천 리에 달한다. 그 가지 사이의 동북쪽을 귀문이라고 하는데 모든 귀신들이 출입하는 곳이다. 그 위에는 두 신인(神人)이 있는데 하나는 신도(神荼)라고 하고 하나는 울루(鬱壘)하고 하는데 모든 귀신들을 검열하고 거느리는 일을 주로 한다. 악하고 해로운 귀신은 갈대끈으로 묶어 호랑이 먹이로 주었다. 그래서 황제가 의식을 행하면서 귀신을 내몰기 위해 큰 복숭아 인형을 세우고 문 앞에는 신도와 울루 및 호랑이를 그려놓고 갈대끈으로 묶어 악귀를 막았다.[15]

이러한 귀문에 대한 기사는 후위(後魏)의 가사협의 『제민요술』, 송(宋)대 왕관국의 『학림』, 송대 이석의 『속박물지』, 원(元)대 도종의의 『설부』, 『태평어람』[16] 등에도 나타난다. 이러한 저술을 종합하면, 도삭산에 큰 복숭아나무 가지가 뻗어 있어 그 가지의 동북쪽을 귀문이라고 하는데 귀문이라는 명칭이 붙여진 이유는 귀신이 출입하기 때문이다. 따라서 귀신이 출입하기 때문에 흉한 방위가 되는 것이고 이를 적절하게 제어하는 것이 필요하다는 것이다.

동북 방위에 대해 『주역』에서는 팔괘 가운데 "간(艮)은 동북의 괘이다. 만물의 끝을 이루는 곳이고 다시 시작하는 곳이다. 그래서 간에서 이룬다고 한다."[17]고 하였다. 이는 간 방위는 만물의 기능이 성취하면서 끝을 맞이하나 또 만물이 새로이 시작하는 방위라는 것으로 죽음과 새로운 삶을 주관한다는 것이다. 그런데 『회남자』에서는 "동북을 변천이라고 하는 것은 … 양기가 시작하여 만물이 싹이 트게 하는 것으로 변천이라고 한다."[18]고 하였다. 이는 동북 방향은 음양의 경계로 기가

---

15 王充,「論衡」, 卷二十二,「紀妖篇」, "山海經又曰 滄海之中 有度朔之山 上有大桃木 其屈蟠三千里 其枝間 東北曰鬼門 萬鬼所出入也 上有二神人 一曰神荼 一曰鬱壘 主閱領萬鬼 惡害之鬼 執以葦索而以食虎 於是黃帝乃作禮 以時驅之 立大桃人 門户畫神荼鬱壘與虎 懸葦索 以禦凶魅"

16 賈思勰,「齊民要術」, 卷十, "東北鬼門萬鬼所出入也", 王觀國,「學林」, 卷四, "山海經曰 東海中有度朔山 上有大桃 蟠屈三千里 其卑枝門曰東北鬼門 萬鬼所出入也", 李石,「續博物志」, 卷五, "海中有度朔山 上有桃木 蟠屈三千里枝 東北鬼門 萬鬼所出入也",

17 「周易」,「說卦傳」, "艮東北之卦也 萬物之所成終而所成始也 故曰 成言乎艮"

18 「淮南子」,「天文訓」, "東北曰 變天 … 陽氣始作萬物萌芽 故曰變天"

변화하는 위치라는 것이다. 그 가운데가 정확하게 귀문 방위가 된다는 것이다.

귀문은 동북 간괘에 위치하여 겨울과 봄, 즉 음양 2개의 기운이 포함되어 만물의 끝과 시작이 되는 곳이다. 축은 12월로 1년의 마지막이고, 인은 정월을 뜻하며 1년의 시작이다. 귀문은 음양이 변화하고 이동하는 경계이다.[19]

정월 1일은 인방(寅方)에서 시작하는데 만물은 동쪽의 춘양(春陽)에서 자라고, 남의 하양(夏陽)에서 무성해지고, 서의 추음(秋陰)에서 수확하고, 북의 동음(冬陰)에서 숨어 1년을 마치게 된다. 마지막 달 30일에 축에서 그쳐 귀문에 들어가 멸하게 된다.[20] 이 귀문이라고 이름 지어진 방위는 동북 모서리, 축인 사이인데 이 축인은 12개월에는 입춘(立春) 전이며 대한(大寒) 후이다.[21]

이러한 귀문의 개념은 중국의 민속에서 연연히 전해진 것으로 보인다. "설날에 버드나무 가지를 가지고 집 위에 올라가면 귀신이 집에 들어오지 못한다."[22]고 하였다. 설날 봄의 행사에 사용된 버드나무는 봄에 청록의 싹을 피워 생명력의 상징으로 여겨져 왔는데 동쪽에 버드나무를 심어 봄(柳=春=東)을 연출한 것이다.

풍수와 관련해서는 『황제택경』에 귀문이라는 개념이 나타난다. "귀문 방위는 집안의 기운을 막는 곳이니 부족한 듯 얇게 텅 비워 두든지 버리는 것이 길하다. (귀문 방위를) 범하면 반신불구가 되거나 종기가 나는 등의 재앙이 있다."[23]라고 하여 귀문에 해당하는 간방(艮方)은 북동쪽인데 이 방위는 집안의 기운이 막힌 곳이기 때문에 비워두어야 한다는 것이다.

귀문방은 24방위에서 축인(丑寅)방위이기도 하다. 『황제택경』에서는 축방과 인방 역시 금기시 하는 방위이다. "축방위는 관옥인데 소자와 부인의 명좌이다. 이곳을 범하면 도깨비, 도적, 화재, 괴이한 일들이 생긴다.", "인방위는 천형으로 용의 등이며 현무인데 서자와 양자, 그의 부인과 장녀의 명좌이다. 이 방위를 범하

---

19 白井爲賀, 「陰陽方位便覽」.
20 松浦久信, 「方鑑精義大成」.
21 吉田元祐, 「方鑑秘訣集成」.
22 賈思勰, 「齊民要術」 卷五, "術曰 正月旦 取楊柳枝 著戶上 百鬼不入家"
23 「黃帝宅經」, "鬼門 宅壅氣 犯之偏枯 淋腫等災"

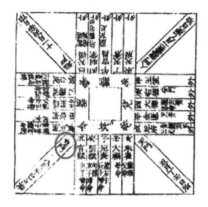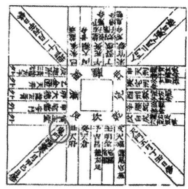

그림1 황제택경의 귀문 방위
출처: 『황제택경』

면 태아가 상하고 감옥에 가거나 도둑을 맞거나 패망하는 등의 재앙이 있다."고
하였다. 그림1과 같이 『황제택경』에서는 음택도와 양택도를 막론하고 북동쪽이
귀문 방위임을 표시하고 있다.

일본에서 문헌상 귀문에 대한 개념이 등장한 것은 『작정기』다. 이 책은 헤이안
시대(11세기)에 쓰여진 일본 최고(最古)의 정원서로 극락정토의 사상을 바탕으로
침전조형식 건축물의 정원을 만드는 디자인과 시공방법에 대해 정리한 것이다.
정원의 공간분할, 연못, 섬, 폭포, 물의 흐름, 석조의 조합과 배치기법 및 작정시
금기사항 등에 대해 자세히 기록되어 있다. 작자에 대해 여러 가지 설이 있으나
다치바나 도시쓰나(橘俊綱, 1028~1094년)가 가장 유력하다.[24] 『작정기』에는 풍수와
관련한 내용이 다수 있어 일본의 정원건축 사상에 풍수사상이 반영된 것으로 볼
수 있다.

『작정기』에 "5척 이상의 돌을 북동쪽에 세우지 말라. 귀문에서 귀신이 들어오

---

24 이훈, 정옥헌. 2008. 일본 고산수 정원의 구성 및 상징성에 관한 연구. 건설기술논문집. 27집 2호. 충북대 건설
기술연구소. 86.

기 때문이다. 높이가 4~5척 되는 돌을 북동 방향에 세우지 말라. 이는 유령돌(靈石)이 될 것이다. 그리고 악귀들이 들어오는 것을 재촉하여 사람들이 오래 거주할 수 없게 될 것이다."[25]라고 하여 북동 방위에 돌을 세우는 것을 금지한다. 그러나 "남서쪽에 삼존불석을 세운다면 재앙이 없고 귀신들도 들어오지 않는다."[26]고 하여 귀문방위에 대한 방책도 제시한다.

일본의 풍수는 백제에서 전해진 것으로 알려져 있다. 스이코천황(推古天皇: 554~628년) 10년(564) "백제승려 관륵(觀勒)이 왔다. 이에 역본(曆本)과 천문지리서 및 둔갑방술서를 바쳤다. 이때 서생 3~4명을 선발하여 관륵에게 배우도록 하였다."[27] 백제 관륵이 일본에 천문지리서를 전달하였는데 이를 일본인이 배웠다는 기사이다. 여기서 천문지리서는 풍수와 관련된 서적임을 추측할 수 있다.[28]

또 스이코천황 20년(574) "그해 백제에서 귀화하여 온 사람이 있었는데 그 얼굴과 몸에 모두 얼룩 반점이 있었다고 한다. 그리하여 그를 섬에 버리려고 하는데 자신에게 산악의 모형을 잘 만들 수 있는 재주가 있다고 하자 남쪽 뜰에 수미산의 모형과 오교(吳橋)를 만들 것을 명하였다. 당시 사람들은 그 사람을 노자공(路子工)이라 불렀다. 다른 이름은 지기마려(芝耆摩呂)라 한다."[29] 백제의 귀화인 노자공이 산악을 잘 만들 수 있는 재주가 있다고 하자 천황이 수미산 모형과 중국 오나라풍 다리(吳橋)를 남쪽 정원에 만들게 하였다는 기록이다. 일본에 풍수서가 전

---

25 「作庭記」, "五尺以上の石を東北東にたててはならぬ. 鬼門から鬼が入り来るからである. 高さ四尺□五尺もある石を東北に立てはいけない. 或は靈石となり' 惡魔が入ってくる足がかりとなるから'その家に人が永く住みつくことができない."

26 「作庭記」, "但し南西に三尊仏の石をたてむかえればたたりをしない. 惡魔も入ってこない"

27 「日本書紀」, 卷22, 「推古天皇」, 10年 10月, "百濟僧觀勒來之 仍貢曆本及天文地理書 幷遁甲方術之書也 是時選書生三四人 以俾學習於觀勒矣"

28 이러한 관점에 대해서 일본인 학자들도 동의하고 있다. 이에 대해 상세한 것은 牧尾郞海(1994), 「風水思想論考」(山喜房佛書林), 170 및 渡邊欣雄(2010), 「日本風水史」, 「ICCS Journal of Modern Chinese Studies」Vol. 2(1), 254-255.

29 「日本書紀」, 卷22, 「推古天皇」, 20年 5月 5日 "是歲 自百濟國有化來者 其面身皆斑白 若有白癩者乎 惡其異於人 欲棄海中嶋 然其人曰 若惡臣之斑皮者 白斑牛馬 不可畜於國中 亦臣有小才 能構山岳之形 其留臣而用 則爲國有利何空之棄海嶋耶 於是 聽其辭以不棄 仍令構須彌山形及吳橋於南庭 時人號其人 曰路子工 亦名芝耆摩呂 又百濟人味摩之歸化曰 學于吳 得伎樂舞 則安置櫻井 而集少年 令習伎樂儛 於是 眞野首弟子 新漢齊文 二人習之傳其儛 此今大市首辟田首等祖也."

해진 시기가 564년경이고『작정기』의 편찬년대가 11세기경이라고 본다면 백제에서 전해진 풍수서가『작정기』에 영향을 미쳤다고 판단할 수 있다.[30]

에도(江戸)시대에 저술된 일련의 저작[31]들에는 주택 내외의 다양한 상황에 따른 방위별 길흉판단이 있었다. 이러한 일련의 저작은 대체로『황제택경』과『영조택경(營造宅經)』에서 영향을 받은 것으로 보고 있다.[32]

이 일련의 저작 등의 공통점은 길한 방위는 일정한 법칙이 없지만 나쁜 방위는 어느 문헌에서도 간(북동), 곤(남서) 두 방위에 집중되어 있다는 점이다. 간(북동) 방위는 헤이안 후기부터 절대적으로 기피하는 방위이다. 가상이라고 하면 우선 귀문이 거론되지만 귀문의 기피는 에도시대의 가상설이 아니라 헤이안 후기부터 나타나는 방위의 금기이다. 귀문, 표귀문에 해당하는 간-곤의 축은 불길한 방위로 간주되어 있음을 발견할 수 있다. 특히 흉한 표현은 길한 표현의 약 2배 정도이며 내용이 구체적이고 종류도 많다.

여기에서 절대적으로 기피한 방위는 간(艮: 북동), 곤(坤: 남서)의 2방위이다. 이 귀문, 표귀문이라 칭하는 2방위는 흉한 절대적 방위이다. 반대로 비교적 길하다고 하는 방위는 묘(卯: 동), 손(巽: 남동) 방위라 한다.[33]

도야 마나부(戸矢學)[34]는 일본풍수의 독자성 가운데 가장 특징적인 것이 귀문인데 귀문이라는 말이 동북(축인)의 방향을 가리킨다는 것은 일본인의 상식이라 하였다. 또한 귀문은 일본인들에게 있어 특별한 의미를 가지며 천년 이상 특별시하

30 이에 대해 와타나베 요시오(渡邊欣雄)는 "일본에서 풍수지식이 전해진 것은 9세기 이전이라는 설이 있지만 나니와쿄(難波京:현재의 오사카)의 축조(744년), 텐무(天武)천황 10년 수도 건설에 관한 음양시의 지상(地相) 감정(681년), 겐메이(元明)천황의 헤이조쿄(平城京) 건설(710년) 등 수도 건설, 천도시 지상감정 사실이 이미 알려져 있기 때문에 6세기 후반에 일본에 중국 풍수가 전래되었다는 추측도 가능하다."고 하였다. 渡邊欣雄(1994),「風水思想と東アジア」, 東京: 人文書院.; 이화 옮김. 2010. 동아시아 풍수사상. 이학사. 57.

31 松浦東鶏(1801),「家相圖設大全」, 苗村三敵(1801),「宅經小鑑」, 松浦琴鶴(1832),「方鑑口訣西」, 松浦琴鶴(1840),「家相秘傳集」

32 村多あが(1998.1),「江戸時代の家相說」,「建築雜誌」113(1417), 39.

33 村田あが(1998),「江戸時代中・後期の住まいについての研究」,「東京家政學院大學紀要」38(東京家政學院大學), 116면.

34 戸矢學(2005),「日本風水」(東京: 本戸出版), 147-149.

였던 것으로 그 때문에 많은 속신과 미신이 생겼다고 하였다. 그런데 가상(양택) 판단을 중시하는 것은 일본의 전형적인 특징이지만 중국의 풍수설과는 가상 판단의 내용이 다르다. 일본에서는 귀문 방위를 두 가지로 다시 나누고 있다.

일본에서의 가상에 대한 길흉 판단은 중국처럼 남북축을 기준으로 하지 않고 간(艮, 북동, 귀문)─곤(坤, 남서, 다른 쪽의 귀문)을 기준으로 한다. 북동 방위와 남서 방위를 연결하여 북동쪽을 표귀문(表鬼門), 남서쪽을 이귀문(裏鬼門)으로 구분하는 것이다. 예를 들면 이 축선에 화장실 등의 부정한 공간, 혹은 문과 헛간 등이 있으면 주인에게 불행과 병을 초래한다는 것이다. 중국의 양택론에는 없는 부엌과 신단(神壇) 등 가옥 내 일정 공간의 위치, 방향의 지정은 일본이 독특한 풍수설을 발달시켰다는 증거이기도 하다.[35]

현대에 와서도 일본에서 귀문은 간방(艮方)에 귀신이 출몰한다는 속언으로 가장 기피하고 혐호하는 금기된 방위이다. 고대의 궁도계획부터 현재의 가정에 이르기까지 귀문에 대해 심각하게 고려하고 이를 회피하려는 노력을 하였다. 민간의 전설에 따르면 귀문을 출입하는 괴귀는 우각(牛角), 호휘(虎褌), 삼지(三指)이다. 이러한 전설에서는 집안의 동북 모퉁이에 창을 만드는 것이 바람직하지 않다거나, 이 방위의 모퉁이에 건축물을 돌출 혹은 화장실이나 주방을 설치하는 것 등은 귀신을 숭앙하는 것이라는 견해가 전해진다.[36]

Ⅳ. 비보와 귀문회피의 형태

1. 풍수비보의 형태

한국풍수의 비보는 그 형태가 매우 다양하다. 대체로 절, 탑, 숲, 연못, 각종 조형

---

35 이화 옮김, 앞의 책, 59, 재인용.

36 黃永融·本多昭一(1994),「日本の家相に於ける「鬼門」に對する反論」,「日本建築學會大會學術講演概集」, 日本建築學會, 667.

물들의 형태가 많지만 대체로 다음과 같이 정리할 수 있다.

첫째, 사찰 및 사탑을 통한 비보이다. 풍수적으로 입지한 사찰은 풍수적으로 명당에 터 잡는 명당사찰의 경우와 결함이 있는 터를 보완하기 위하여 자리 잡는 비보사찰로 나누어 볼 수 있다. 물론 비보사찰의 경우도 명당의 요건들을 고려하지 않는 것은 아니나 전자의 경우와는 입지 동기 및 터의 성격이 다르다. 명당에 터를 잡는다는 말은 풍수적인 생기(生氣)가 충만한 땅에 자리 잡는다는 뜻이다. 비보사찰의 경우는 논리가 다른데 전체적 형국의 보완을 위해 상대적으로 결점이 있는 터에 사찰을 지음으로써 그 땅이 지닌 병, 결함 그리고 과 · 부족을 불력으로 치료하거나 보완할 수가 있다는 논리이다.[37]

전남 순천의 선암사, 광양의 운암사와 경남 진주의 용암사를 소위 삼암사(三巖寺)라고 하는데 모두 도선이 창건하였다고 전해진다. 『동문선』에 "옛날에 개국(開國) 조사(祖師) 도선이, 지리산 주인 성모천왕(聖母天王)이 '만일 세 개의 암자를 창립하면 삼한(三韓)이 합하여 한 나라가 되고 전쟁이 저절로 종식될 것이다.'라고 한 비밀스런 부탁을 듣고 세 개의 암자를 창건하였으니 지금의 선암사, 운암사와 이 절이 그것이다. 그러므로 이 절이 국가에 대하여 큰 비보가 되는 것은 고금 사람이 함께 아는 일이다."[38]라 하였으니 삼암사는 전쟁으로 인한 국가의 혼란을 종식시키기 위한 국가적 비보사찰임을 알 수 있다.

전남 순천의 선암사는 도선이 창건하고 대각국사가 중건하였으나 정유재란에 대부분 불타 중창하였는데 숙종 33년(1707)에 중수비(重修碑)가 세워졌다. 이에 따르면 "우리 동방에는 산이 많은데 부처의 거주처가 바둑판처럼 많이 세워졌으니 맨 처음이 황룡사(皇龍寺, 경주에 있던 신라 창건의 웅장한 절)이다. 그 번성함은 신라의 자장(慈藏)과 도선 두 국사가 선후하여 이룬 것이다. 옛 문헌의 기록을 보면 도선이 당나라에 공부하러 가서 대덕(大德)을 만나 비보가 되는 곳을 모두

---

37 최원석. 2004. 사찰입지 선정의 역사적 경향과 비보사찰. 불교문화연구. 4. 한국불교문화학회. 201-220.

38 「東文選」, 68卷, 「朴全之」, "昔開國祖師道詵 因智異山主聖母天王密囑曰 若創立三巖寺 則三韓合爲一國 戰伐自然息矣 於是創三巖寺 卽今仙巖雲巖與此寺是也 故此寺之於國家爲大神補 古今人之所共知也"

그림2 삼성산 호압사와 호압사 삼성각 내 무학대사 진존

3,500개소를 얻었다. 그중 호남에 삼암이 있으니 낭주(朗州)의 용암사와 희양(晞陽)의 운암사와 또 하나가 승평의 선암사이니 대개 가서 자리를 본 것이다."[39]라고 하여 삼암사가 국가적 비보 역할을 수행하였음을 알 수 있다.

삼암사의 위치는 대체로 지리산을 정점으로 순천, 광양, 진주에서 세 솥발처럼 한반도의 남방 중간권역을 비보하고 있다. 남쪽의 변방에 사찰을 건립하면 나라의 큰 비보가 될 것이라는 것은 신라말기 호족세력이 주체가 된 국토의 균형개발론에서 천명되었다. 일반적인 비보 사찰입지는 왕도(王都) 중심이지만 삼암사는 지방의 주요 고을을 중심으로 배치하는 전혀 새로운 입지론이었던 것이다.[40]

호압사(虎壓寺)는 서울 금천구 시흥동 삼성산에 자리잡은 사찰이며, 삼성산은 호랑이 형상을 하고 있다고 해서 호암산이라고도 한다. 조선 개국과 더불어 한양에 궁궐이 건립될 때 풍수적으로 가장 위협이 된 것은 관악산의 불기운과 삼성산(호암산)의 호랑이 기운이었다고 한다. 이에 그림2와 그림3과 같이 삼성산의 기운을 누르기 위해 호랑이 꼬리 부분에 해당하는 자리에 절을 창건하였는데 이것이

39 「仙巖寺重修碑」"惟吾東方多山 佛氏之居若萁 置然最初曰皇龍寺 其盛也以羅之慈藏道詵二國師之先後之也 聞 之古記詵之西學於唐也 曰遇大德焉所冷 神補之區凡三千有五百而 湖南之三巖在焉 曰朗州之龍巖 曰晞陽之雲巖 而 其一爲 昇平之仙巖 盖歸而相之巖"

40 최원석. 2000. 도선국사 따라 걷는 우리 땅 풍수기행. 시공사. 103.

그림3 호압사 법당 외벽 벽화

호압사이다.[41]

둘째의 비보형태는 숲을 통한 비보이다. 비보숲의 문헌적 명칭은 비보수(裨補藪)이며 지방에 따라 숲맥이, 숲쟁이, 수대(樹帶) 등으로 불린다. 비보숲은 성격상 조산숲과 풍수숲으로 나뉘고, 구역상 고을숲과 마을숲으로 구분된다. 비보숲은 조산의 일반적 기능인 장풍, 보허(補虛)와 수구막이 외에도 지기배양, 용맥비보, 수해방지, 흉상차폐 등의 기능을 발휘한다. 보허기능의 숲 중에는 특히 산곡분지의 보허기능은 수구막이 숲으로 일반화되었는데 숲을 이용한 비보는 기능상 경제적이고 실용적이어서 취락의 비보수단으로 널리 사용되었다.[42]

풍수비보 중 비보숲의 조성은 조선시대 이후 국가적 차원에서나 지역적 차원에서 다양한 형태로 나타나고 있다. 세종 30년 음양학 훈도 전수온은 신라가 천년을 지속한 것은 풍수의 비보책을 통해 허결한 기운을 보완했다는 데 있다는 점을 강조하고, 왕업의 지속성을 위해 수구막이로서 조산과 비보숲의 조성을 제안했다.[43]

문종 1년에도 한양풍수의 가장 큰 문제점인 청룡의 허결함을 보완하기 위해 소

---

41 http://www.hoapsa.org

42 장병관, 황보철. 2008. 옻골마을 비보경관의 환경생태적 의미. 한국조경학회지. 36(2). 한국조경학회. 36.

43 「세종실록」30년(1448년) 3월 8일.

나무를 심어 산맥을 비보하였다는 기록이 있으며,[44] 성종 3년에는 중앙정부 차원에서 비보숲이 다양한 측면에서 설치되고 운용되고 있음을 나타내고 있다.[45] 특히 정조 16년(1792년)에 편찬된『목민대방』에 의하면 "임수(林藪)는 고을의 울타리이므로 주산과 안산 그리고 수구에 수풀을 배양하고 지키는 사람을 두어 땔나무를 하는 것을 막아야 한다고 하였으며, 조선시대 읍지의 임수 조에는 각 읍과 동리에 조성되어 취락을 둘러싸고 터전을 지키거나 비보한다고 하고 금령으로 보호한다."[46]라고 하여 비보숲의 기능과 아울러 비보숲 자체가 보호대상이었음을 보여준다.

장동수는 전통숲의 유형을 구분하여 비보숲을 주맥구간 전통숲, 수구막이 전통숲, 조산전통숲, 원지전통숲, 제방전통숲, 기타 유형의 전통숲으로 구분하였고,[47] 송화섭은 고려시대 이후 군현, 취락을 조성하면서 읍치풍수와 마을풍수에서 숲과 연못을 조성한 것은 전통적인 조경방식으로 전통마을 조성에서 마을 입구에 숲과 연못을 조성하고 그 안쪽에 성읍, 촌락을 조성하는 방식은 불교의 택지법이 비보풍수와 결합한 것으로 보았다.[48]

비보의 수단으로서 숲을 조성하게 되면 다른 방법보다 조성이 쉽고, 일단 조성되면 계속 성장하여 비보 효과가 향상되는 장점이 있다. 숲의 조성은 풍수적으로 볼 때 수구막이로 활용할 수도 있다. 우리나라 주거지의 대부분은 후면과 좌우가 산으로 둘러싸인 곳에 입지하는데 이 경우 전면에는 물이 빠져나가 개방된 공간이 형성된다. 풍수의 차원에서는 이 수구가 관쇄되지 않으면 지기가 빠져 나간다고 보아 수구에 인위적인 숲을 형성하는 비보를 행하게 된다.

수구막이숲은 조산기능을 하며, 마을 앞쪽 수구가 공허하여 마을의 지기가 유실되는 것을 방지하기 위한 풍수적 장치물로서 불완전한 마을 공간을 완전한 공

---

44 「문종실록」1년(1451년) 4월 18일.

45 「성종실록」3년(1472년) 2월 23일.

46 박봉우. 2006. 마을숲과 문화. 한국학논집. 33. 계명대 한국학연구소. 202.

47 장동수. 2006. 풍수지리적 배경의 전통숲 조성에 관한 연구. 한국학논집. 33. 계명대 한국학연구소. 54.

48 송화섭. 2001. 풍수비보입석과 불교민속. 한국사상사학. 17. 한국사상사학회. 94-95.

간으로 조성하는 살기 좋은 이상향의 공간, 즉 마을의 우주적인 공간을 조성하는 상징성을 가진다고 보았다.[49]

셋째, 조산(造山)을 통한 비보이다. 조산은 인위적으로 만든 둔덕, 언덕, 산 등이다. 조산비보의 형태는 일반적으로 흙무지형(흙무더기 또는 토괴), 흙무지에 나무를 심은 복합형, 돌무지형(돌무더기, 돌탑 혹은 탑, 누석), 선돌형(입석), 숲형(조산숲, 조산수), 유물전용형, 자연지형의 산을 조산으로 삼은 경우 등이 있다.[50]

『조선왕조실록』에는 가산(假山)으로도 표현되어 있다. 태종 9년 "종묘(宗廟)의 남쪽에 가산을 증축하였다."[51]는 기사가 있는데『사산금표도(四山禁標圖)』에 나타난 가산의 위치를 그림4에서 보면 창경궁 아래 종묘(A)가 있고 그 아래 청계천이 동대문 밖으로 빠져 나가는 위치에 양쪽으로 가산(B)이 있다. 이는 동대문 쪽 수구의 허결함으로 보완하기 위한 인위적인 산인 것이다.

성종 1년에는 한양의 청룡에 해당하는 낙산이 낮을 뿐만 아니라 산맥이 희미하여 나무를 심어 기운을 북돋워야 하는데, 사람들이 많이 이용하여 나무가 없어져 버렸기 때문에 다시 심어 보호하라는 기록이 있다.[52] 이는 숲이 지맥을 보호하는 용도로 사용되었음을 알 수 있다.

넷째, 연못을 이용한 비보이다. 비보못의 일반적 기능은 지기(地氣)를 머물게 하는 데 있다.『장서』에 "생기는 물을 만나면 멈춘다(氣界水則止)."는 원리에 의거하면 입지 앞에 연못이 있으면 지기가 멈추기 때문에 입지 내에 생기가 보존된다는 것이다. 태종 8년에 모화루(慕華樓)의 남지(南池)를 파게 하였고,[53] 선조 30년에는 "숭례문 밖 남지 가에 나아가 중국 사신에게 전별연을 베풀었다."[54]와 "남지는

---

49 위의 논문, 93.

50 최원석. 2004. 한국의 비보와 풍수. 민속원. 247.

51 「태종실록」, 9年 3月 2日(乙巳), "增築假山于宗廟之南"

52 「성종실록」 1年 2月 12日(辛酉), "景福宮青龍 … 請禁之 依舊種木 以培山脈 且崇禮門外池及水口門內 外池 今皆 裡塞 興仁門內造山三處 亦頹毀 請修之"

53 「태종실록」, 8年 4月 22日(庚子), "命鑿慕華樓南池"

54 「선조실록」, 30年 2月 8日(己巳), "上幸崇禮門外南池畔 錢〔餞〕宴沈副使"

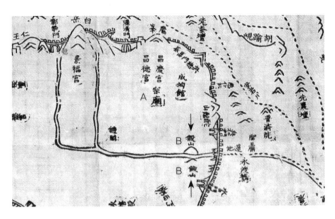

그림4 종묘(A)와 가산(B)
출처: 국립중앙도서관, 「사산금표도」

숭례문 밖에 있는데 연꽃을 심었으며 연지(蓮池)라고 한다[55]."라는 기사에서 남지는 남대문 근처였음을 짐작할 수 있다. 그림5에서 보듯이 숭례문(A) 밖에 남지(B)가 있음을 알 수 있다. 김현욱은 남지가 한양의 부족한 명당수를 확보하기 위한 비보와 관악산의 화기를 진압하는 두 가지 목적을 위해 조성된 것으로 보인다고 하였다.[56]

다섯째, 형국보완을 위한 비보이다. 산천의 모양을 사람, 짐승, 사물, 문자 등에 빗대어 판단하는 것을 형국(形局)이라 한다. 형국은 단독으로 성립하는 경우도 있지만 대부분 짝으로 성립되는 경우가 많다. 뱀 형국의 경우 먹이인 개구리 모양의 사가 앞에 있어야 한다든지, 장군형국의 경우 장군을 따르는 병사, 깃발, 북, 말(馬) 등의 사가 있어야 한다든지 하는 것이 바로 그것이다.

경북 의성군 구천면의 우산동(牛山洞)은 그림6에서 보는 바와 같이 주산이 소가 누워 있는 형상에서 비롯되었다. 형국론에서 소 모양의 혈처는 소의 구유, 뿔,

55 「新增東國輿地勝覽」, 「漢城府」

56 김현욱, 김두규, 김용기. 2002. 조선왕조실록에 나타난 한양의 비보풍수에 관한 연구. 한국정원학회지. 20(3). 한국정원학회. 74.

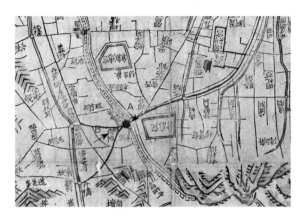

그림5 숭례문(A)과 남지(B)
출처: 국립중앙도서관, 『도선전도(首善全圖)』

젖, 미간, 배, 입, 꼬리 등에 있는 것으로 알려져 있다. 소가 누워 있는 모양일 경우 안산(案山)은 소의 먹이인 적초안(積草案)이 필요한데 이것이 없었다. 따라서 적초 안을 인위적인 조산으로 만들고 느티나무를 심어 소의 먹이가 되도록 했다.

　여섯째, 상징물을 통한 비보이다. 예를 들어 돌로 만든 짐승상, 배의 돛대 모양, 입석(立石: 남근석, 돌탑 등) 등이다. 대구의 경우, 돌거북이 지맥을 이어주는 비보 역할을 하고 있다고 전해진다. 『세종실록지리지』에 "(대구의) 진산(鎭山)은 연구산 (連龜山)이다. 속담에 전하기를 돌거북(石龜)을 만들어서 산등성이에 간직하여 남 쪽으로 머리를 두고 북쪽으로 꼬리를 두게 하여 산기(山氣)를 통하게 한 까닭으로 '연구산'이라 이른다고 한다."[57]고 하였다. 『신증동국여지승람』에도 "연구산은 부 의 남쪽 3리에 있는데 진산(鎭山)이다. 세상에서 전하기를 읍을 창설할 때 돌거북 을 만들어 산등성이에 남으로 머리를 두고 북으로 꼬리를 두게 묻어서 지맥(地脈) 을 통하게 한 까닭에 연구라고 일컬었다."[58]고 하여 거북이 지맥을 연결하는 비보 물임을 말하고 있다.

57　「世宗實錄地理志」, 慶尙道, 慶州府, 大丘郡, 「鎭山連龜 諺傳作石龜藏于山脊 南頭北尾 以通山氣 故謂之連龜」

58　「新增東國輿地勝覽」, 慶尙道, 大丘都護府

그림6 와우형과 적초안
출처: 이재영과 천인호, 2009

그림7에서 보듯이 대구의 연구산은 남쪽에서 올라온 산이다. 대구 남쪽의 비슬산(1083.6m)에서 올라오는 주맥(主脈)은 청룡산(794.1m), 산성산(653m), 앞산(660.3m)을 거쳐 연구산으로 이어진다. 대구는 진산이 대구감영의 남쪽에 위치하고 있기 때문에 이상적인 풍수적 입지라고 할 수 없다. 우리나라의 전통도시는 대개 주산이 북쪽에서 내려오기 때문에 도시가 남향으로 건설되는 것이 보편적이다. 그러나 대구의 경우 주산이 남쪽에 위치하고 있어 통상적인 전통도시와는 발전의 축이 다르다. 따라서 원래 주산(뒷산)이어야 할 산이 대구의 각 건물의 남향을 하게 됨으로써 마치 앞에 위치하는 형태를 가지게 되어 앞산이라고 칭한 것이다.[59]

이에 따라 그림8과 그림9에서 보는 바와 같이 돌거북을 설치하여 앞산의 기운을 대구 시내까지 연결하려는 비보를 시행한 것이다. 특히 거북은 입으로 기운을 빨아들여 꼬리로 내려 보내기 때문에 입을 남쪽으로, 꼬리는 북쪽으로 위치하게 한 것이다.

경북 예천군 예천읍 남산공원 관풍루 앞에는 그림10과 같은 돌자라가 있다. 풍수설에 의하면 호명면 본리 뒷산인 검무산과 종산리 뒷산이 예천읍을 들여다보

---

59 천인호, 2011. 장풍국에서 도시녹화사업의 기온조절효과: 대구광역시를 중심으로. GRI연구논총 13(2). 경기개발연구원. 345.

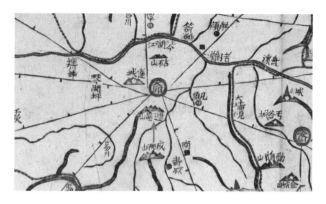

그림7 대구 부성과 연구산(화살표)
출처: 『대동여지도』

그림8 돌거북의 위치(화살표)
출처: 네이버 항공지도

그림9 돌거북

그림10 경북 예천 남산공원의 돌자라

고 있는데 두 산이 모두 예천읍의 화체(火體)가 되어 예천읍에 화재가 자주 났다고 한다. 그래서 남산 위에 돌로 자라를 다듬어 앉히게 되면 두 산의 화기(火氣)를 막게 되어 예천읍의 화재를 예방할 수 있다고 하여 돌로 자라를 다듬어 남산 위 관풍루 주변에 앉혀 놓았다고 한다.

2. 귀문회피의 형태

일본풍수는 귀문을 회피하거나 제(除)하는 것이 중요한 과제였다. 이를 위한 다양한 귀문회피기법이 나타났으나 이를 종합적으로 분석한 결과 대체로 다음과 같은 4가지의 형태가 나타났다. 첫째, 동북 귀문 방위에 절(사찰)을 세우는 행위, 둘째, 신사(神社)를 세우는 행위, 셋째, 동북 방위의 건물 모서리를 함몰시키는 행위, 넷째, 특정한 입지(遊里)를 건설하여 이에 대비하는 등의 행위였다.

첫째, 절(사찰)로써 귀문 방위를 회피한 사례로서는 시가현(滋賀県) 오쓰시(大津市)에 자리한 엔랴쿠지(延暦寺)와 교토에 있는 세키잔젠인(赤山禪院)을 들 수 있다. 두 사찰은 모두 그림11에서 보는 바와 같이 교토황궁의 북동쪽에 위치하여 귀문방을 회피하기 위한 사찰이다. 먼저 엔랴쿠지는 헤이안 초기시대 승려 사이초(最澄, 767~822년)에 의해 788년에 창건된 일본 천태종의 본산 사원으로 교토의 북쪽에 있기 때문에 북령(北嶺)이라고 한다. 간무천황은 헤이안성을 축성하기 전에 이

세키잔젠인과 엔랴쿠지
출처: 구글지도

엔랴쿠지

그림11 세키잔센인과 엔랴쿠지

지역을 확인한 결과 이 땅은 사신상응(四神相應)의 조건을 갖추고 있지만 동북부는 음양도에서 말하는 귀문이며 귀신이 들어오는 방위이므로 귀신의 장난을 진압하기 위해 사이초에게 명하여 황궁과 헤이안성을 수호하기 위한 도장으로 세운 것이다.[60]

한편 세키잔젠인은 888년 엔랴쿠지의 승려였던 엔닌(円仁)이 엔랴쿠지의 별원으로 교토 히에이산에 세운 작은 선원으로 현재와 같은 모습을 갖춘 것은 안네(安慧)에 의해서이다.[61] 교토황궁에서 보면 동북쪽인 표귀문의 방위에 해당한다. 이후 이 사찰은 황실의 신앙이 되어 수학원(修學院) 이궁(離宮)을 조영한 것을 알려진 고미즈노천황(後水尾天皇, 1596~1680년)이 별궁에 행차하면서 신전의 수축과 적산대명신(赤山大明神)이라는 칙액(勅額)을 하사하였다. 그림12에서 보듯이 본전의 기둥에 '황성표귀문'이란 팻말이 있어 황궁의 귀문 방위를 회피하기 위한 사찰임을 알 수 있다.

칸에이지(寬永寺)는 에도시대 도에이잔(東叡山)에 세워졌는데 교토의 히에이잔

---

60 林明德(2003),「京都歷史事件簿」, 遠流出版公司, 37.

61 http://www.sekizanzenin.com

그림12 세키잔젠인과 황성 표귀문

에 대해 에도 동쪽의 히에이잔이라고 하여 도에이잔으로 이름 지어졌다. 칸에이지는 1625년 지겐대사(慈眼大師)에 의해 도쿠가와 막부의 안녕과 만민의 평안을 기원하기 위해 에도의 동북쪽에 해당하는 우에노(上野)의 고원에 건립되었다고 한다.[62] 그림13에서 보듯이 에도의 북동쪽의 귀문을 방어하기 위해 세워진 사찰이 칸에이지는 사찰로써 귀문방을 회피하기 위한 것이다. 칸에이지의 창건기록을 보면 인강에 가람을 건설한 것이 1626년인데 에도성의 동북에 인강의 가람의 산호를 도에이잔이라 명했다.

대승상(大僧上) 천해(天海)가 청원하여 막부가 인강(忍岡, 현재의 上野)의 땅을 내려 주

---

62 http://kaneiji.jp/history

에도성의 귀문방에 위치한 칸에이지
출처: 구글지도

칸에이지 전경
출처: 천인호, 2013년 6월

그림13 칸에이지

어 가람을 창건하였다. 그 취지는 옛날 간무천황이 헤이안성(平安城)에 도읍을 정할 때 전교대사(傳敎大師)가 황성의 귀문에 해당하는 히에이잔(比叡山) 영지(靈地)에 가람을 조영하였다. 수도를 진호하는 땅에 천여 년 간 황위(皇位)의 장구함을 기원하였고 지금도 이루어지고 있다. 이에 비유한다면 인강는 에도성의 귀문이다. 인강이 영승한 땅임은 히에이잔과 같기에 천해(天海)는 여기에 칠당가람(七堂伽藍)을 세워 국가안전과 무운의 번영을 기원하였다.[63]

도에이잔는 히에이의 이름을 따른 것으로 동쪽의 히에이라는 의미이다. 사찰 이름을 칸에이지라고 한 것은 칸에이지라는 당시의 연호에 의한 것이다. 에도시대에는 에도성의 동북 귀문을 회피하기 위해 도에이잔 칸에이지라고 하게 된다.

둘째, 귀문방에 신사를 세워 귀문방을 회피하고자 한 행위로 후쿠오카 야나가와시(柳川市)에 위치하고 있는 미하시라신사(三柱神社)를 들 수 있다. 미하시라신사는 야나가와번 초대 번주 다치바나 무네시게(立花宗茂)의 송음령신(松陰靈神),

---

63 「大猷院御殿實記」卷五.

그의 부인인 긴치요(閨千代)의 서옥령신(瑞玉靈神), 장인인 벳키 도세쓰(戸次道雪)의 매악령신(梅岳靈神), 이렇게 3신을 모셨다고 하여 미하시라신사(三柱神社)라고 한다. 1826년 9대 번주 다치바나 아키가타(立花鑑賢)가 창건하였다. 미하시라신사는 번조(藩祖)를 제사하는 신사이기도 하지만 그림14에서 보듯이 야나가와성의 동북 귀문 방위에 위치한 사찰이다.[64]

이시카와현(石川縣) 고마츠(小松)에 위치한 고마츠성(小松城)의 경우 귀문 방향(북동쪽)에 그림14와 같이 고마츠텐만구(小松天満宮, 당시는 梯天神梯)를 건립하였다. 고마츠텐만구는 가가번(加賀藩)의 3대 번주(藩主) 마에다(前田利常)가 1657년에 건축한 것인데 그 목적은 고마츠 성, 가나자와 성 귀문의 선상에 정확하게 만들어 귀신(怨靈)으로부터 카가번을 지키려는 것이었다.[65] 당시에는 질병, 지진, 태풍 등의 천재지변이 원혼 때문이라고 생각하였는데 가장 두려워했던 방위가 귀문 방위였다. 고마츠텐만구는 귀문회피를 위해 축조된 가가번의 매우 중요한 신사였다.

나가노현(長野縣) 우에다시(上田市)에 있는 우에다성(上田城)은 1583년 축성된 평성이다. 이 성 역시 북동 방위의 귀문을 회피하기 위해 하치만구(八幡宮)를 건립하여 우에다 성과 마을을 진호하고 있다.

셋째, 귀문방을 인위적으로 함몰시켜 귀문을 회피하는 사례이다. 북동쪽의 지형이나 건물의 모퉁이를 함몰시켜 귀문을 방어하거나 기피하는 것이다. 이는 도케이 마쓰우라(松浦東鶏, 1801년)의 가상과 관련한 서적에서도 확인되는데 그림15에서 보이는 것처럼 전체 건물에서 동북쪽을 인위적으로 함몰시키는 것을 이상적인 것으로 보고 있다.

이와 유사한 사례로 오이타현 일출성은 에도시대 1602년 초대 번주 기노시타

64　永松義博・日高英二(2009),「水郷柳川における歴史的庭園の現況と保存に關する研究」,「南九州大學硏報」, 39(A), 南九州大學, 31.

65　宮下幸夫, 2007. 三代利常の城下町・小松. 金大考古. 59. 金澤大學. 19.

야나가와성의 귀문방에 위치한 미하시라신사
출처: 구글지도

미하시라신사

고마츠성의 귀문방에 위치한 고마츠텐만구
출처: 구글지도

고마츠텐만구

우메다성의 귀문방에 위치한 하치만구
출처: 구글지도

하치만구

그림14 귀문방에 위치한 신사

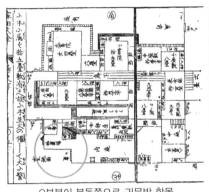

O부분이 북동쪽으로 귀문방 함몰

출처: 松浦東鷄. 家相圖說大全. 1801

일출성의 귀문방위 함몰

출처: 大分県. 日出町観光協会

그림15 귀문방 함몰

(木下)가 축성한 것으로 알려져 있는데 그림15에서 보는 바와 같이 동북쪽을 의도
적으로 함몰시켜 귀문 방위를 회피하고 있다. 이러한 형태를 귀문노(鬼門櫓)라고
한다. 원래 노(櫓)란 일본의 성곽에서 망을 보는 망루를 의미한다. 노는 단순히 귀
문의 방위에 존재하는 하는 것이 아니라 노 자신을 귀문의 모서리의 튀어나온 부
분(隅角部)에 의도적으로 모자라게 하여 오각형 평면의 구조로 만드는 것이다. 귀
문노라는 명칭은 에도시대 『정보성회도(正保城繪圖)』에도 그 존재가 확인되는데
노뿐만이 아니라 돌담을 깎는 것 등도 귀문을 의식한 구조이다.[66]

　　나가노현 우에다시에 있는 우에다 성의 본성은 동서로 뻗은 직사각형이지만
북동쪽 모퉁이만 귀문을 피하기 위해 함몰된 구조를 하고 있다. 우에다 성 혼마루
(本丸)와 니노마루(二の丸)의 흙으로 쌓아올린 성채(土塁)도 북동쪽이 함몰되어 있
다. 이 역시 북동 방위의 귀문을 회피하기 위해 봉인한 것이다.

　　교토는 794년 간무천황(桓武天皇)이 천도한 이래 1869년 메이지유신에 따른 동
천(東遷)까지 천년 이상을 사실상 일본의 도읍으로 기능하였다. 교토황궁(京都御

---

66 三ツ股正明. 2005. 日出城鬼門櫓と縣内城郭建築遺構. 大分縣地方史. 68. 大分県地方史研究会.

所)은 1331년 교토에 건설된 궁전으로 1855년 헤이안 시대의 건축양식에 따라 재건하였다. 건물의 북동쪽을 의도적으로 함몰시켜 귀문 방위를 회피하고 있는데 이는 그림16의 교토황궁의 안내판에서도 선명하게 나타난다.

히가시혼간지(東本願寺)는 진종대곡파(眞宗大谷派)의 본산으로 정식명칭은 진종본묘(眞宗本廟)이다. 1321년 본곡본원사(本谷本願寺)로 창건되어 1602년 히가시혼간지로 개칭되었다. 니시혼간지(西本願寺)는 정토진종본원사파(淨土眞宗本願寺派)의 본산으로 정식명칭은 용곡산(龍谷山) 본원사(本願寺)이다. 히가시혼간지와 함께 1321년 본곡본원사로 창건되어 1591년 니시혼간지로 개칭되었다. 그림 17과 같이 하가시혼간지와 니시혼간지는 사찰의 구조는 다르지만 모두 북동쪽을 인위적으로 함몰시켜 귀문 방위를 회피하고 있다.

넷째, 귀문회피의 또 다른 형태는 특수한 입지를 하여 귀문방을 회피하는 유형이다. 일본에서 유리(遊里)란 일정한 구획을 나누고 창녀 또는 가게가 모여 있게 한 지역으로, 유곽(遊廓) 또는 색리(色里)라고도 한다.[67] 에도의 요시하라는 에도 막부가 개설된 이후인 1617년 니혼바시(日本橋) 후키야쵸(葺屋町, 현재 日本橋人形町)에 유곽이 허가되어 막부가 공인한 요시하라유곽이 탄생하였다. 이후 대화재(1657년) 후 일본제(日本提)로 이전하여 전자를 원요시하라, 후자를 신요시하라라고 부른다.[68] 그림18에서 보듯이 원요시하라는 에도성에서 볼 때 동북쪽 귀문방에 해당한다.

교토의 시마바라(島原)는 도요토미 히데요시가 교토 재건을 위해 1589년 개장한 교토 최대의 막부가 공인한 최대의 유곽이다. 1641년 시모교구(下京區, 당시 朱雀路)로 이전하였다. 시마바라는 교토황궁에서 볼 때 남서쪽에 위치하고 있는데, 교토의 경우 북동쪽은 엔랴쿠지와 세이칸젠인과 같은 사찰을 두고 남서쪽은 유리를 두어 귀문 방위를 회피하고 있는 것이다.

---

67 三省堂,「国語辞書ーエキサイト辞書」,「遊里」.

68 石井良助(2012),「吉原公儀と悪所」, 明石書店, 13-14.

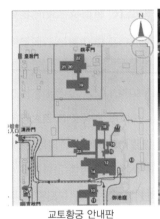

교토황궁 안내판
출처: http://www.kunaicho.go.jp/

교토황궁의 귀문방 함몰
출처: 천인호, 2013년 6월

그림16 교토황궁의 귀문방 함몰

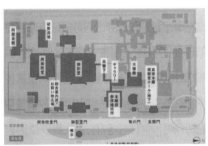

히가시혼간지 안내도

히가시혼간지 북동쪽 함몰

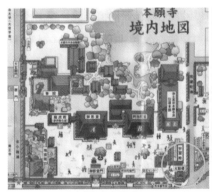

니시혼간지 안내도

니시혼간지 북동쪽 함몰

그림17 귀문방 함몰의 사례

가나자와(金澤)의 히가시차야(東茶屋)는 가나자와 3대 차야(로차야, 도시차야)로 알려져 있다. 에도시대 성하정 근처에 흐르는 사이가천(犀川), 아사노천(浅野川) 양 경계에 많은 차야가 설립되었는데 1820년 가가번의 허락을 얻어 사이가천 서쪽에는 자야마치(茶屋町)가, 아사노천 동쪽에는 히가시차야가 함께 열렸다. 그리고 로차야(西茶屋)는 가나자와 가가번 12대 영주 마에다의 공인을 얻어 히가시차야와 함께 만들어졌다. 가나자와성을 중심으로 볼 때 북동쪽은 히가시차야가 남서쪽은 로차야가 자리하고 있는데 이 두 개의 차야는 모두 귀문방에 해당한다.

유리는 도시 내에 있는 폐쇄적인 특별한 공간으로 이계적(異界的), 주술적인 관념을 가지고 위치선정을 한 경우도 있었다고 볼 수 있다. 악소(惡所)의 일종인 유리는 비일상적인 공간으로 성(性)의 공간이기 때문에 보통의 이계적인 의미를 가지고 영역의 결계성과 밀접하게 연관된다. 따라서 귀문방의 불길한 방위에 이계적 공간적인 장치로서의 의미를 가지게 되는 것이다.

V. 결론

한국에서의 비보풍수의 전개는 나말려초 도선국사에 의한 것으로 알려져 있는데 고려시대에는 국가적 사업으로 비보가 시행되기도 하였고, 조선시대에는 도읍, 읍치 등의 건설에 있어서 비보적 기법이 동원되기도 하였다. 주된 비보의 형태는 사찰과 사탑의 건립, 숲의 조성, 조산의 조성, 연못 조성, 형국보완 등 지세를 보완하기 위한 측면의 비보들이었다.

반면, 일본의 귀문회피는 한국과 같이 다양한 방법으로 나타난 것이 아니라 귀문방이라는 특정한 방위의 불길함을 다스리는 형태로 진행되었다. 주된 귀문회피의 형태는 동북 방위에 사찰 건립, 신사 건립, 귀문방의 인위적 함몰, 유리와 같은 특수한 입지 설치 등으로 주로 방위를 보완하기 위한 측면이 강하게 나타났다. 이는 결국 양국에 적용되었던 풍수이론이 서로 상이함을 의미한다. 즉, 중국에서

에도성과 요시하라

출처: 구글지도

에도성과 요시하라

출처: 『世界文化社』, 「写真で見る幕末 · 明治」

교토황궁과 시마바라

출처: 구글지도

시마바라

가나자와성과 히가시차야, 로차야

출처: 구글지도

히가시차야

로차야

그림18 유리를 설치하여 귀문방을 진호한 사례

발생한 풍수가 한국과 일본에 전파되는 과정에서 서로 상이한 적용과정을 거쳤다고 추측할 수 있다.

이렇게 판단하는 이유로, 한국풍수가 형세적인 측면을 중시하고 있는데 이는 조선시대 잡과 지리업 선발과목이었던 『청오경』, 『금낭경』, 『감룡경』, 『의룡경』, 『명산론』 등이 음택을 위주로 한 형세적인 내용이고, 『지리신법』만이 유일한 이기론이었으나 이것도 역시 음택을 위주로 한 내용이다. 반면 일본의 경우 『작정기』는 비록 정원을 만드는 이론이지만 이 속에는 양택과 관련한 다양한 풍수이론이 있으며, 『작정기』의 풍수적인 내용의 상당부분은 『황제택경』에서 유래한 것으로 보인다. 또한 이후의 일본풍수의 고전인 『보궤내전(簠簋內傳)』, 『제잡오성음양등택도경(諸雜五姓陰陽等宅圖經)』, 『신찬음양서(新撰陰陽書)』, 『태자전옥림초(太子傳玉林抄)』, 『박문록(博聞錄)』 등도 『작정기』의 내용과 유사하며 대부분 양택과 관련한 풍수서이다. 이들 풍수서의 공통점으로 특히 귀문방에 대한 금기사항을 지적하고 있다. 따라서 일본풍수는 양택이론이 양기이론으로 전화된 것으로 볼 수 있을 것이다.

결국 동일한 풍수이론이 중국에서 수입되어 한국은 음택풍수가 주류를 이루었고 이것이 양택과 양기에도 적용되었지만, 일본은 양택풍수가 주류를 이루었고 이것이 양기에도 적용되었다는 차이점을 보인다. 이러한 차이점이 양국에서 비보와 귀문회피라는 형태가 각기 다른, 즉 한국의 비보는 형세비보가 주종이었으나 일본은 방위비보가 주종이라는 차이점으로 나타난 것으로 보인다. 물론 한국에도 방위비보가 있었고 일본에서도 형세비보가 있었지만 그 주된 비보의 형태가 한국은 형세비보, 일본은 방위비보라는 점이다. 또한 한국의 형세비보는 그 형태가 숲, 사찰, 사탑, 조산, 지명 등 다양하고 복잡한 반면, 일본의 방위비보는 귀문 방위에 사찰이나 유리를 설치하거나 귀문방의 건물의 모퉁이를 함몰시키는 등의 차이점이 나타내고 있다.

현재 일본의 양택풍수에서도 귀문방에 불결한 시설(화장실, 욕실 등)을 하지 않는다던가, 귀문방에 창을 내지 않는다던가, 귀문방에 창이 있을 경우 화분 등을 둔다던가 하는 다양하고 진전된 귀문회피 방식들이 적용되고 있다.

풍수는 중국에서 발생하여 동아시아 각국에 전파된 것이 정설로 여겨진다. 그러나 그 전파과정에서 각국은 지리적, 환경적 요소에 따라 각기 다른 이론을 선호하게 되었고 이것이 결국은 한국과 일본의 비보와 진호의 차이로, 지세비보와 방위진호의 차이로 등장한다. 따라서 풍수의 이론이 시대와 국가를 막론하고 일의적(一意的)인 것이 아니라 시대와 국가에 따라 다양하게 전개되었음을 의미한다.

賈思勰, 齊民要術.	淮南子.
錦囊經.	靑烏經.
東文選.	黃帝宅經.
大東輿地圖.	吉田元祐, 方鑒秘訣集成
發微論.	大猷院御殿實記
雪心賦.	首善全圖.
新增東國輿地勝覽.	日本書紀.
說郛.	作庭記.
王觀國, 學林.	苗村三敲. 1801. 宅經小鑑.
王充, 論衡.	白井爲賀. 陰陽方位便覽.
李石, 續博物志.	松浦久信. 方鑒精義大成.
人子須知.	松浦琴鶴. 1832. 方鑑口訣西.
周易.	松浦琴鶴. 1840. 家相秘傳集.
朝鮮王朝實錄.	松浦東鷄. 1801. 家相圖說大全.

권선정. 2003. 비보풍수와 민간신앙. 지리학연구 37(4). 대한지리학회.

김두규. 2005. 풍수학사전. 비봉출판사.

김상태. 2011. 9세기 한·중의 풍수사상과 밀교경전에 의한 도선국사의 비보가람 입지연구. 동북아문화연구. 28. 동북아시아문화학회.

김의숙. 2003. 비보풍수 연구. 강원민속학 17. 강원도 민속학회.

김현욱, 김두규, 김용기. 2002. 조선왕조실록에 나타난 한양의 비보풍수에 관한 연구. 한국정원학회지 20(3). 한국정원학회.

박봉우. 2006. 마을숲과 문화. 한국학논집 33. 계명대 한국학연구소.

서윤길. 1976. 도선 비보사상의 연원. 불교학보 13(1). 불교문화연구원.

송화섭. 2001. 풍수비보입석과 불교민속. 한국사상사학 17. 한국사상사학회.

와타나베 요시오. 이화 옮김. 2010. 동아시아 풍수사상. 이학사.

이재영, 천인호. 2009. 풍수비보의 적용사례 연구: 경상북도 의성군 구천면을 중심으로. 민족문화논총 41. 영남대 민족문화연구소.

이훈, 정옥헌. 2008. 일본 고산수 정원의 구성 및 상징성에 관한 연구. 건설기술논문집 27집 2호. 충북대 건설기술연구소.

윤홍기. 2001. 한국풍수지리설과 불교신앙과의 관계. 역사민속학 13(1). 한국역사민속학회.

장동수. 2006. 풍수지리적 배경의 전통숲 조성에 관한 연구. 한국학논집 33. 계명대 한국학연구소.

장성규. 2009. 황제택경의 문헌적 연구. 건축역사연구 18(6).

장병관, 황보철. 2008. 옻골마을 비보경관의 환경생태적 의미. 한국조경학회지 36(2). 한국조경학회.

천인호. 2011. 장풍국에서 도시녹화사업의 기온조절효과 : 대구광역시를 중심으로. GRI연구논총 13(2). 경기개발연구원.

최원석. 2000. 도선국사 따라 걷는 우리 땅 풍수기행. 시공사.

최원석. 2001. 비보의 개념과 원리. 민족문화연구 34. 고려대 민족문화연구원.

최원석. 2002. 한국의 비보풍수론. 대한지리학회지. 37. (2). 대한지리학회.

최원석. 2002. 한국의 비보풍수에 관한 시론. 탐라문화 22. 제주대 탐라문화연구소.

최원석. 2004. 사찰입지 선정의 역사적 경향과 비보사찰. 불교문화연구 4. 한국불교문화학회.

최원석. 2004. 한국의 비보와 풍수. 민속원.

林明德. 2003. 京都歷史事件簿. 遠流出版公司.

宮下幸夫. 2007. 三代利常の城下町・小松. 金大考古 59. 金澤大學.

渡邊欣雄. 2010. 日本風水史. ICCS Journal of Modern Chinese Studies Vol. 2(1).

渡邊欣雄. 1994. 風水思想と東アジア. 人文書院.

牧尾郎海. 1994. 風水思想論考. 山喜房佛書林.

文部省迷信調査協議會編. 1949. 迷信の實態. 技報堂.

北地祐幸, 渡邉貴介, 村田尚生. 1998. 江戸期における遊里の全国的分布と城下町内立地の特性に関する研究. 都市計画論文集 No.33. 日本都市計画学会.

石井良助. 2012. 吉原公儀と惡所. 明石書店.

三省堂. 2013. 国語辞書－エキサイト辞書.

三ツ股正明. 2005. 日出城鬼門櫓と縣内城郭建築遺構. 大分縣地方史. 大分県地方史研究会 68.

水野杏紀. 2008. 新井白石鬼門說について:飜刻と註解. 人文學論集 26. 大阪市立大學.

水野杏紀. 2009. 東北鬼門と東アジア的空間構成 －時間を空間に配す－. 日本建築學會大會學術講演梗概集. 日本建築學會.

永松義博, 日高英二. 2009. 水郷柳川における歷史的庭園の現況と保存に關する研究. 南九州大學研報. 39(A). 南九州大學 31.

林淳. 1998. 陰陽道と方位. 建築雜誌. 113(1417).

曾我とも子. 2010. 神戸福原における安德天皇新內裏の位置についての考察. 岡山大學大學院社會文化科學研究科紀要 29. 岡山大學大學院.

戶矢學. 2005. 日本風水. 本戶出版.

黃永融・本多昭一. 1994. 日本の家相に於ける鬼門に對する反論. 日本建築學會大會學術講演概集. 日本建築學會.

村多あが. 1998. 江戸時代の家相論. 建築雜誌. 113(1417).

村多あが. 1998. 江戸時代中・後期の住まいについての研究. 東京家政學院大學紀要 38. 東京家政學院大學.

上田市. 上田市文化財マップ. http://museum.umic.ueda.nagano.jp/map

http://kaneiji.jp/history

http://www.hoapsa.org

http://www.kunaicho.go.jp

http://www.sekizanzenin.com

Abstract

Bibo in Korea Pungsu and Kimon Evasion in Japan Pungsu

Cheon, Inho

Professor,
Dongbang culture graduate university

Keywords: Pungsu, Japan Pungsu, Korea Pungsu, Bibo, Kimon, Kimon evasion

The purpose of this study is to demonstrate that Pungsu of having been transmitted to Korea and Japan after having occurred in China, can be applied mutually and differently depending on a situation of each country, by discussing Kimon in Japanese Pungsu and diverse techniques for avoiding this.

In Japanese Pungsu, Kimon (鬼門) is regarded as the most inauspicious compass as it means the northeastern compass. It related to Pungsu is shown in 『Whangjetaekkeng (黃帝宅經)』 (China's ancient book of judging good or ill luck of housing construction and repair). In Japan, a record on Kimon appears in 『Sakuteiki (作庭記)』 (Japan's ancient Pungsu book related to a work of decorating a garden), which was compiled in the 11th century. As a result of this study, a type on Kimon Evasion was indicated to be largely 4 kinds. They were as follows. 1) Act of building Buddhist temple in the northeastern Kimon compass and 2) shrine (神社). 3) Ruining corner of building in northeastern compass. 4) Constructing specific position (遊里) to remove bad-looking in the northeastern compass.

Korea's Bibo changes bad land into good land. On the other hand, Japan's Kimon Evasion is being developed to the direction of controlling north-east, which is specific compass. While Bibo was shown diversely such as forest, Buddhist temple, artificial hills, and geographical name, Kimon Evasion was being shown in the relatively simple form such as installing Buddhist temple, red light districts, and ruining building corner in Kimon compass. Ultimately, the Pungsu theory, which happened in China, was selected in Korea in the geomantic aspect of focusing mainly on Eumtaek (陰宅), and in Japan in the compass-based aspect of focusing mainly on Yangtaek. This seems to have been indicated to be difference between Bibo and Kimon Evasion.

오키나와의
포호 개념과 마을숲

A Study on Hougo Concept and Village Forest
in Okinawa

시부야 시즈아키
일본 중부대학교 교수

I. 서론

일본 오키나와제도에는 풍수사상과 관련해 '포호(抱護)'라는 독특한 개념으로 형성된 마을숲이 존재하는데 제2차 세계대전 이전에는 오키나와 각지에 있었다고 한다. 학술적으로 '포호림(抱護林)'이라고도 하는데 오키나와 근세 취락의 중요한 구성요소를 이루고 오키나와 특유의 마을숲으로 여겨진다. 그럼에도 불구하고 마을숲의 정의에는 애매한 부분도 있고 충분히 검토되지 않은 면이 있다.

근래에 일본 학계의 일본풍수 연구는 오키나와에 집중되고 있으며, 오키나와는 중국의 정통적 풍수가 전해지고 번성한 유일한 지역으로 평가받는다. 특히 오키나와는 18세기 이래 촌락의 형태가 크게 변하면서 '풍수의 촌(村)'이 되었다. 취락의 재편과 이동, 토지의 생산성 증대, 치산치수, 임업 및 식목 정책 등을 골자로 한 유구 왕조의 공간환경 개혁은 풍수의 논리가 주요하게 적용된 것이었다.

이 글은 포호의 개념에 관한 문헌연구를 바탕으로 오키나와 이도(離島) 지역에 있는 포호 숲 사례를 통해 숲의 특징을 소개하고 향후 연구 방향에 대해 고찰하고자 한다.

II. 오키나와 지역의 개요와 근세 취락

현재 일본 오키나와현에 귀속된 오키나와 본섬과 주변의 여러 섬들, 미야코제도

그림1 일본 오키나와 지역 지도

(宮古諸島), 야에야마제도(八重山諸島) 등은 근대까지 류큐왕국이 지배한 영역이다. 제2차 세계대전 중 오키나와 본섬을 중심으로 커다란 전재(戰災)를 겪은 후 미군 점령 하에 놓였다가 1972년 일본으로 복귀한 지역이기도 하다. 오키나와현은 일본 서남단에 위치하며, 가장 서쪽에 있는 야에야마제도 요나구니(與那國)섬은 대만에서 거리가 대략 100km밖에 안 된다(그림1). 오키나와현은 북위 25도 부근에 위치하기 때문에 일본 본토에 비해 따뜻하다. 현청(縣廳) 소재지인 나하(那覇)의 경우, 1월 평균기온이 15℃를 넘어 '일본의 아열대'라 불리기도 하며 식생도 일본 본토와 차이가 크다.

류큐왕국은 15세기에 오키나와 본섬을 중심으로 성립하여 1879년 '류큐처분(琉球處分)'에 의해 일본 오키나와현에 편입되기까지 존속하였다. 16세기까지 명나라와 조공무역을 중심으로 한 거국적 교역을 통해 번영하였다. 하지만 1609년 현재 가고시마에 있던 사츠마번(薩摩藩)의 시마즈(島津)에게 침입을 받은 이후 일본의 도쿠가와 막부(德川幕府)에 간접적으로 속하면서 명, 청과 조공관계를 유지하는 양속(兩屬)관계에 놓인다. 이와 같은 역사적 배경에서 언어적으로는 일본에 매우 가깝지만 문화적으로 여러 측면에서 일본 본토 문화와 다른 특징을 보인다.

오키나와의 취락은 역사적으로는 중세 취락(산이나 비교적 표고가 높은 곳에 입지해 부정형 형태를 가짐)에서 근세 취락(평지에 입지하여 격자상 가로망을 가짐)으로 이행했다고 생각된다. 현재 오키나와에 존재하는 오래된 취락은 근세 취락의 특징을 보인다. 근세 취락에는 마을을 지키는 '우타키(御嶽)'라는 성지가 마을 뒤쪽이나 배후에 있는 산 속에 위치한다. 우타키 주변에는 마을에서 중심 역할을 하는 집이나 '노로', '가미쓰카사'라 부르는 신녀(神女)가 사는 집이 위치했다. 이 글에서 소개하는 포호 숲은 이런 특징을 갖는 마을에서 보이는 숲이다.

III. 오키나와의 포호 개념과 식수 임지관리

1. 채온의 육림정책과 포호

오키나와에 있어 마을 주민들이 관리해 온 마을숲은 류큐왕조 시대에 중국에서 전래된 풍수사상과 관련된 포호 개념으로 설명되는 경우가 많다. 포호라는 개념은 독특한 것이며 한국풍수에서 임지의 보전과 관련되는 '비보(裨補)'와 아주 유사하지만 약간 다른 의미를 가진다.

『오키나와 대사전(沖縄大辭典)』의 포호 항목을 보면 포호는 "특정 장소를 풍수해(風水害)로부터 보호하기 위한 시설(삼림, 지형)을 가리키는 역사적 용어로 풍수사상에 토대를 두고 지형적 개념을 가진 것"이라 한다. 또한 "산기(山氣)가 빠지지 않도록 모든 산을 서로 둘러싸고 있는" 상태나 조림지를 보호하는 삼림지대를 가리킨다고 말한다.

포호의 개념 형성에 있어 큰 역할을 한 인물이 채온(蔡溫, 1682~1762년)이다. 채온은 중국 푸저우(福州)에서 지리(풍수지리)를 배우고 귀국한 후 삼사관(재상)을 지냈다. 그는 근세 류큐에 커다란 발자취를 남긴 정치가이며 탁월한 기술자다. 업적은 폭넓게 걸쳐 있는데 그중 하나가 풍수사상에 의거한 식림, 육림 기술을 개발한 것이다. 그 기술을 토대로 조림, 치수 등 대규모 국가사업을 추진하였다. 특히 채온이 활약한 18세기는 류큐왕조의 임야개혁이 실시되고 소마야마(杣山)가 제도로 확립된 시기였다. 소마야마란 왕이 사용하는 질 좋은 목재나 공공용재(公共用材), 농민용 용재 등을 보호육성하기 위해 류큐왕조 지도 하에 산을 마을 단위로 관리하는 것이다.

채온은 1737년에『소마야마법식장(杣山法式帳)』을 편집하고 그것을 한문으로 나타낸『산림진비(山林眞秘)』를 저술했다. 여기서 채온은 삼림 육성에는 토양보다 산형(山形)이 중요한 영향을 미친다는 것을 지적하였고, 오키나와의 기후 특수성인 여름의 태풍이나 계절풍을 고려하였다. 또 "여러 산이 서로 에워싸 보호하고 산기가 빠져나가지 못하는 완만한 경사지"가 삼림을 육성하는 데 가장 적합하다고 주장하면서 포호가 견고한 것을 중요시했다.

『소마야마법식장』에서는 산기가 빠져나가지 않도록 산들이 소마야마 부지를 에워싸는 것을 포호라고 하였다. 특히 산들의 좌우 끝이 옷소매를 합친 것처럼 되어 있는 상태를 '포호의 폐(閉)' 혹은 '포호폐구(閉口)'라 하였는데 여기에 나무를 심어 육성하고 산기가 빠져나가지 못하게 하면 나무들이 잘 성장한다고 여겼다. 그 점에서 포호란 식수(植樹)로 산기를 밀폐하는 것이라 할 수 있다. 채온은 그 후 『수리지리기(首里地理記)』 등에서도 식수에 의해 기가 보호된다고 설명하였다. 이러한 포호 개념은 오키나와에서 널리 받아들여졌고 늦어도 18세기 후반부터는 마을 주위의 숲 혹은 대지 주위에 있는 울타리를 각각 촌포호(村抱護), 옥부포호(屋敷抱護) 등으로 부르게 되었다.

2. 각종 문헌에 나타난 포호 개념과 숲

포호 개념은 류큐왕조 시대의 『풍수견분기(風水見分記)』 등 각종 문헌에 나타나며 숲이나 나무와 관련해 기술된 경우도 많다. 예를 들면 1864년에 정양좌(鄭良佐)가 펴낸 『북목산풍수기(北木山風水記)』는 오키나와 야에야마제도 마을을 풍수적 관점에서 조사한 기록이다. 『북목산풍수기』는 주로 각 마을의 풍수적인 평가와 환경 개선에 대한 지시이다. 구체적으로는 마을마다 설치된 관청인 번소(番所)의 대지 방위에 대한 판단, 번소 주위 도로나 수목 등의 상황과 개선에 대한 지시, 이어서 취락 안의 도로, 수목, 배수 등에 대한 자세한 지시로 이루어진다.

『북목산풍수기』에는 포호라는 단어가 자주 등장한다. 특히 마을이나 번소, 가옥 주위 지형이나 수목에 의한 포호에 대해 상세하게 검토한다. 마치다 무네히로(町田宗博)와 츠즈키 아키코(都築晶子)에 의하면 이 책에는 『소마야마법식장』 등을 통해 알려진 채온의 포호와 식수사상이 농후하게 나타난다. 한편 정양좌는 포호 생태를 유지하기 위해 나무를 반복하여 심을 것을 지시하는데 그 연원은 중국의 풍수사상과 그것을 이용한 채온의 산림법에서 유래함을 시사하고 있다.

『북목산풍수기』에서는 풍수적 결함을 개선하는 방법으로 식수의 활용을 매우 빈번히 제시한다. 주위에 산이 없거나 낮을 경우, 혹은 공혈(空穴)이 있어서 포호지정(抱護之情)이 없다고 인정되는 경우에 대해 식수를 위주로 하는 개선을 지시한다. 이와 같은 식수 지시는 마을 관청인 번소 주변이나 마을 주위가 많다. 취락 주변 공간에 대한 경우 취락을 에워싸는 외벽을 만들도록 하는 식수 지시도 볼 수 있다.

풍수적 결함이 별로 없는 공간에 대해 식수가 지시되기도 한다. 종합적으로 마을 주위 전체를 산이나 나무들이 에워싸는 것을 목표로 한다고도 생각된다. 역으로 산이 낮게 있는 '요함(凹陷)'의 경우나 차단하는 것이 없는 상태를 나쁜 것으로 평가하는 것 같다. 이것 역시 자주 등장하는 포호라는 개념이 강하게 영향을 준 것이라 판단된다. 여러 가지 공극(空隙)을 전부 메우려는 의도도 인식된다. 예를 들면 "어느 방위에서 어느 방위에 이르기까지 풍수적 결함이 있으면 그림을 참조하여 수목을 (많이) 심고 포호해야 한다."는 문장이 반복된다.

이렇게 『북목산풍수기』를 통해 포호라는 상태를 왕성히 하기 위해 마을 주위 등에 나무를 심어야 한다는 발상을 알 수 있다. 또한 오키나와에 전래된 풍수사상과 포호 개념이 일체가 되어 있음을 알 수 있다.

『풍수견분기』가 아닌 문헌에도 포호와 수목에 관한 내용을 볼 수 있다. 1858년 『옹장친방팔중산도규모장(翁長親方八重山島規模帳)』에는 번소나 바닷가, 대지 주위 등에 포호를 해야 한다는 서술이 있다. 만약 포호를 하지 않으면 풍수에 지장이 있을 뿐만 아니라 풍우가 강할 때 인가나 전답에 손해가 발생하기 때문에 이같은 곳에 식림을 하여 견고하게 포호를 해야 한다는 것이다.

Ⅳ. 오키나와 이도 지역에서 본 포호와 숲

오키나와 이도 지역, 특히 야에야마제도나 미야코제도의 일부 섬는 포호 개념으로 설명되는 숲이나 그 흔적이 남아 있다. 두 가지 사례를 소개하면서 포호 개념과 마을숲에 대해 고찰해 본다.

1. 소실된 이시가키섬 히라에, 마에사토의 포호 숲

히라에, 마에사토는 야에야마제도 이시가키섬(石垣島)에 위치한 취락으로 비교적 평탄한 지형에 입지한다. 동서로 달리는 도로 북쪽에 히라에(平得), 남쪽에 마에사토(眞榮里)가 있다. 이 마을들을 19세기 고지도에서 확인하면, 격자상 가로로 구성된 마을 주위와 마을 경계가 되는 두 개의 도로를 따라 수목과 같은 표시가 있어 포호 개념으로 설명 가능한 숲이 있었다는 것을 추측할 수 있다(그림2). 그러나 현재 그 숲은 소실되었다.

이시가키시 시사편찬실의 『야에야마사진장(八重山寫眞帳)』에 게재된 것으로, 제2차 세계대전 말기 때 찍은 히라에, 마에사토 마을의 항공사진에서 취락 거주지역은 일정한 거리를 두고 포호 숲이라 생각되는 숲이 마을을 둘러싸고 있음을 볼 수 있다. 이 숲은 마을 북쪽에서 마을을 지키는 성역(聖域)인 우타키 숲과 접하여 연결되어 있다(그림3). 현대 지적도로 숲이 있었던 곳의 필지를 상세히 검토하면 그림4와 같다. 그림을 보면, 마을 중앙을 동서로 통하는 도로 북쪽이 히라에, 남쪽이 마에사토 마을이다. 대체로 도로가 격자 모양으로 되어 있는 곳이 마을 거주지역이며 가옥들이 나란히 세워져 있다. 야에야마제도에서는 1737년 지할토지제도(地割土地制度)의 영향을 받았으며, 특히 1771년의 명화(明和)시대 쓰나미(津波, 해일) 이후 신설된 마을들은 이와 같은 격자 모양의 지역구분이 이루어져 현재까지 남아 있다.

마을들의 거주지역 주위에 약간 거리를 두고 보이는 지적도 상에 길고 좁은 필지(그림4에서 검은색으로 칠해진 부분)가 현재도 확인된다. 숲은 이미 소실되었지만 이 필지 위에 숲이 있었다고 생각된다. 메이지(明治)시대에 측량된 긴 필지가 있다는 것은 측량 시에 사물이나 토지이용 경계, 혹은 토지소유 경계가 있었음을 짐작하게 한다. 이 경우 메이지시대의 지적도가 남아 있지 않아도 다른 자료와 대조를 통해 이 필지 위에 포호 숲이 있었다는 것으로 이해될 수 있다. 숲의 형태는 마을 배후에 있는 우타키 숲과 연결하여 마을 전체를 에워싼 것으로 추정된다. 『북목산풍수기』에도 나타나듯 숲이 마을 주위를 빈틈없이 포호한 예가 될 수 있다.

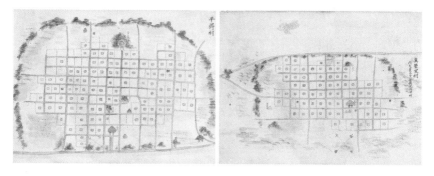

그림2 이시가키섬 히라에 고지도(19세기, 왼쪽)와 이시가키섬 마에사토 고지도(19세기, 오른쪽)
출처: 「溫古學會」(石垣市市史編纂室)

그림3 히라에, 마에사토 마을 항공사진(1945년)
출처: The Joseph E. Spencer Aerial Photograph Collection(제주대학교 사범대학 지리교육과)

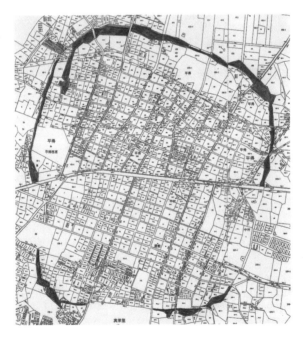

그림4 히라에, 마에사토 마을 지적도에서 본 마을숲
출처: 「石垣市地籍圖」를 저자가 수정하여 재작성

2. 현존하는 다라마섬의 '포구'

다라마섬(多良間島)은 오키나와에서 현재 유일하게 포호 숲이 남아 있는 섬이고, 숲에 '포구(포호의 현지 방언)'라는 이름이 있는 사례이다. 숲은 현재 오키나와현 지정 천연기념물로 되어 있다. 그 실태에 대해 현지답사와 지적도 등을 통해 현상을 파악하고 고찰해 보자.

다라마섬은 미야코섬(宮古島)과 이시가키섬 중간에 위치한 섬으로 지질학적으로는 이른바 융기초(隆起礁)로 형성되었으며 표고가 매우 낮은 섬이다. 지세는 평탄하며 북서부에 표고 30m를 겨우 넘는 구릉이 있을 뿐이고, 섬 주위에는 거초(裾礁)가 발달해 있다. 취락은 섬 북서부의 구릉 남쪽에 입지하고 격자 모양의 가로 구획으로 구성되어 있다. 관청과 소학교를 중심으로 하는 지역에 가옥이 모여 있다. 행정단위 상 이 취락은 시오카와(鹽川), 나카스지(仲筋)라는 두 개 지역으로 구분된다.

다라마섬 포구 숲은 마을 남부로부터 서부에 걸쳐 전체 1.8km, 폭 15m 정도 규모로 연결되어 마을을 둘러싼다(그림4). 이 취락은 북쪽 산과 거기에서 뻗은 숲에 의해 주위가 에워싸여 있다고 말할 수 있다. 취락과 숲 사이에는 밭이 있고, 숲

그림5 다라마섬 포구 숲

그림6 마을 주위를 둘러싸는 다라마섬 포구 숲

은 취락 주거지역에 접하여 있는 것이 아니라 취락으로부터 약간 거리를 두고 있다. 숲 안에는 수도의 부설 이전에 중요했던 우물도 곳곳에 있다. 숲의 수종은 아열대 지방에서 볼 수 있는 '후쿠기(福木)'나무로 구성된다.

이 지역에서는 민속행사로 음력 7월에 병이나 나쁜 일을 막기 위해 마을 입구를 차단하는 아키바라이 행사를 하는데 그 입구는 바로 숲과 마을도로가 교차하는 지점이다. 이때 가축 내장 등을 그 입구에 늘어뜨린다. 이로 추측하면 숲이 마을 내부와 외부를 구획하는 역할도 담당한다고 할 수 있다.

이 숲은 류큐왕조 때 채온의 임업정책 하에 1747년부터 형성된 것으로 전해진다. 그림6을 보면 숲 때문에 외부에서는 마을 내부를 볼 수 없을 정도다. 현재는 오키나와현 천연기념물에 지정되어 숲이 훼손되거나 없어진 경우에는 행정기관이 식림한다. 숲이 있는 토지는 지역에서 공유하는 자유지(字有地)가 되었는데 이전에는 마을에서 관리한 것으로 추측된다. 이 포구 숲의 형태를 보면 마을 배후에 낮은 구릉이 있어 숲은 마을 동부와 남부만 둘러싸고 있다. 상술한 이시가키섬 히라에, 마에사토 마을과는 지형 조건이 다르지만 결과적으로 마을 주위가 산이나 숲으로 둘러싸여 있고 마을이 포호된다는 것은 유사하다.

V. 결론

오키나와의 포호 개념은 산으로 에워싸여 기가 빠져나가지 않은 상태를 가리키는 것이며, 류큐왕조 시대에 채온 등에 의해 풍수사상 및 육림정책과 결부해 성립되었다. 그래서 포호와 숲은 깊은 관계를 가진다. 특히『풍수견분기』등 각종 문헌에는 포호를 유지하기 위해 식림이 필요하다는 기록이 남아 있다. 그런 면에서 포호 개념은 류큐왕조에서 형성된 관경관리 방법의 하나라고도 생각할 수 있다.

한편 오키나와 섬들에서 포호와 관계를 가지고 형성된 숲에 대해 검토하면 다음과 같은 특성이 있다. 첫째, 숲은 지형을 이용하며 마을을 둘러싸는 형태로『북목산풍수기』등에 나오는 포호 개념과 일치한다. 형태를 보면 마을 주민들의 관여가 계속해서 있었다는 것을 알 수 있다. 또한 숲은 마을에서 일정한 거리를 두고 마을을 둘러싸기 때문에 1700년대 근세 취락의 성립과 관계가 있는 것으로 추측된다. 둘째, 이런 숲은 포호 역할을 할 뿐만 아니라 방풍림, 방조림 기능을 가지며, 민속행사 때에는 마을 입구나 민속적 경계의 의미도 지닌 매우 복합적 기능을 갖는 숲이라 생각된다. 포호 개념이나 포호 숲은 한국의 비보 개념이나 마을숲이 갖는 기능과 유사한 점이 많아 향후 비교연구의 가능성도 있을 것으로 보인다.

참고문헌

石垣市史編纂室編. 2001. 八重山写真帳.
窪德忠. 1990. 沖縄の風水. 平河出版社.
都築晶子. 1997. 蔡温の造林法について―風水と技術―. 東洋史苑 48・49. 31-54.
都築晶子. 1999. 蔡温の風水思想―「首里地理記」の景観論とその展開. 竜谷史壇 111. 26-56.
仲松弥秀. 1990. 神と村. 梟社.
町田宗博・都築晶子. 1993. 「風水の村」序論―『北木山風水記』について―. 琉球大学法文学部紀要　史学・地理学編 36. 110-116.

A Study on the Hougo Concept and Village Forests in Okinawa

Shibuya, Shizuaki

Professor,

Chubu University in Japan

Keywords: Okinawa, Hougo concept, Sai On, Village Forests, Ryukyu Kingdom, foresty policy

In this paper, I reviewed literature on the hougo concept in Okinawa in order to clarify the features of the concept, and, based on the results thereof, discussed village forests in Okinawa's isolated island areas.

The concept of hougo was advocated in the 18th century by the Prime Minister of the Ryukyu Kingdom, Sai On. Sai On implemented a national afforestation policy and wrote 「Somayama Hoshikicho」 (1737). Sai On's national forestry policy was based upon the fengshui thought introduced from the Chinese mainland. In this thought, hougo was regarded as an essential means for achieving afforestation. Hougo (embraced protection) referred to the condition of being surrounded by mountains such that the Qi (vital energy) does not seep away. This conception of hougo also appeared in the 「Husui Kenbunki」 (FengShui Survey Reports) for each of Okinawa's regions prepared in the 19th century. For example, in the 1864's work by Tei Ryosa, 「Hokubokusan Husuiki」 (Yaeyama Feng Shui Report), this conception of hougo forms an important premise for assessing the feng shui environment. In a great many places throughout this document, tree planting is provided as the means to rectify situations where there is no hougo. 「Hokubokusan Husuiki」 contains many other references to afforestation, which testifies the link between feng shui and tree planting that existed in Okinawa.

In Okinawa's isolated island areas, most notably the Yaeyama islands and Miyako islands, there are some islands that retain village forests (or the vestiges thereof) that can be explained based on the hougo concept. Analysis of aerial photographs taken by U.S. military and cadastral maps reveals that the villages of Hirae and Maesato in Ishigaki island were surrounded by forests even during the Second World War. These village forests enveloped their respective villages tightly leaving no gaps, and they were connected to the village's Utaki, an Okinawan sacred place. A village forest by the name of Pogu still remains in Tarama island, and it has been designated a natural monument. The forest extends 1.8 km around the southeastern part of the village and connects to a small hill in the northwestern part such that the village is enclosed. It can be claimed that this forest has multiple functions; apart from the hougo concept, it also provides wind protection, a place for folk events, and a natural village border.

The hougo concept is similar in some respects to Korea's bibo concept, and both concepts are deeply related to forests. Therefore, this research should form an important base work for considering fengshui and its application in East Asia.

찾아보기

동아시아
풍수의
미래를 읽다

초판 1쇄 인쇄   2016년 3월 25일
초판 1쇄 발행   2016년 3월 30일

엮은이   동아시아풍수문화연구회, 서울대학교 아시아연구소
글쓴이   이도원, 권선정, 이화, 김기덕, 박대윤, 최원석, 조인철, 옥한석,
         이형윤, 박수진, 김혜정, 천인호, 시부야 시즈아키

펴낸곳   지오북(GEOBOOK)
펴낸이   황영심
편집   전유경, 이지영, 문화주
디자인   김진디자인

주소   서울특별시 종로구 사직로8길 34, 오피스텔 1321호
         Tel_02-732-0337
         Fax_02-732-9337
         eMail_book@geobook.co.kr
         www.geobook.co.kr
         cafe.naver.com/geobookpub

출판등록번호   제300-2003-211
출판등록일   2003년 11월 27일

ⓒ 동아시아풍수문화연구회, 서울대학교 아시아연구소, 지오북 2016
지은이와 협의하여 검인은 생략합니다.

ISBN 978-89-94242-43-9 93180

이 도서의 국립중앙도서관 출판시도서목록(CIP)은
서지정보유통지원시스템 홈페이지(http://seoji.nl.go.kr)와
국가자료공동목록시스템(http://www.nl.go.kr/kolisnet)에서 이용하실 수 있습니다.
(CIP제어번호: CIP2016005963)